金融风险管理
若干重要问题的再探讨

中央财经大学中国金融发展研究院 ◎ 著

中国金融出版社

责任编辑：张怡姮
责任校对：李俊英
责任印制：赵燕红

图书在版编目（CIP）数据

金融风险管理若干重要问题的再探讨/中央财经大学中国金融发展研究院著．—北京：中国金融出版社，2019.1
ISBN 978-7-5049-9860-6

Ⅰ.①金… Ⅱ.①中… Ⅲ.①金融风险—风险管理—研究—中国 Ⅳ.①F832.1

中国版本图书馆 CIP 数据核字（2018）第 257382 号

金融风险管理若干重要问题的再探讨
Jinrong Fengxian Guanli Ruogan Zhongyao Wenti De Zaiyantao

出版 中国金融出版社
发行
社址 北京市丰台区益泽路 2 号
市场开发部 （010）63266347，63805472，63439533（传真）
网 上 书 店 http://www.chinafph.com
         （010）63286832，63365686（传真）
读者服务部 （010）66070833，62568380
邮编 100071
经销 新华书店
印刷 保利达印务有限公司
尺寸 169 毫米×239 毫米
印张 23.25
字数 340 千
版次 2019 年 1 月第 1 版
印次 2019 年 1 月第 1 次印刷
定价 72.00 元
ISBN 978-7-5049-9860-6
如出现印装错误本社负责调换 联系电话（010）63263947

引 言

中国金融发展研究院（Chinese Academy of Finance and Development）成立于 2006 年，是中央财经大学"经济学与公共政策优势学科创新平台"的机构之一，是一个以在海外获得博士学位的人员为主体、从事高端金融研究和人才培养的学术机构。研究院致力于把先进的研究方法，国际化的学术视野，严谨的研究风格应用于中国的金融和经济学术研究。

为了对热点问题进一步拓宽和探讨，我院 2018 年再续金融风险管理问题研究。金融风险是指与金融有关的风险，如信用风险、流动性风险、利率风险、汇率风险、操作风险、法律风险、通货膨胀风险、政策风险以及国家风险等。金融风险的爆发有可能对整个金融体系的稳健运行构成威胁，一旦发生系统性金融风险，金融体系运转失灵，必然会导致全社会经济秩序的混乱，引发严重的经济衰退。因此，如何及时发现、量化评估以及有效管理金融风险也成为投资者，金融机构、金融中介和监管当局亟待解决最重要问题之一。我们对这些风险的管理主要目的是创造持续稳定的生存环境，以最经济的方法减少损失、保护社会公众利益、维护金融体系的稳定和安全。我们借助现代金融经济理论和计量经济工具，对下列热点问题进行实证研究，提出我们的看法和建议。本项目分十四个子课题进行研究（以提交时间早晚排序）。

第一章"主权信用评级对国际股市的传染效应"，作者：冯乾，冉齐鸣；第二章"风险脉冲响应函数——关于中国股票市场尾部风险的实证分析"，作者：郭枫，孙志鹏，张思妍；第三章"离岸人民币远期市场与在岸即期市场间的信息传递及互动——2015 年'8·11 汇改'前后"，作者：李晗旭，李杰；第四章"民营上市公司高管持股与股价崩盘风险"，作者：郭晓萌，卢钧；第五章"经济政策不确定性与企业现金持有水平"，作者：陶雨祺，温健；第六章"后危机时代中国金融市场系统性金融风险识别和市场状态转变：来自金融压力指数的证据"，作者：朱莎，吴仰儒；第七章"外国机构投资者股权与流动性的关系：基于实际摩擦和信息摩擦"，作者：丁明发；第八章"股价暴跌风险积聚中的机构交易——来自我国 A 股市场的证据"，作者：高昊宇，刘伟，杨晓光；第九章"股指期权的推出对指数波动率的影响——基于上证 50ETF 期权的实证研究"作者：涂婧，钟锐；第十章"委托理财中的道德风险和现金持有价值"，作者：刘彤，裴沛，贾越珵；第十一章"中国保险资金在'举牌'中的积极主义研究"，作者：何重达，许智华，徐青青；第十二章"嫉妒心理会导致商业违规吗？来自公司内幕交易的证据"，作者：沈蜜；第十三章"投资者认知度与收购公司的长期股票收益"，作者：崔頔；第十四章"职业经理人、股权激励与公司投资风险"，作者：孔令天。本人作为主编统筹了全书的整体规划，组织协调了写作进程，并统一校对了全书初稿。

  首先，我要衷心地感谢各位同事在紧张的教学评估的过程中积极创作供稿，还要感谢为本书编写提供后勤保障的王文忠老师以及参加修改审阅的叶琳琳同学。最后，要感谢中国金融出版社编辑老师的耐心与支持，大家的通力合作最终才使得该书的出版成为可能。

冉齐鸣
2018 年 6 月 20 日

目 录

第一章 主权信用评级对国际股市的传染效应 / 1
 一、引言 / 1
 二、理论分析与研究假设 / 4
 三、数据处理和初步分析 / 6
 四、研究设计与实证结果 / 11
 五、评级变动的国际传染渠道 / 14
 六、研究结论与政策启示 / 21

第二章 风险脉冲响应函数
    ——关于中国股票市场尾部风险的实证分析 / 26
 一、引言 / 26
 二、模型设定 / 29
 三、实证分析 / 33
 四、结论 / 42

第三章 离岸人民币远期市场与在岸即期市场间的信息传递及互动
    ——2015年"8·11汇改"前后 / 44
 一、引言 / 44
 二、文献综述 / 47
 三、研究方法与模型 / 49
 四、实证结果分析 / 50
 五、结论与启示 / 55

第四章　民营上市公司高管持股与股价崩盘风险 / 64

一、引言 / 64

二、文献综述 / 66

三、实证设计 / 67

四、实证研究 / 69

五、结论 / 72

第五章　经济政策不确定性与企业现金持有水平 / 75

一、引言 / 75

二、文献综述 / 76

三、假设检验 / 77

四、实证模型与变量构建 / 81

五、实证结果分析 / 85

六、稳健性检验 / 91

七、结论 / 93

第六章　后危机时代中国金融市场系统性金融风险识别和市场状态转变：来自金融压力指数的证据 / 96

一、引言 / 96

二、文献综述 / 97

三、中国金融市场压力指数 / 100

四、中国金融市场压力指数的实证结果 / 102

五、中国金融市场系统性风险状态的转换 / 107

六、结论和政策建议 / 111

第七章　外国机构投资者股权与流动性的关系：基于实际摩擦和信息摩擦 / 115

一、引言 / 115

二、提出假设 / 119

三、变量度量和模型推断 / 122

四、数据 / 127

五、实证结果 / 133

六、反向因果关系和外国机构投资者的外部性 / 140

七、稳健性检验 / 148

八、结论 / 157

第八章 股价暴跌风险积聚中的机构交易
　　　——来自我国 A 股市场的证据 / 163

一、引言 / 163

二、文献回顾与理论假设 / 167

三、样本处理与研究设计 / 169

四、实证结果分析 / 174

五、内生性与稳健性分析 / 179

六、结论 / 184

第九章 股指期权的推出对指数波动率的影响
　　　——基于上证 50ETF 期权的实证研究 / 189

一、引言 / 189

二、文献综述 / 190

三、市场深度与波动率 / 196

四、构建假设 / 201

五、实证数据 / 202

六、EGARCH 模型、市场深度与日间波动率 / 206

七、上证 50 指数推出对标的指数历史波动率影响的实证研究 / 216

八、上证 50 指数推出对标的指数已实现波动率影响的实证研究 / 220

九、结论和政策性建议 / 225

第十章 委托理财中的道德风险和现金持有价值 / 231

一、引言 / 232

二、研究背景 / 236

三、文献综述 / 245

四、实证分析 / 246

五、研究结论和政策建议 / 259

第十一章 中国保险资金在"举牌"中的积极主义研究 / 264

一、引言 / 264

二、文献回顾与研究假设 / 267

三、数据描述 / 271

四、实证研究 / 273

五、结论 / 290

附 录 / 293

第十二章 妒忌心理会导致商业违规吗？来自公司内幕交易的证据 / 300

一、引言 / 300

二、贡献 / 304

三、实证方法和数据 / 305

四、实证结果 / 309

五、结论 / 320

第十三章 投资者认知度与收购公司的长期股票收益 / 328

一、研究背景 / 328

二、检验假设 / 330

三、数据与方法 / 332

四、结论分析 / 337

五、其他相关因素 / 349

六、结论 / 350

第十四章 职业经理人，股权激励与公司投资风险 / 355

一、引言 / 355

二、数据与方法 / 358

三、结果 / 360

四、结论 / 363

第一章 主权信用评级对国际股市的传染效应

冯 乾 冉齐鸣

摘 要：分析主权信用评级变动对市场的影响及其传染机制，对于投资者获取收益、国家金融安全稳定及政府采取应对措施意义重大。本章采用事件研究法，以 1990—2013 年包含中国在内的全球 48 个经济体发生的评级事件和每日股指收益率数据为样本，实证研究了事件国评级变动对非事件国股票市场的影响及其传染渠道，结果表明：（1）评级下调会对股票市场产生显著为负的超额收益，但评级上调产生的超额收益不显著；（2）股票市场可以提前预测评级下调事件，但不能预测评级上调事件；（3）季风效应对评级调整的市场传染有一定解释力；（4）净传染效应的有关变量基本不显著，这说明评级事件的市场传染应该有经济基础，并非投资者心理预期这类非基本面因素所造成的；（5）溢出效应可以较好地解释评级的市场传染，是评级变动影响市场及传染的主要渠道。本章的结论深化了我们对评级调整如何影响股票市场及其传染渠道的认识，也为中国防范国外主权信用评级变动风险提供了有益启示。

关键词：主权信用评级 传染效应 股市超额收益 事件研究法

一、引言

随着世界各国金融开放程度的提高，跨国投资和资本流动日益频繁，对于投资者来说，获得目标国家经济状况与债务风险的分析评价结论显得尤为重要。

主权信用评级（Sovereign Credit Ratings）为市场提供了一国信用状况的参考标准，它是信用评级机构依据一定的原理、方法和流程，对一国中央政府履行债务偿付义务的信用能力和偿还意愿的综合评定。主权信用评级的变动常会引起政府部门和投资者的广泛关注。从政策制定者的角度来看，跟踪评级动态有助于政策制定者有目的性的规划长期政策，以及采取短期政策降低短期内突发性冲击，而对于投资者，如果他们能准确把握评级变动提供的新信息及其市场影响，将有利于在投资中捕捉市场动向，赢得投资机会和获取收益。因此，探析评级变动的市场影响具有重要的理论与现实意义。

从现有文献来看，涉及主权信用评级变动对金融市场影响的研究较为丰富，但对于具体的影响效应一直存在争论。一系列的研究检验了主权信用评级调整对股票市场（Dichev 和 Pietroski，2001；Vassalou 和 Xing，2003；Ferreira 和 Gama，2007）、债券市场（Hite 和 Warga，1997；Steiner 和 Heinke，2001；Gande 和 Parsley，2005）或者两种市场（Hand et al.，1992；Treepongkaruna 和 Wu，2012）的影响。这些研究都发现评级变动对市场的影响都存在不对称效应，即股票市场和债券市场对评级下调产生显著的反应，而对评级上升的反应不显著或者很弱。Hand et al.（1992）还发现低于投资级的债券与投资级债券相比，前者在评级下调时的平均超额收益更大。Treepongkaruna 和 Wu（2012）的研究表明股票市场比货币市场更为敏感，评级事件有显著的非对称性影响。但另一些研究并没有获得市场具有"不对称效应"的经验证据，一方面是因为有的研究本身没有区分评级下调和上升两种不同情况（例如，Kaminsky 和 Schmuckler，2002）；另一方面是由于部分研究发现样本国的评级无论是下调还是上升，都对其他国家的金融市场产生显著影响（Klimaviciene 和 Pilinkus，2011；Christopher et al.，2012）。

通过回顾历次金融危机或债务危机的产生、蔓延及后果，可以发现危机中都伴随着频繁甚至过激的评级调整。尤其是从希腊爆发的主权债务危机给市场留下了深刻印象，国际三大评级机构接连降低希腊评级，进一步加剧了市场对欧洲发达经济体主权债务偿还的担忧，导致欧洲金融市场不稳定和国际资本大量撤离，最终引起了欧洲主权债务危机的全面爆发。既然评级调整对国际金融市场会产生不可小觑的影响效应，那么，其中的传染渠道和作用机制是什么呢？目前，鲜有文献对评级调整和市场之间的影响渠道进行专门研究，相关的研究是金融危机的跨国传染机制。Eichengreen et al.（1997）、Glick 和 Rose（1999）发现货币危机的蔓延更可能通过国际贸易渠道，而不是通过金融联系或经济基本面的相似性进行传染。Ito 和 Hashimoto（2005）也认为双边贸易来往是汇率冲击的一个重要传导机制。Gande 和 Parsley（2005）检验了债务市场中评级变化的传导机制，发现贸易和金融联系是最相关的渠道。与上述研究不同的是，一些研究表明金融市场中的竞争关系和共同借贷中心是重要的传导渠道（Van Rijckeghem 和 Weder，1999；Kaminsky 和 Reinhart，2000；Hernández 和 Valdés，2001；Ismailescu 和 Kazemi，2010）。

鉴于股票市场在国际金融市场中具有重要地位及其价格敏感性，本章以全球48个经济体的268158个每日股指收益率为研究对象，同时使用了637个评级变化作为评级事件，采用事件研究法，实证研究了评级发生变动的事件国家对非事件国家股票市场的影响及传染渠道问题。首先，设计12个不同窗口期检验了股指超额收益率如何对评级变动做出回应，相比同类文献通常只用2天的短窗口期，本章使用了不同长度的窗口期，可以强化对不同时间范围内累计超额收益率变化情况的认识，检验结果显示在不同窗口下评级下调对股市的影响是负面的，但评级上调对股市基本没有影响，同时发现股市能提前预测评级下调，这一点与 Patro et al.（2014）关于股市能预测货币贬值的结论相类似，但本章还发现上调事件不能被股市预测到。其次，构建了计量经济学基本模型，估计结果支持了评级下调和上调对股市影响的不对称效应，本章将评级事件变量的系数大小和符号与现有文献的区别，归结于不同金融市场的流动性及投资者参与度存在差异。最后，针对同类研究中对传染问题考虑的不足，本章在基本模型上分别加入与宏观基本面、心理预期和一些贸易、资本流动相关的变量进行实证，研究结果发现评级变动对股市的影响不能通过心理预期进行传染，宏观基本面有一定解释力，主要的传染渠道是贸易往来和资本流动，这一结论深化了对传染渠道和影响机制的认识和理解，为国家采取相应的防范措施应对国外评级变动风险提供了有益启发。

本章的边际贡献主要体现在：第一，研究关注点的拓展。现有文献重点关注了主权信用评级调整是否对股票市场产生影响以及影响的大小，鲜有研究在理论基础上全面探索评级变动对股票市场的传染渠道，本章破除了之前单纯讨论影响现象本身的研究思路，把关注点拓展到现象背后的逻辑渠道和传染机制。第二，传染理论的补充。主权评级变动和市场反应这一领域本身没有成熟的理论支撑，有关文献往往缺乏理论基础，本章借鉴 Masson（1999）构建的金融危机传染理论，从季风效应、净传染效应和溢出效应三个渠道，分别强调评级调整后宏观经济因素、投资者心理预期以及金融和贸易联系向股市传染中的作用。第三，股指选择的改进。用市场模型计算累计超额收益率时，相关国际文献选取各国代表性股市指数，并采用美国标准普尔 500 指数作为市场基准，实际上标普 500 指数仅是世界市场指数的一个子样本，存在的问题是难以剔除事件窗口内除评级事件以外的所有其他事件影响。本章参照 Patro et al.（2014）检验货币贬值及市场影响的做法，将所有样本都使用摩根士丹利资本国际（MSCI）编制的以美元标价的国家指数收益率，选用以美元标价的 MSCI 世界市场指数作为市场基准，这些指数都以价值为权重进行编制。第四，研究变量的细化。在理论基础上对传染渠道的研究变量进一步细化，采取共同债权人、债务资本流量和股权资本流量 3 个变量检验金融溢出效应，对现有文献中变量选用更大计算口径的"投资组合流量"（Portfolio Flows）进行改进。

二、理论分析与研究假设

一般认为，评级机构总是基于市场公开信息对一国的主权信用评级进行调整。根据 Fama（1970）的有效市场假说（Efficient Markets Hypothesis），市场中的竞争行为会使股票价格充分及时地反映市场公开信息，投资者利用公开信息进行交易并不会产生超额回报，而只能获取经过风险调整的平均市场回报。因此，当评级机构基于公开信息决策，然后发布评级公告，股票市场收益不会产生响应。既然评级机构可以使用公开信息，理性的投资者也可以使用公开信息决策，这种投资决策可能引起股市收益变动先于评级公告。此外，在评级公告正式对外公布的前几日，评级机构与当地政府官员的协商，可能存在信息泄露（Michaelides et al.，2015）。一些相关的文献支持了货币贬值公告发布前股票市场可以提前响应（Glen，2002；Patro et al.，2014）。本章提出以下两个假设。

假设 1a：股票市场是有效的，评级发布后股票市场收益不会受到影响。

假设 1b：股票市场可以提前预测评级事件。

历史上爆发的金融危机及其传染机制一直是学界的研究热点。Masson（1999）最早对危机传染的因素进行了区分，从季风效应（Monsoonal Effects）、净传染效应（Pure Contagion Effects）、溢出效应（Spillover Effects）三个方面全面总结了金融危机的传染理论。根据现实观察，尽管主权评级调整带来的市场影响没有危机的市场影响那么猛烈，但危机传染理论仍然可以为评级的市场传染研究提供有益借鉴，原因在于：一是主权评级的调整（尤其是下调）通常是重大事件，"主权上限原则"会限制一国境内所有企业的最高信用等级；二是评级下调本身类似于危机的冲击因素，带有市场恐慌性特征；三是评级下调与危机发生及蔓延常常相互交织影响（图 1-1 证实了危机时期会有更多的评级下调事件），评级的顺周期性会导致危机深化、经济指标恶化和评级进一步下调。

季风效应是指同时影响所有国家宏观基本面的共同的或全球性的冲击，这些冲击因素包括重要产品价格的变动、大型开放国家经济政策发生转变、新兴市场国家的汇率危机等。季风效应主要是因为被传染国家的宏观基本面脆弱，遭受外部冲击而受到传染（Masson 和 Mussa，1995）。对于主权信用评级的市场影响来说，一国的评级调整对于其他所有国家是一个共同的冲击因素，宏观基本面越脆弱的经济体，其股票市场往往越容易受到评级变动的影响。因此，本章提出以下研究假设。

假设 2a：季风效应是主权信用评级调整对股市产生影响的传染渠道。

净传染效应是一种宏观经济基本面因素不能解释的危机传染现象，主要与投资者的心理预期有关，又被称作"预期效应"，Kaminsky 和 Reinhart（2000）把净传染形容为"真正的传染"（True Contagion）。净传染效应的理论来源是 Obstfeld（1994）的第二代货币危机模型，强调预期自我实现和多重均衡。根据该传染机制，如果一国发生主权评级的调整，投资者会重估其他国家在政治、经济和文化等方面的因素，对与被评级国家有相似特点的其他国家，投资者信心将发生变化，由于投资者的"非理性行为"（如信息不完全、羊群行为、金融恐慌和风险厌恶），然后形成对这些其他国家股票市场的投机性冲击，最终形成对股市的传染。由此引出以下假设。

假设2b：净传染效应是主权信用评级调整对股市产生影响的又一传染渠道。

溢出效应也称为接触性传染，是由贸易和金融联系引起的金融危机传染，可以分为贸易溢出和金融溢出效应。根据前者的传染机制，在国际市场上处于竞争关系的两个国家中，当其中一国发生评级上调（下调）时，会使该国在贸易和资金获取方面具有（缺乏）吸引力，同时使得另一国处于竞争不利（有利）地位，并对其股市形成负面（正面）影响。金融溢出效应主要通过两个方面：一是银行作为共同债权人，成为传染的途径（Van Rijckeghem 和 Weder，1999；Kaminsky 和 Reinhart，2000）；二是通过国际资本的流动，例如，一国获得不利的市场竞争地位或负面冲击会使得投资者迅速调整资产组合，把资金撤离该国或与之类似的国家，导致这些国家的股票市场流动性进一步恶化，从而形成传染。所以，提出以下研究假设。

假设2c：溢出效应也是主权信用评级调整对股市产生影响的传染渠道。

三、数据处理和初步分析

（一）数据来源和样本选择

本章使用了摩根士丹利资本国际（MSCI）编制的以美元标价的国家股票市场指数，这些指数以价值为权重进行编制，覆盖面非常广泛，涉及全球85%的资本市场（Patro et al.，2014）。考虑到变量中的宏观经济数据在1990年之前缺失较多，对应的市场指数样本起止日期为1990年1月1日到2013年12月31日。选用作为基准（Benchmark）的指数是由MSCI所编制的世界市场指数。这些每日的数据全部来源于DataStream的全球股票指数数据库。根据数据的可获得性，本章的样本包含48个经济体[①]和268 158个每日观测股指数据。为了衡量传染的季风效应渠道，文章考虑了一组从1990－2013年的年度宏观经济变量，这些数据均来源于EIU Country数据库。

（二）评级事件的量化和统计

1. 评级事件的定义。

为了检验评级公告的发布对股票市场的影响，本章采用标准普尔官网发布的《主权评级和国家转移及可兑换性评估历史》，从中挑选了48个样本经济体的外币长期债务评级历史，时间跨度为1990－2013年。[②]本章将"主权信用评级事件"定义为一个经济体的信用评级或者信用展望（Credit Outlook）发生变化。"正面评级事件"是指评级机构对一个经济体上调信用评级或者信用展望，而"负面评级事件"则是评级机构下调信用评级或者信用展望。标准普尔在调高（降低）评级之前，通常会将该经济体的信用展望调整为正面（负面），本章在分析中将结合信用展望的变化，这样可以增加评级事件的信息量。

2. 评级符号的量化。

标准普尔提供的评级历史为字母符号形式，有必要对此进行线性转化。依

---

① 这48个经济体包括：阿根廷、澳大利亚、奥地利、比利时、巴西、加拿大、智利、中国、哥伦比亚、捷克、丹麦、埃及、芬兰、希腊、中国香港、匈牙利、印度、印度尼西亚、爱尔兰、以色列、意大利、日本、约旦、哈萨克斯坦、韩国、黎巴嫩、马来西亚、墨西哥、摩洛哥、新西兰、尼日利亚、巴基斯坦、秘鲁、菲律宾、波兰、葡萄牙、俄罗斯、新加坡、南非、西班牙、斯里兰卡、瑞典、中国台湾、泰国、突尼斯、土耳其、英国、越南。

② 本章选择标准普尔的评级历史，主要有三点原因：一是标准普尔发布的评级公告相对早于其他评级机构（例如，穆迪、惠誉）；二是标准普尔的评级公告更难被市场所预期（Reisen和Von Maltzan，1999）；三是标准普尔相对其他评级机构的国家主权评级调整更为活跃，Gande和Parsley（2005）发现从1991年到2000年，标准普尔发布的评级公告比惠誉多出36%。

据 Ferreira 和 Gama（2007）的方法，本章采用 0 到 20 的数字对标准普尔的评级符号进行赋值，对最低评级 SD（选择性违约）取最低数值 0，对最高评级 AAA 级取最大值 20。考虑到信用展望的调整达不到 1 个评级变动级别，对其赋值范围从展望负面到展望正面取值为 -0.5 到 0.5。然后，将每个经济体的评级取值与信用展望取值相加，用二者之和创建了一个综合信用评级（Comprehensive Credit Rating，CCR）。从量化的角度看，"评级下调事件"就是本期 CCR 值相对于上期数值减少，这是由于评级下调或者对信用展望进行负面修正形成的，而"评级上升事件"则是本期数值相对于上期数值增加。

3. 评级事件的统计。

本章统计了 637 个评级事件，其中下调事件为 306 个，上调事件为 331 个。把所有量化的评级事件，按时间顺序连续的绘制在图 1-1 中。可以发现，绝大多数评级事件上下调整的幅度在 1 个级别以内，很少有 1 天时间内调整的幅度大于 2 个级别。在历史上的金融危机爆发时期，评级下调相对更为聚集，而经济平稳发展时期，评级上调则更为集中。

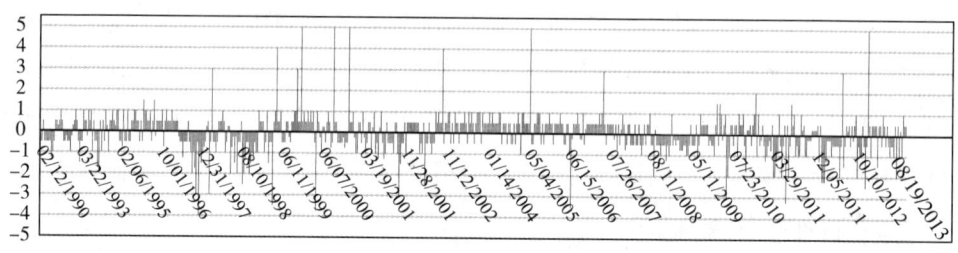

图 1-1　1990—2013 年一系列连续的评级事件

表 1-1 描述了每日发生的评级事件样本，剔除无法收集到当日股指数据的评级事件后，整个样本期间共有 551 个独立事件天数（同 1 天内只发生 1 次评级变动），占事件总数的 93.87%，共包含评级下调样本 264 个和评级上升样本 287 个。同一天内发生两次事件的天数占事件总数的 4.77%，同一天内发生 3 次或 3 次以上评级事件的天数占事件总数的 1.36%，由此可见，绝大多数事件是在 1 天内独立发生的。

表1–1　　　　　　　　主权信用评级事件按日统计

每日发生事件个数	评级下调		评级上升		全样本	
	天数	比例	天数	比例	天数	比例
1	264	93.62%	287	94.10%	551	93.87%
2	16	5.67%	12	3.93%	28	4.77%
≥3	2	0.71%	6	1.97%	8	1.36%

(三) 事件研究法与初步检验分析

1. 事件研究法。

本章使用了传统的市场模型 (Market Model) 来计算股票市场超额收益率。市场模型的基本设定为: $R_{i,t} = \alpha_i + \beta_i R_{m,t} + \varepsilon_{i,t}$,其中, $R_{i,t}$ 表示非事件国每日的股票市场指数收益率, $R_{m,t}$ 是作为基准的 MSCI 世界市场指数。采用从市场模型中得到的估计参数 ($\hat{\alpha}_i, \hat{\beta}_i$),计算事件窗口中的每日超额收益率,计算公式为: $AR_{i,t} = R_{i,t} - (\hat{\alpha}_i + \hat{\beta}_i R_{m,t})$。考虑到评级事件对股指收益率造成的影响时效较短,在实证研究模型中选用两日的事件窗口期 [0,1],这里评级公告当日为第 0 天,评级公告次日为第 1 天。采用短窗口优于标准的 30 日窗口期,原因在于可以控制全球范围内近期的其他评级事件,进而避免事件窗口污染问题 (Reisen 和 Maltzan,1999;Ferreira 和 Gama,2007)。

2. 累计超额收益率的实证检验。

根据 Goh 和 Ederington (1993) 的方法,评级调整事件当天设为 t=0,选择事件日之前的 t = -30 到 t = -157 日作为估计窗口。然后利用这一时期估计出来的参数计算不同事件窗口内的累计超额收益率。总的事件窗口设定为 [-10, +10],即事件日前后 10 天。表 1 - 2 中的检验结果拒绝了研究假设 H1a,表明股票市场并非有效市场,评级信息的发布包含新的信息。对于下调事件,存在显著为负的累计超额收益率,例如,评级下调宣布日前 1 天的累计超额收益率是 -0.0966%,这一结果在 1% 的显著性水平上显著,总的来看,股市对评级下调的平均反应是负面的。而对上调事件的检验中,除个别窗口外都不显著。

表1-2　　　　　　股票市场对评级调整的回应检验结果

窗口期	主权信用评级下调			主权信用评级上调		
	事件数	CAR	t-统计值	事件数	CAR	t-统计值
[-10, -1]	306	-0.2292	-3.955***	331	0.0392	0.864
[-5, -1]	306	-0.1525	-3.793***	331	0.0004	0.013
[-1, 0]	306	-0.0966	-3.566***	331	-0.0316	-1.590
[-1, +1]	306	-0.1562	-4.712***	331	0.0441	1.782*
[0, 0]	306	-0.0872	-4.575***	331	0.0340	1.440
[0, +1]	306	-0.1480	-5.460***	331	0.0417	2.104**
[0, +5]	306	-0.0338	-0.743	331	-0.0241	-0.716
[0, +10]	306	0.0363	0.599	331	-0.0228	-0.487
[+1, +5]	306	0.0580	1.334	331	0.0098	0.322
[+1, +10]	306	0.1235	2.170**	331	0.0111	0.251
[+5, +10]	306	0.1027	2.363**	331	-0.0191	-0.564
[-10, +10]	306	-0.1929	-2.232**	331	0.0164	0.238

注：***、**、*分别表示在1%、5%和10%的显著性水平下显著。

3. 股票市场能否预测评级公告。

根据表1-2，在评级下调宣布日前的许多天里，累计超额收益率显著为负，说明评级下调通常发生在股市下跌的过程中。例如，窗口[-10, -1]对应的累计超额收益率是-0.2292%。反过来，这也说明股市可以预测到评级下调事件。Michaelides et al. (2015) 发现了评级发布前信息泄露的证据，尤其对于制度质量较差的国家信息泄露更为明显。也有研究发现股票市场可以预测货币贬值事件（Patro et al., 2014）。但本章还发现，对于评级上调宣布日前的窗口[-10, -1]、[-5, -1]和[-1, 0]，检验结果都不显著，表明评级上调不易被股市预测到。结果拒绝了假设H1b，股市尽管可以预测下调事件，但无法预测上调事件。观察还发现，评级下调期间所产生的负值在一段时间后会出现反转，可能因为评级被下调国家的政府当局或央行采取了及时补救，这对股市来说是正面消息。

四、研究设计与实证结果

（一）基本模型的设立

为了验证评级事件对股票市场的传染效应，本章构建了计量模型，使用非事件国的股市超额收益率对事件国的评级事件进行回归。为了减轻其他事件的窗口污染，选取了两日的短窗口期。待估计的第一个方程为：

$$r_{j,t} = \alpha_0 + \alpha_1 Event_{i,t} + \sum_k \alpha_k \Pi_k + \varepsilon_{i,j,t}, \forall j \neq i \quad (1-1)$$

其中，$r_{j,t}$ 表示非事件国股票市场指数的两日（事件日和次日）累计超额收益率，这里的非事件国是指剔除了在时间 t 事件国后的其他国家。$Event_{i,t}$ 在事件日的取值等于事件国综合信用评级的变动，在非事件日取值为0，为了便于解释，在评级下调的回归中使用 $Event_{i,t}$ 的绝对值。t 是事件发生时间，Π_k 是国家和年份的虚拟变量。考虑到传染效应也与事件国和非事件国自身的信用质量有关，因此在模型中引入了两个交互变量，分别用 $ECCR_{i,t}$ 表示事件国在事件日的综合信用级别，$NECCR_{j,t}$ 表示非事件国在事件日的综合信用级别，并且假设评级事件 $Event_{i,t}$ 和这两个变量之间大致存在线性关系：

$$\alpha_1 = \beta_1 + \gamma_1 NECCR_{j,t} + \delta_1 ECCR_{i,t} + \eta_{j,t} \quad (1-2)$$

根据以上线性关系，回归方程（1-1）变为以下形式：

$$r_{j,t} = \alpha_0 + \beta_1 Event_{i,t} + \gamma_1 Event_{i,t} \times NECCR_{j,t} \\ + \delta_1 Event_{i,t} \times ECCR_{i,t} + \sum_k \alpha_k \Pi_k + \varepsilon'_{i,j,t} \quad (1-3)$$

其中，$Event_{i,t} \times NECCR_{j,t}$ 与 $Event_{i,t} \times ECCR_{i,t}$ 为需要考察的交叉项，上式两边对 $Event_{i,t}$ 求导，即可以得出股票市场超额收益对评级事件的偏效应：

$$\frac{\partial r_{j,t}}{\partial Event_{i,t}} = \beta_1 + \gamma_1 NECCR_{j,t} + \delta_1 ECCR_{i,t} \quad (1-4)$$

评级事件发生的前后之间还可能存在时间关联，如果忽视评级事件的累积效应，可能导致系数有偏差，为此，把事件日之前的评级事件包含在模型当中：

$$r_{j,t} = \alpha_0 + \beta_1 Event_{i,t} + \gamma_1 Event_{i,t} \times NECCR_{j,t} + \delta_1 Event_{i,t} \times ECCR_{i,t}$$
$$+ \alpha_2 LagEvent_{i,t} + \sum_k \alpha_k \Pi_k + \varepsilon'_{i,j,t}$$

$(1-5)$

其中，$LagEvent_{i,t}$ 被定义为事件国在事件日前两周内累计综合信用评级的变化。本章按照评级下调和上调事件分别对以上方程进行估计，估计时使用了稳健标准误，用来修正组间可能存在的异方差问题。

（二）实证结果分析

1. 评级事件的跨国股市影响。

表1-3中的估计结果同样拒绝了研究假设H1a，列（1a）中的下调事件（*Event*）的系数显著为负，说明评级下调对股市有负面影响，加入一系列控制变量后，从列（3a）和（5a）可知，事件国的评级每下降1个级别，非事件国股票市场负的累计超额收益率大约为22.1个基点。但评级上升对股市的影响都不显著。该结论与 Ferreira 和 Gama（2007）的实证结果类似，他们发现股市对下调事件会有51个基点的负面反应。但该研究选择标普500指数作为市场基准是值得商榷的地方，因为标普500指数只是相当于世界股票市场指数的子样本，无法有效剔除事件窗口内评级事件以外的所有其他影响因素，而本章选用 MSCI 世界市场指数作为市场基准则更为科学。*Event* 变量的系数大小和符号与相关文献还存在一些差异，一是由于样本和期限不同，相比 Ferreira 和 Gama（2007）、Christopher（2012），本章采用了更大的样本和更长的时间跨度；二是不同金融市场的流动性和投资者参与度存在差别。如 Ismailescu 和 Kazemi（2010）的研究发现评级下调对 CDS 价差没有显著影响，但评级上调伴随着 CDS 价差的降低。

表1-3 主权信用评级变动对股票市场影响的基本模型估计结果

变量名称	主权信用评级下调					主权信用评级上调				
	(1a)	(2a)	(3a)	(4a)	(5a)	(1b)	(2b)	(3b)	(4b)	(5b)
Event	-0.146***	-0.164***	-0.221*	-0.171***	-0.221*	0.00341	0.0369	0.137	0.0474	0.122
	(-3.22)	(-3.53)	(-1.72)	(-3.67)	(-1.71)	(0.13)	(1.35)	(1.44)	(1.66)	(1.28)
ECCR		-0.0127**		-0.0135**			-0.0139**		-0.0130**	
		(-2.47)		(-2.60)			(-2.27)		(-2.11)	
NECCR		-0.00239		-0.00176			-0.0162		-0.0160	
		(-0.17)		(-0.12)			(-1.35)		(-1.33)	
ECCR × Event			-0.00934**		-0.0101**			-0.0169***		-0.0154***
			(-2.05)		(-2.19)			(-4.06)		(-3.69)
NECCR × Event			0.0110		0.0110			-0.00919		-0.00905
			(1.32)		(1.31)			(-1.59)		(-1.56)
LagEvent				-0.0429***	-0.0421***				-0.0468***	-0.0421***
				(-2.98)	(-2.93)				(-3.62)	(-3.26)
Constant	-0.00907	0.182	0.0102	0.173	0.000703	0.0467**	0.449***	0.158***	0.448***	0.161***
	(-0.24)	(0.84)	(0.26)	(0.80)	(0.02)	(2.37)	(2.91)	(4.66)	(2.89)	(4.77)
$R-sq$	0.027	0.017	0.017	0.022	0.021	0.023	0.044	0.028	0.034	0.020
Obs.	12 946	12 946	12 946	12 546	12 946	13 314	13 314	13 314	13 314	13 314

注:(1)由于各经济体股指数据开始日期不同,使得一部分评级事件匹配不到股指数据,导致观测数据存在一些缺失。
(2)***、**、*分别表示在1%、5%和10%的显著性水平,括号中的值为t检验量,下同。

2. 控制变量的结果分析。

无论在评级下调还是上升事件中，事件日前两周累计净评级变化（LagEvent）的系数显著为负，说明事件日之前的评级事件削弱了当前评级事件的市场影响，下调（上升）事件导致股票市场下跌（上升）后两周内股票市场的超额收益会迅速回调。事件国的综合信用级别 ECCR 在评级下调和上升情形中都显著为负，表明事件国的评级越高，其他非事件国股票市场的异常收益越小。交互项 ECCR × Event 在评级下调和上升情形中都显著为负，说明事件国的评级越高，评级事件对非事件国股票市场异常收益的影响越小，而非事件国的综合信用级别 NECCR 及其与 Event 的交互项都不显著。

3. 稳健性检验。

本章采用以下方法对基本模型做了进一步的检验：第一，对 LagEvent 采用事件日前三周内（原来是采用两周）的累计净评级变化；第二，考虑随机事件样本，先剔除事件日前后一周内的日期，然后在剩下的日期中随机抽取出观测样本，一起加入数据集中进行估计；第三，使用各国最具代表性的股指数据，对所有 MSCI 股指数据进行替换，然后对模型进行估计。总的来看，这些检验都表明了本章的结果基本上是稳健的。

五、评级变动的国际传染渠道

本章接下来从季风效应、净传染效应和溢出效应三个方面验证了传染渠道问题。

（一）基本模型的拓展

1. 季风效应的研究设计。

事件国发生评级变动事件时，对所有非事件国家的股票市场是一个冲击，而这种冲击或传染效应的大小，还受到非事件国家宏观经济基本面因素的影响。参照现有文献的变量选择，如 Krugman（1979）、Flood 和 Garber（1984）、Obstfeld（1994）、Kaminsky 和 Reinhart（2000）、Patro et al.（2002）、Patro et al.（2014）。检验季风效应的方程为

$$r_{j,t} = \alpha_0 + \beta_1 Event_{i,t} + \gamma_1 NECCR_{j,t} + \delta_1 ECCR_{i,t} + \alpha_2 LagEvent_{i,t}$$
$$+ \eta_1 GDPgrowth_{j,t} + \eta_2 Inflation_{j,t} + \eta_3 Reserve/GDP_{j,t}$$
$$+ \eta_4 Int/Reserve_{j,t} + \eta_5 Crisis_{j,t} + \sum_k \alpha_k \Pi_k + \varepsilon'_{i,j,t}$$

(1-6)

式（1-6）中，变量 *GDPgrowth* 是经济增长率，用非事件国实际 *GDP* 增长率表示；变量 *Inflation* 是通货膨胀率，用非事件国的消费者价格指数表示；变量 *Reserve/GDP* 表示国际储备与 *GDP* 之比；变量 *Int/Reserve* 表示短期债务利息与国际储备之比；*Crisis* 是虚拟变量，如果评级事件发生在金融危机时期，对 *Crisis* 的取值为 1，其他时期则取值为零。

2. 净传染效应的研究设计。

Drazen（1999）认为 1992 年欧洲汇率危机中，政治方面的相似性在危机中扮演着重要角色，Obstfeld（1994）发现 1994 年墨西哥危机主要是因为政府债务的相似性。本章从政治、经济和文化方面建立了一组虚拟变量来衡量净传染效应：（1）贸易区（*Tradebloc*）。如果贸易区内某一成员国发生评级调整，其他成员国股市受到的影响可能要大于非成员国家。为此，本章按照全球四大贸易区（北美自贸区、南方共同市场、东盟、欧盟）对样本进行了归纳，建立了虚拟变量 *Tradebloc*，如果事件国和非事件国属于相同的贸易区内，则虚拟变量取值为 1，如果属于不同的贸易区则取值为零。（2）法律渊源（*Legalorigin*）。参照 La Porta（1997、2008）对法律渊源的分类，可以分为英吉利法系、日德曼法系、法国法系和斯堪的纳维亚法系，本章建立了虚拟变量 *Legalorigin*，有相同法律渊源的事件国和非事件国，该虚拟变量取值为 1，否则取值为零。（3）官方语言（*Language*）。本章采用官方语言表示国家之间的文化相似性，我们预期使用相同官方语言的两个国家（*Language* 取值等于 1），评级对股市的传染效应会更强，而采用不同官方语言的国家之间的传染则相对较弱。各国官方语言的使用情况参考了美国中央情报局（CIA）网站。（4）发展中国家（*Developing*）和

发达国家（*Developed*）。借鉴 Patro et al. (2014) 的研究设计，本章采用了表示发展中国家的虚拟变量 *Developing*，定义为事件国和非事件国如果同属于发展中国家，*Developing* 取值等于1，否则取值为零。类似地，增加了一个表示发达国家的虚拟变量 *Developed*。检验净传染效应的模型设定如下：

$$\begin{aligned} r_{j,t} = & \alpha_0 + \beta_1 Event_{i,t} + \gamma_1 NECCR_{i,t} + \delta_1 ECCR_{i,t} \\ & + \alpha_2 LagEvent_{i,t} + \alpha_3 Tradebloc_{j,t} + \alpha_4 Legalorigin_{j,t} \\ & + \alpha_5 Language_{j,t} + \alpha_6 Developing_{j,t} + \alpha_7 Developed_{j,t} \\ & + \sum_k \alpha_k \Pi_k + \varepsilon'_{i,j,t} \end{aligned} \quad (1-7)$$

3. 溢出效应的研究设计。

溢出效应可以通过两条路径进行传染：一是商业银行的信用贷款；二是密切往来的国际贸易和跨国资本流动。

（1）共同债权人（*Comlender*）。Van Rijckeghem 和 Weder (1999) 与 Kaminsky 和 Reinhart (2000) 发现主权债务违约时，作为共同债权人的商业银行是危机传染的重要渠道。从理论角度看，某国银行同时向多国提供贷款，如果借款国A（事件国）发生债务违约或主权评级下调，将引发银行贷款组合调整，并减少对其他借款国（非事件国）的信贷或者撤回高风险项目资金，使得非事件国可获得资金减少，可能对其股票市场造成负面影响。相反地，事件国评级上调时，对非事件国股票市场可能形成正面影响。本章建立了共同债权人虚拟变量（*Comlender*），当事件国和非事件国从同一个国家的银行借款，该变量取值为1，否则取值为零。

（2）市场竞争行为。国际贸易被认为与货币和债务危机（Eichengreen et al., 1997; Glick 和 Rose, 1999; Kaminsky 和 Reinhart, 2000）以及评级变化在债券市场上的传导有关（Gande 和 Parsley, 2005）。在国际贸易和融资方面上存在竞争关系的两个国家中，事件国的正面（负面）评级事件会提升（降低）它的市场吸引力，使得在第三方市场上具有竞争关系的其他国家（非事件国）处于不利地位，可能对非事件国的股市造成负面影响。本章建立了变量 *Tradeflows*，用来量化第三方市场上的贸易竞争行为，同时，引入变量 *Equityflows* 和

Debtflows，分别表示第三方市场上股权资本流量和债务资本流量的竞争。检验溢出效应的模型设定为

$$\begin{aligned} r_{j,t} = & \alpha_0 + \beta_1 Event_{i,t} + \gamma_1 NECCR_{j,t} + \delta_1 ECCR_{i,t} \\ & + \alpha_2 LagEvent_{i,t} + \alpha_3 Comlender_{j,t} + \alpha_4 Tradeflows_{j,t} \\ & + \alpha_5 Debtflows_{j,t} + \alpha_6 Equityflows_{j,t} \\ & + \sum_k \alpha_k \Pi_k + \varepsilon'_{i,j,t} \end{aligned} \quad (1-8)$$

其中，*Comlender* 是共同债权人虚拟变量；*Tradeflows* 是事件国对美国和非事件国对美国贸易流量（出口加进口）的相关系数；*Equityflows* 是事件国对美国和非事件国对美国股权资本流量（购买和销售）的相关系数；*Debtflows* 是事件国对美国和非事件国对美国债务资本流量（购买和销售）的相关系数。计算后三个变量时，都取每个评级事件发生前 6 个月数据的相关系数，然后将之与评级事件周围两天的股市超额收益相匹配。

（二）拓展模型的实证结果分析

1. 季风效应的实证分析。

表 1-4 是季风效应的检验结果，有关变量基本符合预期，假设 2a 在一定程度上得到验证。GDP 增长率在评级下调中对股票市场超额收益的影响为负，表明 GDP 增长率越高，在评级下调中会减少股市超额收益，而通货膨胀率在评级下调中增大股市超额收益。短期债务利息与国际储备之比在评级下调和上升中都对股市超额收益影响为负。

2. 净传染效应的实证分析。

表 1-5 是净传染效应的检验结果，有关虚拟变量基本上不显著，假设 2b 被拒绝。变量 *Event*、*ECCR* 和 *LagEvent* 的符号和显著性相比于表 1-3 都没有明显变化。*Tradebloc* 变量的符号与本章的预期相反，其他用来检验净传染效应的变量基本上都不显著。

这些结果表明，加入一系列虚拟变量后，本章的估计结果依然是比较稳健的，同时也说明净传染效应并不是评级变动向股票市场传染的一个有效渠道。

表1-4　　　　　　　　　　季风效应模型的回归结果

变量名称	主权信用评级下调					
	(6a)	(7a)	(8a)	(9a)	(10a)	(11a)
$Event$	-0.185***	-0.185***	-0.188***	-0.214***	-0.184***	-0.208***
	(-4.71)	(-4.69)	(-4.77)	(-4.48)	(-4.67)	(-4.32)
$ECCR$	-0.0132**	-0.0143***	-0.0133**	-0.0168***	-0.0130**	-0.0162**
	(-2.53)	(-2.71)	(-2.53)	(-2.61)	(-2.47)	(-2.47)
$NECCR$	0.00264	-0.000923	-0.00638	0.000639	-0.000835	0.00568
	(0.19)	(-0.07)	(-0.47)	(0.04)	(-0.06)	(0.32)
$LagEvent$	-0.0433**	-0.0447**	-0.0453**	-0.0648***	-0.0513***	-0.0702***
	(-2.32)	(-2.38)	(-2.43)	(-2.84)	(-2.65)	(-2.95)
$GDPgrowth$	-0.0136*					-0.0205**
	(-1.83)					(-2.25)
$Inflation$		0.00255***				0.00175*
		(3.41)				(1.76)
$Reserve/GDP$			0.356			-0.0454
			(1.77)			(-0.17)
$Int/Reserve$				-3.979***		-2.824**
				(-3.43)		(-2.21)
$Crisis$					-0.0585	-0.118*
					(-1.11)	(-1.76)
$Constant$	0.168	-0.0798	0.173	0.308	0.198	0.166
	(0.85)	(-0.38)	(0.88)	(1.39)	(1.00)	(0.67)
$R-sq$	0.027	0.058	0.012	0.043	0.027	0.012
$Obs.$	12 169	12 040	12 165	9 250	12 191	9 104

注：(1) 宏观经济数据存在不同程度的缺失，使得表中的观测数量减少并有所不同。
(2) 由于篇幅限制，表格中未汇报评级上调的估计结果。

表1-5　　　　　　　　　　净传染效应模型的回归结果

变量名称	主权信用评级下调					
	(12a)	(13a)	(14a)	(15a)	(16a)	(17a)
$Event$	-0.163***	-0.171***	-0.171***	-0.185***	-0.168***	-0.181***
	(-3.47)	(-3.67)	(-3.64)	(-3.84)	(-3.55)	(-3.68)

续表

变量名称	主权信用评级下调					
	(12a)	(13a)	(14a)	(15a)	(16a)	(17a)
ECCR	-0.00993*	-0.0133**	-0.0135**	-0.0192***	-0.0116*	-0.0179**
	(-1.79)	(-2.57)	(-2.60)	(-4.01)	(-1.70)	(-2.57)
NECCR	-0.00500	-0.00162	-0.00174	-0.00330	-0.00225	-0.00553
	(-0.36)	(-0.11)	(-0.12)	(-0.24)	(-0.16)	(-0.40)
LagEvent	-0.0410***	-0.0429***	-0.0429***	-0.0428***	-0.0427***	-0.0412***
	(-2.80)	(-2.98)	(-2.98)	(-2.97)	(-2.95)	(-2.81)
Tradebloc	-0.381***					-0.395***
	(-5.39)					(-5.46)
Legalorigin		0.0257				0.0309
		(0.52)				(0.58)
Language			0.0223			0.0541
			(0.22)			(0.51)
Developing				-0.155		-0.144
				(-1.65)		(-1.59)
Developed					-0.0563	0.0914
					(-0.77)	(1.23)
Constant	0.207	0.159	0.170	0.320	0.164	0.339
	(0.98)	(0.74)	(0.79)	(1.47)	(0.76)	(1.54)
R-sq	0.036	0.022	0.022	0.025	0.022	0.024
Obs.	12 946	12 946	12 946	12 946	12 946	12 946

注：由于篇幅限制，表格中未汇报评级上调的估计结果。

3. 溢出效应的实证分析。

表1-6是对溢出效应的检验结果，4个变量在评级下调中都显著，假设2c得到支持。(1) 对于共同债权人变量，在评级上调中 Comlender 显著为正（由于篇幅限制，该部分估计结果被省略），说明事件国评级上调时，作为共同债权人的银行可以分配更多资金给非事件国，对其股市形成了一定正面影响。该结论符合本章初步预期及现有研究（如 Van Rijckeghem 和 Weder，1999；Kaminsky 和 Reinhart，2000）。但在评级下调中 Comlender 显著为负（列18a），可能是

因为非事件国寻找其他替代性资金来源或者存在竞争性的贷款机构的加入，使得评级下调的溢出效果减弱；（2）评级下调时，衡量贸易市场上的竞争变量（TradeFlows）显著为负，说明事件国评级下调时，有利于非事件国在第三方市场上贸易竞争力的提升，这就减弱了评级下调事件对非事件国股市的溢出效果。同样地，评级下调时，股权资本流量、债务资本流量的竞争变量都显著为负，说明这两个变量在评级下调中的作用也是减弱溢出效果。由此可见，溢出效应是一国评级变动对其他国家股市影响的重要渠道。

表1-6　　　　　　　　溢出效应模型的回归结果

变量名称	主权信用评级下调				
	(18a)	(19a)	(20a)	(21a)	(22a)
Event	-0.166***	-0.168***	-0.148***	-0.148***	-0.135**
	(-4.22)	(-4.27)	(-3.53)	(-3.55)	(-2.57)
ECCR	-0.0154***	-0.0159***	-0.0141**	-0.0130**	-0.0129**
	(-2.66)	(-2.90)	(-3.00)	(-2.51)	(-2.30)
NECCR	-0.0106	-0.00764	-0.00526	-0.00527	-0.00999
	(-0.76)	(-0.55)	(-0.35)	(-0.35)	(-0.61)
LagEvent	-0.0658***	-0.0669***	-0.0762***	-0.0735***	-0.0725***
	(-3.44)	(-3.50)	(-3.70)	(-3.57)	(-5.05)
Comlender	-0.192***				-0.175***
	(-3.44)				(-2.85)
Tradeflows		-0.114**			-0.0378
		(-2.11)			(-0.64)
Debtflows			-0.119**		-0.115*
			(-2.03)		(-1.75)
Equityflows				-0.215***	-0.140**
				(-3.73)	(-2.24)
Constant	0.352*	0.264	0.181	0.197	0.329
	(1.69)	(1.28)	(0.79)	(0.86)	(1.25)
R-sq	0.038	0.034	0.031	0.056	0.042
Obs.	11 565	11 565	10 308	10 307	10 048

注：（1）部分国家缺乏股权资本或债务资本流量数据，使表中的观测数减少并有所不同。
（2）由于篇幅限制，表格中未汇报评级上调的估计结果。

（三）稳健性检验

为了检验上述结果的可靠性，本章从以下几个方面进行稳健性检验：第一，检验溢出效应的变量 *Tradeflows*、*Debtflows* 和 *Equityflows* 都采用评级事件发生前 12 个月数据的相关系数，然后对式 1-8 重新估计；第二，将整个事件样本分为评级下调和评级上升两组，然后分别加入一个与事件日数目相同的非事件日随机样本，然后检验加入随机样本后的数据组；第三，对整个样本经济体按照 2013 年 GDP 规模大小进行排序，使用规模最大的前 20 个经济体子样本进行估计。上述检验都表明跨国传染效应的实证结论基本上是稳健的。

六、研究结论与政策启示

本章采用事件研究法，实证检验了主权信用评级变动对股票市场的影响及传染渠道。研究发现，股票市场并非有效市场，评级公告包含新的信息；股票市场可以提前预测评级下调事件，但不能预测上调事件。研究结果还显示，股票市场对评级下调和上升具有不对称反应，具体来说，评级下调对股票市场产生显著为负的超额收益，事件国主权评级每下降 1 个级别，非事件国股票市场产生负的超额收益大约为 22.1 个基点，但评级上升产生的超额收益不显著，表明评级下调比评级上升给市场带来更多信息，这也可能反映了市场对正面事件的强烈预期作用，使得股票市场在正面评级信息发布之前吸收了这种影响。

无论是对于评级下调还是上升，事件日之前的评级会削弱当前评级事件的市场影响，这一发现支持了以往的研究，说明在检验评级事件的市场影响时，应该与最近发生的事件相结合进行分析。评级事件对其他国家股市的影响程度还受到事件国自身信用级别的影响，本章的实证表明评级水平低的国家与评级水平中高等的国家相比，在评级下调时对股市会产生更负面的后果。因此，一国需要观察其他国家的主权信用质量及信用发展趋势，做好必要的风险管理和防范措施。本章进一步的检验发现，评级事件向股市传染有其经济基础，并非由投资者心理预期这类非基本面因素所造成。季风效应对评级调整的市场传染有一定解释力，一些宏观基本面因素（比如，GDP 增长率、通货膨胀率、短期债务利息与 GDP 之比）对评级的市场传染存在影响。共同债权人、贸易市场的竞争行为以及资本市场的竞争行为可以较好地解释评级的市场传染现象，说明溢出效应是评级调整向股市传染的主要渠道。

本章的结论深化了对评级调整向股市的传染及不同传染渠道的认识，对于中国具有重要的政策启示。当前全球经济运行风险加大，中国经济步入新常态，经济发展的宏微观环境都发生了许多变化。一方面，中国需要观察其他国家（尤其是中低收入国家）的主权信用质量及信用发展趋势，健全系统性风险监控、预警和防范体系，提高跨市场、跨国家、跨行业的金融风险监测和评估能力，做好必要的风险管理措施，防范国外信用评级下调事件对我国金融市场的季风效应和溢出性传染；另一方面，随着我国金融体制改革的不断推进，金融市场逐渐开放，需要合理控制政府债务规模，优化社会信贷总额，保持实体经济健康发展，以此提升中国在国际信贷市场、贸易市场和资本市场上的竞争力，也有助于抵御国外评级下调风险。未来可以在三个方面做进一步拓展：一是探索主权信用评级调整与其他市场（如债券市场、信贷市场、CDS 市场）的响应，比较不同市场反应大小和传染渠道；二是考虑区域经济一体化程度，针对一体化程度较高的国家（如欧盟国家），检验评级变动如何影响区域内的金融市场；三是考虑构建风险预警模型，对评级下调的市场风险进行预警。

参考文献

[1] Christopher R, Kim S J, Wu E. Do sovereign credit ratings influence regional stock and bond market interdependencies in emerging countries? Journal of International Financial Markets, Institutions and Money, 2012, 22 (4): 1070 – 1089.

[2] Dichev I D, Piotroski J D. The Long‐Run Stock Returns Following Bond

Ratings Changes The Journal of Finance, 2001, 56 (1): 173 - 203.

[3] Drazen A. Political contagion in currency crises NBER Macroeconomics Annual, 2000, 15: 75 - 138.

[4] Eichengreen B, Rose A K, Wyplosz C. Contagious currency crises National Bureau of Economic Research No. w568, 1997.

[5] Fama E F. Efficient capital markets: A review of theory and empirical work The Journal of Finance, 1970, 25 (2): 383 - 417.

[6] Ferreira M A, Gama P M. Does sovereign debt ratings news spill over to international stock markets? Journal of Banking and Finance, 2007, 31 (10): 3162 - 3182.

[7] Flood R P, Garber P M. Collapsing exchange - rate regimes: some linear examples. Journal of international Economics, 1984, 17 (1): 1 - 13.

[8] Gande A, Parsley D C. News spillovers in the sovereign debt market. Journal of Financial Economics, 2005, 75 (3): 691 - 734.

[9] Glen J. Devaluations and emerging stock market returns Emerging Markets Review, 2002, 3 (4): 409 - 428.

[10] Glick R, Rose A K. Contagion and trade: Why are currency crises regional? Journal of international Money and Finance, 1999, 18 (4): 603 - 617.

[11] Goh J C, Ederington L H. Is a bond rating downgrade bad news, good news, or no news for stockholders? Journal of Finance, 1993, 48 (5): 2001 - 2008.

[12] Kaminsky G L, Reinhart C M. On crises, contagion, and confusion Journal of international Economics, 2000, 51 (1): 145 - 168.

[13] Kaminsky G, Schmukler S L. Emerging market instability: do sovereign ratings affect country risk and stock returns? The World Bank Economic Review, 2002, 16 (2): 171 - 195.

[14] Klimaviciene A, Pilinkus D. The Impact of Sovereign Credit Rating Changes on the Stock Markets in Central and Eastern Europe Transformations in Business

and Economics, 2011, 10 (3): 87 - 103.

[15] Krugman P. A model of balance - of - payments crises Journal of money, credit and banking, 1979, 11: 311 -325.

[16] Hand J R, Holthausen R W, Leftwich R W. The effect of bond rating agency announcements on bond and stock prices Journal of finance, 1992, 47 (2): 733 -752.

[17] Hernández L F, Valdés R O. What drives contagion: Trade, Neighborhood, or financial links? International Review of Financial Analysis, 2001, 10 (3): 203 -218.

[18] Hite G, Warga A. The effect of bond - rating changes on bond price performance Financial Analysts Journal, 1997, 53 (3): 35 -51.

[19] Ito T, Hashimoto Y. High - Frequency Contagion of Currency Crises in Asia Asian Economic Journal, 2005, 19 (4): 357 -381.

[20] Ismailescu I, Kazemi H. The reaction of emerging market credit default swap spreads to sovereign credit rating changes Journal of Banking & Finance, 2010, 34 (12): 2861 -2873.

[21] La Porta R, Lopez - de - Silanes F, Shleifer A, et al. Legal determinants of external finance Journal of Finance, 1997, 52 (3): 1131 -1150.

[22] La Porta R, Lopez - de - Silanes F, Shleifer A. The economic consequences of legal origins Journal of Economic Literature, 2008, 46 (2): 285 -286.

[23] Masson P. Contagion: macroeconomic models with multiple equilibria Journal of International Money and Finance, 1999, 18 (4): 587 -602.

[24] Masson P, Mussa M. The Role of the Fund: Financing and Its Interactions with Adjustment and Surveillance Pamphlet Series No. 50 (Washington, D. C: International Monetary Fund), 1995.

[25] Michaelides A, Milidonis A, Nishiotis G, et al. The adverse effects of systematic leakage ahead of official sovereign debt rating announcements Journal of Fi-

nancial Economics, 2015, 116 (3): 526 – 547.

[26] Obstfeld M. The logic of currency crises Cahiers Economiques et Monetaires. Banque de France, 1994, 43: 189 – 213.

[27] Patro D K, Wald J K, Wu Y. Explaining exchange rate risk in world stock markets: A panel approach Journal of Banking & Finance, 2002, 26 (10): 1951 – 1972.

[28] Patro D K, Wald J K, Wu, Y. Currency devaluation and stock market response: An empirical analysis Journal of International Money and Finance, 2014, 40: 79 – 94.

[29] Reisen H, Von Maltzan J. Boom and bust and sovereign ratings International Finance, 1999, 2 (2): 273 – 293.

[30] Steiner M, Heinke V G. Event study concerning international bond price effects of credit rating actions International Journal of Finance & Economics, 2001, 6 (2): 139 – 157.

[31] Treepongkaruna S, Wu E. Realizing the volatility impacts of sovereign credit ratings information on equity and currency markets: Evidence from the Asian Financial Crisis Research in International Business and Finance, 2012, 26 (3): 335 – 352.

[32] Vassalou M, Xing Y. Equity returns following changes in default risk: New insights into the informational content of credit ratings Working paper, Columbia University, 2003.

[33] Van Rijckeghem C, Weder B. Financial contagion: Spillovers through banking centers CFS Working paper. No. 1999/17, 1999.

第二章 风险脉冲响应函数
——关于中国股票市场尾部风险的实证分析

郭 枫 孙志鹏 张思妍

摘 要： 本章基于 Chacleishvili 和 Manganelli（2017）提出的多变量动态分位数回归模型（Multivariate Dynamic Quantile Model）对市场风险进行测量，并通过推导脉冲响应函数研究市场风险对个体风险的传导机制。本研究选取沪深300指数、中国工商银行、平安银行和中信证券进行实证分析。结果显示：相比市场，金融机构对于结构性冲击（Structural Shock）更加敏感。此外，左尾冲击相较于右尾冲击会给金融机构带来更显著及持久的影响。这一研究结果验证了多变量动态分位数回归模型的稳健性。

关键词： 分位数回归 脉冲响应函数 VaR 值 结构性冲击

一、引言

自 2007 年美国次贷危机爆发，全球金融市场经历了前所未有的震荡和损失。加强金融风险的预警与管理成为全球业界的共识；学术界也掀起了研究风险管理的高潮。中国自 2001 年加入世界贸易组织后，逐步加大了对外开放的深度及广度，利率市场化改革的基本完成和汇率市场化的不断推进也为中国金融市场的长足发展提供了巨大的机遇，同时我们也面临着诸多挑战，例如：（1）如何有效地定义和测量市场风险。（2）市场风险是如何向个体金融机构传导。这些问题正是本章的研究重点所在。

第二章 风险脉冲响应函数

本章引入 Chacleishvili 和 Manganelli（2017）提出的多变量动态分位数回归模型和风险脉冲响应函数（Quantile Impulse Response Functions，QIRFs），以期提供一个市场风险及其传导机制的新型研究框架。同时，结合我国金融市场的实际情况，以中国 A 股市场为研究对象，选取沪深 300 指数和中国工商银行、平安银行和中信证券 3 家机构为样本，实证分析金融市场和个体金融机构的风险传导。我们首先利用该模型，分别定义并估计出样本的条件 VaR 值（Conditional Quantile）及结构性分位数冲击（Structural Quantile Shock），然后推导出市场和各金融机构的风险脉冲响应函数。在这一系列结果的基础上对我国市场风险的传导机制进行深入分析。

VaR（Value at the Risk）这一概念最早于 1994 年由 J. P Morgan 提出，之后因其能快速、简单地将投资组合的风险信息数量化，逐渐被广泛地用来衡量和报告市场风险。但在传统方法中，VaR 的计算是基于历史概率分布（Historical Distribution），而这一分布是确定性的，并不能很好地描述收益率分布的动态随机过程。因此，选择一个更加合适的模型估计 VaR 值，无论对企业的风险管理还是机构的投资决策都有至关重要的意义。在这一背景之下，Engle 和 Manganelli（2004）提出 CAViaR（Conditional Autoregressive Value at Risk）模型，该模型直接利用分位数回归对数据建模，突破了传统上先确定资产组合收益率概率分布的做法。在这一模型中主要应用到了 Koenker 和 Bassett（1978）提出的分位数回归法（Quantile Regression）。该法主要有以下几个优点：首先，分位数回归所估计出的参数对极端的风险值测度依然很稳健；其次，由于该方法是一种半参数法（Semi-parametric），因此不需要对数据的分布提出任何假设，能有效提高模型的估计效率，降低模型设定偏误。White et al.（2015）对 CAViaR 模型进行了推广，提出了能联合估计多个时间序列 VaR 值的 VAR（Vector Autoregressive）模型，该模型最大的优点在于可直接测量多个随机变量的尾部风险冲击的相关关系，而不是由其时间序列的一阶矩和二阶矩间接得到。

CAViaR 模型和 VAR for VaR 模型都对 VaR 的测度方法进行了拓展，然而它们在推导风险脉冲响应函数的过程中仍然存在若干问题。首先，由于分位数回归没有对误差项分布作具体设定，在CAViaR至VAR形式的推广过程中无法得到一个多变量联合概率分布，因此无法研究不同变量之间的相关关系。其次，即使VAR for VaR模型给出了一个对于误差项的具体设定，但它依然没有将分位数回归模型引入到最开始的数据生成过程（DGP）中，因此无法得到结构性分位数冲击项的具体表达形式，也就无法按照一般情况直接将一次性扰动赋予误差项，而是赋予可观测的收益率，这样得到的风险脉冲响应函数并不准确，仅仅只能称为伪风险脉冲响应函数（Pseudo Quantile Impulse Response Function）。而Chacleishvili和Manganelli（2017）针对上述问题，把DGP一分为二：一方面设定了分位数形式下的DGP，引入了简约形式的分位数冲击（Reduced form Quantile Shock）；另一方面设定了结构性冲击形式下的DGP，引入了结构性冲击的概念，这两个冲击的结合重新定义了结构性分位数冲击。结构性分位数冲击的提出让风险脉冲响应函数的推导成为可能，便于直接研究多变量模型中系对于结构性分位数冲击的动态响应过程，探索金融机构对于结构性分位数尾部冲击的反应。这一过程也检验了该VaR值测度方法的稳健性。

本章综合运用了结构性分位数冲击的概念及风险脉冲响应函数，对中国金融市场进行了实证分析，得出了以下几点结论：（1）Chacleishvili和Manganelli（2017）的多变量动态分位数回归模型很好地拟合了所选用的中国金融市场及机构的样本数据，进一步验证了利用多变量分位数回归模型估计风险值（VaR）的可行性及该模型的稳健性；（2）实证结果显示，相比于市场，金融机构对于结构性尾部冲击更加敏感，这与预期相符；（3）相对于利好的结构性尾部冲击（右尾），负面消息（左尾）所带来的冲击明显会更加的显著且持久。

相应地，本章的创新及学术贡献主要表现在以下几点：（1）本章第一次应用Chacleishvili和Manganelli（2017）的多变量动态分位数回归模型对中国市场及金融机构进行了实证分析，这也是对原模型的一项重要的扩展与检验；（2）通过介绍并运用了一种新的VaR值的测度方法，进一步分析了市场风险由结构至个体的传导机制，有助于投资者更好地识别并管理风险。

本章其他部分的具体安排如下：第二部分详细介绍了Chacleishvili和Manganelli（2017）提出的多变量动态分位数回归模型及风险脉冲响应函数；第三部分则运用上述模型对中国股票市场及金融机构进行了实证分析；第四部分对本章的研究结果进行总结，并指出了后续研究方向。

二、模型设定

Chacleishvili 和 Manganelli（2017）提出的多变量动态分位数回归模型和风险脉冲响应函数为研究市场风险及其传导机制提供了一个新的工具。具体来看，该模型首先，建立了一个拟合市场和金融机构个体收益率之间关系的模型，模型中每个金融机构收益率的尾部动态变化依赖于上一期的市场和金融机构的实际情况，同时简约形式的分位数冲击由收益率标准化得到，即由收益率除以各自的 VaR 值。其次，这种标准化的方法借鉴广义自回归条件异方差模型（GARCH）。假设市场冲击对同期个体冲击有影响而反之无影响，则可由简约形式的分位数冲击和系统性冲击得到结构性分位数冲击。最后，该模型提出了风险脉冲响应函数的概念，即结构性分位数冲击存在与否所导致的期望 VaR 值的差。风险脉冲响应函数可以被用来分析各金融机构对市场冲击的反应程度及吸收速度。

（一）条件分位数模型设定

令 $\{y_{mt}\}_{t=1}^{T}$ 与 $\{y_{it}\}_{t=1}^{T}$ 分别代表市场股指收益率序列和金融机构收益率序列，假如给定在时刻 t 所有可得到的信息集 F_{t-1}，则可分别定义有关市场与金融机构的分位数数据生成过程如下：

$$y_{mt} = q_{mt}\varepsilon_{mt}$$
$$y_{it} = q_{it}\varepsilon_{it} \qquad (2-1)$$

其中 q_{jt} 代表条件分位数，即对应于置信水平 $\theta \in (0,1)$ 的风险值 VaR，ε_{jt} 表示简约形式的分位数冲击，用于衡量市场指数或个体金融机构的尾部扰动，且分位数数据生成过程满足下列约束，

$$\Pr(\text{sgn}(q_{jt})\varepsilon_{jt} \leq \text{sgn}(q_{jt}), F_{t-1}) = \theta, j \in (i,m) \quad (2-2)$$

而与此同时,其含位置参数的 DGP 为

$$y_{mt} = \sigma_{mt} z_{mt}, y_{it} = \sigma_{it} z_{it}, \quad (2-3)$$

$$z_{it} = \rho_i z_{mt} + \sqrt{1-\rho_i^2} w_{it}, \rho_i \in [-1,1] \quad (2-4)$$

其中 w_{mt} 和 w_{it} 是服从 i.i.d.(0,1) 分布,且有连续累积分布函数 $F(\cdot)$ 的结构性冲击。

而我们的目标是建立起结构性冲击与简约形式的分位数冲击之间的关系,通过应用式 (2-1)~式 (2-4),我们可以得到结构性分位数冲击 η_{mt} 和 η_{it} 如下:

$$\eta_{mt} = \frac{\omega_{mt}}{F^{-1}(\theta)}, and \ \eta_{it} = \frac{\omega_{it}}{F^{-1}(\theta)} \quad (2-5)$$

令 ε_{mt} 表示市场结构性分位数,则其与金融机构的简约形式的分位数冲击之间的关系为

$$\varepsilon_{it} = \rho_i \varepsilon_{mt} + \zeta_i \eta_{it} \quad (2-6)$$

在之前的基础之上,我们可定义出我们的条件分位数方程。

市场与机构的 VaR 值迭代过程如下:

$$q_{mt} = w_m + \beta_m q_{m\,t-1} + \alpha_m |y_{mt-1}|$$

$$q_{it} = w_i + \beta_i q_{i\,t-1} + \alpha_i |y_{it-1}| + \alpha_{im} |y_{mt-1}| \quad (2-7)$$

此处采用了类似于 Engle 和 Manganelli (2004) 中 CAViaR 模型的形式,若 $\alpha_{im} = 0$,则该分位数 q_{it} 与 CAViaR 中的完全一样。

而在具体估计 VaR 值序列时,本章参考 Engle 和 Manganelli (2004),利用单纯型 (Nelder-Mead) 算法估计分位数回归模型 (2-7) 的参数。首先用前 300 个样本计算出 VaR 的初始值,然后生成 $10^4 \times 1$ 个独立的、服从均匀分布 (-1,1) 的随机向量,并用 Matlab 自带的 fminsearch 优化函数对每组参数向量计算目标函数值 (RQ),选取最小的 10 组 RQ 值所对应的参数向量作为 Quasi-Newton 算法的初始值,重新计算 RQ 值后,选取最小 RQ 值对应的参数值作为模型的最优估计参数。RQ 的形式为

$$\hat{\gamma}_j = \arg\min_{\gamma_j} T^{-1} \sum_{t=1}^{T} [\theta - I(\mu_{jt}(\gamma_j) < 0)]\mu_{jt}(\gamma_j), j \in (m,i) \quad (2-8)$$

其中 $\mu_{jt}(\gamma_j) = y_{jt} - q_{jt}(\gamma_j)$，$q_{jt}(\gamma_j)$ 为前文（2-7）中所定义的，且有 $\gamma = (\gamma'_m, \gamma'_i)'$，$\gamma_m = (\omega_m, \beta_m, \alpha_m)'$，$\gamma_i = (\omega_i, \beta_i, \alpha_i, \alpha_{im})'$。

在计算估计值的标准误时，我们使用了 Koenker（2005，pp.81）与 Machado 和 Silva（2013）的方法。在计算参数矩阵 γ 估计量的协方差矩阵时，设定临界值 $\hat{h}_T = \hat{k}_T [\varphi^{-1}(\theta + c_T) - \varphi^{-1}(\theta - c_T)]$，其中

$$c_T = T^{-1/3} \left(\varphi^{-1}(1 - 0.025)^{2/3} \left(\frac{1.5(\varphi(\Phi^{-1}(\theta)))}{2(\Phi^{-1}(\theta))^2 + 1} \right)^{1/3} \right)$$

该式中的 $\varphi(\cdot)$，$\Phi(\cdot)$ 分布是概率密度函数和标准正态的累积分布函数，$\hat{\kappa}_T$ 是式（2-8）中的条件分位数残差 μ_{jt} 与残差中位数的绝对值的中位数，即

$$\hat{\kappa}_T = median(|\varepsilon_{jt} - median(\varepsilon_{jt})|)$$

（二）DQ 检验及相关关系检验

如果模型（2-1）描述了收益率和 VaR 值的真实关系，那么 VaR 值的约束条件式（2-2）成立，即对于任意 t，有 $P(y_{it} - \hat{q}_{jt} < 0) = \theta$，这等价于序列 $\{I(y_{it} - \hat{q}_{jt} < 0)\}_{t=1}^{T}$ 满足独立同分布，其中 $\{I_t\}_{t=1}^{T}$ 为示性函数。现有研究表明，如果小于 $\hat{q}_{jt}$ 的 y_{it} 之间存在显著相关关系，则连续发生极端损失的可能性将增加，因此若模型参数估计正确，那么求出的序列 $Hit_{jt} = I(y_{it} - \hat{q}_{jt} < 0) - \theta$，$j \in (m,i)$ 应该是无自相关的。我们借鉴了 Engle 和 Manganelli（2004）中使用的样本内和样本外动态分位数检验（DQ）方法来检测 VaR 值约束条件是否成立。具体来看，首先计算条件 VaR_{jt} 的向前一步预测值，然后算出 $\hat{Hit}_{jt}$，当 $y_{it} < \hat{q}_{jt}$ 时，$\hat{Hit}_{jt} = 1 - \theta$；当 $y_{it} > \hat{q}_{jt}$ 时，$\hat{Hit}_{jt} = -\theta$，随后即可用来构造 DQ 统计量。如果样本内的 DQ 检验值落入拒绝域，则说明该模型不能很好地反映真实数据的情况，如果样本外的 DQ 检验值落入拒绝域，则说明该模型不具有稳定性。因此，DQ 检验不仅是判断模型好坏的一个重要指标，也是评估不同 VaR 模型拟合效果的重要指标。

在检测市场简约形式的分位数冲击 ε_{it} 与个体简约形式的分位数冲击 ε_{mt} 的相关关系时，我们使用最小二乘法（OLS）对模型（6）进行了估计。根据前文中分位数模型的设定，市场结构性冲击 ε_{mt} 会给同期机构简约形式的分位数冲击 ε_{it} 带来影响，而机构简约形式的分位数冲击 ε_{it} 对市场结构性冲击 ε_{mt} 是没有影响的。

（三）风险脉冲响应函数

在得到了对于每一个机构的参数估计向量 $\gamma = (\gamma'_m, \gamma'_i)'$ 和标量参数值 ρ_i，$\mu_m, \mu_i, \tilde{\mu}_i$ 后，我们可以进一步推导出分位数响应函数。其初始设定如下，

$$\Delta^h \equiv E_t[q_{t+h} | \varepsilon_{mt} = 1] - E_t[q_{t+h}], h = 1, 2, 3 \cdots \quad (2-9)$$

其中，$q_{t+h} = (q_{mt+h}, q_{it+h})'$，$\hat{h}$ 测量了在市场冲击之后收益率恢复到原始值的预期天数。结合方程（2-7），我们可得到脉冲响应函数的最终形式及其中用到的一些相关参数

$$\Delta^h = \Gamma^{h-1}(E_t[\Gamma_t | \varepsilon_{mt} = 1] - E_t[\Gamma_t])q_t, h = 1, 2, \cdots \quad (2-10)$$

$$E_t[\Gamma_t | \varepsilon_{mt} = 1] - E_t[\Gamma_t] = \begin{pmatrix} \alpha_m \operatorname{sgn}(q_{mt})(1-\mu_m) & 0 \\ \alpha_{im} \operatorname{sgn}(q_{mt})(1-\mu_m) & \alpha_i \operatorname{sgn}(q_{mt})(\tilde{\mu}_i - \mu_i) \end{pmatrix},$$

$$(t+h)$$

$$\Gamma = E_t \Gamma_t \begin{pmatrix} \beta_m + \alpha_m \operatorname{sgn}(q_{mt})\mu_m & 0 \\ \alpha_{im} \operatorname{sgn}(q_{mt})\mu_m & \beta_i + \alpha_i \operatorname{sgn}(q_{it})\mu_i \end{pmatrix},$$

$\mu_i = E_t(|\varepsilon_{jt}|), j \in (m, i); \tilde{\mu}_i = E_t|\rho_i + \zeta_i \eta_{it}|$。

据已有的结果及公式（2-10），我们可以对市场及每一个金融机构计算出风险脉冲响应函数序列。为了分析脉冲响应的对称性，我们分别求出左右尾的响应函数 $\Delta^h_{1-\theta}$，Δ^h_{θ}，通过将二者相加得到

$$\delta^h = \Delta^h_\theta + \Delta^h_{1-\theta}, h = 1, 2, \cdots \quad (2-11)$$

若 $\delta^h = 0, h = 0, 1, 2, \cdots$，则意味着脉冲响应函数对称。

为了计算响应函数的标准误，我们参考了 Serfling（1980，p.122）中的结

论，可知 $\sqrt{T}(\hat{\Delta}^h - \Delta^h) \sim N(0, G\Omega_\nu G')$，其中有 $\nu = (\gamma'_m, \gamma'_i, \mu_m, \mu_i, \tilde{\mu}_i)'$，且其分布为 $\sqrt{T}(\hat{\nu} - \nu) \sim N(\theta, \Omega_\nu)$；

$\Omega_\nu = diag(\Omega_\gamma, H_{\mu_m}\Omega_\gamma H'_{\mu_m}, H_{\mu_i}\Omega_\gamma H'_{\mu_i}, H_{\tilde{\mu}}\Omega_\kappa H'_{\tilde{\mu}})$,

$G = \nabla_\nu' \Delta^h$ 是有关于参数 ν 的非零矩阵。

三、实证分析

本章选取中国市场上有代表性的股指——沪深300指数（HS300）及三家金融机构——中国工商银行（SH601398）、平安银行（SZ000001）和中信证券（SH600030）作为研究对象，首先，利用多变量动态分位数回归模型估计出各个研究对象的条件VaR值序列；其次，构造风险脉冲响应函数，并结合中国市场的现实情况进行了分析。

（一）数据描述及预处理

为了研究个体金融机构对结构性分位数冲击的响应过程，我们以沪深300指数、中国工商银行、平安银行和中信证券的日收盘价 P_t 作为基础数据，计算连续复利的对数收益率序列 $y_t = (\log p_t - \log p_{t-1}) \times 100$。样本区间为2007年1月4日至2016年12月30日，共2 431个样本数据，其中前2 031个数据用于模型估计，后400个数据用于模型的外推检验。数据来源为Wind数据库。下文的实现过程基于Matlab，Eviews和R等软件完成。

为了检测沪深300指数中可能存在的自相关问题，我们对其原始数据做了EACF及AIC、BIC分析，选定ARMA（5，7）模型拟合沪深300指数的收益率序列，并最终以ARMA（5，7）模型对应的残差序列来代表市场收益率 y_{mt}。

我们首先对样本做基本描述性统计分析。由表2-1可知，四个样本收益率的均值均在零附近波动。在三个金融机构中，中国工商银行的收益率均值最小，同时标准差也最小；中信证券的均值最大，标准差也最大，反映了风险与收益的正向变动关系。四个样本的偏度均小于零，峰度均大于3，呈现出左偏和尖峰厚尾的特征，其中平安银行和中信证券尤为明显。J-B 检验统计量均较大，在1%的置信水平上拒绝了正态分布的原假设，表明四个时间序列都不满足正态分布。

表 2-1　　　　　　　　　描述性统计结果

	均值	标准差	最大值	最小值	偏度	峰度	J-B 统计值
沪深 300	0.0186	1.8721	9.0606	-10.0279	-0.3918	5.8547	741.6047***
中国工商银行	-0.0086	1.8535	9.5791	-12.3298	-0.1821	9.6805	3 788.0089***
平安银行	0.0045	3.1252	9.5687	-54.2865	-3.0855	53.6361	22 020.2349***
中信证券	0.0071	3.4571	9.5704	-60.6390	-3.5182	61.0323	28 918.5649***

注：表 2-1 展示了沪深 300 指数及三家机构日收益率的描述性统计结果，其中沪深 300 指数的时间序列为 ARMA（5, 7）模型对应的残差值。样本的时间跨度为 2007 年 1 月 4 日到 2016 年 12 月 30 日。表中 * 代表在10%的显著性水平下拒绝原假设；** 代表在5%的显著性水平下拒绝原假设；*** 代表在1%的显著性水平下拒绝原假设，下同。

（二）实证结果

在这一部分我们分别在 1% 和 99% 的置信水平（θ）下利用方程（2-7）对市场和金融机构的条件分位数建模，其中市场的条件分位数 q_{mt} 由沪深 300 指数代表，而金融机构的条件分位数 q_{it} 则选取了中国工商银行、平安银行和中信证券三家金融机构分别代表了国有银行、股份制银行及证券公司以做对比研究；RQ 值代表了在最优化过程中所对应的回归目标方程（2-8）的值。其参数估计值及相关检验结果汇总于表 2-2。

分析表 2-2 中的参数估计值、标准误差（圆括号中数值）与 p 值（方括号中数值）可发现，除中国工商银行的截距项 w_i（p = 0.1463）不显著，沪深 300 及三家金融机构在 1% 和 99% 的条件分位数 q_{jt} 对其本身滞后项（q_{jt-1}）及收益率滞后项（y_{jt-1}）的回归系数均在 1% 的置信水平下显著。应注意到 β 值基本都保持在 0.90 附近，这表明了条件分位数有较强的一阶自相关性，这一现象与大多数运用 CAViaR 模型的研究结果一致。同时，我们发现无论是 1% 还是 99% 的分位数，金融机构 α_{im} 的绝对值都小于相应的 α_i（除了中信证券），且各参数 p

值都为零。这表明了市场收益率绝对值与机构条件 VaR 值的显著相关关系,即市场出现极端扰动会增大金融机构的风险值,无论对于正面或是负面的消息。然而,不同类型的金融机构所受到的影响程度不一样,相比于两家银行,中信证券对于市场波动更加敏感。

三家机构相比较,平安银行参数 α_{im} 在左尾和右尾的估计值都偏小(-0.0759, 0.0944),表明平安银行对于市场收益率扰动的敏感性相对较低,这一特点也可以由图 2-1 看出。而对于中信证券,由于其 α_i 值很小(-0.0559, 0.0731),图 2-1 展示的条件分位数序列相对平稳,即使在 2008 年和 2015 年股市两次大震荡附近也波动不大;但是与另外两家机构相对比,其左尾和右尾截距项较大,收益率及条件分位数分布在一个更宽的区域($\pm 10\%$)中,这某种程度上表明了中信证券一直都有一个较高的风险值,出现极端收益或损失的概率更大。

对于银行波动大、分布窄,证券公司波动小、分布宽的现象,我们将其解释为证券公司不同于银行(不论是四大国有或是股份制)的业务模式所造成。我国银行主要以存贷利差等表内业务为运营基础,而证券公司主要从事有价证券买卖业务赚取佣金,这使得银行不论是从政策、体量还是业务模式,都较容易对抗市场风险,因此银行的收益率及条件 VaR 值分布在较窄的区域。然而,银行的市场参与度更高,其对市场的风险扰动也相对更加敏感,系统性风险带来的收益率及条件 VaR 值的波动性也更大。

表 2-2 中的"Hits in-sample"和"Hits out-of-sample"分别检验了样本内或样本外参数估计值($\omega_m, \beta_m, \alpha_m, \alpha_i, \alpha_{im}$)对条件分位数序列 $q_{jt}, j \in (m,i)$ 的拟合程度。其中 $Hit = \sum \hat{Hit}_{jt} = \sum I(y_{it} - \hat{q}_{jt} < 0) - \theta, j \in (m,i)$;而表中"DQ in-sample"和"DQ out-of-sample"分别代表样本内、外 DQ 检验的 p 值。由表 2-2 可知,Hit 值都在零附近波动。而除了市场外的三家金融机构,其 DQ 检验的结果在样本内及样本外都保持了一致的显著性,这表明本实证研究所使用模型具有很高稳健性。

表 2-2　分位数回归的参数估计结果

	θ=0.01					θ=0.99				
	沪深300		工商银行	平安银行	中信证券	沪深300		工商银行	平安银行	中信证券
ω_m / ω_i	-0.0579 (0.0057) [0.0000]	ω_m	-0.0071 (0.0067) [0.1463]	-0.0415 (0.0037) [0.0000]	-0.3219 (0.0135) [0.0000]	0.1275 (0.0079) [0.0000]	ω_i	0.1456 (0.0083) [0.0000]	0.4901 (0.0137) [0.0000]	1.7197 (0.0719) [0.0000]
β_m / β_i	0.8649 (0.0025) [0.0000]	β_m	0.8325 (0.00028) [0.0000]	0.9117 (0.0006) [0.0000]	0.8954 (0.0034) [0.0000]	0.8949 (0.0041) [0.0000]	β_i	0.8254 (0.0035) [0.0000]	0.8876 (0.0027) [0.0000]	0.7313 (0.0106) [0.0000]
α_m / α_i	-0.4743 (0.0080) [0.0000]	α_m	-0.4067 (0.0062) [0.0000]	-0.2496 (0.0035) [0.0000]	-0.0559 (0.0053) [0.0000]	0.2411 (0.0089) [0.0000]	α_i	0.4420 (0.0035) [0.0000]	0.1152 (0.0025) [0.0000]	0.0731 (0.0048) [0.0000]
α_{im}		α_{im}	-0.2366 (0.0083) [0.0000]	-0.0759 (0.0037) [0.0000]	-0.2709 (0.0074) [0.0000]		α_{im}	0.0623 (0.0039) [0.0000]	0.0944 (0.0037) [0.0000]	0.2625 (0.0124) [0.0000]
RQ	123.0713		139.9049	251.5673	268.2507	101.0482		112.5375	181.7851	184.0569
Hits in-sample	0.0138		0.0000	0.0000	0.0028	0.0006		0.0006	-0.0003	-0.0003
Hits out-of-sample	0.0125		0.0000	0.0025	0.0050	0.0025		-0.0050	0.0050	-0.0050
DQ in-sample	0.0109		0.2266	0.9355	0.0000	0.3881		0.9538	0.0738	0.4594
DQ out-of-sample	0.0000		0.2907	0.9905	0.0000	0.6315		0.9885	0.1814	0.7214

注：表中系数由模型 (2-7) 估计所得，分别对应着 1% 和 99% 的置信水平。圆括号和方括号中的数值分别对应着系数的标准误差和 P 值。Hits 值代表模型估计出的 VaR 值失效次数的百分比，RQ 值代表方程 (2-8) 的值，DQ 值为 Engle and Manganelli (2004) 中提出的 DQ 检验的 p 值。In-sample 对应前 2 041 个样本，out-of-sample 对应后 400 个样本。

第二章 风险脉冲响应函数

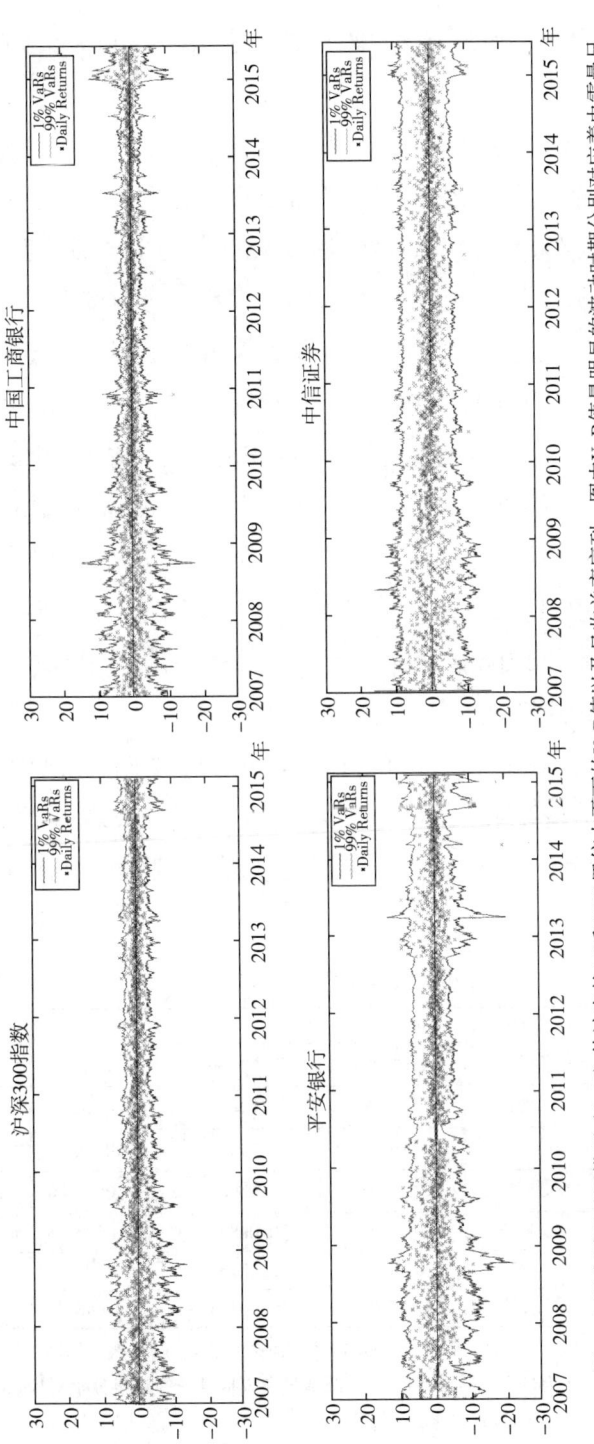

图2-1 条件VaR值的估计量

注：本图分别展示了模型（2-7）估计出的1%和99%置信水平下的VaR值以及日收益率序列。图中VaR值最明显的波动时期分别对应着由雷曼兄弟违约触发的世界经济危机以及2015年我国利率市场化和汇率市场化改革的突破阶段。

图 2-1 汇总了代表市场的沪深 300 指数和各金融机构 1% 和 99% 分位数下的条件 VaR 值及收益率。具体来看，我们有以下几点发现。第一，从图 2-1 中可以直观地观察到，金融机构条件 VaR 值的波动性大于市场，反映了市场对风险具有一定的分散作用。第二，我们观察到了分位数序列分别在 2008 年和 2015 年附近波动幅度明显增大，这两个时期分别对应了样本期内我国股票市场最大的震荡期，说明我们所估计的条件 VaR 值可以有效测度现实的市场风险。第三，出现大的市场扰动时，不同金融机构的 VaR 值呈现出不同的反应程度。在全球金融危机发生后（2008-2009 年）以及我国最近一次大规模股灾（2015 年），中国工商银行的 VaR 值变动显著大于平安银行和中信证券 VaR 值的变动。这一现象可能来源于不同金融机构的市值大小。White et al. (2015) 指出市值越大的企业在股市中的风险敞口越大，受到市场风险溢出效应的影响也会越大。截至 2009 年末，中国工商银行的市值为 13 652 亿元，而平安银行和中信证券的市值分别为 756 亿元和 2 106 亿元，风险值对市场冲击的不同反应程度可能来源于企业规模的数量级性差异。

表 2-3 汇总了在 DGP (1) 中 0.01 和 0.99 分位数下市场结构性冲击与金融机构简约形式的分位数冲击，即 ε_{mt} 与 ε_{it} 的相关关系，并用 t 检验测度其相关关系的显著性。圆括号中是相应估计量的标准误，方括号中给出拒绝原假设 $H_0: \rho \neq 0$ 的 p 值。

表 2-3　　　　　　　　　　相关系数 ρ 的估计结果

	$\theta = 0.01$			$\theta = 0.99$		
	中国工商银行	平安银行	中信证券	中国工商银行	平安银行	中信证券
ρ	0.6316	0.7429	0.8138	0.6105	0.6074	0.6195
	(-0.0166)	(-0.0210)	(-0.0193)	(0.0159)	(0.0162)	(0.0158)
	[0.0000]	[0.0000]	[0.0000]	[0.0000]	[0.0000]	[0.0000]
ζ_i	0.0119	-0.0085	0.0029	0.0087	0.0175	-0.0002
R^2	0.4176	0.3807	0.4662	0.4216	0.4106	0.4305
RSS	154.4449	249.3753	210.3838	182.0375	188.6482	180.6957

注：表中系数由方程 (2-6) 估计所得，ρ 表示市场结构性冲击 ε_{mt} 与金融机构简约形式的分位数冲击 ε_{it} 的相关关系。估计方法为最小二乘法 (OLS)，圆括号和方括号中的数值分别对应着系数的标准误和 P 值。RSS 和 R^2 分别对应残差平方和与判定系数。

第二章　风险脉冲响应函数

基于表2-3结果可见，三大机构的参数值均大于零，且均在1%水平上显著，表明了市场结构性冲击 ε_{mt} 对机构简约形式的分位数冲击 ε_{it} 存在显著的正向影响。此外，相比于右尾，左尾相关系数的估计量更大，表明金融机构对于市场的负面冲击反应更加强烈，由此说明金融机构对市场冲击响应具有不对称性。

通过构造脉冲响应函数，我们可以直观地观察市场与金融机构间尾部冲击的传导过程。金融机构的风险脉冲响应函数由函数（2-9）定义，该函数刻画了在初始时点 t 之后的每一个时点 $t+h,(h=1,2,3\cdots)$ 上存在与不存在市场尾部冲击的条件 VaR 值之间的差值，如果存在市场尾部冲击时，那么式（2-1）中的市场结构性分位数冲击 $\varepsilon_{mt}=1$。风险脉冲响应函数可用于研究金融机构对市场扰动的动态响应过程。图2-2和图2-3分别展示了沪深300指数和三个金融机构左尾和右尾的风险脉冲响应函数。图中的横坐标表示期数 h，纵坐标为响应值。其中，图2-2使用的是1% VaR 值序列，图2-3使用99% VaR 值序列。脉冲响应函数描述了尾部冲击在整个系统中的传导过程以及系统吸收冲击、回归原状态所需时长。当脉冲响应函数值重新渐进趋近于零时，冲击带来的影响基本完全消除。

具体而言，通过图2-2和图2-3我们可以得出以下几点结论：

第一，金融机构的波动性与市场同步，对应于左尾和右尾的市场冲击，分别需要约500期及100期恢复到长期期望值。这表明了无论是市场还是金融机构，负面的市场冲击所造成的扰动需要更长的时间来消除。在表2-3中，无论是对于市场还是个体机构，1% VaR 对应的相关系数的估计量均大于99% VaR 的，这一点同样印证了上述结论。

第二，除了右尾冲击下的平安银行，其他金融机构无论受到左尾还是右尾的市场冲击，其波动幅度均大于市场，表明金融机构对市场冲击更加敏感。这一现象令我们相信沪深300指数作为国内主流的股票市场指数之一，其指标个股及各自权重的构成能充分反映非系统性风险分散后的市场系统性风险水平。

第三，不同的金融机构对市场冲击的反应程度和吸收速度不同。在我们所选取的三家金融机构中，中信证券对市场冲击反应最小，同时吸收速度最快。这一现象可以通过金融机构间资产负债结构的差异解释。White et al.（2015）提出资产负债率越高的企业面临越大的财务风险，在受到市场冲击时，更可能面临现金流不足乃至资金链断裂的问题，因此对市场冲击的反应程度大且吸收速度慢。2008－2009年，中信证券的资产负债率约为65.76%，而中国工商银行和平安银行的资产负债率均为95%左右，这与上述White et al.（2015）的结论一致。

通过式（2－11）的方法，我们可以将左尾和右尾的脉冲响应函数联合起来研究脉冲响应函数的对称性问题。观察图2－4发现，在冲击开始的若干期内，除了工商银行的曲线出现上扬，函数图像大部分表现为右尾冲击导致的自上而下移动，这与其右尾脉冲响应函数初始值的绝对值较大有关。而在大约100期之后，这些函数曲线变得跟图2－2中的曲线高度相似，并且函数曲线都位于0轴下方。这体现了脉冲响应函数的不对称性：左尾负面冲击造成的影响更加地显著且持久。

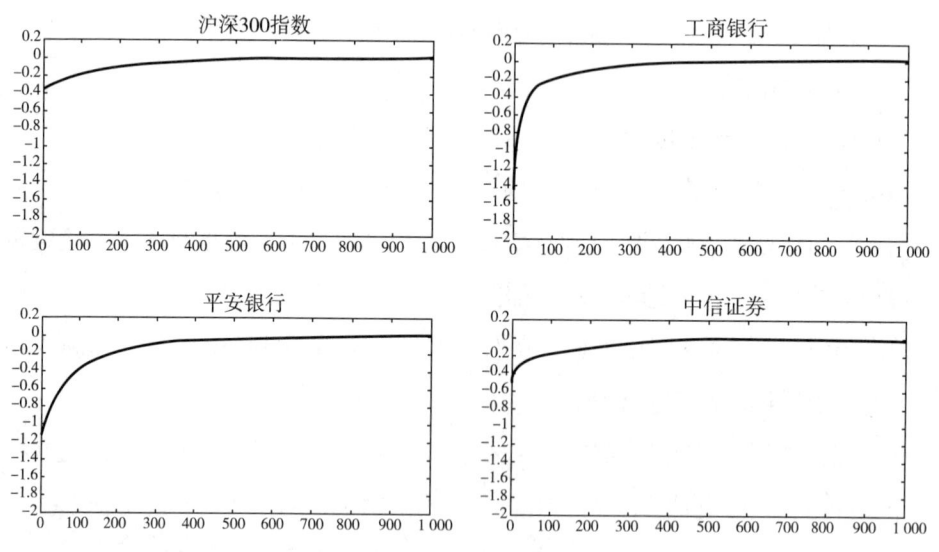

图2－2　1%风险脉冲响应函数

注：本图展示了1% VaR值在市场尾部冲击下的脉冲响应函数，该响应值由方程（2－10）计算所得。响应值的计算基于如下假设：市场冲击对同期个体冲击有影响而反之不成立，下同。

第二章　风险脉冲响应函数

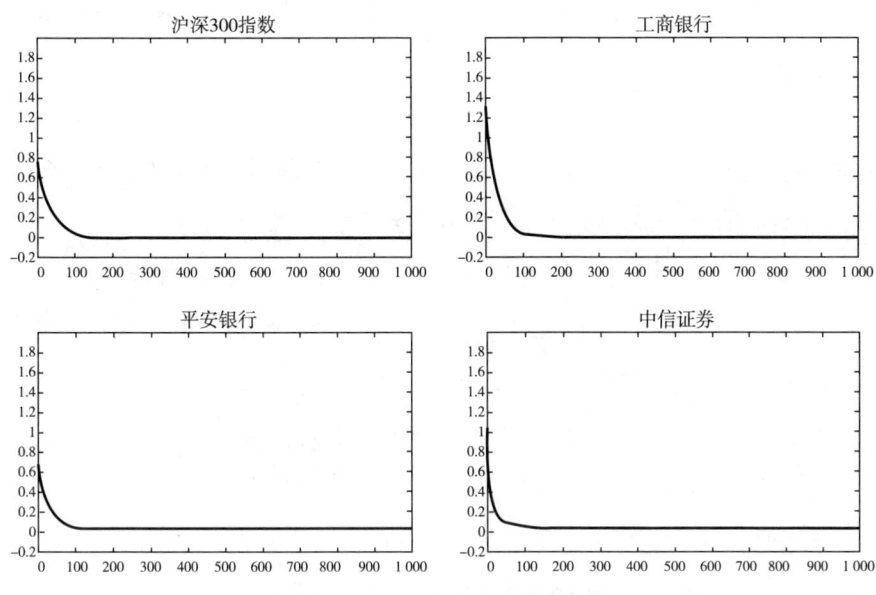

图2-3　99%风险脉冲响应函数

注：本图展示了99% VaR值在市场尾部冲击下的脉冲响应函数，该响应值由方程（2-10）计算所得。

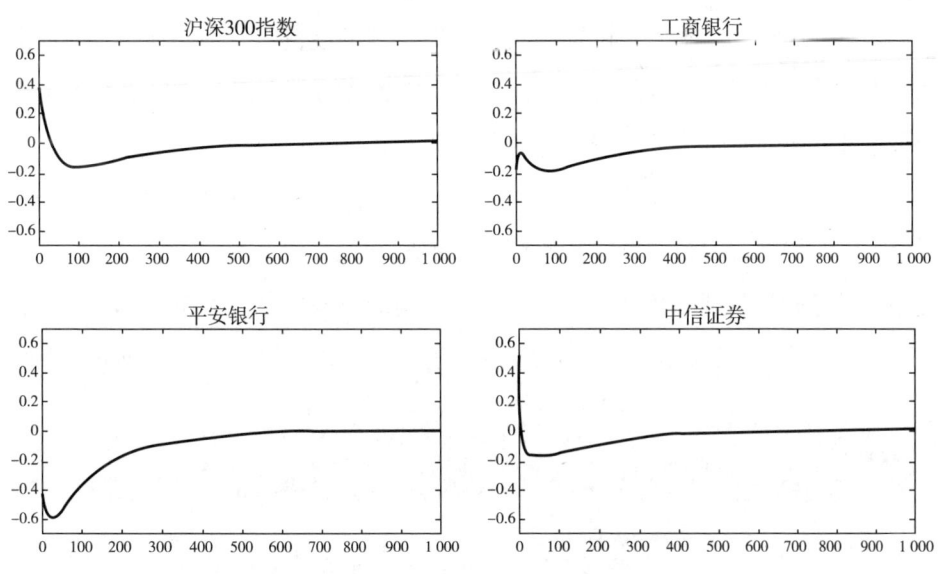

图2-4　风险脉冲响应函数的对称性检验

注：本图展示了1% VaR值和99% VaR值在市场尾部冲击下脉冲响应函数的对称性检验结果，该响应值由方程（2-11）计算所得。

四、结论

本章对最新的风险度量模型——多变量动态分位数回归模型进行了介绍。结合中国金融市场的实际情况,基于中国股票市场,以沪深 300 指数和中国工商银行、平安银行、中信证券为研究对象,在该模型的基础上运用分位数回归方法分别对其风险值——VaR 进行了度量,推导出风险脉冲响应函数,并对市场风险的传导机制进行了分析。实证结果表明:(1) 市场的结构性分位数冲击对金融机构有显著的影响;(2) 相较于正面的市场冲击,负面的市场冲击对金融机构造成的影响更加显著且持久。

本章主要有以下几点研究意义:第一,通过对中国市场的实证分析,检验了 Chacleishvili 和 Manganelli (2017) 多变量动态分位数回归模型的可行性与稳健性。第二,对于投资者,尤其是对于大型机构投资者而言,本章引入了一种在极端冲击下依然稳健的 VaR 值的测量方法,有助于他们更好地规避和管理风险。本章对于市场风险传导机制的研究有助于帮助投资者更清楚认识市场风险的影响,从而通过更高效的资产配置来规避市场风险。第三,更精确的 VaR 值为金融监管机构监管银行的资本充足率提供了更加科学的标准。

不得不承认,本研究还有继续拓展的空间。例如,我们可应用多变量动态分位数回归模型,将企业风险按照行业、地域、国有与否等进行分类研究。我们还可以考虑将非预期交易量引入模型,或考虑将该模型运用于不同类型的经济体,以检测此模型的适应性与稳健性。这些问题将是本课题今后的研究方向。

参考文献

[1] Bollerslev T., 1986. Generalized autoregressive conditional heteroskedasticity. Journal of Econometrics 31, 307–327.

[2] Chavleishvili, S., Manganelli, S., 2017. Quantile Impulse Response Functions. Working Paper.

[3] Hamilton, J. D., 1994. Time Series Analysis. Princeton University Press, Princeton. Engle, R. F., Manganelli, S., 2004. CAViaR: conditional autoregressive value at risk by regression quantiles. Journal of Business and Economic Statistics 22, 367 – 381.

[4] Koenker, R., 2005. Quantile Regression. Cambridge University Press, Cambridge. Koenker, R., Bassett, G., 1978. Regression quantiles. Econometrica 46, 33 – 50.

[5] Lin, W. -L., 1997. Impulse Response Function for Conditional Volatility in GARCH Models. Journal of Business and Economic Statistics 15, 15 – 25.

[6] Machado, J. A. F., Silva, J. M. C. S., 2013. Quantile regression and heteroskedasticity, Discussion Paper, University of Essex, Department of Economics.

[7] Serfling, R. J., 1980. Approximation Theorems of Mathematical Statistics. Wiley, New York.

[8] Taylor, S., 1986. Modelling Financial Time Series. Wiley, New York.

[9] Tsay, R. S., 2005. Analysis of Financial Time Series. 2nd Ed. New York: John Wiley.

[10] White, H., Kim, T. H., Manganelli, S., 2015. VAR for VaR: Measuring tail dependence using multivariate regression quantiles. Journal of Econometrics 187, 169 – 188.

[11] White, H., Kim, T. H., Manganelli, S., 2008. Modeling autoregressive conditional skewness and kurtosis with multi – quantile CAViaR. In: Russell, J., Watson, M. (Eds.), Volatility and Time Series Econometrics: A Festschrift in Honor of Robert F. Engle.

第三章 离岸人民币远期市场与在岸即期市场间的信息传递及互动

——2015年"8·11汇改"前后

李晗旭 李 杰

摘 要：本章借助格兰杰因果检验和MGARCH-BEKK模型，对2015年"8·11汇改"前后离岸人民币远期市场和在岸即期市场间的价格溢出及波动溢出关系进行深入研究。分析表明："8·11汇改"前后离岸人民币远期市场与在岸即期市场间价格溢出关系发生显著转变，由汇改前离岸远期价格引导在岸即期价格变化，转变为汇改后在岸即期市场主导价格变化并伴随一定双向溢出。"8·11汇改"后，在岸即期市场对波动冲击的消化和反应速度加快。"8·11汇改"的实施使在岸市场更好地释放了人民币升贬值压力，汇率价格更真实地反映市场供需，提升了其价格发现和价格引导能力，但市场间日益增强的互动也为市场维稳和风险防控提出新要求。

关键词：汇率改革 人民币汇率 溢出效应

一、引言

当前开放的经济环境背景下，中国经济总量占全球比重不断上升，频繁的国际贸易和投资活动使人民币汇率成为极为重要的金融价格变量，其走势与波动直接关乎投资贸易活动，进一步影响到我国实体经济的发展和国民福利的提升。我国境内人民币外汇市场（以下简称CNY）于1994年成立，然而由于我

第三章　离岸人民币远期市场与在岸即期市场间的信息传递及互动

国长期实行外汇管制，境外投资者和企业无法直接进入境内外汇市场。伴随境外投资者参与中国经济热情不断上升，加之金融风险规避和对冲需要，离岸人民币非交割远期（Non-deliverable Forward，以下简称 NDF）市场应运而生并发展壮大，香港离岸人民币外汇市场（以下简称 CNH）的建立又进一步催生了人民币可交割远期（Deliverable Forward，以下简称 CNHDF）的迅速发展。

NDF 主要运用于实行外汇管制的货币，指交易双方于未来指定日期，就事先约定汇率与即期汇率之差额进行结算，无须交割本金。人民币 NDF 交易最早于 1996 年在新加坡出现，随后中国香港、伦敦、纽约、中国台湾等地也相应推出 NDF 交易，目前香港为人民币 NDF 最大市场。人民币 NDF 市场形成初期发展缓慢，日均交易量偏低，仅百万美元。2002 年，伴随亚洲金融危机的消退，中国贸易顺差和宏观经济发展实现持续增长，境外资金参与中国市场的热度快速提升，带动了人民币 NDF 市场的蓬勃发展。2004 年人民币 NDF 日均交易已超 5 亿美元，在 2008 年至 2009 年的高峰期，日均交易突破 100 亿美元。2011 年至 2013 年，日均交易有所回落，维持在 30 亿~50 亿美元，但值得关注的是，随着香港离岸人民币市场（CNH）的不断壮大，NDF 市场出现明显萎缩，截至 2016 年，人民币 NDF 日均交易规模仅 17 亿美元，较之前鼎盛期萎缩明显。

人民币 NDF 定价由境外人民币的市场供求决定，相比其他远期产品的定价过程，人民币 NDF 的定价并非直接受到国内外市场利率及货币政策影响，而更多的是反映出贸易商、金融机构、对冲基金等境外投资者（包含投机者）对人民币升贬值预期，受到市场中参与者（投机者及套期保值者）形成的博弈力量最终形成 NDF 市场报价，NDF 汇率价格反映了市场中各方力量相互博弈后形成的均衡价格（任兆璋等，2005；张陶伟等，2005；黄颖等，2009）。因人民币 NDF 市场处于国境之外、不受境内监管、市场化程度高等特性，有观点认为人民币 NDF 汇率能够较好地反映国际金融市场对人民币汇率的预期，市场较为理性（Wang 等，2017；Doukas 等，2013；Liu 等，2012），同时由于金融衍生品交易的低成本、灵活性及便利性优势，市场化程度较高的远期（期货）市场，将具有引领当前现货价格变化和传递信息的信号功能（Wang 等，2014；Lipscomb，2005；陈蓉等，2007；陈蓉、郑振龙等2009；黄颖、黄志刚，2009）。

2010年7月，中国人民银行与中银国际（香港）签署了新修订的《香港银行人民币业务的清算协议》，自此香港人民币离岸市场初步建立。随着香港银行间人民币外汇交易不断增加，市场流动性迅速增强，人民币跨境贸易参与者数量不断扩大，贸易企业的避险需求快速上升。为满足跨境贸易商、境外金融机构、对冲基金等投资者（包含投机者）套期保值、风险规避、市场间套利等需求，香港人民币可交割远期（CNHDF）外汇市场应运而生，自2011年6月起，香港多家金融机构开始提供CNHDF报价。与离岸NDF市场类似，CNHDF市场交易存在较少限制，其汇率定价由最初参考NDF定价发展为按照市场供求决定，反映了香港离岸市场的外汇供求信息。根据国际清算银行公布的数据，自2010年4月至2013年4月，CNHDF日均交易由无发展至每日70亿美元（McCauley等，2014），截至目前，离岸人民币DF交易规模已超过离岸人民币NDF交易规模，CNHDF市场为离岸人民币DF交易主体市场。受到CNH市场迅速扩张的冲击，NDF交易量不断下降，CNHDF市场对离岸人民币NDF市场产生了替代影响（McCauley等，2014；McCauley等，2016），使得NDF的信息引领优势和价格发现功能削弱（陈波帆，2012），因此在考察离岸远期外汇市场的价格引领及信号功能时，CNHDF的指标意义不可忽视。

2015年8月11日，中国人民银行宣布调整人民币对美元汇率报价机制，标志着央行在人民币中间价改革进程中迈出的重要一步。"8·11汇改"之前，人民币中间价形成机制实质上为"黑匣子"操作，央行自由量裁空间较大，市场汇率价格与央行公布的中间价之间常存在较大偏差，尽管日波幅限制有所扩大，但人民币汇率市场化程度仍处较低水平。根据"8·11汇改"规定，做市商报价需参考上日银行间外汇市场收盘汇率，同时由盯紧美元转为参考一篮子货币，"参照系"的设立使人民币中间价来源更加明确，形成机制更为透明，央行的暗箱操作空间大大缩小。加之2014年3月扩大人民币日波幅限制为2%，央行对人民币汇率由"勒紧绳子"逐渐过渡到"松绳放手"，人民币汇率在市场化道路上更进一步。

第三章 离岸人民币远期市场与在岸即期市场间的信息传递及互动

已有研究表明,我国汇率市场化改革对人民币在岸市场和离岸市场之间的价格引导及互动关系会产生显著影响(黄学军等,2006;徐剑刚等,2007;仇自成等,2010;黄志刚等,2012),但因时间原因,过往研究均围绕2005年汇改展开,未有文献对更为市场化的"8·11汇改"进行深入探究。本章将立足当下,运用最新市场数据,重点探索"8·11汇改"背景下的人民币即期市场和离岸远期市场间的信息传递和互动关系,研究人民币境内外市场间关系是否在汇改前后发生显著转变,并对可能导致转变的原因进行深入剖析。此外,以往文献在研究远期外汇市场的价格发现功能时大多采用人民币NDF汇率,将人民币NDF汇率作为人民币升贬值的市场预期值,较少考虑到2010年以来蓬勃发展的CNHDF市场正在逐渐边缘化离岸NDF汇率的影响力。本章将加入对CNHDF汇率的探究,更加全面准确地考量"8·11汇改"前后离岸远期市场对在岸即期市场的信息传递及互动。

本章以离岸远期与在岸即期市场间价格引导与互动模式的转变为视角,重点挖掘"8·11汇改"在指导人民币汇率走势与把握人民币汇率定价权方面的政策意义。对于监管层来说,市场间价格溢出方向的变动可以揭示离、在岸汇率市场价格引导力的变化(黄志刚、郑国忠,2012),若"8·11汇改"的实施能够显著增强在岸现汇市场的价格引导力,则境内人民币汇率定价权将得以稳固,宏观政策调控的独立性和有效性将得以提升(Park,2001;Behera,2011;Wang等,2014;McCauley等,2016)。此外,投资者可以通过把握市场间互动关系进行合理操作而规避市场风险(Park,2001;Behera,2011;Colavecchio等,2009),同时市场间可能存在的风险溢出及传导也对市场监管者有效把控市场风险提出新要求。

二、文献综述

在离岸远期汇率与在岸即期汇率的价格溢出方面(线性),国内外学者已展开众多研究。基于2005年至2006年数据,徐剑刚、李治国和张晓蓉(2007)

运用格兰杰因果检验，发现 NDF 市场对即期市场的单向报酬溢出效应。李晓峰和陈华（2008）基于 2006 年至 2007 年数据，同样发现境外 NDF 市场对即期市场存在明显的报酬溢出效应，而即期市场对境外衍生品市场仅存在滞后的报酬溢出。李宪铎和黄昌利（2008）基于 2006 年出台的限制境内机构和个人参与 NDF 交易的政策，发现政策实施后出现了即期汇率引导一年期 NDF，境内现汇市场出现本土优势；而严敏和巴曙松（2010）却指出，由于境内市场的发展滞后以及一定程度的制度约束，NDF 监管政策出台后仍存在 NDF 市场到境内即期市场的价格溢出效应，NDF 市场仍处于市场价格信息的中心地位。2010 年 CNH 市场成立之初，熊鹭（2011）基于 CNH 市场数据发现，NDF 市场的价格引导力仍为最强，依次是 CNY 市场和 CNH 市场。贺晓博和张笑梅（2012）构建 VAR 模型，运用协整检验及格兰杰因果检验发现 CNHDF 对境内远期价格开始产生一定影响，但 NDF 市场对香港和境内人民币价格仍存在较强影响。而后，陈波帆（2012）则发现 CNHDF 市场已对 NDF 市场逐步产生替代影响，使得 NDF 市场由引导境内即期变为不再引导即期。赵胜民、谢晓闻和方意（2013）也指出无论是人民币即期定价权还是远期定价权，均不存在旁落境外的问题。

关于汇率制度改革对离在岸市场间价格溢出关系的影响，Park（2001）、Rhee 和 Lee（2005）分别探究了韩国 1997 年汇改前后韩元 NDF 汇率与即期汇率之间的价格溢出关系，研究均发现两市场间存在长期协整关系，但汇改前存在即期市场对 NDF 市场的价格溢出，汇改后该关系出现反转，研究说明汇率制度改革使市场间互动关系发生显著转变。针对我国 2005 年汇率改革，黄学军和吴冲锋（2006）比较分析了汇改前后离岸 NDF 汇率和在岸即期汇率间因果关系，发现改革后境内现汇市场逐步显出本土优势，即期汇率开始引导 1 年期 NDF 汇率，但现汇价格与真正意义的市场汇率仍有差距。王曦和郑雪峰（2009）指出 2005 年汇改后出现离岸 NDF 汇率和在岸即期汇率相互引导，但境外影响境内的总体态势未变。黄志刚和郑国忠（2012）则发现 2005 年汇改后伴随汇率弹性的提升，境内市场对 NDF 市场的价格引导力得以提升，指出越偏市场化和自由化的汇率越具有定价主导力。黄志刚、耿庆峰和吴文平（2014）基

第三章 离岸人民币远期市场与在岸即期市场间的信息传递及互动

于汇率日波幅政策研究发现，伴随人民币汇率日波幅限制的逐渐扩大，境内即期汇率市场将取代 NDF 市场成为信息中心，NDF 的价格中心地位被削弱。由此可见，汇率制度的变更可对离在岸市场间的信息传递方向产生显著影响。

据已有文献来看，目前针对 2015 年"8·11 汇改"前后在岸即期汇率与离岸远期汇率间互动关系的研究仍为空白，本章将以改革前后市场间互动模式的转变为视角，考察更为市场化的"8·11 汇改"在巩固在岸人民币汇率定价权及价格引导力方面的重要作用，并呈现市场间潜在的风险传导。此外，本章基于当前国情，充分考虑了 CNH 远期市场对 NDF 交易规模产生的冲击，综合考察 NDF 及 CNHDF 汇率与在岸即期汇率间的溢出效应。该研究将对我国汇率市场化改革产生的政策意义做出综合评价，为市场监管者和投资者提供理论参考。

三、研究方法与模型

离岸人民币远期市场与在岸人民币即期市场间的信息传递及互动主要包括市场间线性的报酬溢出效应（价格引导和价格发现）和非线性的波动溢出效应，本章将分别运用格兰杰因果检验和多元向量 GARCH 模型（MGARCH - BEKK）分别探究上述两种溢出效应。

本章首先采用格兰杰因果检验方法探究人民币离岸远期市场和在岸即期市场间存在的价格溢出效应。格兰杰因果检验基于时间序列稳定的重要假设，其"因果"关系并非字面意义上的因果性，是指对于服从平稳随机过程的两时间序列量 X 和 Y，变量 X（Y）过去的信息对变量 Y（X）的预测具有改进作用。若利用时间序列 X 和 Y 的过去值共同对时间序列 Y 进行预测，比只用 Y 的过去值预测产生更小的预测误差，则可称两时间序列间存在着从 X 到 Y 的"因果"关系。结合本章研究举例来说，若能显著拒绝"离岸远期市场的价格变动不能引起在岸即期市场的价格变动"原假设，我们便可以认为离岸远期市场过去的价格变动信息对当期在岸即期市场的价格变动具有价格溢出效应或价格引导作用。

四、实证结果分析

(一) 样本数据选取

本章将重点探究 2015 年 "8·11 汇改" 前后人民币境内外市场的信息传递及互动关系,进一步综合数据可获得性（CNHDF 数据可获得区间较短）,本章将以 2015 年 8 月 11 日作为样本分割点,选定 CNY 即期汇率和 NDF 汇率样本区间为 2014 年 1 月 1 日至 2016 年 12 月 2 日,选定 CNHDF 汇率数据样本区间为 2014 年 11 月 4 日至 2016 年 12 月 2 日。剔除因境内外节假日造成的交易不一致数据,CNY 即期汇率和 NDF 汇率全样本数据量为 763 个,其中 "8·11 汇改" 前数据量为 419 个,"8·11 汇改" 后数据量为 344 个。CNHDF 汇率全样本数据量为 544 个,其中 "8·11 汇改" 前数据量为 200 个,"8·11 汇改" 后数据量为 344 个。在研究 CNY 即期市场和 CNHDF 两个市场间关系时,样本区间长度以短样本 (CNHDF) 区间为准。

本章实证研究中汇率报价均采用直接标价法,其中 CNY 即期汇率为人民币兑美元每日中间价,数据来源为能够及时反映国内外汇市场实时变动的中国银行报价。根据数据统计,人民币 NDF 交易品种以一年期和一年以下最为活跃（黄颖和黄志刚, 2009）,相似地, CNHDF 市场交易也以短期品种（一年及以下）为主。因此,为全面考察境内外市场间互动关系,本章将分别选用 1 月期 (1M)、2 月期 (2M)、3 月期 (3M)、6 月期 (6M) 和一年期 (1Y) 五个短期品种的离岸远期合约数据进行研究,不同期限的 NDF 及 CNHDF 汇率数据均从 Bloomberg 获取。为尽可能获取平稳数据,人民币汇率收益率计算将对不同品种的每日汇率报价 P_t 先取对数再进行差分,最后乘以 100 便于数据分析,具体计算公式如下:

$$R_t = 100 \times (\ln P_t - \ln P_{t-1}) \qquad (3-1)$$

第三章 离岸人民币远期市场与在岸即期市场间的信息传递及互动

(二) 数据描述性统计及平稳性检验

表3-1为"8·11汇改"前样本期内各收益率序列的统计特征和平稳性检验结果。从均值和中位数统计可以看出,该期间人民币大体表现为贬值,其中NDF1Y和CNHDF1Y汇率贬值幅度大于SPOT市场。由数据标准差看出NDF2M、NDF1Y和CNHDF6M、CNHDF1Y市场的波动程度大于SPOT市场。偏度和峰度值显示各收益率均呈现尖峰有偏形态,JB统计量显示各市场收益率均不服从正态分布。对各收益率序列进行带有截距项的单位根检验,P值均接近于零,证明各收益率序列均平稳,满足后续格兰杰因果检验和波动溢出效应研究假设。

表3-1 "8·11汇改"前各市场收益率描述性统计和平稳性检验

描述性统计分析与平稳性检验(改革前)									
变量	均值	中位数	标准差	偏度	峰度	JB	P值	ADF检验	
								t统计量	P值
SPOT	0.010	0.005	0.150	4.64	58.55	55 375.95	0	-15.99	0
NDF1M	0.001	0.000	0.071	0.39	5.58	127.03	0	-19.79	0
NDF2M	0.010	0.000	0.207	15.44	287.72	1 431 899.00	0	-8.64	0
NDF3M	0.001	0.000	0.095	0.38	5.14	89.87	0	-20.47	0
NDF6M	0.003	-0.002	0.113	0.38	5.46	115.32	0	-19.31	0
NDF1Y	0.014	0.000	0.219	8.98	139.11	329 079.20	0	-13.00	0
CNHDF1M	0.008	0.005	0.143	0.36	4.21	15.71	0	-12.81	0
CNHDF2M	0.008	0.003	0.146	0.40	4.34	19.19	0	-12.91	0
CNHDF3M	0.008	0.004	0.148	0.44	4.36	20.70	0	-12.92	0
CNHDF6M	0.009	0.005	0.183	0.17	8.21	214.83	0	-14.78	0
CNHDF1Y	0.011	0.008	0.180	0.53	4.15	19.36	0	-13.23	0

注:在岸即期汇率SPOT和各期限NDF汇率的样本区间为2014年1月1日至2015年8月10日,各期限CNHDF汇率的样本区间为2014年11月4日至2015年8月10日。JB为Jarque-Bera统计量,用以检验变量是否服从正态分布,若P值拒绝原假设,则变量不服从正态分布。ADF检验为带截距项的单位根检验,若P值拒绝原假设,则收益率序列平稳。

表 3-2 为"8·11 汇改"后样本期各收益率序列的统计特征和平稳性检验结果。均值和中位数显示此期间美元一路走强，离岸远期汇率相比 SPOT 汇率呈现出更为明显的贬值。与改革前样本标准差相比，改革后各市场波动显著提升，且离岸远期市场波动性明显高于 SPOT 市场，这一方面体现出"8·11 汇改"后人民币汇率市场动荡整体加大；另一方面体现出管制较少、市场化程度更高的人民币离岸远期市场的波动幅度要高于在岸有管制的即期汇率市场。与改革前样本特征类似，各收益率均呈现尖峰有偏形态，且不服从正态分布。单位根检验证明改革后各收益率序列均仍保持平稳。

表 3-2 "8·11 汇改"后各市场收益率描述性统计和平稳性检验

变量	描述性统计分析与平稳性检验（改革后）								
	均值	中位数	标准差	偏度	峰度	JB	P 值	ADF 检验	
								t 统计量	P 值
SPOT	0.025	0.015	0.182	-0.27	11.86	1 130.25	0	-18.71	0
NDF1	0.035	0.015	0.333	5.97	65.74	58 471.97	0	-18.57	0
NDF2	0.024	0.020	0.282	3.62	46.10	27 375.51	0	-24.67	0
NDF3	0.036	0.018	0.361	5.39	56.01	41 936.54	0	-18.33	0
NDF6	0.036	0.015	0.363	4.68	48.95	31 516.05	0	-18.46	0
NDF12	0.025	0.022	0.303	1.03	11.41	1 074.77	0	-19.33	0
CNHDF1M	0.027	0.000	0.315	2.73	30.24	10 513.58	0	-20.10	0
CNHDF2M	0.028	0.006	0.322	2.64	28.32	9 115.49	0	-20.08	0
CNHDF3M	0.027	0.000	0.331	2.53	26.28	7 735.76	0	-20.07	0
CNHDF6M	0.028	0.000	0.360	1.85	19.31	3 813.07	0	-20.93	0
CNHDF1Y	0.028	0.000	0.408	1.20	16.58	2 593.21	0	-21.59	0

注：在岸即期汇率 SPOT 和各期限远期汇率的样本区间均为 2015 年 8 月 11 日至 2016 年 12 月 2 日。JB 为 Jarque-Bera 统计量，用以检验变量是否服从正态分布，若 P 值拒绝原假设，则变量不服从正态分布。ADF 检验为带截距项的单位根检验，若 P 值拒绝原假设，则收益率序列平稳。

（三）市场间价格溢出关系的格兰杰因果检验

本章对各市场组选取 1 阶至 7 阶滞后阶数，分析某个市场的收益率变动如何影响其他市场一周以内的收益率变动，更为全面的捕捉一周内离、在岸市场

第三章 离岸人民币远期市场与在岸即期市场间的信息传递及互动

间的价格溢出关系。

表3-3为"8·11汇改"前在岸即期汇率与各期限NDF的格兰杰因果关系统计，结果显示我们可以在1%显著性水平下拒绝"NDF2M不是SPOT的格兰杰原因"和"NDF1Y不是SPOT的格兰杰原因"的原假设，且该显著性水平在一周内持续，说明"8·11汇改"前NDF2M和NDF1Y对在岸即期汇率产生显著而持续的价格引导作用。NDF3M和NDF6M表现出对在岸即期汇率的微弱引导，该作用分别在滞后1阶和2阶后快速消退。此外，在10%显著性水平上存在NDF1M和在岸即期汇率的双向引导，但该溢出效应仅在滞后1阶时有所体现。综合来看，"8·11汇改"前，在岸即期汇率更多地受到NDF的价格引导，汇改前NDF市场发挥了更为明显的价格发现和价格引领功能。表3-4为"8·11汇改"后在岸即期汇率与各期限NDF的格兰杰因果统计，结果显示我们可以在1%的显著性水平上拒绝"SPOT不是NDF格兰杰原因"的原假设，且该显著性具有持续性，说明汇改后在岸即期显著并持续引导各期限NDF汇率。此外，我们还发现了在岸即期汇率与NDF2M、NDF1Y间显著的双向价格溢出效应。总的来说，"8·11汇改"后，在岸即期汇率与各期限NDF间的价格溢出模式发生明显改变，由之前的NDF市场主导价格引领功能转变为在岸即期引导各期限NDF，同时我们还发现在岸即期市场与NDF市场间呈现出一定的双向信息传递。

表3-4为"8·11汇改"后CNY即期汇率与各期限NDF汇率的格兰杰因果关系检验结果。通过P值呈现的信息我们可以清晰地发现汇改后市场间的价格溢出方向发生了显著地改变，结果显示我们可以在1%的显著性水平上拒绝"SPOT不是NDF1M的格兰杰原因""SPOT不是NDF3M的格兰杰原因"和"SPOT不是NDF6M的格兰杰原因"的原假设，且该显著性具有持续性，即汇改后境内SPOT市场收益率显著并持续引导以上期限NDF市场收益率。同时我们还发现了境内SPOT市场与NDF2M、NDF1Y市场间显著的双向价格溢出效应，即两市场间收益率彼此影响和引导，未出现一方明显引导另一方情况。总的来说，"8·11汇改"后，境内SPOT市场与各期限NDF市场间价格溢出模式

发生明显改变，由之前的NDF市场主要发挥价格引导作用过渡到境内SPOT市场主导价格引领功能，并且我们还发现汇改后境内即期市场和境外远期市场间已呈现出明显的双向信息传递。

伴随CNH市场的迅猛发展，NDF市场规模迅速萎缩，仅考察"8·11汇改"前后NDF与在岸即期市场间价格溢出关系有失准确性，现将CNHDF市场纳入考量。表3-5为"8·11汇改"前在岸即期汇率对各期限CNHDF的格兰杰因果统计，结果显示我们可以在1%水平和5%水平下分别拒绝前三个市场组和后两个市场组对应的"CNHDF不是SPOT格兰杰原因"的原假设，且前三个市场组表现出的显著性在一周中持续，后两个市场组的显著性在4天内衰退。总体来看，"8·11汇改"前，CNHDF市场发挥着更为明显的价格引导作用，呈现出离岸远期汇率引导在岸即期汇率变化。表3-6为"8·11汇改"后在岸即期汇率对各期限CNHDF间的格兰杰因果统计，结果显示我们可以在1%显著性水平上拒绝各市场组"SPOT不是CNHDF格兰杰原因"的原假设，且该显著性可持续。此外，结果也表现出在岸即期汇率与CNHDF3M、CNHDF6M和CNHDF1Y间呈现一定的双向价格溢出，该双向溢出性在2~3天后消退，此后则表现为在岸即期引导离岸远期汇率。由此可见，"8·11汇改"后在岸即期市场和各期限CNHDF市场间价格引导关系也出现明显转变，由之前的CNHDF发挥更为明显的价格引导作用转变为在岸即期汇率引导CNHDF，同时也伴随着较弱程度的双向价格溢出。

结合以上结果可发现，"8·11汇改"前后在岸即期汇率与离岸远期汇率间的价格溢出关系出现较为明显的转变，由汇改前的"离岸远期市场价格引导在岸即期市场价格"转变为汇改后的"在岸即期市场主要引导离岸远期市场"。以往文献中不乏关于离岸远期市场（NDF市场）引导在岸即期市场的描述，并将这种价格引领现象描述为"境外（NDF）市场处于市场价格信息的中心地位"或"境外（NDF）市场掌握了人民币汇率定价权"，进而引发了一系列对"人民币定价权是否旁落境外"的担忧和探讨（李晓峰和陈华，2008；戎如香，2008；严敏和巴曙松，2010；赵胜民、谢晓闻和方意，2013）。

第三章 离岸人民币远期市场与在岸即期市场间的信息传递及互动

本章结合"8·11汇改"带来的制度性改变,对以上现象提出不同于以往文献的解释。2005年汇改至2015年"8·11汇改"十年间,我国实行以市场供求为基础、参考一篮子货币、有管理的浮动汇率制度,虽然放弃了盯住美元的固定汇率制,日波幅限制也在逐步放宽,但在岸即期汇率仍长期受到央行公布的中间价牵制,市场中人民币升贬值压力只能得以缓慢释放,有时甚至受到干预和抑制无法释放。而政策限制相对较少、市场化程度相对较高的离岸远期市场却能更为真实地体现人民币的升贬值压力及预期,并将此信息较为快速的反应在价格之上,因此统计上表现出离岸远期价格率先走低,在岸即期价格随后变化。"8·11汇改"后,人民币汇率报价设置了更为明确的"参照系",央行的"暗箱操作"空间大大缩小,制度上的"松绳放手"使在岸人民币汇率可以更为快速而灵活地反映市场升贬值压力和预期,加之在岸市场更为巨大的交易规模和本土信息优势,大大提升了在岸即期市场的价格引导和价格发现功能。统计上出现的"离岸远期价格引导在岸即期价格",究其原因,我们很难说过去"离岸远期市场掌握着人民币汇率定价权"或"人民币定价权旁落境外",是我国的汇率制度延缓和抑制了在岸即期价格的变化,而"8·11汇改"的出现促进了在岸即期市场正常的压力释放,证实了更为市场化和自由化的汇率市场将发挥更为强大的定价主导力。

五、结论与启示

本章运用格兰杰因果检验和MGARCH-BEKK(1,1)模型,对"8·11汇改"前后人民币在岸即期市场与NDF市场和CNHDF市场间的信息传递及互动关系做出探究,针对汇改前后市场间存在的价格溢出和波动溢出效应,本章得出如下结论:

"8·11汇改"前后在岸SPOT市场与NDF市场间以及境内SPOT市场与CNHDF市场间的价格溢出关系均发生明显变化。汇改前主要表现为离岸远期市场价格引导在岸即期市场价格,汇改后转变为在岸即期市场价格主要引导离岸远期市场价格，且伴随一定程度的双向溢出。汇改后，人民币在岸即期市场的价格引导和价格发现功能提升。

"8·11 汇改"后，在岸 SPOT 市场的波动持久性（GARCH 效应）减弱，市场对波动冲击信息的消化和处理速度加快；离岸 NDF 市场的波动持久度较汇改前明显增强。

2015 年 8 月 11 日，人民币汇率改革是我国推进人民币汇率市场化的重大举措，此次改革为人民币中间价的确定设立了更为明确而透明的"参照系"，使人民币汇率变动由以往的央行人为定价逐步向以供求为主导的市场定价方式过渡。更为市场化的机制设立使在岸即期市场价格变动更加灵活自由，市场供求对人民币汇率造成的升贬值压力得到更好的释放，加之在岸市场庞大的交易规模和本土信息优势，其价格引导和价格发现功能得以凸显，且兼具影响远期市场预期的信号传递作用，改变了以往在岸即期价格被离岸远期价格单向引导的局面，表现为在岸即期价格主要引导离岸远期价格，并伴随一定程度的双向溢出。

更加市场化的汇率制度使人民币升贬值压力的释放更为自如，价格变动能够更加真实地反映供求关系和市场信息，有助于在岸市场牢握人民币汇率定价权。若一国可以有效掌握主权货币汇率的定价权，则监管者则可在监管合规的范围内，借助境内即期市场价格变化引导本币汇率走势及市场预期，有效避免本币汇率受境外市场投机因素干扰，从而增强货币政策的有效性并实现监管意图。此外，伴随市场信息更加透明，价格传导渠道更为畅通，市场投资者则可更为有效配置资源，更好地实现风险管理目标。至今，"8·11 汇改"的推行时日不算太长，改革伴随的政策利弊仍需讨论，综合本章结论我们认为，如何在把握人民币定价权、推进人民币汇率市场化改革过程中兼顾风险管理应作为政府当局关注的重点。

第三章 离岸人民币远期市场与在岸即期市场间的信息传递及互动

表 3-3 "8·11 汇改"前 CNY 即期汇率对各期限 NDF 汇率的格兰杰因果检验统计

CNY 即期汇率对各期限 NDF 汇率的 Granger 因果关系检验结果（改革前）

原假设	P 值						
	滞后 1 阶	滞后 2 阶	滞后 3 阶	滞后 4 阶	滞后 5 阶	滞后 6 阶	滞后 7 阶
SPOT 不是 NDF1M 的格兰杰原因	0.071*	0.219	0.349	0.299	0.378	0.496	0.335
NDF1M 不是 SPOT 的格兰杰原因	0.086*	0.250	0.417	0.510	0.535	0.615	0.646
SPOT 不是 NDF2M 的格兰杰原因	0.953	0.518	0.812	0.881	0.945	0.905	0.959
NDF2M 不是 SPOT 的格兰杰原因	0.000***	0.000***	0.000***	0.000***	0.000***	0.000***	0.000***
SPOT 不是 NDF3M 的格兰杰原因	0.424	0.745	0.823	0.726	0.737	0.784	0.608
NDF3M 不是 SPOT 的格兰杰原因	0.048**	0.151	0.244	0.403	0.468	0.482	0.476
SPOT 不是 NDF6M 的格兰杰原因	0.970	0.973	0.954	0.863	0.892	0.921	0.795
NDF6M 不是 SPOT 的格兰杰原因	0.036**	0.073*	0.152	0.252	0.292	0.306	0.250
SPOT 不是 NDF1Y 的格兰杰原因	0.770	0.613	0.815	0.920	0.963	0.930	0.995
NDF1Y 不是 SPOT 的格兰杰原因	0.000***	0.000***	0.000***	0.000***	0.000***	0.000***	0.000***

注：***、**、*分别对应 1%、5%、10% 水平上显著拒绝原假设；各收益率样本区间为 2014 年 1 月 1 日至 2015 年 8 月 10 日。

表 3-4　"8·11 汇改"后 CNY 即期汇率对各期限 NDF 汇率的格兰杰因果检验统计

CNY 即期汇率对各期限 NDF 汇率的 Granger 因果关系检验结果（改革后）

原假设	P值						
	滞后 1 阶	滞后 2 阶	滞后 3 阶	滞后 4 阶	滞后 5 阶	滞后 6 阶	滞后 7 阶
SPOT 不是 NDF1M 的格兰杰原因	0.000***	0.000***	0.000***	0.000***	0.000***	0.000***	0.000***
NDF1M 不是 SPOT 的格兰杰原因	0.768	0.536	0.562	0.463	0.389	0.447	0.415
SPOT 不是 NDF2M 的格兰杰原因	0.000***	0.000***	0.000***	0.000***	0.000***	0.000***	0.000***
NDF2M 不是 SPOT 的格兰杰原因	0.013**	0.013**	0.007***	0.009***	0.009***	0.011**	0.010***
SPOT 不是 NDF3M 的格兰杰原因	0.000***	0.000***	0.000***	0.000***	0.000***	0.000***	0.000***
NDF3M 不是 SPOT 的格兰杰原因	0.665	0.386	0.362	0.306	0.271	0.344	0.343
SPOT 不是 NDF6M 的格兰杰原因	0.000***	0.000***	0.000***	0.000***	0.000***	0.000***	0.000***
NDF6M 不是 SPOT 的格兰杰原因	0.428	0.286	0.259	0.224	0.191	0.248	0.251
SPOT 不是 NDF1Y 的格兰杰原因	0.000***	0.000***	0.000***	0.000***	0.000***	0.000***	0.000***
NDF1Y 不是 SPOT 的格兰杰原因	0.035**	0.026**	0.009***	0.012**	0.016**	0.015**	0.012**

注：***、**、* 分别对应 1%、5%、10% 水平上显著拒绝原假设；各收益率样本区间为 2015 年 8 月 11 日至 2016 年 12 月 2 日。

表 3-5 "8·11 汇改"前 CNY 即期汇率对各期限 CNHDF 汇率的格兰杰因果检验统计

CNY 即期汇率对各期限 CNHDF 汇率的 Granger 因果关系检验结果（改革前）

原假设	P 值						
	滞后 1 阶	滞后 2 阶	滞后 3 阶	滞后 4 阶	滞后 5 阶	滞后 6 阶	滞后 7 阶
SPOT 不是 CNHDF1M 的格兰杰原因	0.590	0.357	0.432	0.325	0.327	0.383	0.633
CNHDF1M 不是 SPOT 的格兰杰原因	0.002***	0.002***	0.004***	0.008***	0.033**	0.057*	0.121
SPOT 不是 CNHDF2M 的格兰杰原因	0.757	0.590	0.701	0.488	0.416	0.520	0.733
CNHDF2M 不是 SPOT 的格兰杰原因	0.001***	0.001***	0.001***	0.003***	0.015**	0.029**	0.067*
SPOT 不是 CNHDF3M 的格兰杰原因	0.804	0.427	0.537	0.370	0.249	0.306	0.526
CNHDF3M 不是 SPOT 的格兰杰原因	0.002***	0.002***	0.002***	0.005***	0.024**	0.043**	0.116
SPOT 不是 CNHDF6M 的格兰杰原因	0.624	0.605	0.259	0.293	0.054	0.265	0.051*
CNHDF6M 不是 SPOT 的格兰杰原因	0.041**	0.020**	0.053*	0.070*	0.181	0.269	0.306
SPOT 不是 CNHDF1Y 的格兰杰原因	0.724	0.514	0.657	0.546	0.381	0.412	0.660
CNHDF1Y 不是 SPOT 的格兰杰原因	0.011**	0.016**	0.041**	0.083*	0.116	0.139	0.215

注：***、**、* 分别对应 1%、5%、10% 水平上显著拒绝原假设；各收益率样本区间为 2014 年 11 月 4 日至 2015 年 8 月 10 日。

表3-6 "8·11汇改"后CNY即期汇率对各期限CNHDF汇率的格兰杰因果检验统计

CNY即期汇率对各期限CNHDF汇率的Granger因果关系检验结果（改革后）

原假设	P值						
	滞后1阶	滞后2阶	滞后3阶	滞后4阶	滞后5阶	滞后6阶	滞后7阶
SPOT不是CNHDF1M的格兰杰原因	0.000***	0.000***	0.000***	0.000***	0.000***	0.000***	0.000***
CNHDF1M不是SPOT的格兰杰原因	0.119	0.170	0.217	0.315	0.582	0.692	0.539
SPOT不是CNHDF2M的格兰杰原因	0.000***	0.000***	0.000***	0.000***	0.000***	0.000***	0.000***
CNHDF2M不是SPOT的格兰杰原因	0.110	0.152	0.195	0.282	0.559	0.672	0.578
SPOT不是CNHDF3M的格兰杰原因	0.000***	0.000***	0.000***	0.000***	0.000***	0.000***	0.000***
CNHDF3M不是SPOT的格兰杰原因	0.073*	0.097*	0.139	0.226	0.466	0.579	0.500
SPOT不是CNHDF6M的格兰杰原因	0.000***	0.000***	0.000***	0.000***	0.000***	0.000***	0.000***
CNHDF6M不是SPOT的格兰杰原因	0.034**	0.045**	0.091*	0.154	0.368	0.438	0.430
SPOT不是CNHDF1Y的格兰杰原因	0.000***	0.000***	0.000***	0.000***	0.000***	0.000***	0.000***
CNHDF1Y不是SPOT的格兰杰原因	0.024**	0.042**	0.098*	0.177	0.386	0.443	0.471

注：***、**、*分别对应1%、5%、10%水平上显著拒绝原假设；各收益率样本区间为2015年8月11日至2016年12月2日。

第三章　离岸人民币远期市场与在岸即期市场间的信息传递及互动

参考文献

[1] 陈波帆. 香港离岸人民币市场与在岸人民币市场互动关系研究 [J]. 新金融, 2012 (2): 28-32.

[2] 陈蓉, 郑振龙. 期货价格能否预测未来的现货价格? [J]. 国际金融研究, 2007 (9): 70-74.

[3] 陈蓉, 郑振龙, 龚继海. 中国应开放人民币NDF市场吗?——基于人民币和韩圆的对比研究 [J]. 国际金融研究, 2009 (6): 79-89.

[4] 代幼渝, 杨莹. 人民币境外NDF汇率、境内远期汇率与即期汇率的关系的实证研究 [J]. 国际金融研究, 2007 (10): 72-80.

[5] 黄学军, 吴冲锋. 离岸人民币非交割远期与境内即期汇率价格的互动: 改革前后 [J]. 金融研究, 2006 (11): 83-89.

[6] 贺晓博, 张笑梅. 境内外人民币外汇市场价格引导关系的实证研究基于香港、境内和NDF市场的数据 [J]. 国际金融研究, 2012 (6): 58-66.

[7] 黄志刚, 郑国忠. 人民币境内即期汇率与境外NDF汇价互动的四阶段比较分析 [J]. 数理统计与管理, 2012 (6): 1073-1083.

[8] 黄志刚, 耿庆峰, 吴文平. 人民币即期汇率与境内外远期汇率动态相关性研究 [J]. 金融经济学研究, 2014 (1): 109-119.

[9] 王曦, 郑雪峰. 境内外人民币远期汇率信息传导关系的演变: 一个实证分析 [J]. 国际金融研究, 2009 (11): 45-54.

[10] 徐剑刚, 李治国, 张晓蓉. 人民币NDF与即期汇率的动态关联性研究 [J]. 财经研究, 2007 (9): 61-68.

[11] 严敏, 巴曙松. 境内外人民币远期市场间联动与定价权归属: 实证检验与政策启示 [J]. 经济科学, 2010 (1): 72-84.

[12] 赵胜民, 谢晓闻, 方意. 人民币汇率定价权归属问题研究: 兼论境内

外人民币远期外汇市场有效性 [J]. 经济科学, 2013 (4): 79-92.

[13] 张陶伟, 杨金国. 人民币 NDF 与人民币汇率失调关系的实证分析 [J]. 国际金融研究, 2005 (10): 49-54.

[14] Bilson J F O. The "Speculative Efficiency" Hypothesis [J]. Journal of Business, 1981, 54 (3): 435-451.

[15] Cornell B. Spot rates, forward rates and exchange market efficiency [J]. Journal of Financial Economics, 1977, 5 (1): 55-65.

[16] Chung C S, Yang D Y. Appropriate Exchange Rate Regime in Developing Countries: The Case of Korea [J]. Finance Working Papers, 2000.

[17] Ding D K, Tse Y, Williams M R. The Price Discovery Puzzle in Offshore Yuan Trading: Different Contributions for Different Contracts [J]. Journal of Futures Markets, 2014, 34 (2): 103-123.

[18] Elliott G, Ito T. Heterogeneous expectations and tests of efficiency in the yen/dollar forward exchange rate market [J]. Journal of Monetary Economics, 1999, 43 (2): 435-456.

[19] Fung H G, Leung W K, Zhu J. Nondeliverable forward market for Chinese RMB: A first look [J]. China Economic Review, 2004, 15 (3): 348-352.

[20] Funke M, Gronwald M. The Undisclosed Renminbi Basket: Are the Markets Telling us something about where the Renminbi – US Dollar Exchange Rate is Going? [J]. World Economy, 2008, 31 (20804): 1581-1598.

[21] Jochum C, Kodres L. Does the Introduction of Futures on Emerging Market Currencies Destabilize the Underlying Currencies? [J]. IMF Economic Review, 1998, 45 (3).

[22] Mccauley R N, Ma G, Ho C. The Markets for Non-Deliverable Forwards in Asian Currencies [J]. Bis Quarterly Review, 2004.

[23] Park J. Information flows between non-deliverable forward (NDF) and spot markets: Evidence from Korean currency [J]. 2001, 9 (4): 363-377.

第三章　离岸人民币远期市场与在岸即期市场间的信息传递及互动

［24］Rhee G J, Lee E M. Foreign exchange intervention and foreign exchange market development in Korea ［J］. Bis Papers Chapters, 2005, 24: 196－208.

［25］Sequeira J M, Mcaleer M, Chow Y F. Efficient Estimation and Testing of Alternative Models of Currency Futures Contracts ［J］. Economic Record, 2001, 77 (238): 270－282.

第四章 民营上市公司高管持股与股价崩盘风险

郭晓萌　卢　钧

摘　要：股价崩盘是指股价短期内急剧的大幅下跌。从2008年爆发全球金融危机后，受经济环境影响，中国股市一直处于低迷状态，直到2014年才终于开始复苏并迎来牛市。可惜好景不长，2015下半年，中国股市又再次陷入震荡行情，出现千股跌停的局面。股价暴跌所导致的股价崩盘风险会直接损害投资者利益，加大投资风险，而且会对资本市场的正常良好运行产生威胁。从公司管理层角度研究股价暴跌的微观机理，分析暴跌产生的原因，对于分析公司治理效率、投资者利益保护等方面具有重要的理论价值和现实意义。

本章选取2008-2015年以来我国民营上市公司的财务及公司治理相关数据，通过对国内外文献的梳理与学习，主要研究了高级管理人员持股比例与股价崩盘风险之间的关系。研究发现，高管持股与股价崩盘风险之间呈显著正相关关系，即高管持股比例的增加会加剧上市公司股价崩盘风险，表明在民营企业中，高管持股的堑壕效应起主导作用。

关键词：高管持股　公司治理　股价崩盘风险

一、引言

股价崩盘是指股价短期内急剧的大幅下跌。从2008年爆发全球金融危机后，受经济环境影响，中国股市一直处于低迷状态，直到2014年才终于开始复

第四章 民营上市公司高管持股与股价崩盘风险

苏并迎来牛市。可惜好景不长，2015年下半年，中国股市又再次陷入震荡行情，出现千股跌停的局面。股价暴跌所导致的股价崩盘风险会直接损害投资者利益，加大投资风险，而且会对资本市场的正常良好运行产生威胁。每轮股灾过后，人们都会把眼光放到如何实现投资者保护的问题上。当然除了宏观环境的研究与分析，投资者同样会关注在微观层面，上市公司的哪些因素能够减少投资者在股价急剧下跌的过程中遭受的损失。

随着我国上市公司管理人机制的不断完善，股东逐渐选用管理层股权激励的方式降低管理人与公司股东即所有权人之间的委托代理成本，以此作为激励管理层的具体措施，希望达到管理层始终坚持以上市公司而不是个人的利益最大化为管理目标的最终目的。然而，有学者研究表明，管理层的股权激励行为有可能造成管理层以自身利益为主而损害上市公司及少数股东利益。因此，从公司管理层角度研究股价暴跌的微观机理，分析暴跌产生的原因，对于分析公司治理效率、投资者利益保护等方面具有重要的理论价值和现实意义。

在过去的20年中，中国经济的飞速发展引起来自国内外经济学家的关注，特别是我国民营企业作为我国经济发展的主要支撑力量更是备受关注。民营企业萌芽于20世纪70年代，是市场自发形成的，是顺应了市场经济发展的客观规律而后产生的。因此，可以说民营企业从一开始就产生于客观市场交易，其组织结构也是按照市场经济的最优选择而设立。相比国有企业，民营企业以市场机制为主要的运营主体，产权关系相对明确，市场运营更为灵活，因而成为改革开放以来我国经济增长的主力军之一。然而，我国的经济环境和制度背景决定了我国民营企业的发展都还处于初级发展阶段，大多数以家族企业的经营模式为主，很多民营企业在成功上市之后仍旧保持了很强的家族色彩。这一经济环境背景下，研究民营企业的公司治理，分析民营企业的上市公司运营效率，为民营企业的更好更快发展提供治理依据和理论支撑，具有重要意义。

另外，截至2016年12月31日，我国A股上市的民营企业共1 561家，其中高管持股的共计1 402家，平均持股比例约为20%，国有企业共1 001家，其中高管持股的共计557家，平均持股比例0.92%。由此可见，受产权关系影响我国国有企业高管持股情况并不多且持股比例较低，因此，研究高管持股问题以民营企业为样本更具有实际意义。

综上所述，本章将以民营上市公司为例，研究企业高管持股与上市公司股价崩盘风险的相关关系，以期对我国民营上市公司治理改革提供借鉴和依据。

二、文献综述

Morck、Shleifer 和 Vishny 早在 1988 年经研究发现，高管持股对企业将造成两种效应，一种是利益趋同效应，即高层管理人员对上市公司持股比例的增加，会使得掌握经营权的管理层与股东利益趋于一致，从而减少代理成本，增加企业价值；另一种是堑壕效应，表明高级管理人员持股比例的增加会导致管理层增加对企业的掌控力，这将使得管理层在更大限度内追求个人利益，从而提高企业代理成本，损害企业价值。

Li 和 Myers（2006）基于股东与管理层的代理理论以及信息不对称理论，提出了对股价崩盘成因的解释，这开拓了从公司层面解释股价崩盘风险成因的先河，同时为后人的研究奠定了基础。现代公司管理中出现的公司股东与管理者的分离，即所有权与经营权的利益冲突。而掌握了更多内幕消息的管理层往往出于对自身名誉、地位、收入、职业生涯等动机隐藏坏消息从而夸大公司业绩。在这种情况下，如果被管理者隐瞒的坏消息累积到一定程度，管理者隐瞒成本太高或者已经无法隐瞒时，坏消息的释放就会导致泡沫破裂从而引发股价崩盘。Li 和 Myers 认为管理层对于上市公司不利信息的窖藏是上市公司股价崩盘的成因，这一假说也被称为"坏消息窖藏理论"或"信息隐藏假说"。

Benmelech、Kandel 和 Veronesi（2010）认为公司在成熟期后必然伴随着投资机会的减少及公司增速放缓。在信息不对称的前提下，公司高管有很大的动机隐藏这一不利消息不对外披露。不利消息的公开必然导致股价的立刻下跌，而隐瞒坏消息安然无事，因为股东往往将注意力放在分红而不是去发觉公司经营增速的问题。长此以往，则导致公司股票的高估。

Kim et al.（2011b）研究发现对 CFO 的期权激励与公司股价暴跌概率呈正相关。Xu et al.（2014）以中国国有企业为研究对象，考察了国有企业高管额外津贴对股价崩盘风险的影响。结果表明，额外津贴越高，高管隐瞒负面信息的动机越强，公司股票的崩盘风险就越大。同时，研究表明，距离卸任的时间越长，这种关系将越显著。

Jiang 和 Wang（2010）经研究发现，相比 CEO，对 CFO 的期权激励与公司盈余管理概率的相关性更大。Kim 和 Lu（2011）研究指出，高管持股比例较小时，有助于降低企业代理成本，但当持股比例较高时，经理层随之提升的风险厌恶程度将损害企业价值。Jeffrey 和 Lemmon（2012）通过固定效应模型研究发现了高管持股与公司托宾 Q 值之间的驼峰关系。Huang（2015）证实了高管持股比例越高，企业预期面临的风险越大。

通过上述文献综述可以看出，目前国内外股价崩盘风险的研究已经取得了丰硕的研究成果，而从高管持股的角度，国内外的学者将主要的关注焦点集中在了对公司业绩的研究中，却没有更多地关注高管持股对企业带来的风险，特别是没有相关文献将高管持股与股价崩盘风险直接相关联来研究两者的相互作用。本章考察高管持股与股价崩盘风险的研究，也丰富了高管持股经济后果的相关文献，为企业公司治理决策提供了学术借鉴。

三、实证设计

（一）样本选取和数据来源

本章主要选取 2008—2015 年 A 股民营上市公司（剔除 ST 公司和金融行业公司）为研究样本，截至 2016 年 12 月 31 日，共计 1 561 家，观测值共计 12 488 个。研究所需数据样本来源于 CSMAR 数据库和 Wind 数据库。为了防止样本中一些极端值可能对回归结果造成的影响，本章对所有样本数据进行了上下 1% 分位的 Winsorize 缩尾处理。

(二) 变量选取

借鉴以前学者所采用的研究方法，本章采用负收益偏态系数（NCSKEW）和公司股票上下波动率（DUVOL）两个股价崩盘风险指标作为回归分析的被解释变量。

首先，通过如下模型剔除市场对样本中个股股票收益率的影响。

$$r_{i,t} = \alpha_i + \beta_1 r_{M,t-2} + \beta_2 r_{M,t-1} + \beta_3 r_{M,t} + \beta_4 r_{M,t+1} + \beta_5 r_{M,t+2} + \varepsilon_{i,t} \quad (4-1)$$

其中，$r_{i,t}$表示第t周公司i的股票收益率，$r_{M,t}$表示第t周市场指数的收益率。定义$W_{i,t} = \ln(1 + \varepsilon_{i,t})$。

则股价崩盘风险的代理变量如下所示：

$$NCSKEW_{i,t} = -[n(n-1)^{\frac{3}{2}}\sum W_{i,t}^3]/[(n-1)(n-2)(\sum W_{i,t}^2)^{\frac{3}{2}}] \quad (4-2)$$

其中n为公司i在t年股票收益率的观测个数。NCSKEW越大，说明股票收益偏负程度越大，越容易导致股价崩盘。

$$DUVOL_{i,t} = \ln\{[(n_u-1)\sum_{down} W_{i,t}^2]/[(n_d-1)\sum_{up} W_{i,t}^2]\} \quad (4-3)$$

其中，$n_u(n_d)$为当年公司i的股票周收益率高于（低于）年平均收益率的个数。DUVOL越大，说明股票收益出现负偏的程度越大，股价崩盘风险越大。

上市公司高管持股比例HOLD，即上市公司高管持股数量与当年公司总股本数的比值。

另外，为保证实证的稳定性和有效性，本章借鉴国内外以往学者的相关研究，选取以下变量作为控制变量。

表 4-1　　　　　　　　　变量设计

	变量名	变量符号	变量定义
因变量	股价崩盘风险	NCSKEW	负收益偏态系数
		NUVOL	股票上下波动率
自变量	高管持股比例	HOLD	高管持股数量与总股本比值，单位%

续表

	变量名	变量符号	变量定义
控制变量	月超额换手率	OTURN	超额月度换手率
	会计信息透明度	ABACC	可操纵应计利润绝对值
	财务杠杆	LEV	资产负债率
	公司规模	LNTA	总资产的自然对数
	市账率	PB	总市值与净资产账面价值的比率
	总资产收益率	ROA	净利润与总资产的比率
	年度虚拟变量	YEAR	2008-2015年虚拟变量
	行业虚拟变量	INDUSTRY	证监会行业分类

(三) 研究模型

本章设定的研究模型如下:

$$NCSKEW_{i,t+1} = \alpha_0 + \alpha_1 HOLD_{i,t} + \alpha_2 ABACC_{i,t} + \alpha_3 OTURN_{i,t}$$
$$+ \alpha_4 Othercontrol_{i,t} + year + industry + \varepsilon_{i,t} \quad (4-4)$$

$$DUVOL_{i,t+1} = \beta_0 + \beta_1 HOLD_{i,t} + \beta_2 ABACC_{i,t} + \beta_3 OTURN_{i,t}$$
$$+ \beta_4 Othercontrol_{i,t} + year + industry + \varepsilon_{i,t} \quad (4-5)$$

四、实证研究

(一) 描述性统计

表 4-2 描述性统计

变量名称	变量符号	观测值个数	平均数	标准差	最小值	最大值
股价崩盘风险	NCSKEW	12 488	0.0169	1.4556	-3.8314	3.6208
	NUVOL	12 488	-0.0629	1.9410	-5.1524	3.9959
高管持股比例	HOLD	12 488	20.2264	23.1873	0.0000	72.4500
月超额换手率	OTURN	12 488	8.4492	69.8093	-172.0342	298.0245
会计信息透明度	ABACC	12 488	0.3243	0.2797	0.0000	1.5389
财务杠杆	LEV	12 488	38.3901	22.9018	0.0000	106.3076

续表

变量名称	变量符号	观测值个数	平均数	标准差	最小值	最大值
公司规模	LNTA	12 488	19.8328	4.9098	0.0000	24.2055
市账率	PB	12 488	3.2686	4.2303	0.0000	27.1805
总资产收益率	ROA	12 488	6.5214	7.6515	-19.2121	33.5062

表4-2为本章模型所用数据样本的描述性统计。由表4-2可知，民营企业高管的持股比例最小是零，最大则是72.45，即我国高管持股比例最高的民营上市公司，其持股比例最高可达72.45%，由此可知在本章样本中各企业高管的持股比例相差很大，通过平均值20.23%可知，民营企业高管持股平均水平较高。月度超额换手率的平均值为8.4492，最大值为298.0245，最小值为-172.0342，说明样本中各企业的超额换手率平均水平不高，但有个别投资者的异质程度较大，交易比较频繁。会计信息透明度的平均值为零.3243，最小值为零，最大值为1.5389，说明样本中各企业会计信息透明程度存在较大差距，同时均值为零.3243说明各企业会计信息的透明度整体较高。其他控制变量，财务杠杆的均值是38.3901，表示资产负债率的平均值是38.39%，最小值的是0，最大值是106.3075%，即出现资不抵债情况，表明各企业的资本结构相差悬殊。公司总资产的自然对数均值是19.8328，最大值是24.2055，标准差是4.9098，也就是每个企业资产规模水平相当。市账率的平均值为3.2686，最大值为27.1805，说明不同企业市账率相差很大，不过总体市账率水平不低。从总资产收益率来看，平均值为6.5214%，最低值为-19.2121%，水平较低，最高值为33.5062%，各企业之间差异较大，总体的总资产收益率不高。

(二) 实证检验

表4-3　　　　　　高管持股与股价崩盘风险的回归结果

自变量	因变量	
	NCSKEW	NUVOL
HOLD	0.0046***	0.0062***
	(6.59)	(7.02)

续表

自变量	因变量	
	NCSKEW	NUVOL
ABACC	0.0188 (0.29)	0.0478 (1.22)
OTURN	0.0024*** (13.08)	0.0031*** (13.02)
LEV	-0.0082*** (-10.04)	-0.0120*** (-11.41)
LNTA	0.2650*** (16.73)	0.3728*** (18.28)
PB	0.0681*** (18.33)	0.0904*** (18.90)
ROA	0.0150*** (5.55)	0.0170*** (4.84)
YEAR	YES	YES
INDUSTRY	YES	YES
N	12 488	12 488
R^2	0.3156	0.3300
F值	144.54	155.90

注：***、**、*分别表示在1%、5%、10%水平下显著。

由表4-3结果可知：

1. 民营上市公司中高管的持股比例的高低和未来预期上市公司股价崩盘风险的大小表现出明显的正相关关系，即高管持股比例越高，上市公司的股价崩盘的风险越大。该项显著关系在两种股价的崩盘风险代理变量的回归结果相一致。该结果表明，在民营企业中，高管持股的堑壕效应占据主导作用，高管持股比例的增加，导致高管对企业控制权增加，管理层将会更大限度地追求个人利益，窖藏不利因素或是影响企业会计信息透明度，导致公司股价越有可能崩盘。

2. 控制变量中，会计信息的透明度ABACC的回归系数是正的但不显著。超额换手率OTURN与股价的崩盘可能性也是一种正相关关系，这与之前学者的研究结论相一致，即投资者的异质信念与民营上市公司的股价的崩盘可能性正相关，股价崩盘的风险会随着投资者的认知差异增大而变大。其他与公司特征有关的控制变量中，资产负债率 LEV 与股价崩盘的可能性负相关，公司的规模 LNTA、市账率 PB、盈利能力 ROE 均与股价的崩盘可能性正相关。

综上所述，在民营企业上市公司中，高管持股与股价崩盘风险之间确实存在显著关系，且从总体样本角度来看为显著正相关，即民营企业的高管持股对股价崩盘风险有促进作用，而非抑制，高管持有股份的增加，会导致高管趋向以个人利益为重，通过会计信息操纵或坏消息的窖藏粉饰上市公司经营业绩，长此以往造成股价崩盘可能性，从而损害中小股东。会计信息透明度、投资者异质信念及公司的资产规模、资产负债率、盈利能力、成长性等均与股价崩盘风险存在显著的相关关系。

五、结论

本章以 2008 – 2015 年我国民营上市公司财务及公司治理相关数据为研究样本，通过对国内外文献的梳理与学习，采用理论与实证相结合的分析方法，研究了高管持股与股价崩盘风险两者之间的关系。

通过对实证结果的分析可知，高管持股和股价崩盘风险两者之间呈显著正相关关系，即高管持股比例的增加会增大上市公司股价崩盘风险，说明高管持股的堑壕效应起主导作用。高管持有股份的增加，会导致高管趋向以个人利益为重，通过会计信息操纵或坏消息的窖藏粉饰上市公司经营业绩，长此以往造成股价崩盘可能性，从而损害中小股东。这一实证结果对我国民营上市公司治理有所启示，即高管持股作为管理层激励的重要手段，或为公司治理的"双刃剑"，要结合公司具体情况及高管个人特征具体情况具体分析，不可盲目复制。

参考文献

[1] 曹丰，鲁冰，李争光，徐凯. 机构投资者降低了股价崩盘风险吗？

[J]．会计研究，2015（11）：55－61，97．

[2] 韩亮亮，李凯，宋力．高管持股与企业价值——基于利益趋同效应与壕沟防守效应的经验研究［J］．南开管理评论，2006（4）：35－41．

[3] 江轩宇．税收征管、税收激进与股价崩盘风险［J］．南开管理评论，2013（5）：152－160．

[4] 李伟，周林洁，吴联生．高管持股与盈余稳健性：协同效应与堑壕效应［J］．财经论丛，2011（6）：72－78．

[5] 李小荣，刘行．CEO vs CFO：性别与股价崩盘风险［J］．世界经济，2012（12）：102－129．

[6] 梁权熙，曾海舰．独立董事制度改革、独立董事的独立性与股价崩盘风险［J］．管理世界，2016（3）：144－159．

[7] 罗进辉，杜兴强．媒体报道、制度环境与股价崩盘风险［J］．会计研究，2014（9）：53－59．

[8] 潘越，戴亦一，林超群．信息不透明、分析师关注与个股暴跌风险［J］．金融研究，2011（9）：138－151．

[9] 权小锋，吴世农，尹洪英．企业社会责任与股价崩盘风险："价值利器"或"自利工具"？［J］．经济研究，2015（11）：49－64．

[10] 唐红珍，于海云，王嫚．高管持股变化、信息披露的择时行为及市场反应［J］．财会通讯，2014（33）：57－60．

[11] 陶洪亮，申宇．股价暴跌、投资者认知与信息透明度［J］．投资研究，2011（10）：68－79．

[12] 王化成，曹丰，叶康涛．监督还是掏空：大股东持股比例与股价崩盘风险［J］．管理世界，2015（2）：45－57．

[13] 王建文，李莉．我国上市公司高管持股与公司业绩的实证分析［J］．会计之友（下旬刊），2010（6）：98－100．

[14] 王雷．会计稳健性、产品市场竞争与股价崩盘风险［J］．南京审计学院学报，2015（6）：35－44．

［15］许年行，江轩宇，伊志宏，徐信忠. 分析师利益冲突、乐观偏差与股价崩盘风险［J］. 经济研究，2012（7）：127－140.

［16］杨棉之，张园园. 会计稳健性、机构投资者异质性与股价崩盘风险——来自中国A股上市公司的经验证据［J］. 审计与经济研究，2016（5）：61－71.

［17］叶康涛，曹丰，王化成. 内部控制信息披露能够降低股价崩盘风险吗？［J］. 金融研究，2015（2）：192－206.

［18］Benmelech，Efraim，Kandel，Eugene，Veronesi，Pietro. Stock－Based Compensation and CEO（Dis）Incentives［J］. Quarterly Journal of Economics，2010，125（4）：1769－1820.

［19］E. HanKim，YaoLu. CEO Ownership，External Governance，and Risk－taking. Journal of Financial Economics，2011（102）：272－292.

［20］Gennotte G，Leland H. Market Liquidity，Hedging，and Crashes［J］. American Economic Review，1990，80（5）：999－1021.

［21］Hanson R C，Song M H. Managerial ownership，board structure，and the division of gains in divestitures［J］. Journal of Corporate Finance，2000，6（1）：55－70.

［22］Kim J B，Li Y，Zhang L. CFOs versus CEOs：Equity incentives and crashes［J］. Journal of Financial Economics，2011，101（3）：713－730.

［23］Kim J B，Li Y，Zhang L. Corporate tax avoidance and stock price crash risk：Firm－level analysis［J］. Social Science Electronic Publishing，2010，100（3）：639－662.

［24］Li J，Myers S C. R 2，around the world：New theory and new tests［J］. Journal of Financial Economics，2006，79（2）：257－292.

第五章 经济政策不确定性与企业现金持有水平

陶雨祺 温 健

摘 要：经济政策的不确定性反映了政府对于金融市场和实体经济的干预，对企业的经营策略会产生重大影响。本章利用上市公司 2008 – 2014 年的年度数据作为样本，研究经济政策不确定性对企业现金持有的影响。实证结果表明经济政策不确定性越大，企业倾向于持有越多的现金，这一增持现金的行为在处于市场化程度较低地区的企业中更加明显。当企业为非国有企业时，其现金持有受经济政策不确定性的正向影响越强。本章还发现企业在经济政策不确定性较大时增持现金的行为会损害现金价值。研究表明，减少政府干预，保持经济政策的稳定，加强推动市场化进程，减少信贷歧视，有助于减少企业超额现金持有，合理配置现金资源，提升企业价值。

关键词：经济政策 不确定性 现金持有 市场价值

一、引言

政府会经常性地出台一些政策来调节当前的经济环境。自 2008 年全球金融危机爆发以来，经济形势尤为不稳定，再加之层出不穷的各类政治事件，政府的干预也变得更加频繁。虽然出台的政策在避免经济衰退、促进经济复苏等方面起到了显著的作用，但政府的频繁干预导致经济政策具有较大的不确定性。已有的研究指出，经济政策不确定性会抑制企业投资（Julio 和 Yook，2012；李凤羽和杨墨竹，2015），增加企业外部融资成本并减少其现金股利分配（Huang et al.，2013）。除此之外，投资者行为（李凤羽等，2015）和股票价格（Pastor 和 Veronesi，2012）也会受到经济政策不确定性的影响。由此可见，企业在多方面都受到了不确定性冲击。

为应对这一不确定性，企业需要根据现行情况对其经营行为和经营策略做出及时的调整。而使很多企业平安渡过金融危机的现金储备，则是一项对企业生存和发展起关键性作用的财务决策。虽然依据 Modigliani 和 Miller 理论，在完善资本市场条件下，不考虑公司所得税，现金持有决策并不影响企业市场价值，因而企业无须持有现金。然而，现实环境中由于存在着资本市场摩擦，现金持有策略对于企业的经营起着关键性作用。由于中国目前的市场经济体制仍处于发展阶段，很多地方尚不完善，企业的战略决策在很大程度上受到政府经济政策的影响。因此，经济政策不确定性对企业现金持有是否有影响，有着怎样的影响，是非常值得研究的问题。

二、文献综述

已有文献的大量研究探索了影响企业现金持有的因素。从微观层面看，Opler et al.（1999）的研究表明企业的现金持有量存在最优值，同时发现企业现金持有量受投资机会、现金流波动性的正向影响；企业信用等级越高，投资规模越大，其持有现金越少。Faulkender（2002）发现企业经营年限、信息不对称性、产品研究与开发的投资和融资杠杆比率均正向影响企业现金持有量；其研究指出企业管理层的持股比例与企业现金持有量为负相关关系。Pinkowitz 和 Williamson（2001）指出银行的垄断权力也是影响企业现金持有的关键因素。

近来也有大量研究开始关注宏观层面对企业现金持有的影响因素。Han 和 Qiu（2007）的研究指出存在融资约束限制的企业需要在当期和未来投资之间做出跨期权衡，当企业无法规避未来流动资金风险时，这种跨期权衡会使得企业在面临较大的现金流不确定性时增持现金。梁权熙等（2012）指出宏观经济不确定性对企业现金持有量具有显著的正向影响。Baum et al.（2008）认为企业层面的不确定性和宏观经济层面的不确定性是企业现金流不确定性的两个重要影响因素；其研究认为宏观经济层面的不确定性给企业带来的风险是无法完全分散的，因而对企业现金持有策略有重要影响。Commins 和 Nyman（2004）的研究指出企业在面临较大的不确定性时，会持有现金作为未来流动资金短缺时的缓冲，从而规避高额融资成本。Bloom et al.（2007）指出，当企业处于经济政策不确定性较大的环境时，其未来盈利情况更加难以预测，致使企业未来面临流动资金短缺的风险更大，为了防止企业未来陷入财务困境，企业管理层通常会保有更大量的流动资金。以上的研究支持了现金持有的"预防性动机"，即企业处于不确定性较大的环境中时为避免未来陷入财务危机而增持现金。然而邱兆祥和刘远亮（2010）的研究结论与此完全相反，即银行资产配置中的贷款份额在宏观经济不确定性增加时会相应减少。

已有研究主要从企业微观层面和宏观经济层面这两个不确定性的角度探讨其对企业现金持有量的影响。本章将从经济政策不确定性这一政策层面的角度出发，研究其与企业现金持有的关系。已有研究中李凤羽和史永东（2016）指出企业在经济政策不确定性上升时选择持有更多的现金，且这一影响在学习能力较差、融资约束较为严重的企业中更为显著。王红建等（2014）的研究发现当企业存在的代理问题越严重时，企业现金持有量受经济政策不确定性的影响越大；并指出在较大的经济政策不确定性下增持现金会损害现金持有价值。

三、假设检验

（一）经济政策不确定性与企业现金持有

中国目前正处在由计划经济向市场经济逐步转型的阶段，企业所处的外部环境具有很大的不确定性，而经济政策不确定性作为其中的重要组成部分就对企业现金持有策略等方面有着很大的影响。凯恩斯在1936年提出，企业通常会出于预防性动机和交易性动机而持有现金。韩立岩和刘博研（2011）也发现当企业处于经济政策不确定性较大的环境时，其未来可能面临更大的现金流不确定性，直接增加了其未来出现流动资金短缺的风险。一旦企业面临流动性短缺，企业需要通过减少股利分配、取消投资计划、出售资产或外部融资等渠道获得资金来解决危机，这一过程中存在着交易成本、高昂的融资成本以及企业可能破产的威胁。因而，企业往往会在经济政策不确定性较大时增持现金，以便在未来出现流动资金短缺时起到缓冲作用，防止企业陷入财务困境（万良勇和饶静，2013）。

此外，从代理问题角度考量，由于所有权和管理权的分离，管理层会为谋求个人私利而偏离股东利益最大化原则。企业管理层以损害股东利益为代价，通过增持现金来达到自己扩充企业版图或利用资金在职消费的目的，而较大的经济政策不确定性为企业管理者这一动机提供了便利的条件。进而，经济政策不确定性的增大使得外界对于企业管理层的监管变得更为困难，同时管理人员通过增加企业现金持有侵占股东利益的行为更难被察觉，这为管理层谋求个人财富创造了机会（申慧慧等，2012）。企业出于预防性动机增持现金的行为也更合乎现实情况，这也使得企业管理人员谋求个人私利的行为很难被外界发觉。因而，从代理问题角度分析，面临较大的经济政策不确定性时，企业会选择增持现金。

基于以上两个方面的分析，本章提出如下假设：

假设1：经济政策不确定性越大，企业倾向于持有越多的现金。

（二）市场化程度、经济政策不确定性与企业现金持有

自1978年以来，中国的改革开放已有将近四十年时间，我国从传统的计划经济体制逐步转型为市场经济体制，改革无疑取得了显著的成绩。然而，这一工作尚未完成，很多方面仍存在着问题，我国各地区市场化改革的程度参差不齐，存在着较大的差距。市场化进程的不成熟使市场在某些方面的资源配置过程中的作用被削弱，不同地区市场化程度的不同也会使当地的经济环境之间存在着很大差异。王小鲁等（2016）采用了五个方面的指数来构成衡量市场化程

度的综合指数，包括政府与市场的关系、非国有经济的发展、产品市场的发育程度、要素市场的发育程度、市场中介组织的发育和市场的法治环境。市场化程度高的地区与市场化程度低的地区具有以下几点区别：第一，市场化程度较高的地区，市场在经济活动中起着较为主要的调节作用，而政府的干预较少，起着市场调节外的辅助作用。因而，政府干预的减少使得企业所处的外部经营环境的经济政策不确定性也减小。第二，在市场化程度越高的地区，非国有经济的发展越成熟，产品市场和要素市场也越发完备，这使得企业间竞争更加激烈，当地经济发展更加繁荣。同时，发达的市场使得企业的经营更具灵活性，企业有更多的融资途径来应对经济政策变化可能导致的未来现金流短缺的风险，缓解了企业需要增持现金的压力。第三，市场化程度越高，市场中介组织和执法机构的建设越成熟，因而能够更好地发挥中介组织和执法机构的监督作用并实现更有效的执行效果。这使得企业治理更加严格，企业内部更加自律，大大降低了管理层增加企业现金持有来谋求私利的可能性。

从以上三点来看，市场化程度较低的地区由于政府干预较为频繁、规避流动资金短缺风险的融资途径较少，企业监管机制薄弱、管理层占用或掏空企业资金的机会主义较大等因素的存在，当面临较大的经济政策不确定性时，该地区的企业会选择持有更多的现金。

因而，我们提出如下待检验假设：

假设2：市场化程度越低的地区，经济政策不确定性与企业现金持有的正相关关系越强。

(三) 产权性质、经济政策不确定性与企业现金持有

根据已有的大量文献的研究，从产权角度分析所有制对银行信贷的影响，可以发现对不同所有制的企业我国市场存在着严重的信贷歧视。方军雄(2007)指出，与"三资"工业企业进行比较，国有工业企业获得的银行发放的贷款的期限更长、贷款数量也更大。与民营上市公司相比较而言，国有上市公司通常具有更为软化的预算约束，一旦公司面临财务危机，政府往往更倾向

于给予国有上市公司经济援助（Brandt 和 Li，2003），因而银行也更愿意为国有企业提供信贷服务。由于信贷歧视的存在，国有企业在融资方面比非国有企业更具优势，在面临流动资金短缺的问题时，也更有把握成功从银行等金融机构获得资金援助。因而，国有企业的现金持有也可以更加灵活。相比之下，受到信贷歧视的非国有企业需要持有更多的现金来应对未来可能出现的流动资金短缺的情况，以避免今后支付高额融资成本或使企业面临财务困境。

基于此，我们提出如下假设：

假设3：当企业为非国有企业时，其现金持有受经济政策不确定性的正向影响越强。

（四）经济政策不确定性与企业现金持有价值

企业现金持有的价值可以从代理理论和权衡理论两个角度来解释。代理理论的观点主张，企业管理层会出于机会主义动机使企业留有大量现金，并利用这些资金来为其个人利益服务。这无疑会侵害其他股东的利益并对企业价值造成损害。而从权衡理论的角度出发，它主张企业会权衡增持现金的边际成本与边际收益，以决定现金的增持是否对企业有益，从而可以使企业的现金持有量达到一个最优水平。现金持有的成本包含由于现金持有可能导致的代理冲突成本（Clark et al.，2008）、管理成本、机会成本（Opler et al.，1999）等。企业出于预防性动机和交易性动机增持现金则是现金持有利益的来源。增持的现金能够在未来企业面临流动资金短缺时起到缓冲作用，避免外部融资交易时的高额成本，同时也使企业可以更加灵活和及时地抓住未来价值更大的投资机会。因而，权衡理论认为企业选择增持现金是有益于企业价值的行为。Pinkowitz et al.（2006）的研究表明企业持有的现金的价值随管理层与股东之间代理问题严重程度的增加而降低。杨兴全和张照南（2008）的研究指出，当企业存在严重的代理问题时，管理层可以通过增加企业现金持有这一更为便利的方式来转移企业财富，因而较大的企业现金持有代理成本会损害企业价值。万良勇和饶静（2013）的研究表明企业的高额现金持有有助于缓解企业受到外界不确定因素造成的负面冲击,此时持有的现金可以提高企业价值。可见,这两种理论都有相应的实证检验支持。

当较大的经济政策不确定性存在时,企业面临的风险也更大,未来流动资金的不确定性也越大。企业增持现金的价值可以从成本与收益两个方面去衡量。站在代理理论的角度,企业管理层出于机会主义动机会占用或掏空企业资金,侵害股东利益,有损企业价值。较大的经济政策不确定性为企业管理人员挪用企业资金提供了更加有利的条件,使其行为难以被察觉。因而,从这一理论分析,经济政策不确定性较大时增持现金预期会损害现金价值。站在权衡理论的角度,企业在处于经济政策不确定性较大的环境中时,倾向于保有更多的现金来应对未来现金流不确定性可能带来的风险,从而避免高额融资成本以及企业陷入财务困境甚至面临破产的威胁。因而,从这一角度分析,企业面临较大的经济政策不确定性时增持现金预期会使现金价值得到提升。由分析可得,经济政策不确定性较大时增持现金对现金价值的影响存在两个截然相反的机制——"代理理论"与"权衡理论"。因而难以确定为应对较大的经济政策不确定性而增持现金的行为对现金价值的预期影响,我们提出以下两个对立假设:

假设4a:经济政策不确定性较大时增持现金会增加现金价值。

假设4b:经济政策不确定性较大时增持现金会损害现金价值。

四、实证模型与变量构建

(一) 回归模型

借鉴王红建等(2014)的研究方法,本章使用以下回归模型对经济政策不确定性对企业现金持有水平的影响进行检验。该模型应用于检验假设1、假设2、假设3。具体回归方程如下:

$$CASH_{i,t} = \beta_0 + \beta_1 EPU_{t-1} + \beta_2 MB_{i,t} + \beta_3 OPER_{i,t} + \beta_4 SIZE_{i,t}$$
$$+ \beta_5 LA_{i,t} + \beta_6 NWC_{i,t} + \beta_7 Loss_{i,t} + \beta_8 CAPX_{i,t} + \beta_9 OLD_{i,t}$$
$$+ \beta_{10} I_{i,t} + \beta_{11} DIVIDUM_{i,t} + \varepsilon_{i,t} \quad (5-1)$$

其中 EPU_{t-1} 为滞后一期的经济政策不确定性指数，因为企业通常会根据前一期的信息来决定本期的运营策略与规划，所以用滞后一期的变量进行回归。

EPU_{t-1} 的系数 β_1 是检验本章假设的关键系数。我们预期该系数显著为正，即经济政策不确定性与企业现金持有正相关。

为了检验经济政策不确定性较大时增持现金对现金价值的影响，本章采用下述回归方程：

$$\begin{aligned}V_{i,t} =\ & \beta_0 + \beta_1 EPU_{t-1} + \beta_2 OPER_{i,t-1} + \beta_3 SIZE_{i,t-1} \\& + \beta_4 LA_{i,t-1} + \beta_5 NWC_{i,t-1} + \beta_6 Loss_{i,t-1} + \beta_7 CAPX_{i,t-1} \\& + \beta_8 OLD_{i,t-1} + \beta_9 I_{i,t-1} + \beta_{10} DIVIDUM_{i,t-1} \\& + \beta_{11} CASH_{i,t-1} + \beta_{12} EPU_{t-1} \times CASH_{i,t-1} + \varepsilon_{i,t-1}\end{aligned} \quad (5-2)$$

我们采用在回归模型中引入经济政策不确定性指数（EPU）与企业现金持有水平（$CASH$）的交乘项的方法来检验假设4。被解释变量 V 为企业的市场价值。β_{12} 是检验假设4的关键系数，若其显著为正，则表明当经济政策不确定性较大时，增持现金会增加现金价值，相反则会有损现金价值。

（二）变量构建

1. 被解释变量。

（1）企业现金持有（CASH）：使用"现金及现金等价物/总资产"作为企业现金持有水平的衡量。

（2）企业市场价值（V）：使用"（公司流通市值＋公司非流通市值＋负债账面价值）/资产账面价值"加以衡量。其中，公司流通市值由公司流通股份数与股票价格相乘而得。公司非流通市值，借鉴汪辉（2003）的方法，用公司非流通股份数乘以每股净资产得到。

2. 解释变量——经济政策不确定性（EPU）。

本章使用的衡量经济政策不确定性的指数采用斯坦福大学和芝加哥大学联合发布的月度中国经济政策不确定性指数。其计算办法主要是通过统计香港英文报纸《南华早报》每月刊登的与中国经济政策不确定性相关的文章数量，并将统计出的文章数量除以该报纸当月刊登的文章总数,从而得出月度中国经济政策不确定性指数。由于本章使用年度数据进行研究,因而本章采用先将月度中国经济政策不确定性指数取自然对数,之后使用12个月度指数自然对数的算术平均数作为衡量当年中国经济政策不确定性指数的指标①。

3. 调节变量与控制变量。

表 5 –1　　　　　　　调节变量与控制变量的定义

变量	变量名	变量定义
调节变量	市场化程度	使用王小鲁、樊纲、余静文所著的《中国分省市市场化指数报告》(2016)一书中提供的2008 – 2014年的市场化程度指数
	产权性质	根据企业实际控制人经济性质,将样本分为国有企业和非国有企业两组
控制变量	市账比(MB)	公司市场价值与账面价值之比
	经营现金流(OPER)	经营现金流/总资产
	公司规模(SIZE)	对公司总资产取自然对数
	债务比例(LA)	公司负债总额/所有者权益
	净营运资本(NWC)	(流动资产—流动负债—现金及现金等价物)/总资产
	亏损(Loss)	如果当年亏损,则赋值为1,否则为零
	资本性支出(CAPX)	(构建固定资产、无形资产和其他长期资产所支付的现金 – 处置固定资产、无形资产和其他长期资产而收回的现金)/总资产
	公司成立年限(OLD)	对报告期所在年份与公司成立年份的差值取自然对数
	利息费用(I)	财务费用/总资产(使用财务费用代理利息费用)
	现金股利支付率虚拟变量(DIVIDUM)	公司合计派发现金额大于零,赋值为1,否则为零

(三)样本和描述性统计

本章使用锐思(RESSET)金融研究数据库提供的上市公司的年度数据,样

---

① 参考李凤羽和史永东(2016)以及王红建等(2014)的研究中使用的方法。

本区间为 2008—2014 年。

本章使用由网站：http://www.policyuncertainty.com/china_monthly.html 发布的中国经济政策不确定性指数的数据，该网站是斯坦福大学和芝加哥大学的教授共同创办的。本章在样本中剔除金融类上市公司以及数据不全的公司，用其余公司构建样本数据进行回归。

表 5-2　　　　　　　　　　描述性统计量

变量	均值	标准差	最小值	最大值	观测数
CASH	0.156	0.121	−0.017	0.816	4 380
V	2.019	0.996	0.387	5.966	4 380
EPU	4.840	0.341	4.371	5.472	4 380①
MB	1.526	1.093	0.010	5.858	4 380
OPER	0.049	0.081	−0.434	0.771	4 380
SIZE	22.198	1.360	18.699	28.509	4 380
LA	1.451	2.803	−56.267	132.420	4 380
NWC	−0.005	0.201	−0.659	0.732	4 380
Loss	0.073	0.260	0	1	4 380
CAPX	0.055	0.060	−0.394	0.545	4 380
OLD	2.635	0.397	0	4.111	4 380
I	0.010	0.012	−0.038	0.098	4 380
DIVIDUM	0.717	0.450	0	1	4 380
$CASH_{t-1}$②	1.944	0.962	0.387	5.966	3 765

图 5-1 是样本期间内企业年度平均现金持有比率的走势图。可以看出，从 2008 年之后，企业年度平均现金持有比率有较大幅度的上升，原因可能是企业在 2008 年遭遇金融危机的冲击后，增加了现金持有量以应对风险，避免未来陷入财务困境。图中现金持有比率持续增长并在 2010 年达到最高，可能是由于国家"四万亿"投资计划的刺激造成的。2010 年之后企业现金持有比率回落，一定程度上和"四万亿"投资计划在刺激经济过后的负面影响有关。

---

① 经济政策不确定性指数 EPU 每年 1 个取值，从 2008—2014 年共 7 个值。
② $CASH_{t-1}$ 用于企业现金价值假设检验的模型中。

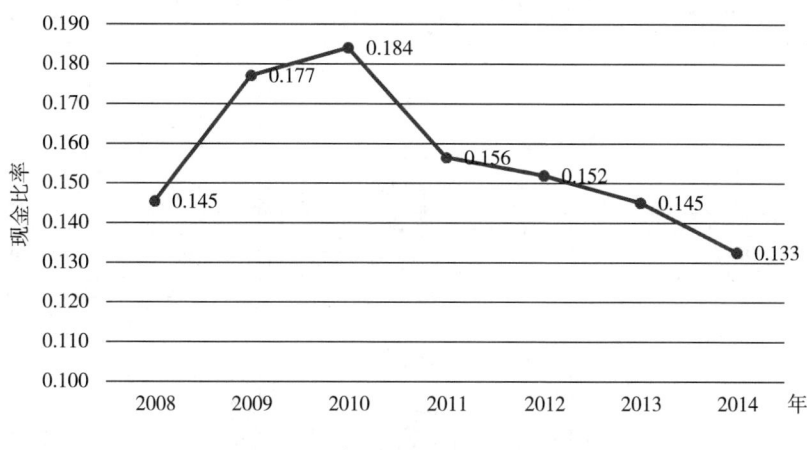

图 5-1 企业年度平均现金持有比率走势

五、实证结果分析

表 5-3 列出了针对假设检验的实证回归结果。从表 5-3 第二列的回归结果可以看出，经济政策不确定性指数前的系数为 0.0125（z 统计量为 3.84），且在 1% 水平下显著为正。这一结果与本章假设 1 的预期相符，说明在经济政策不确定性越大时，企业会选择增持现金。从回归结果其他控制变量的系数来看，市账比（$MB_{i,t}$）是衡量企业成长性的指标，其系数在 1% 下显著为正，表明企业成长性潜力越大，其现金持有量越大；企业成立时间越长，规模越大，净营运资本越多，资本性支出越多，企业持有现金越少；企业债务比例越大，亏损越多，企业持有现金越少；企业较大的经营现金流量也在一定程度上反映出企业较高的现金持有。

表 5-3 经济政策不确定性与企业现金持有

变量	回归分析结果	
	系数	z 统计量
EPU_{t-1}	0.0125*** (0.00326)	3.84

续表

变量	回归分析结果	
	系数	z 统计量
$MB_{i,t}$	0.0166*** (0.00176)	9.41
$OPER_{i,t}$	0.141*** (0.0163)	8.66
$SIZE_{i,t}$	-0.00925*** (0.00202)	-4.58
$LA_{i,t}$	-0.000938** (0.000457)	-2.05
$NWC_{i,t}$	-0.152*** (0.0105)	-14.44
$Loss_{i,t}$	-0.00731 (0.00489)	-1.50
$CAPX_{i,t}$	-0.274*** (0.0236)	-11.61
$OLD_{i,t}$	-0.0459*** (0.00536)	-8.57
$I_{i,t}$	-4.160*** (0.167)	-24.85
$DIVIDUM_{i,t}$	0.0149*** (0.00326)	4.58
Constant	0.439*** (0.0485)	9.04
R-square	0.3465	
观测数	4 380	

注：括号内为标准差，***、**、*分别表示在1%、5%和10%水平下显著。

我们按照市场化程度指数的中位数7.34①，将样本分为了高市场化程度和低市场化程度两组分别进行回归，回归结果在表5-4中列出。可以看出经济政

---

① 根据企业总部所在地区的市场化程度指数将样本进行分组。

策不确定性指数的系数在两组回归结果中均为正，说明两组中经济政策不确定性指数与被解释变量企业现金持有均为正相关关系。在高市场化程度组中，经济政策不确定性指数的系数为 0.0105（z 统计量为 2.24），且在 5% 水平下显著。相比较而言，低市场化程度组相应的系数为 0.0160（z 统计量为 3.67），在 1% 水平下显著。可见，低市场化程度组中经济政策不确定性指数的系数要大于高市场化程度组中的相应系数，且在统计上也更为显著。这说明在市场化程度越低的地区，企业面临较大的经济政策不确定性时，会更倾向于持有更多的现金。这一回归分析结果也支持了本章的假设 2。回归分析结果中呈现的控制变量对企业现金持有的影响与表 5-3 基本一致。

表 5-4　市场化程度、经济政策不确定性与企业现金持有

变量	市场化程度分组			
	高市场化程度		低市场化程度	
	系数	z 统计量	系数	z 统计量
EPU_{t-1}	0.0105 ** (0.00468)	2.24	0.0160 *** (0.00435)	3.67
$MB_{i,t}$	0.0168 *** (0.00260)	6.44	0.0165 *** (0.00233)	7.08
$OPER_{i,t}$	0.149 *** (0.0227)	6.54	0.128 *** (0.0230)	5.58
$SIZE_{i,t}$	-0.0123 *** (0.00269)	-4.58	-0.00871 *** (0.00275)	-3.17
$LA_{i,t}$	-0.00113 * (0.000608)	-1.86	-0.00135 (0.000994)	-1.36
$NWC_{i,t}$	-0.174 *** (0.0150)	-11.64	-0.119 *** (0.0148)	-8.03
$Loss_{i,t}$	-0.0107 (0.00761)	-1.41	-0.00135 (0.00626)	-0.22
$CAPX_{i,t}$	-0.342 *** (0.0365)	-9.38	-0.223 *** (0.0302)	-7.39

续表

变量	市场化程度分组			
	高市场化程度		低市场化程度	
	系数	z 统计量	系数	z 统计量
$OLD_{i,t}$	-0.0405*** (0.00793)	-5.11	-0.0475*** (0.00705)	-6.73
$I_{i,t}$	-4.503*** (0.237)	-19.01	-3.631*** (0.233)	-15.60
$DIVIDUM_{i,t}$	0.0106** (0.00500)	2.12	0.0175*** (0.00414)	4.22
Constant	0.513*** (0.0683)	7.52	0.406*** (0.0658)	6.16
R-square	0.3523		0.3532	
观测数	2 176		2 204	

注：括号内为标准差，***、**、*分别表示在1%、5%和10%水平下显著。

本章将样本根据企业的产权性质分为国有企业组和非国有企业组，并分别对两组数据进行回归，得到表5-5所示结果。可以看出两组中的经济政策不确定性指数前的系数分别为0.00832（z统计量为2.04）和0.0137（z统计量为2.76），并分别在5%和1%水平下显著为正。这说明在两组样本中经济政策不确定性均正向影响企业现金持有量。并且非国有企业组中经济政策不确定性指数前的系数明显大于国有企业组中的对应系数，且在统计上也更为显著。这表明，当处于经济政策不确定性较大的环境中时，由于信贷歧视等原因，非国有企业倾向于持有更多的现金来应对未来较大的流动资金风险。这一回归结果与我们假设3的预期相符。回归分析结果中呈现的控制变量对企业现金持有的影响与表5-3大体一致。

表 5-5　　产权性质、经济政策不确定性与企业现金持有

变量	产权性质分组			
	国有企业		非国有企业	
	系数	z 统计量	系数	z 统计量
EPU_{t-1}	0.00832** (0.00407)	2.04	0.0137*** (0.00495)	2.76
$MB_{i,t}$	0.00703*** (0.00255)	2.76	0.0212*** (0.00243)	8.72
$OPER_{i,t}$	0.188*** (0.0217)	8.66	0.112*** (0.0235)	4.75
$SIZE_{i,t}$	-0.00471* (0.00280)	-1.69	-0.0124*** (0.00289)	-4.28
$LA_{i,t}$	-0.00140* (0.000843)	-1.66	-0.000894 (0.000571)	-1.56
$NWC_{i,t}$	-0.119*** (0.0142)	-8.33	-0.184*** (0.0153)	-12.03
$Loss_{i,t}$	-0.00589 (0.00613)	-0.96	-0.00966 (0.00739)	-1.31
$CAPX_{i,t}$	-0.232*** (0.0311)	-7.48	-0.296*** (0.0344)	-8.62
$OLD_{i,t}$	-0.0315*** (0.00776)	-4.06	-0.0513*** (0.00731)	-7.02
$I_{i,t}$	-3.660*** (0.225)	-16.28	-4.510*** (0.241)	-18.75
$DIVIDUM_{i,t}$	0.00903** (0.00417)	2.17	0.0185*** (0.00486)	3.80
Constant	0.319*** (0.0664)	4.81	0.519*** (0.0698)	7.43
R-square	0.3189		0.3647	
观测数	2 067		2 313	

注：括号内为标准差，***、**、*分别表示在1%、5%和10%水平下显著。

为检验经济政策不确定性与企业现金价值之间的关系是体现现金持有的

"代理理论"还是"权衡理论",我们根据上文所述模型(2)进行回归,并得出了表5-6所示的回归结果。回归结果(1)属于考虑经济政策不确定性因素影响下的企业现金持有市场价值的回归结果,回归结果(2)则是在不包括经济政策不确定性这一因素时得出的企业现金价值回归结果。在不考虑经济政策不确定性这一因素时,企业现金持有($CASH_{i,t-1}$)前的系数为0.996(z统计量为6.95),在1%水平下显著为正。即企业持有的1单位现金的市场价值约为0.996个单位。相比之下,在把经济政策不确定性因素的影响纳入考虑范围时,经济政策不确定性与企业现金持有的交叉项($EPU_{t-1} \times CASH_{i,t-1}$)系数的大小为-1.801($z$统计量为-7.27),并在显著性水平1%下是统计上显著的。把经济政策不确定性指数的平均值4.840代入回归模型,可得企业持有的1单位现金的市场价值约为0.907个单位,小于0.996。这一结果说明,经济政策不确定性较大时增持现金的行为会对现金价值造成损害。这支持了假设4中代理理论的观点。

表5-6   经济政策不确定性与企业现金持有价值

变量	回归分析结果			
	(1)		(2)	
	系数	z统计量	系数	z统计量
EPU_{t-1}	-0.208*** (0.0496)	-4.20		
$OPER_{i,t-1}$	1.081*** (0.152)	7.09	1.001*** (0.159)	6.29
$SIZE_{i,t-1}$	-0.332*** (0.0153)	-21.67	-0.332*** (0.0155)	-21.38
$LA_{i,t-1}$	-0.00107 (0.00635)	-0.17	-0.000589 (0.00663)	-0.09
$NWC_{i,t-1}$	0.165* (0.0961)	1.72	0.146 (0.0987)	1.48
$Loss_{i,t-1}$	-0.00955 (0.0475)	-0.20	-0.0496 (0.0496)	-1.00

续表

变量	回归分析结果			
	（1）		（2）	
	系数	z 统计量	系数	z 统计量
$CAPX_{i,t-1}$	-0.0268 (0.215)	-0.12	-0.141 (0.224)	-0.63
$OLD_{i,t-1}$	-0.361*** (0.0448)	-8.05	-0.362*** (0.0456)	-7.94
$I_{i,t-1}$	-2.070 (1.666)	-1.24	-3.450** (1.702)	-2.03
$DIVIDUM_{i,t-1}$	-0.00689 (0.0300)	-0.23	-0.0335 (0.0313)	-1.07
$CASH_{i,t-1}$	9.624*** (1.206)	7.98	0.996*** (0.143)	6.95
$EPU_{t-1} \times CASH_{i,t-1}$	-1.801*** (0.248)	-7.27		
Constant	11.12*** (0.421)	26.40	10.10*** (0.351)	28.78
R-square	0.3421		0.3121	
观测数	3 765		3 765	

注：括号内为标准差，***、**、*分别表示在1%、5%和10%水平下显著。

六、稳健性检验

本章使用上市公司 2008 - 2014 年的季度数据作为样本，剔除金融类上市公司以及数据不全的公司，用得到的样本进行回归分析。稳健性分析结果显示，经济政策不确定性与企业现金持有量仍为显著正相关关系。具体回归结果如表 5 - 7 所示。

表 5-7　　稳健性检验

变量	回归分析结果	
	系数	z 统计量
EPU_{t-1}	0.00461*** (0.00116)	3.99
$MB_{i,t}$	0.00899*** (0.000867)	10.37
$OPER_{i,t}$	0.177*** (0.0126)	13.97
$SIZE_{i,t}$	$3.06e-05$ (0.00125)	0.02
$LA_{i,t}$	-0.000552*** ($9.68e-05$)	-5.70
$NWC_{i,t}$	-0.160*** (0.00471)	-33.85
$Loss_{i,t}$	-0.0154*** (0.00145)	-10.61
$CAPX_{i,t}$	0.183*** (0.0342)	5.35
$OLD_{i,t}$	-0.0458*** (0.00357)	-12.83
$I_{i,t}$	-4.076*** (0.177)	-23.03
$DIVIDUM_{i,t}$	0.00381*** (0.00145)	2.63
Constant	0.244*** (0.0253)	9.64
R-square	0.0809	
观测数	21 326	

注：括号内为标准差，***、**、*分别表示在1%、5%和10%水平下显著。

七、结论

本章运用上市公司 2008—2014 年的年度数据研究了经济政策不确定性对企业现金持有的影响,发现面临较大的经济政策不确定性时,企业选择持有更多现金。同时,我们将样本分别根据市场化程度和企业产权性质进行分组回归,得到相应结论:市场化程度越低的地区,企业现金持有受经济政策不确定性的影响越大,企业倾向于增持现金。由于信贷歧视的存在,非国有企业受到经济政策不确定性的影响越敏感,持有的现金量越多。在研究经济政策不确定性对企业现金价值的影响这一问题中,我们发现企业面临较大的经济政策不确定性而增持现金这一行为会损害企业价值。经济政策的不确定性反映了政府对本国经济运作的干预,这种不确定的干预会给企业带来经营风险,干扰企业的现金持有策略,进而可能会影响企业的投资计划并引起一系列问题。因而,政府的干预应该更加慎重,将更多的自主权留给市场。

参考文献

[1] 韩立岩,刘博研. 公司治理、不确定性与现金价值 [J]. 经济学季刊,2011 (2).

[2] 方军雄. 所有制、制度环境与信贷资金配置 [J]. 经济研究,2007 (12).

[3] 李凤羽,史永东. 经济政策不确定性与企业现金持有策略——基于中国经济政策不确定指数的实证研究 [J]. 管理科学学报,2016,19 (6).

[4] 李凤羽,史永东,杨墨竹. 经济政策不确定性影响基金资产配置策略吗?——基于中国经济政策不确定指数的实证研究 [J]. 证券市场导报,2015 (5).

[5] 李凤羽,杨墨竹. 经济政策不确定性会抑制企业投资吗?——基于中国经济政策不确定指数的实证研究[J]. 金融研究,2015(4).

[6] 梁权熙,田存志,詹学斯. 宏观经济不确定性、融资约束与企业现金持有行为——来自中国上市公司的经验证据[J]. 南方经济,2012(4).

[7] 邱兆祥,刘远亮. 宏观经济不确定性与银行资产组合行为:1995-2009[J]. 金融研究,2010(11).

[8] 申慧慧,于鹏,吴联生. 国有股权、环境不确定性与投资效率[J]. 经济研究,2012(7).

[9] 万良勇,饶静. 不确定性、金融危机冲击与现金持有价值——基于中国上市公司的实证研究[J]. 经济与管理研究,2013(5).

[10] 王红建,李青原,邢斐. 经济政策不确定性、现金持有水平及其市场价值[J]. 金融研究,2014(9).

[11] 汪辉. 上市公司债务融资、公司治理与市场价值[J]. 经济研究,2003(8).

[12] 王小鲁,樊纲,余静文. 中国分省市市场化指数报告[M](2016). 中国:社会科学文献出版社,2017.

[13] 杨兴全,张照南. 制度背景、股权性质与公司持有现金价值[J]. 经济研究,2008(12).

[14] Baum. C. F., M. Caglayan, A. Stephan and O. Talavera. Uncertainty determinants of corporate liquidity[J]. Eonomic Modeling, 2008, 25(5).

[15] Bloom. N., S. Bond and J. V. Reenen. Uncertainty and Investment Dynamics[J]. Review of Economics Studies, 2007, 74(2).

[16] Brandt. L. and Li. H.. Bank discrimination in transition economics: ideology, information, or incentives? Journal of Comparative Economics, 2003(31).

[17] Clark. B., B. Francis and I. Hasan. Geography and cash holdings[R]. SSRN Working Paper, 2008.

[18] Cummins. J. and I. Nyman. Optional investment with fixed financing costs

[J]. Financial Research Letters,2004,1(4).

[19] Faulkender. M. W. Cash holdings among small business [R]. SSRN Working Paper, Washington University, St. Louis, 2002.

[20] Han. S. J. AndJ. P. Qiu. Corporate precautionary cash holdings [J]. Journal of Corporate Finance, 2007, 13 (1).

[21] Huang T, Wu F, Yu J, et al. Political uncertainty and dividend policy: Envidence from international political crisis [R]. Working Paper, Jiangxi: Jiangxi University of Finance and Economics, 2013.

[22] Julio B, Yook Y. Political uncertainty and corporate investment cycles [J]. Journal of Finance, 2012, 67 (1).

[23] Opler. T, Pinkowitz. L, Stulz. R, Williamson. R.. The determinants and implications of cash holdings [J]. Journal of Financial Economics, 1999 (52).

[24] Pastor L, Veronesi P. Uncertainty about government policy and stock prices [J]. Journal of Finance, 2012, 67 (4).

[25] Pinkowitz. L, Williamson. R.. Bank power and cash holdings: Evidence from Japan [J]. Review of Financial Studies, 2001 (14).

[26] Pinkowitz. L. , R. Stulz and R. Williamson. Does the contribution of corporate cash holdings and dividends to firm value depend on governance? A cross-country analysis. Journal of Finance, 2006 (61).

第六章 后危机时代中国金融市场系统性金融风险识别和市场状态转变：来自金融压力指数的证据

朱 莎 吴仰儒

摘 要：在后全球金融危机时代，世界各国均在探索金融市场新规律，欲增强系统性金融风险的识别和防范能力。随着金融稳态的变化，及时地对新金融秩序形成新的认识，制定新的调节和控制系统性金融风险的整体流动性制度架构，以适应不断发展变化的新金融形势。金融压力指数作为系统性金融风险度量指标，能够及时反映我国金融市场的风险，并且有预警功能和预测能力。首先，本章参照 IMF 指标体系，构建了我国的金融市场压力指标，剖析了系统性金融风险的阶段性特征和系统性金融风险的金融市场来源。其次，本章采用马尔可夫状态转换模型判定了我国各个金融市场系统性风险所呈现出的新周期性——高风险积聚状态和低风险积聚状态，并运用该模型对金融市场压力指数进行了合理预测。

关键词：系统性金融风险 金融压力指数 马尔可夫模型

一、引言

近年来，全球金融市场的动荡源于 2007 年次贷危机的爆发，并随后演变成为了全球金融危机（2007－2009 年），给各个主要事件国带来了严重的经济损失，危机也造成了中国系统性金融风险加剧。经过一段时间的波动后，中国金

第六章 后危机时代中国金融市场系统性金融风险识别和市场状态转变：来自金融压力指数的证据

融市场也发生了结构性的变化。全球金融危机后，世界各国探索金融市场新规律，重视金融体系的脆弱性问题，欲增强金融风险的识别和防范能力，建立新金融秩序。各国金融机构、政府监管部门和学者们更加重视金融体系的稳定和风险监测。

所谓的金融稳定是一个较为宽泛的概念，这一概念尚无严格定义，更多的是从金融不稳定、金融脆弱和系统性风险等方面分析。更重要的是，金融稳定也是一个动态、不断发展的概念，其标准和内涵随着经济金融的发展而发生相应的改变，并非是一成不变而固化的金融运行状态。随着金融稳态的变化，我们应该及时地对新金融秩序形成新的认识，制定新的调节和控制系统性金融风险的流动性制度架构，以适应不断发展变化的金融形势。

当前我国经济正处于结构调整、转换升级的关键时刻，金融体系不稳定因素增加，加之全球经济复苏力度低于预期、政治风险不确定程度上升，加强防控金融风险、重点维护金融稳定、确保不发生系统性风险危机事件成为我国能否顺利实现经济结构调整升级的前提条件。因此，如何调节和控制系统性金融风险是关乎我国金融稳定的核心，我国要把防控系统性金融风险放到更加重要的位置，采取一系列措施加强金融监管，防范和化解金融风险，维护金融安全和稳定。

二、文献综述

准确判断风险隐患是保障金融安全的前提，我们必须准确测算和有效监控系统性金融风险，这长期以来都是重要的研究课题。系统性金融风险度量的主要方法多样，从微观层面上看，主流指标有系统性预期损失值（SES，Acharya 和 Engle，2012）、条件在险价值差值（ΔCoVar，Adrian 和 Brunnermeier，2008）和系统性风险指标（SRISK），均可测度金融机构对整体系统性金融风险的边际贡献值。除此之外，还有危机联合概率法（Segoviano 和 Goodhart，2009）能够度量银行间系统性风险，刻画银行间风险的依存。从宏观层面上看，主流方法是综合指数法和早期预警法（例如，Kaminsky，Lizondo 和 Reinhart，1998），能根据资产负债表和市场数据来度量系统性金融风险，但早期预警法的结果对指标阈值，即对金融危机相应值过度依赖，而我国尚未发生真正意义上的金融危机，因此，后者不太适用于我国实情。本章需要构建能够充分反映我国整体金融市场风险，度量其动态的系统性金融风险值的方法，因此文章选择了综合指数法。该方法可操作性强，具有一定的连续性和灵活性，无论对已发生过金融危机的国家还是未发生过金融危机的国家均适用。

综合指数法是国际上广为使用的，特别对缺乏数据的发展中国家尤为重要。该方法首先确定与系统性金融风险相关的各种指标，再根据不同的加权方法对指标进行加权。大部分文献会采用主成分分析法作为加权方法，该方法是指对所选取的多种经济指标进行综合合成。但是，主成分方法所合成的综合指标中各组成部分的经济含义会带有模糊性，不像原始变量的含义那么清楚、确切，这是变量在降维过程中不得不付出的代价。因此，本章采用等方差权重法进行加权，避免降维所带来的缺憾。

本章采用金融压力指数（Financial Stress Index，FSI）来度量金融市场的系统性动态风险，它属于综合压力指数之一，最早由经济学家 Illing 和 Liu（2003）提出，并从银行、外汇、债券和股票四大市场选取指标构建了金融压力指数。权威机构 IMF 的世界展望报告（2008）采用 Cardarelli，Elekdag 和 Lall（2009）选择了 7 个指标就 17 个发达国家的金融压力指数进行了测算来衡量系统性金融风险，识别了相应的压力事件，并且实证发现了金融压力指数对经济有先行预测作用。Balakrishnan，Danninger，Elekdag 和 Tytell（2011）选择了 5 个指标构建了 25 个新兴市场国的压力指数（EM – FSI），并采用两阶段模型验证了新兴市场国和发达国家金融压力之间的联动和溢出关系。Hakkio 和 Keeton（2009）选择 11 个指标构建了堪萨斯城市的压力指数（KCFSI），选择更多的特征变量对美国城市的金融压力进行测算。随后，大量的国外文献广泛采用 IMF（2008）测算发达国家的金融压力指标（AE – FSI）和 Balakrishnan（2011）度量新兴市场国的金融压力指标（EM – FSI）。

第六章 后危机时代中国金融市场系统性金融风险识别和市场状态转变：来自金融压力指数的证据

近年来，国内学者对金融压力分析展开了研究，大部分是对单个金融市场系统性金融风险和压力测试进行分析，对整体金融市场压力测算的文献还相对较少。赖娟和吕林江（2010）选择了银行、外汇、债券和股票四大市场的4个指标对金融市场的压力进行了初步估计，并被学者们广泛采用，但笔者认为，该文章选择的指标和国际广泛采用的有较大差异。刘晓星和方磊（2012）、陈守东和王妍（2011）、郑桂环（2014）等选择7～10个指标构建了金融压力指数，他们除考虑四大金融市场外还增加了保险赔付额的变化对保险市场的金融压力指数进行度量。许涤龙和陈双莲（2015）基于CRITIC赋权法构建的金融压力指数，新增了房地产市场的金融压力指数测度。国内文献较为重视除了金融市场外，其他市场对中国系统性风险的影响，例如，房地产市场和保险市场。笔者认为，除补充其他市场风险测度外，更重要的是系统性金融风险测度体系的建立。与大多数传统文献选用信贷总量、违约率、不良贷款率、企业信贷占GDP的比重等指标来合成系统性金融风险不同的是，本章认为这些指标都是经济周期滞后的指标，而包括股票市场、外汇市场、债券市场等在内的金融市场则代表投资者对未来经济情形前瞻性的预期，这种市场化的指标对未来的金融市场系统性风险是有预期效果的。

全球金融危机和新常态时期以来，我国金融市场受各种各样的外界冲击和内部经济金融环境的变化，市场结构和状态特征变化显著，而用固定参数模型表现不出这种金融市场结构的变化，因此，本章考虑采用马尔可夫市场状态转换模型来识别我国金融市场压力的变化情况，深入剖析压力变化的主导因素。运用马尔可夫状态转换模型判断我国金融市场系统性风险周期性转换的文献较少，陶玲和朱迎（2016）采用主成分方法构建了我国系统性风险，采用马尔可夫状态转换方法对我国整体金融系统性风险状态和拐点进行识别。

基于国内外文献的梳理，本章从以下几个方面做出贡献。第一，在构造指数选择指标的过程中，不同的学者观察角度不同，对市场的认识不同，所选择的指标不尽相同，某种程度上说，这会受到某些主观因素的影响。与以往中外文献不同的是，前期学者构建的金融压力指数均未具体说明其选择的指标框架来源，本章采用权威机构 IMF（2009）发布的针对新兴市场国的金融压力指数框架，并综合近期的国内文献将该指标落地中国金融市场。第二，国内文献里均缺少 IMF 报告中提出的银行部门的滚动 β 系数这一重要指标，虽然它在测算上有一定难度，但其重要性不可忽视。第三，国内文献识别危机值的统计方法单一，没有针对全球金融危机和新常态时期[①]我国金融市场已经发生的市场状态转变进行识别和深入的探讨。本章将运用马尔可夫状态转换模型对我国系统性金融风险的高、低风险积聚状态进行识别，对全球金融危机和新常态时期形成新的认识。第四，本章运用马尔可夫状态转换模型对我国系统性金融风险进行合理的预测。

三、中国金融市场压力指数

科学地测算金融市场系统性风险，指标的体系选择非常的重要。本章主要研究金融市场的金融压力情况，因此围绕银行、证券（股票和债券）和外汇市场三大金融市场构建 FSI。本章的压力指数指标参考国外主流文献的指标体系，针对国内金融市场部分缺失数据，笔者也做了一些具体核算，对个别原始数据指标选取也做了相应调整和补充。本章精心选择的指标为：银行部门的滚动 β 系数、银行业泰德利差、期限利差、股票收益率、时变股指收益波动率、主权债券利差、汇率的波动率、货币的贬值变量和外汇储备 9 个指标，具体说明如下。

（一）银行业压力指标

传统的银行业金融压力指标主要由 β 系数构成，本章的指标体系做了相应补充，具体如下。

1. 银行部门的滚动 β 系数。

[①] 新常态是指与 GDP 导向的旧经济形态与经济发展模式不同的新经济形态与经济发展模式，提出时间为 2014 年 5 月。

第六章 后危机时代中国金融市场系统性金融风险识别和市场状态转变：来自金融压力指数的证据

银行部门的滚动 β 系数是由资产定价模型测算得出的。选择银行业的月度收益率和市场月度收益率采用12个月滚动窗口测算的贝塔系数。如果 $\beta > 1$ 表明银行业比市场风险波动大，银行业受到的金融压力越强。为了更好地捕捉银行业的系统性风险，我们设1为门槛值，$\beta - 1 > 0$ 时，该值记为银行业压力值；$\beta - 1 < 0$ 时，压力值取零。

2. 银行业泰德利差（BankTed）。

由3月期银行同业拆借利率减去无风险利率，反映银行流动性状况。银行业泰德利差的增大，表明银行面临资金流不充足，缺乏流动性，银行业风险加剧。

3. 负的期限利差（TermSpreads）。

期限利差是国债收益率的斜率因子，一般而言，通常由长期政府债券收益率（10年）和短期政府债券收益率（3月）之间的差额决定。由于银行通常是将短期的存款转变成长期的贷款，因此这个期限利差越大银行越容易获利。相反，负的期限利差衡量了银行收益受危害的程度，这个值越大银行的压力也就越大。

（二）证券市场压力指标

1. 负的股票收益率（Ret）。

股票收益率选择上海证券综合指数月度收益率，它与证券市场的压力指数呈现负相关关系，股票市场收益率越小，证券市场的风险越大，金融压力越强。

2. 时变股指收益波动率（ht）。

该指标是笔者通过股票指数的收益率建立 GARCH（1，1）模型，测算其动态波动率。

3. 主权债券利差（SDS）。

主权债券利差指中国10年期国债收益率和美国10年期国债收益率差值。

（三）外汇市场压力指标

传统的 EMPI 主要由货币的贬值变量和外汇储备的变化值构成，但忽略了外汇的升值和贬值等因素带来的汇率的波动,本章加入了1个月人民币外汇波动率来度量汇率的实时波动对外汇市场的影响。在 t 月的外汇市场金融压力指数定义如下:

$$FSI_{FX,t} = \frac{(\Delta e_t - \mu_{\Delta e})}{\sigma_{\Delta e}} - \frac{(\Delta RES_t - \mu_{\Delta RES})}{\sigma_{\Delta RES}} \quad (6-1)$$

其中,$\Delta e_{i,t}$ 是汇率变化量,$\Delta RES_{i,t}$ 指国家总外汇储备减去黄金储备的变化量,$\mu_{i,\Delta e}$ 和 $\mu_{i,\Delta RES}$ 分别是各自序列的均值,$\sigma_{i,\Delta e}$ 和 $\sigma_{i,\Delta RES}$ 是各自序列的标准差。

本章的 FSI 构建的权重采用 IMF 的构建方法——等方差权重法,这种方法假设变量服从正态分布,通过将变量减去均值并除以标准差,对标准化的变量求和(下文中变量带 std 下角标表示相应变量的标准化)。

具体上看,金融总压力指数和三大金融市场分压力指数公式为

$$FSI_{Total} = FSI_{Bank} + FSI_{Security} + FSI_{exchange} \quad (6-2)$$

$$FSI_{Bank} = \beta_{std} + BankTed_{std} + TermSpreads_{std} \quad (6-3)$$

$$FSI_{Security} = Ret_{std} + ht_{std} + SDS_{std} \quad (6-4)$$

$$FSI_{FX} = \frac{(\Delta e_t - \mu_{\Delta e})}{\sigma_{\Delta e}} - \frac{(\Delta RES_t - \mu_{\Delta RES})}{\sigma_{\Delta RES}} \quad (6-5)$$

针对我国金融市场压力期的识别,本章采用统计上较为科学的识别方法,即用金融压力指数减去该系列历史时期均值的差额再除以两倍的标准差,该值越小,表明发生系统性金融风险危机可能性越小,若该值大于零,则表示此时段处在危险的系统性金融风险时期,本章构建的金融市场压力时期识别指数 FSI^* 为

$$FSI^* = \frac{FSI - \mu_{FSI}}{2\sigma_{FSI}} - 1 \quad (6-6)$$

四、中国金融市场压力指数的实证结果

(一)金融市场压力指数数据来源和预处理

构建 FSI 指数选择月度数据更能够及时地反映金融市场压力情况,本章选

第六章 后危机时代中国金融市场系统性金融风险识别和市场状态转变：
来自金融压力指数的证据

择 2007 年 1 月至 2016 年 12 月的月度数据核算，该测算期能够覆盖全球金融危机时期，满足本章的研究目的。本章数据主要来源为：Datastream、Resset、Wind 和国泰安。另外，银行部门的滚动 β 系数和时变股指收益波动率（ht）分别由笔者建立 CAPM 模型和 GARCH（1，1）模型估计得出。

（二）中国金融市场压力指数和剖析

1. 中国金融市场系统性风险的阶段性特征。

2007 年 7 月美国金融市场受次贷违约的影响，次贷危机全面爆发，该风暴传播速度极快，迅速波及全球，造成了全球范围内的金融危机，持续近 3 年时间。大部分国际文献把 2007 - 2009 年定义为全球金融危机时期。危机过后，全球金融市场进入复苏期，中国金融市场系统性风险也呈现出了一些新的特征。

本章根据 IMF 标准，选择多个压力指标，构建的金融市场压力总指数和分市场压力指数，具体如图 6 - 1 所示。

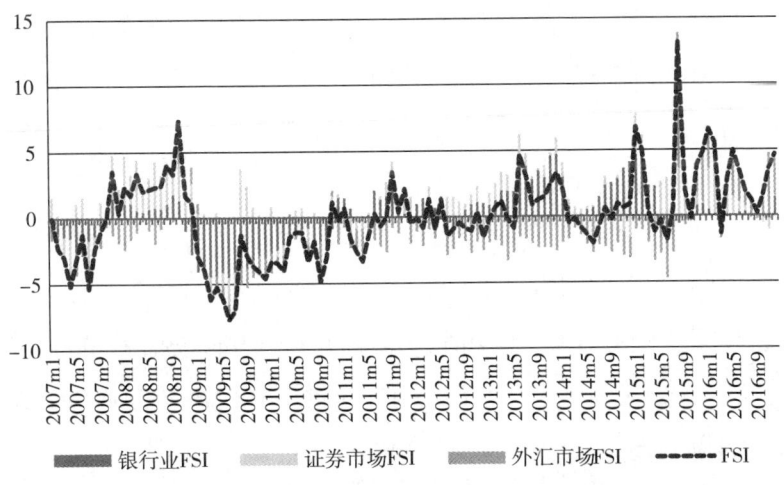

注：此图参考 IMF 框架具体选择银行部门的滚动 β 系数、银行业泰德利差、期限利差、股票收益率、时变股指收益波动率、主权债券利差、汇率的波动率、货币的贬值变量和外汇储备 9 个指标并进行标准化后计算得出。

图 6 - 1 全球金融危机后时代金融市场压力指数

从 FSI 指标上看，总体上，我国的金融市场风险一直都较为稳定，大部分在［-5，5］区间波动，并呈现出阶段性特征。FSI压力值分为负压力波动期、零压力持续期和正压力波动期，共三个阶段：

（1）负压力波动期——2007年1月至10月和2009年1月至2010年12月

在全球金融危机早期和晚期，FSI均较小，大部分为负值。这表明，在危机期早期，我国的金融市场系统性风险较低，经济金融呈现高速发展状态；在危机期晚期，我国金融市场受欧债危机影响较小，金融市场能够迅速调整，释放风险，快速回调至较低区域，一定程度上削弱了全球金融危机给我国金融经济造成的持续负面影响。

（2）零压力持续时期——2011年1月至2014年6月

FSI围绕着零值波动，系统性金融风险较小。值得注意的是，在2013年下半年，FSI有小幅明显上升，随后又有所回落，系统性金融风险有所显现。

（3）正压力波动时期——2007年11月至2008年12月和2014年7月至2016年12月

在全球金融危机中期和新常态时期，FSI缓慢攀升，较其他时期相比，金融市场系统性风险均较高。尤其是，我国步入新常态时期以来，系统性金融风险波动更剧烈一些。

2. 中国金融市场系统性风险来源。

系统性金融风险的来源一直以来是学者们研究的重点问题，是各国政府监管者关注的重要领域。中国金融市场在金融创新和改革的历程中面对着各种各样的风险，风险的复杂、多样和叠加以及金融市场结构的深化，使得金融体系短期内会承受一定潜在压力，有爆发系统性金融风险的可能。清晰地认识我国金融市场系统性风险的来源，对理解系统性金融风险成因和化解潜在危机有重要的现实意义。

在全球金融危机时期，我们观察可以发现，我国的金融市场明显受到外部金融事件的冲击和波及，整体金融压力指数攀升，系统性金融风险主要来源于证券市场，小部分来源于银行业，外汇市场受影响最小并处于负压力时期。全球金融危机过后，随着外部市场的稳定，我国金融市场风险得到了显著的化解和控制。按系统性金融风险来源的不同，该时期可分为两个时间段：2010年至

第六章　后危机时代中国金融市场系统性金融风险识别和市场状态转变：来自金融压力指数的证据

2013年5月和2013年6月至2014年4月。第一时间段系统性金融风险主要由证券市场系统性风险小幅攀升引致，而其他两个金融市场压力指数绝大部分为负值，能够显著地化解整体金融市场风险值。第二时间段系统性金融风险主要以银行业压力为主，其次是证券市场压力，而外汇市场一直呈现负压力状态并有效地抵消其他两个金融市场风险压力。2014年5月伊始，我国逐渐步入新常态时期，新经济周期特征凸显。以2015年8月为分界点，前期系统性金融风险主要来源是银行业，证券市场压力次之，后期外汇市场系统性风险发生了明显转变，外汇市场压力值凸显波动幅度较大，紧随其后的是证券市场压力。

表6-1　后全球金融危机时代中国金融市场系统性风险来源

时期	具体时间	系统性风险来源		
		银行业	证券市场	外汇市场
全球金融危机	2007年至2009年	次要或低/负压力	主要	低/负压力或短暂凸显
新常态时期	2014年5月至2015年7月	主要	次要	负压力
	2015年8月至2016年12月	低/负压力	次要	主要
其他	2010年至2013年5月	低/负压力	主要	低/负压力
	2013年6月至2014年4月	主要	次要	负压力

注：此表根据金融市场压力指数值统计出中国金融市场系统性风险的来源，样本期：2007年1月至2016年12月。

3. 中国金融市场系统性风险的压力识别。

金融压力指数能够对某个国家的系统性金融风险进行实时测算，度量该国某一时刻金融市场系统性风险的绝对值，但该指数并不能直接判断金融市场风险是否已处于危险期，它缺乏明确的预警功能。系统性金融风险的压力识别是针对金融压力指数来测算其相对的风险值（FSI^*），该值与预警值（零值）做比较能够判定当前的系统性金融风险程度。当$FSI^* > 0$时，表示系统性金融风险触及预警线，判定此刻金融市场处于危险预警期，压力识别指数值越高，金融市场危险性越高。相反，当$FSI^* < 0$时，金融市场系统性风险稳定，该值越低金融市场危险性越低。从已构建的金融市场压力识别指数来看，我国金融市场的系统性风险，在绝大部分时期没有触及预警线，系统性金融风险稳定。金

融市场系统性风险触及预警线次数统计如表6-2所示。

表6-2　　　　中国金融市场系统性风险的压力识别　　　　单位：次数

	整体金融市场	银行业	证券市场	外汇市场
全球金融危机时期	1	0	4	1
新常态时期	3	3	1	5
其他	0	3	0	0
共计	4	6	5	6

注：此表由金融压力识别指数值（FSI*）统计得出。其中，全球金融危机时期指2007年1月至2009年12月；新常态时期指2014年5月至2016年12月；其他是指2010年1月至2014年4月。

总的来说，从金融市场压力指数和识别指数的历史数据来看，可能造成我国金融市场系统性风险显著猛增或触及预警线的时间点和对应的金融事件为：(1) 2007年中期至2009年早期，全球金融危机，国际金融市场动荡，我国证券市场首当其冲；(2) 2013年6月至12月，银行业集体遭受"钱荒"危机；(3) 2015年至2016年，我国经济发展步入新常态时期，银行业遭遇不良贷款率暴涨，外汇市场经历"8·11汇改"和人民币"渐进持续"贬值，以及股市经历暴涨和暴跌，股价波动性飙升。

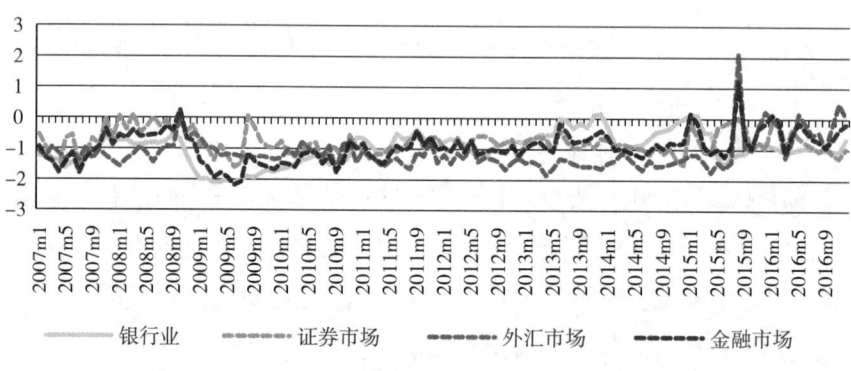

图6-2　全球金融危机后时代金融市场压力识别指数

注：此图由金融压力指数减去该系列历史时期均值的差额再除以两倍的标准差，该值越小，表明发生系统性金融风险危机可能性越小，若该值大于零，则表示此时段处在危险的系统性金融风险时期。

第六章　后危机时代中国金融市场系统性金融风险识别和市场状态转变：
来自金融压力指数的证据

五、中国金融市场系统性风险状态的转换

（一）马尔可夫状态转换模型理论

自从 Hamilton（1989）使用 Markov 状态转换模型处理结构突变问题后，这种 Markov Switching Model（简称 MS）模型广泛地被用于表述和解释经济发生结构断裂或突变的实证研究。

当马尔可夫状态模型可解时，根据 AIC/BIC 最小规则，本章所建立 MS 模型或者 MSAR 模型［包含自回归项 AR（P）］如下：

$$FSI_t = \mu_{s_t} + \varepsilon_{s_t} \text{ 或 } FSI_t = \mu_{s_t} + \sum_{i=1}^{p} \varphi_{i,s_t}(y_{t-i} - \mu_{s_{t-i}}) + \varepsilon_{s_t}, s_t = 1,2$$

其中，$\varepsilon_{s_t} \sim N(0, \sigma_{s_t}^2)$，$FSI_t$ 表示 t 时刻的金融市场压力指数，s_t 代表无法观察到的系统状态 1 和状态 2，μ_t 表示均值，状态 1：$\mu_{s_t} = \mu_1$ 和状态 2：$\mu_{s_t} = \mu_2$。状态的转移可能会受到（$y_{t-i} - \mu_{s_{t-i}}$）的影响，i 表示滞后项的阶数，i 取 1 到 p 阶。转移概率为 $P(s_t = 2 | s_{t-1} = 1) = \omega_1$，记为 P_{12}，以及 $P(s_t = 1 | s_{t-1} = 2) = \omega_2$，记为 P_{21}，$1/\omega_i$ 是过程停留在状态 i 上的期望持续时间长度，ω_i 较小代表模型在状态 i 上的停留时间更长，反之亦然。

（二）金融市场系统性风险状态转换的实证结果

构建马尔可夫市场状态转换模型前，我们分别对整体金融市场、银行业、证券市场和外汇市场的压力指数做了单位根检验，检验说明，这四个指标均拒绝存在单位根的原假设，是稳定收敛的，符合建立马尔可夫市场状态转换模型条件。

根据压力指数数据的特征和模型回归结果显示，我国的四个金融市场压力指数的马尔可夫状态显示我国金融市场的系统性风险发生着显著的状态转变，会在两个风险状态——高压力风险积聚区和低压力风险积聚区之间切换。基于防范系统性金融风险触及警报的目的，在实证结果中，更值得我们关注的是高

压力风险积聚区，具体时间段对应概率值较高的部分，该时期的实证参数如表6-3所示中的Regime 1。相应地，在图6-3中，概率值较低的部分是低压力积聚状态时期的情况，实证参数如表6-3所示中Regime 2。

整体上看，在金融危机期和后危机时代，市场系统性风险曾处于高压力状态，尤其是，2014年步入新常态时期以来，金融市场压力持续不减。具体来看，一方面，在全球金融危机时期，我国的证券市场率先进入高压力状态，随后银行业压力状态也由低压转变为高压状态，外汇市场仅短暂呈现高压状态，在三大市场作用下，整个金融市场高压力状态从2007年8月至2009年4月，而自爆发欧债危机的2009年下半年起，仅证券市场压力状态短暂转变为高位，整体金融市场压力状态维持低位，市场压力稳定。另一方面，危机过后，2011年2月，首先受银行业系统性风险状态转变的冲击，我国金融市场整体金融压力状态开始逐渐转变为高压力积聚状态，虽然有转变机会但最终仍然持续至2016年底。自我国经济发展逐步进入新常态以来，银行业、证券市场和外汇市场均曾呈现出高压力状态的特征。因此，在新常态经济时期，防范系统性金融风险危机的发生，更加的刻不容缓、不容忽视。

表6-3　　　　　　　　　　马尔可夫状态转换模型结果

Variable	FSI_Total	FSI_Bank	FSI_Security	FSI_FX
Regime 1				
C	1.442***	1.113***	2.738***	3.273***
	(4.929)	(6.852)	(10.902)	(6.135)
Regime 2				
C	-2.997***	-2.435***	0.238**	-1.395***
	(-6.422)	(-9.168)	(1.977)	(-8.047)
Common				
AR (1)			0.157	0.323***
			(1.452)	(2.637)
LOG (SIGMA)	0.870***	0.321***	-0.084	0.141*
	(12.878)	(4.673)	(-1.094)	(1.762)

第六章 后危机时代中国金融市场系统性金融风险识别和市场状态转变：来自金融压力指数的证据

续表

Variable	FSI_Total	FSI_Bank	FSI_Security	FSI_FX
Transition Matrix Parameters				
P11 - C	3.061***	3.772***	1.239**	3.414***
	(3.544)	(4.844)	(2.306)	(5.189)
P21 - C	-3.758***	-2.952***	-2.811***	-1.373
	(-4.815)	(-3.445)	(-5.452)	(-1.592)

注：此表是金融市场整体的金融压力指数（FSI_Total）和三个分指数（银行业的 FSI、证券市场的 FSI 和外汇市场的 FSI）的马尔可夫状态转换模型的实证结果。Regime1 代表高风险积聚状态，Regime2 代表低风险积聚状态，Common 表示不随状态改变的变量值，Transition Matrix Parameters 表示转移矩阵的系数。括号内的数字是 t 统计值。*** 表示在1%水平下显著，** 表示在5%水平下显著，* 表示在10%水平下显著。

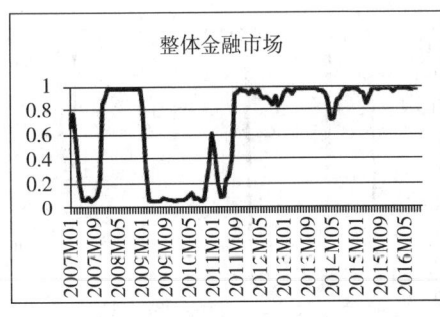
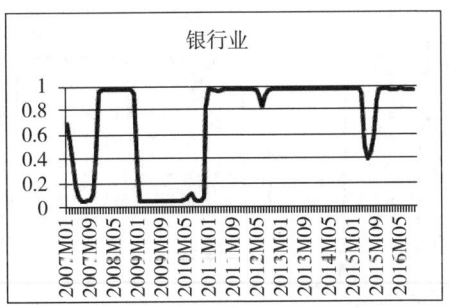
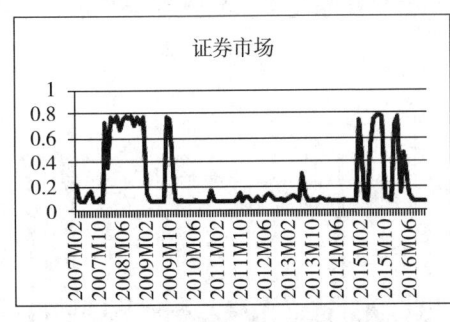
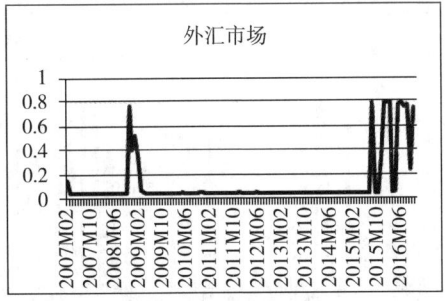

图 6-3 中国金融市场系统性风险的状态转换概率（高风险积聚状态）

注：此图是马尔可夫状态转换模型的高风险积聚状态概率值，由滤波预测方法测算得出。其中，高概率值代表高风险积聚状态，低概率值代表低风险积聚状态。

（三）中国金融市场压力指数的预测

根据前文的马尔可夫状态转移模型，我们采用静态预测方法分别对整体金融市场压力指数和分市场压力指数进行拟合和预测。实证结果表明，该模型能够对样本期内的压力指数进行较好的拟合，预测结果呈现出明显的周期性（高压力状态周期和低压力状态周期），并且能够准确地拟合出样本内数据压力值所处的风险积聚状态。相比 MS 模型而言，包含自回归项的 MSAR 模型的拟合效果会更好，更能够刻画金融压力指数的波动情况。预测结果显示，进入 2017 年后，我国金融市场整体压力会得到释放，有明显的下降，分市场表现也各有不同。银行业压力未来会持续下降，较为突出；证券市场压力会有所缓解并维持稳定和低压力状态；外汇市场压力没有显著降低但是会维持在一个相对稳定的压力水平。

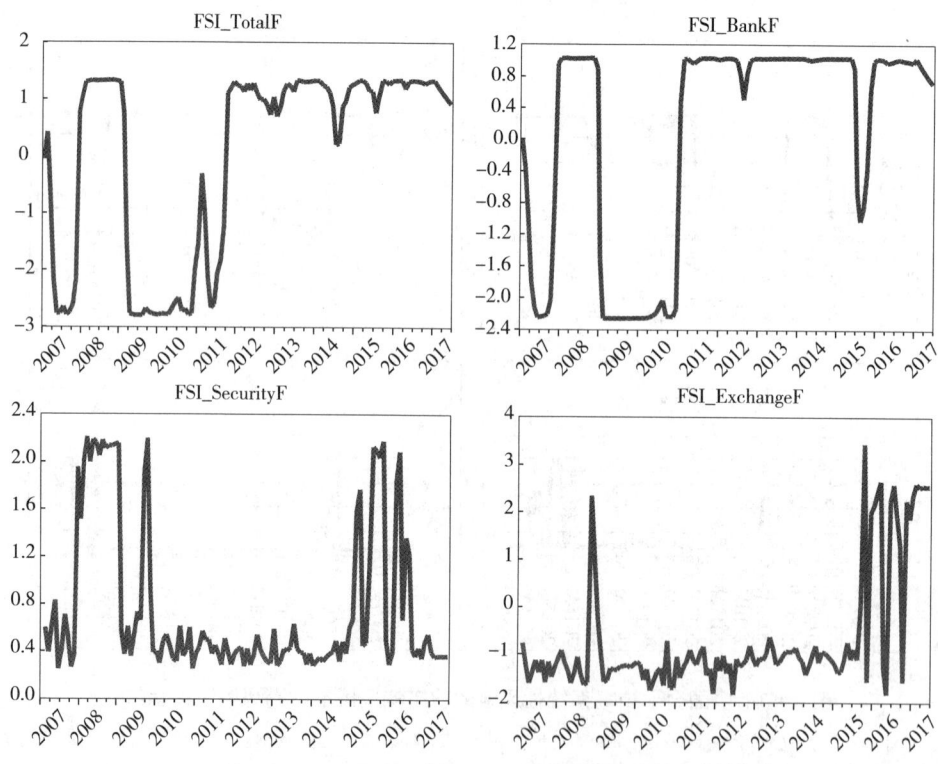

图 6-4 中国金融市场压力指数的估计值和预测值

注：此图是中国整体金融市场、银行业、证券市场和外汇市场压力指数采用静态预测方法的估计值和预测值，由马尔可夫状态转换模型计算得出，测算期为 2007 年 1 月至 2017 年 6 月。

第六章　后危机时代中国金融市场系统性金融风险识别和市场状态转变：
　　　　来自金融压力指数的证据

六、结论和政策建议

自2008年全球金融危机以来，我国经济发展所面临的国内外环境正在发生重大变化。从国际层面看，在新经济发展阶段，世界经济呈现出"总量需求增长缓慢、经济结构深度调整"的显著特征，全球经济格局已发生深刻调整，外部需求出现常态性萎缩。从国内层面看，回顾中国高速增长的三十年历程，依靠广阔的世界市场所带来的强大外需是创造中国经济奇迹的重要因素，支撑中国经济高速增长的外因环境已不复存在。实际上，自2010年至2016年，我国经济增速连续七年在回落，经济进入新常态。在新金融秩序下，中国未来十年经济增长将进入换挡期，由高速转入中高速阶段，这是我国经济在新的历史发展阶段的必然趋势，我国金融市场的系统性风险出现结构性变化新特征将不容忽视。

中国进入新常态是根据国际的外部环境、世界经济的长周期以及我国发展阶段性特征做出的重大战略判断。从金融风险积累和化解看，伴随着我国经济增速下调，各类隐性风险逐步显性化。充分认识新常态下金融市场风险的特点和成因，有利于厘清风险防控的思路，扎牢防范系统性风险的底线。本章认为，我国系统性金融风险可由金融市场压力指数FSI动态地及时反应，像这样的预警指标某些发达国家早已有成熟体系，并对外及时发布。我国的金融市场起步较晚，还尚未步入成熟期，逐步完善金融市场风险测度和预警机制是十分必要的，我们应积极向成熟市场经济体借鉴经验。

从金融市场风险视角上看，当前，我国的整体金融市场风险隐患正在积累，产生的原因也比较复杂，回顾过去十年，系统性金融风险呈现出阶段性特征——负、零和正压力时期，以及发生了马尔可夫市场状态转换的新周期性的结构变化特点——高风险积聚和低风险积聚状态。从本章的剖析可知，分析我国金融市场风险不仅仅需要关注整体市场风险，更应该分别从银行业、证券市场和外汇市场等方面探清楚风险根源。在过去的十年，我国金融市场的发展一直面临着不断的挑战,甚至是结构性的重大调整。在全球金融危机时期,我国的银行业、证券市场和外汇市场均先后受到了外部明显冲击,金融市场压力指数纷纷飙升,证券市场风险尤为突出。在后金融危机时代,我国曾进入一段短暂的低风险时期,金融市场得到修复。但伴随着我国实体经济发展的改变和金融领域的自身矛盾,步入新常态时期以来,金融市场结构调整持续深入,潜在风险在各个金融市场逐步暴露,前期主要由银行业压力引致,中期受证券市场压力影响,近期被外汇市场压力的波动变化推高。

从金融监管理念上看,随着金融市场的快速发展,当前系统性金融风险逐步显现,其重要性快速上升。金融市场作为金融风险管理的重要平台,需要重点关注和监管。然而,当前的金融监管体制多以单个金融机构风险稳健为目标,缺乏将金融市场视为统一整体的宏观审慎监管理念,忽视了金融市场间的关联性、跨市场风险溢出、宏观经济状况对金融市场的冲击等可能引发系统性金融风险突增的主要因素。在金融市场系统性风险多变的时期,单一机构监管体制会低估金融市场的风险,忽视现阶段市场金融动荡的根源,最终可能会导致单个、局部风险进一步放大和扩散,最终演化为全局性、系统性问题。在后危机时代,我们应该重新审视旧的金融监管体制,建立新的监管理念,加强金融市场的宏观审慎监管,有效地监测我国系统性金融风险的动态变化,准确预判和有效防范系统性事件的发生。

参考文献

[1] 陈守东,王妍. 金融压力指数与工业一致合成指数的动态关联研究 [J]. 财经问题研究,2011 (10):39-46.

[2] 赖娟,吕江林. 基于金融压力指数的金融系统性风险的测度 [J]. 统计与决策,2010 (19):128-131.

[3] 刘晓星,方磊. 金融压力指数构建及其有效性检验——基于中国数据

第六章　后危机时代中国金融市场系统性金融风险识别和市场状态转变：来自金融压力指数的证据

的实证分析 [J]. 管理工程学报, 2012 (3): 1-6.

[4] 陶玲, 朱迎. 系统性金融风险的监测和度量——基于中国金融体系的研究 [J]. 金融研究, 2016 (6) 18-36.

[5] 许涤龙, 陈双莲. 基于金融压力指数的系统性金融风险测度研究 [J]. 经济学动态, 2015 (4) 69-78.

[6] 郑桂环, 徐红芬, 刘小辉. 金融压力指数的构建及应用 [J]. 金融发展评论, 2014 (8): 50-62.

[7] Acharya, V., R. Engle, and M. Richardson. Capital shortfall: a new approach to ranking and regulating systemic risks, American Economic Review, 2012 (102): 59-64.

[8] Adrian, T., and M. Brunnermeier. CoVAR: A method for macro prudential regulation, Federal Reserve Bank of New York, Staff Reports, 2008, 348.

[9] Balakrishnan, R., S. Danninger, S. Elekdag, and I. Tytell. The transmission of financial stress from advanced to emerging economies, Emerging Markets Finance and Trade 47 (sup2), 2011: 40-68.

[10] Cardarelli, R., S. Elekdag, and S. Lall. World Economic Outlook, Financial Stress and Economic Downturns, World Economic and Financial Surveys (Washington: International Monetary Fund), 2008.

[11] Hakkio, C. S., and W. R. Keeton. Financial stress: what is it, how can it be measured, and why does it matter?. Economic Review, 94 (2), 5, Federal Reserve Bank of Kansas City, 2009.

[12] Illing, M., and Y. Liu. An index of financial stress for Canada, Bank of Canada Working Paper, No. 2003-14, Ottawa.

[13] Illing, M., and Y. Liu. Measuring financial stress in a developed country: An application to Canada, Journal of Financial Stability, 2006 (2): 243-265.

[14] International Monetary Fund. Global Financial Stability Report - Responding to the Financial Crisis and Measuring Systemic Risks, Washington,

April, 2009.

[15] Kaminsky, G., S. Lizondo, and C. M. Reinhart. Leading indicators of currency crises, IMF Economic Review, 1998 (45): 1 – 48.

[16] Segoviano, M. A., and C. Goodhart. Banking stability measures, IMF Working, 2009 (9): 1 – 54.

第七章 外国机构投资者股权与流动性的关系：基于实际摩擦和信息摩擦

丁明发

摘　要：大量的前人研究阐述了在外国机构持股率较高的公司中，外国投资者参与对流动性存在着负面影响。本章着眼于一个独特的背景——受到限制的合格的境外机构投资者（QFII）参与的中国A股市场，并研究如何影响该市场的股票流动性。与前人研究的结果相反，外国投资者的参与通过提高交易活跃度和挖掘价格信息来帮助提高相关股票的流动性。流动性的改善不是通过信息摩擦渠道进行的，而是通过实际摩擦渠道进行的。我们的结果对于内生性问题以及全球金融危机，行业影响和证券交易所的可能影响都很稳健。此外，当对QFII公司的子样本进行分析时，QFII的流动性改善效果甚至更强。

关键词：流动性　外国机构投资者　QFII　实际摩擦　信息摩擦

一、引言

迄今为止中国是世界上最大的新兴市场。与其他许多新兴市场不同，中国的金融市场并不完全向外国投资者开放，而且它是在与其他新兴经济体不同的制度下运作的。在本章中，我们利用这种独特的制度背景来重新审视外国机构投资者和增加的市场自由是如何影响流动性的。

为了实现国内金融市场投资者基础的多元化，中国政府实施了鼓励外国机构投资者参与的政策。在目前的法律框架下，外国投资者可以通过申请合格的外国机构投资者（QFII）许可证来对 A 股上市公司进行投资。① 然而，中国政府放开金融市场的做法是谨慎和保守的。许多新兴经济体允许外国机构投资者持有股票市场自由流通价值 50% 以上，而与之不同的是中国的 QFII 计划具有限制性：每个（所有）上市公司中 QFII 持有的股票总数是不能超过公司总股本的 10%（20%）。② 以中国的 QFII 计划为背景，我们进行了一个有趣的案例研究，即在外国机构持股率较低的环境中，外国机构的参与和股票市场流动性之间的关系。因为在大多数新兴市场中，均具有持股率较高的外国机构公司，所以这个问题从未被研究过。（参见 Rhee 和 Wang，2009；Ng，Wu，Yu 和 Zhang，2011；Prasanna 和 Bansal，2014）。

很多的文献认为，大量所有权与流动性负相关。一些人将这种负流动性效应归因于大股东引起的更大的逆向选择成本（Heflin 和 Shaw，2000；Rubin，2007；Brockman 和 Yan，2009）。还有一些人认为，大量不活跃交易的股票导致公众可获得的自由流通股数量减少，从而导致股市出现真正的摩擦（Brockman，Chung 和 Yan，2009）。与这些研究一致的是，Rhee 和 Wang（2009）认为，外国机构投资者与印度尼西亚流动性之间的负相关关系主要是由于国内外投资者之间的信息不对称（一种逆向选择效应）和国外不活跃交易（一种实际摩擦效应）。同样，Ng，Wu，Yu 和 Zhang（2011）提供的证据表明，外国大股东被认为是知情的交易者，他们的存在也通过其不活跃的交易抑制了交易活跃度。总之，这些研究表明，外国投资者的大量外资所有权导致了对流动性的负面影响。

阐述外国机构参与的对流动性的积极效应的研究很少。外国机构投资者可

---

① 中国允许外国投资者通过 2002 年 12 月 1 日颁布的《QFII 计划》对 A 股股票进行投资。批准的 QFII 于 2003 年 7 月 9 日在 A 股股票上进行了首次交易。QFII 受中国证券监督管理委员会（证监会）和中国人民银行的管理。QFII 被定义为海外基金管理公司，保险公司，证券公司以及中国证监会批准可以在中国证券市场投资的其他资产管理机构。它们获得国家外汇管理局批准的投资额度。《暂行办法》第十八条规定，QFII 可以投资中国证监会批准的在中国证券交易所和其他金融市场上市的 A 股，国债，可转债和公司债券。该规定允许海外机构投资者购买在 A 股市场上市的中国股票。在 QFII 制度之前，外国投资者只能投资于 B 股市场。但是，B 股市场规模远小于 A 股市场。外国机构希望申请 QFII 资格，因为这允许他们投资相对更大的 A 股市场。

② Rhee 和 Wang（2009）指出，外国机构投资者持有印度尼西亚股票市场 70% 的自由流通股份，占总市值的 41%。

第七章　外国机构投资者股权与流动性的关系：基于实际摩擦和信息摩擦

能通过改善信息环境和加强提高市场交易活跃程度来增加流动性。没有证明这种理论的证据的一个可能的原因是过去关注外国机构投资者和流动性的研究不能将这种积极影响从过大的外资所有权对流动性产生的负面效应中分离出来。从这个方面上来讲，限制外资所有权计划的中国的 QFII 政策，在低的外资所有权的条件下，为衡量外国机构投资者对流动性的积极影响提供了独特的环境。

研究中国 A 股市场的外国机构投资者中获得的另一个重要见解是，有不同类型的外国投资者，通过其他政策进行投资①，而不属于 QFII 计划。这些非 QFII 是长期战略投资者，受限于政府限制的股权上限较少。因此，与这些外国投资者相关的外国所有权远高于 QFII。正是在这种背景下，中国的 A 股市场为检验拥有不同的外资所有权的外国机构投资者对流动性的不同影响提供了一个理想的环境。在其他拥有大量外资所有权的新兴市场中，外部机构投资对流动性造成的负面影响的结果可与本研究的结果进行比较和对比。

本章进一步考察了外国机构投资者影响流动性的渠道。文献提出机构投资者可以通过以下两种主要机制与市场流动性相关联：(1) 改变市场上的交易活跃程度水平。(2) 改变市场的信息环境。Stoll (2000) 将前者的机制称为 "实际摩擦效应"，后者称为 "信息摩擦效应"。QFII 倾向于采取长期的买入和持有策略，他们的投资策略受到其他投资者的密切关注，因为官方烦琐的许可申请流程旨在留下最专注的全球投资者，驱除所有其他投资者。因此，具有专业和成熟的投资知识和技能的外国机构投资者的参与可以增加国内投资者的参与并带来更多的交易，从而通过将固定实际成本分摊到更多行业来降低实际摩擦成本。关于流动性的信息摩擦成分，一个普遍的观点是外国机构投资者更了解情况，因此被视为知情交易者。做市商因为与知情交易者交易而产生了潜在损失，所以他们扩大差价（逆向选择效应）。然而，Stulz (1999a, b) 认为，由于外

---

① 为吸引国外长期投资，中国有关部门（如证监会）迄今为止已采取了以下措施：自 2002 年 11 月 1 日起关于国有股和上市公司法人股向国外投资者转让有关问题的通知（到期）；自 2003 年 3 月 7 日起外国投资者合并境内企业暂行规定（修订）；自 2009 年 6 月 22 日起商务部关于修改外国投资者并购境内企业规定的决定（有效）；以及自 2005 年 12 月 31 日起外国投资者对上市公司进行战略投资的管理措施（有效）。

国机构投资者参与所带来的更好的信息披露和更高的交易活跃程度，将使本地金融市场的流动性有所改善。当价格反映更好的和更相关的信息时，由于价格不确定性降低，做市商就会降低价差。

本章提供了三个不同的贡献。首先，这是首次通过使用受限制的外资所有权的市场环境而不是以往研究中常用的无限制的外资所有权，进行的对外国机构投资者与股票流动性之间的关系的研究。[①] 其次，这是首次研究外国机构投资者不同的所有权水平与股票流动性有怎样的关系。最后，我们采用新的方法来探究外国机构参与和股票市场流动性相关的渠道（实际摩擦渠道和信息摩擦渠道）。

我们的研究发现：首先，外国机构投资者的市场参与和流动性正相关，表现为较低的报价差价（QS）和较高的订单深度。这一发现与 Rhee 和 Wang（2009）的结果形成了鲜明的对比，他们记录了外国机构所有权与价差呈正相关关系，而与印度尼西亚证券市场上的交易委托账本深度呈负相关关系。这个有趣的结果与文献综述不同：在没有大型外资所有权的情况下，外国机构投资者的参与似乎对流动性起到了积极作用。A 股市场上拥有大量所有权的外国机构投资者与流动性呈负相关的结果也支持文献中的证据。其次，结果表明，外国机构投资者的参与是通过实际摩擦渠道与市场流动性正相关，而非信息摩擦渠道。这一发现支持了外国机构投资者提高交易活跃程度并降低实际摩擦成本的观点。最后，一些附加测试的结果表明：（1）我们的结果对可能的内生性和与外国所有者相关的反向因果关系是稳健的。（2）全球金融危机前后 QFII 参与度与流动性的关系保持稳定强劲。（3）QFII 参与和流动性的关系在上海证券交易所（SHSE）和深圳证券交易所（SZSE）均有体现。（4）我们的结果对控制行业影响是稳健的。（5）当我们将数据分析限制在 QFII 公司的子样本中时，我们的结果得到了加强。

---

① 中国市场对外国投资者的限制主要体现在有限的外资持股、投资额度和总市值份额上。总共的海外投资者的股权上限为 20%。海外投资者的总股份也受到配额的限制，配额从 2007 年的 100 亿美元增加到 300 亿美元。与外国机构持有总市值近 40% 的其他新兴市场不同（例如，印度尼西亚，请参见 Rhee 和 Wang，2009 年），2012 年底，中国市场的外国投资者的总市值仅占其总市值的大约 1.5%。

第七章　外国机构投资者股权与流动性的关系：基于实际摩擦和信息摩擦

本章的其余部分的框架如下。第二部分提出了我们关于实际摩擦渠道和信息摩擦渠道的假设。第三部分解释了流动性的测量以及个体股票的实际摩擦和信息摩擦的测量；本节还介绍了我们面板数据回归的计量推测。第四部分介绍了研究的数据来源，并提供了流动性测量，企业特征和所有权变量的描述性统计。第五部分展示了我们主要面板数据回归的结果。第六部分研究了外国机构所有权的内生性和因果关系。第七部分展示了各种稳健性检验的结果。第八部分总结研究并提供结论性意见。

二、提出假设

前人研究讨论了参与当地股市的外国机构的流动性效应，但没有一个明确指出这种影响发生的渠道。为此，我们遵循 Stoll（2000）的观点，他建议将总摩擦（如报价差价和有效差价）分解为实际摩擦和信息摩擦。我们按照外国机构投资者对实际交易成本的影响来分解实际和信息效应。这些实际的摩擦效应与交易活动水平直接相关，例如，平均换手率、交易次数和交易量（TV）。然后，我们通过信息摩擦渠道研究外国机构参与对市场流动性的影响，同时控制实际摩擦效应。

（一）实际摩擦渠道

大量的文献认为，大股东的存在会减少可供公众交易的股票数量，从而通过降低交易活跃程度来减少股票流动性（Demsetz，1968；Bolton 和 Thadden，1998；Rubin，2007；Brockman，Chung 和 Yan，2009）。Amihud 和 Mendelson（1986）进一步表明，交易活跃程度与买卖差价呈负相关，因此意味着交易活动的下降会导致更高的买卖差价。一些关于外国所有权对流动性影响的研究称，外国所有权和流动性之间存在负相关关系，这可能是由于外国投资者"吸纳"愿意与他们交易的股东的股份（Rhee 和 Wang，2009；Ng，Wu，Yu 和 Zhang，2011；Prasanna 和 Bansal，2014）。这点在作为公司主要股东的外国投资者来说极其明显。然而，在QFII计划下，外国机构投资者的股权受到严格限制。正如我们在表7-1中的数据统计中所指出的，在QFII计划下，外国机构所有权占公司总股份约1.8%。所以，尽管QFII投资者采用长期的买入和卖出策略，但这种较低的外资所有权不太可能通过减少公众可获得的股票数量，进而导致交易活跃程度明显降低。

现有关于外国所有权对流动性影响的研究的另一个重要缺陷是，由于外国机构投资者的存在，他们忽视了国内投资者对交易活动的影响。前人研究表明，鉴于外国机构投资者的卓越经验、先进的知识和更高的投资综合性，外国机构投资者在选择优质股票方面拥有卓越的见解和表现，优于国内投资者（Grinblatt和Keloharju，2000；Froot和Ramadorai，2001；Froot，O'Connell和Seasholes，2001；Seasholes，2004）。我们认为这些优势在发展中国家更为明显，特别是在像中国这样的国家，这些国家缺乏信息透明度，信息不对称。外国机构投资者的存在将为当地投资者，特别是中小股东带来利益，鼓励他们投资。此外，QFII的认证流程严格，投资许可也很少。诸如共同基金，保险公司，养老基金和主权基金等长期外国机构投资者更有可能获得资格。在这方面，QFII很可能被认为是有效的公共信息处理机构，其专业性和复杂的投资技巧得到当地投资者的广泛认可。更重要的是，他们对上市公司的投资偏好可能会影响当地投资者的投资偏好。因此，我们可以预测，QFII可以通过增加当地投资者的交易活跃程度来促进流动性。

尽管如此，由于外国机构投资者的参与，通过本地投资者的交易活动产生的流动性效应在中国并不明显。有人可能会认为，QFII投资只是其全球投资组合的一小部分，因为他们可能不会广泛投资或分析他们投资的中国公司，特别是对于像中国这样的政策驱动型市场。因此，他们的投资可能无法为当地投资者提供很好的参考，也不会促使当地投资者在金融市场上积极进行交易。这种双面论证促成了第一个假设：

H1：外国机构拥有股权的增多，交易活动水平增加（或减少），从而降低（增加）平均交易成本并促进（抑制）流动性。

第七章　外国机构投资者股权与流动性的关系：基于实际摩擦和信息摩擦

（二）信息摩擦渠道

一般来说，外国机构参与对信息摩擦的影响可能是积极的或消极的。许多研究表明信息驱动机构交易（Ali，Durtschi，Lev 和 Trombley，2004；Ke 和 Petroni，2004；Bushee 和 Goodman，2007）。但是，外国机构的参与可能会提高透明度和促进公司披露。根据 Stulz（1999a，b），外国机构投资者的参与改善了信息披露并降低了价格的不确定性。过去十年来，中国在国家和企业层面提高公司治理，问责制和透明度方面取得了长足进步。强制实施国际财务报告准则的规定，国际审计与鉴证标准的使用，独立董事的出席以及内部交易活动的限制，以及广泛的政府信息披露改革和重大反腐败计划，已经实施来改善中国的投资环境。这很好地增加了信息可用性并提高了资源分配决策的效率。随后，外国机构投资者对 A 股市场的投资可以促进更好的公司治理和更大的问责制和透明度，并带来显著的收益，例如，更大的经济发展，更低的融资成本和更好的资本市场运作。虽然有研究表明外国机构投资者的参与可以改善信息披露，但另一些研究认为这恰恰相反。由于大型机构所有权增加了信息不对称（Dennis 和 Weston，2001；Agarwal，2007；Rubin，2007；Brockman 和 Yan，2009），外国机构不太可能对流动性产生积极影响。这是因为外国机构投资者被认为是更好的交易者，更了解行情（Grinblatt 和 Keloharju，2000；Seasholes，2004）；他们比当地机构更好地监督企业管理（Khanna 和 Palepu，2000）；相比本地分析员，他们有更及时和准确的预测（Bacmann 和 Bolliger，2001）。外国机构参与的负面影响的另一个可能原因是，大多数所有权向外国机构转移可能削弱地方政府与新兴市场行业之间的非正式信息渠道，使该公司对当地投资者显得陌生（Rhee 和 Wang，2009）。

基于上述关于外国机构投资者通过信息摩擦渠道影响流动性的论点，第二个假设如下：

H2：外国机构投资者通过信息摩擦渠道参与增加（或减少）流动性。

三、变量度量和模型推断

由于流动性的潜在特性及其多重维度，单一度量不能表示其全部特征。我们采用文献中常用的度量流动性的方法来反映流动性的紧密程度和深度维度。我们还将价差分解为信息摩擦成本成分和实际摩擦成本成分。我们主要选择符合前人研究的控制变量来做面板数据回归。

（一）因变量的度量

1. 流动性。

所考虑的流动性指标是相对报价的买卖价差和市场深度（DEP）。价差是衡量市场紧张程度的一个指标，因为它反映了股票即时往返交易的成本。它也是衡量总摩擦的一个指标，因为它加总了做市商的成本（库存成本、逆向选择成本和运营费用）。相对报价买卖价差（QS）被定义为卖出价和买入价之间的差额，按现行报价的中点进行缩放。我们发现大部分交易发生在买价或卖价，很少有交易在价差内外发生。鉴于中国股票市场纯粹是指令驱动的，并通过自动化电子交易系统运营，这是可以预料的。因此，相对 QS 和相对有效价差①没有显著差异。我们使用每日数据计算每天的平均价差，以及每家公司的每日 QS。每日 DEP 的计算方式是在交易委托账本第一级的买方和卖方的总量中得出每天的平均值。② 然后，我们对每日流动性观察值进行平均，以获得每个季度的流动性度量值。

2. 价差的分解。

首先，继 Barclay 和 Hendershott（2004）以及 Hendershott, Jones 和 Menkveld（2011）之后，我们将价差分解为实现价差（RS）和价格影响（PI）。分

---

① 平均而言，相对有效价差几乎等于相对报价价差，无论是大小还是偏差。因此，我们发现当使用相对有效价差时，结果并未改变。

② 我们无论使用买方量乘以买价，还是用卖方量乘以卖价来代替市场交易深度，得到的回归结果都是相似的。

第七章 外国机构投资者股权与流动性的关系：基于实际摩擦和信息摩擦

解是基于交易后的价格行为。它假定交易成本的信息成分导致卖出（买入）后的证券价值永久性下降（增加），而非信息成分仅导致价值的暂时变化。

这种分解的优点是将价差的信息成分从其非信息成分中分离出来。这两个组成部分可以直接相关于 QFII 股份所有权可能与流动性相关联的两个渠道——即信息摩擦渠道与实际摩擦渠道。PI 衡量逆向选择造成的流动性需求者的总损失，因此它是指信息摩擦。RS 相应的测量与存货和订单处理成本相关的价差的非信息组成部分，所以它是指实际摩擦。

$$RS_{i,t} = Q_{i,t}(P_{i,t} - M_{i,t+5})/M_{i,t}, \qquad (7-1)$$

我们假设流动性提供者能够在交易后五分钟在报价中点平仓。RS 被定义为①：

其中 $P_{i,t}$ 是时间 t 的交易价格，$M_{i,t}$ 是时间 t 的报价中间值，$M_{i,t+5}$ 是时间 t 之后五分钟的报价中间值。注意，$Q_{i,t}$ 是在时间 t 交易类型的指标，如果交易是买方发起的交易，则为 +1，如果交易是由卖方发起的交易，则为 -1。② 相应地，五分钟交易的 PI 定义如下：

$$PI_{i,t} = Q_{i,t}(M_{i,t+5} - M_{i,t})/M_{i,t}, \qquad (7-2)$$

其中 $M_{i,t}$、$M_{i,t+5}$ 和 $Q_{i,t}$ 如等式（7-1）定义。注意，RS 和 PI 的总和等于有效半价差。

$$Q_{i,t}(P_{i,t} - M_{i,t})/M_{i,t} = Q_{i,t}(P_{i,t} - M_{i,t+5})/M_{i,t} + Q_{i,t}(M_{i,t+5} - M_{i,t})/M_{i,t},$$
$$(7-3)$$

有效半价差 = 实际价差（RS）+ 价格影响（PI）。

我们使用每日内的数据计算每家公司每笔交易的平均每日 RS 和平均每日 PI。然后，我们将每日的数据进行平均，得到每个季度的对应值，以获得每家公司的季度数据。

---

① 我们用 30 分钟的实际价差和价格影响时，得出的回归结果相似。
② 我们把高于报价中点的价格看作是买方发起的交易（$Q_{i,t}$ = 1），低于中点的交易看作是卖方发起的交易（$Q_{i,t}$ = -1）。另外，如果交易价格等于报价中点，我们使用 tick 检验（Lee 和 Ready，1991）。tick 检验基本上能分辨出是买方还是卖方发起的交易。

许多研究表明，实际摩擦与交易活跃度直接相关，如交易次数和交易量（Demsetz，1968；Stoll，2000；Rubin，2007；Brockman，Chung 和 Yan，2009）。因此，我们研究了QFII的股票市场参与与交易活跃度的关系。我们计算两种每日交易活动指标：首先是交易次数（TRA），其次是交易量。我们对每日交易活跃度的相关变量进行平均，以获得每家公司的季度交易活跃度。此外，我们估计了买卖价差的逆向选择成分的两种替代性指标，以去除价差的知情交易部分。Lin，Sanger 和 Booth（1995）以及 Huang 和 Stoll（1997）提出了两种测算方法，在后面分别表示为"LSB"和"HS"。

LSB 逆向选择价差部分是通过使用每日数据，做公司的回归来估算的：

$$\Delta M_{i,t+1} = \delta(P_{i,t} - M_{i,t}) + \varepsilon_{i,t+1}, \qquad (7-4)$$

其中 $\Delta M_{i,t+1} = M_{i,t+1} - M_{i,t}$，是时间 t 和 $t+1$ 之间公司 i 报价中点的变化。$P_{i,t}$ 和 $M_{i,t}$ 如公式（7-1）中定义。LSB 对逆向选择指标的估计是回归系数 δ。

HS 中的逆向选择价差指标通过以下使用每日内数据，按公司回归来估计：

$$\Delta M_{i,t+1} = \alpha \left(\frac{P_{i,t}^{ask} - P_{i,t}^{bid}}{2} Q_{i,t} \right) + \varepsilon_{i,t+1}, \qquad (7-5)$$

其中 $\Delta M_{i,t+1}$ 和 $Q_{i,t}$ 分别在方程（7-4）和方程（7-1）已定义，$P_{i,t}^{ask}$ 和 $P_{i,t}^{bid}$ 分别是 t 时刻的买价和卖价。HS 逆向选择指标的估计值是回归系数 α。根据 HS，该估计值被解释为差价的逆向选择部分和持有仓位成本部分的组合。

这两种方法用于计算差价逆向选择部分的弱点是：LSB 假定持有仓位成本可以忽略不计，HS 没有将逆向选择部分与持有仓位部分分开。此外，如果底层模型没有正确指定，估计中可能会带有误差。我们使用每日数据计算每家公司的平均逆向选择指标。然后，我们将每个季度的所有交易日的每日估计值做平均，以获得每个公司的季度估计值。

（二）控制值变量的度量

前人研究表明，公司规模、股价波动性、股价和营业额与流动性相关（Benston 和 Hagerman，1974；Stoll 和 Whaley，1983；Agarwal，2007；Brockman，

第七章　外国机构投资者股权与流动性的关系：基于实际摩擦和信息摩擦

Chung 和 Yan，2009）。对于企业规模而言，Stoll 和 Whaley（1983）认为，规模较小的股票较为昂贵，因为这些企业的相关信息较少。根据 Chordia，Roll 和 Subrahmanyam（2001）的研究，波动性会增加做市商的库存风险以及无意进行短期投机交易的风险。前人研究表明，价差可以非线性地与价格相关联；因此，以股价的自然对数为标准做法（Brockman，Chung 和 Yan，2009；Chung，Elder 和 Kim，2010）。Agarwal（2007）认为，高周转率可能反映了投资者之间信息差异导致的信念分散。在我们的面板数据回归分析中，我们通过包括股票收益波动率（VOL）来控制这些影响，股票收益波动率（VOL）是日常股票收益率的标准差，公司账面价值（SIZE）测量的公司规模，股票价格的自然对数（LNP）和周转率（TO）作为解释变量。①② 此外，加入杠杆率（LEV）作为控制变量是因为一些关于证券分析的文献已经认识到公司的资本结构会影响信息披露的程度（Diamond 和 Verrecchia，1991）。因此，资本结构可以通过信息渠道与市场流动性相关联。我们还通过纳入国内五大机构（开放式基金、证券、保险、信托公司和养老基金）的所有权百分比来控制国内机构投资者（DI）的所有权。

最后，我们加入了中国股票市场独有的两个控制变量：国有企业（非国有企业）虚拟变量（STATE）和非流通股比率（NT）。中国股市的特点是国有企业占主导地位，以前的研究发现，一家公司是否属于国有企业对于股票流动性至关重要，因为它与政府有关联（Ding，2015）。因此，我们控制国有企业作为政治关联的代理人，通过定义一个虚拟变量，如果企业是国有的，则虚拟变量的取值为 1。为改善公司治理结构和市场流动性，2005 年中国政府出台了股权分置改革，将非流通股转换为流通股，从而解除双股份制结构。在改革之前，股权分置结构和相关的非流通股股权可能会损害流动性（Jiang，Laurenceson 和

---

① 中国股市由 A 股、B 股和海外股组成，因此，资本部分在 B 股和海外股票市场中。但是，我们只关注 A 股市场。为了消除跨市场影响，我们使用公司账面价值而不是市值作为公司规模的替代指标。在股权分置改革之前，上市公司中的大部分股票并不能在二级市场上交易，这表明基于流通股的市值不能很好地代表公司规模。尽管如此，我们也使用市值进行了回归估计，得出的结果相似。

② 根据 Heflin 和 Shaw（2000）以及 Brockman，Chung 和 Yan（2009）的研究，我们使用交易次数或交易量作为控制变量而不是周转率。此外，我们分别仅用 P 的倒数和同时用 P 的自然对数与它的倒数得到的面板回归的结果相似。

Tang, 2008; Beltratti, Bortolotti 和 Caccavaio, 2012)。我们用一个公司的 NT (非流通股的数量除以股份总数) 来控制股权分置结构。许多解释性变量只能按季度提供；我们在每个季度开始时测量这些变量 (用回归中的下标 $t-1$ 表示)。其余变量以每个季度的平均值 (回归中的下标 t 表示) 来衡量。

(三) 面板回归模型的预测

等式 (7-6) 规定了用于检验 QFII 参与和股票市场流动性之间关系的面板数据模型，定义为紧度和深度。测量紧度的因变量是相对 QS。测量深度的因变量 (DEP) 是交易委托账本第一级的买方和买方的交易量总和。所有流动性指标均用每日交易和报价数据来计算。我们遵循 Rubin (2007)，Brockman，Chung 和 Yan (2009) 以及 Chung，Elder 和 Kim (2010) 的方法，对公司 i 和时间 t 进行如下回归：

$$LIQ_{i,t} = \alpha_0 + \alpha_1 QFII_{i,t-1} + \alpha_2 DI_{i,t-1} + \alpha_3 SIZE_{i,t-1} + \alpha_4 STATE_{i,t-1} + \alpha_5 LEV_{i,t-1} + \alpha_6 VOL_{i,t} + \alpha_7 LNP_{i,t} + \alpha_8 TO_{i,t} + \alpha_9 NT_{i,t-1} + \sum_q \beta_q D_q + \varepsilon_{i,t}, \quad (7-6)$$

其中 LIQ 是 QS 或 DEP，QFII 是合格的国外机构投资者的所有权百分比。由于高偏度和峰度，我们通过采用自然对数来转换所有因变量。如前所述度量控制变量，即国内机构所有权 (DI)、企业规模 (SIZE)、国有企业虚拟变量 (STATE)、杠杆率 (LEV)、VOL、LNP、股票换手率 TO 和 NT。季度时间虚拟变量 (D) 表示普通股的潜在时间趋势。对于每个流动性指标，我们进行两个面板回归。第一次回归将 QFII 股份所有权作为解释变量，第二次回归将 QFII 股份所有权和国内机构投资者所有权作为解释变量 (所有回归均包括剩余的控制变量)。如果 QFII 股份所有权与流动性正相关，那么 QFII 对价差回归的系数应该为负，并且对 DEP 回归的系数应该为正。

接下来我们会研究外国机构投资者的投资与流动性之间的关系是通过实际摩擦渠道还是通过信息摩擦渠道来实现的。在这些回归分析中，因变量是 RS，PI，交易活跃程度 (TRA 和 TV) 以及逆向选择成本的替代衡量标准 (LSB 和

第七章　外国机构投资者股权与流动性的关系：基于实际摩擦和信息摩擦

HS）。解释变量与方程（7-6）面板回归中的解释变量相同。① 如果 QFII 股份所有权与通过实际摩擦渠道的流动性存在正相关关系，那么与 RS 回归时，QFII 的系数应该为负，而与交易活跃程度的回归系数为正。如果 QFII 股份所有权通过信息摩擦渠道与流动性正相关，与逆向选择成本回归时，QFII 系数应该为负。所有的面板回归使用的非平衡的季度面板数据，其中时间序列数量观察值从 4~32 个季度。截面共包括 1 939 家企业。我们数据集的一个独特特征是它拥有相对较少的时间观察值和相对较多的公司数量。因此，重要的是要找到企业之间的横截面相关性和时间序列相关性的影响。为了解决这些问题，我们采用了 Driscoll 和 Kraay（1998）和 Hoechle（2007）的非参数协方差矩阵估计量来处理非平衡面板数据，它对不同形式的空间和时间相关性具有稳健性。②

四、数据

（一）数据来源和筛选

交易和报价数据来自 Sirca 发布的 Thomson Reuters 报价历史。为确保数据库的完整性，分析仅限于编码为符合最佳出价或报价（BBO）的常规交易和报价。交易和报价的时间变化以秒为单位，假设没有延迟并且不用时间调整。③ 我们根据研究微观数据的方法筛选出交易和报价数据。④ 样本包括 SHSE 和 SZSE 上市的所有股票，从 2004 年 7 月初至 2012 年 3 月底。中国的 SHSE 和

---

① 当因变量是衡量交易活跃度时，换手率不作为一个控制变量。
② 更具体地说，Driscoll-Kraay 标准误差对于很广泛的残差相关性都是稳健的，对于公司截面和时间序列都使用。在自相关模型中，我们指定最大滞后期限为 1，来控制流动性随时间推移的持续性。如果我们改为指定最大滞后期限为 2 或 3，结果没有显著改变。
③ 我们也根据 Lee 和 Ready（1991）的研究，他们建议如果交易在股票的最新报价而且至少已持续 5 秒钟，则使用该报价。结果在质量上保持不变。
④ 请参阅以下 HS 的常用筛选程序的说明：(1) 如果出价或要价为负，则删除报价；(2) 如果出价或要价为负，则删除报价；(3) 如果买卖差价大于交易价格的 25% 或者为负数，则删除报价；(4) 如果交易和报价暂时失序，删除它们；(5) 如果价格或交易量为负数，则删除交易；(6) 如果交易价格和报价与最后的交易价格和报价相比变化超过 10%，删除交易和报价。

SZSE 纯粹是指令导向的市场,两者都运行电子自动交易系统。两个证券交易所均开通了一个看涨期权市场,并在交易日的剩余时间内持续运作。为避免受到不同交易结构的数据影响,我们不会在交易所开市前或交易结束后使用数据。

我们剔除了上市时间少于 100 天的股票以及金融行业的股票。中国股票包括 A 股,B 股,H 股及其他可流通海外股份。我们考虑以只在 A 股市场上市的公司作为样本。我们关注 A 股市场是因为:(1)A 股市场规模远大于其他市场。(2)上市公司的交易数据来自 A 股市场。(3)关注 A 股市场使我们能够缓解市场微观结构差异导致的机构持股的跨市场影响。这些筛选方式得到了 1 939 家公司的样本。

中国经济研究中心(CCER)数据库提供关于收盘价,交易量,股票换手率,股份总数,非交易股票数量,A 股数量和季度总负债数据,总资产,长期债务,股东权益总额,企业寿命,Herfindahl 10 指数衡量的前 10 位所有权集中度,以及用于确定公司是否为国有(或非国有)的信息。① 我们剔除杠杆率高于 99% 的极端值。②

我们从 CCER 获得 QFII 持有的股份总数。此外,CCER 向我们提供在前十大股东中,国内五大投资机构(开放式基金,证券,保险,信托公司和养老基金)持有的股份总数。QFII 和五大国内机构的数据被新闻界,投资者和公众密切监控。公众对机构投资策略很感兴趣,他们对大型机构持有股份总额,购买和销售数据也是如此。这些数据每季度向公众发布,因为所有上市公司必须向中国证监会报告其前十大股东。然而,每个 QFII 都有义务每季度向证监汇报对每家公司的持有股份信息,从而使我们能够获得每家公司的合计 QFII 持股比例。

外国机构投资者可以通过 QFII 等政策投资 A 股。根据有关法律和行政法规,A 股市场上市公司所有(单一)QFII 的持股上限为 20%(10%),但不限于交易量。然而,为了提高公司业绩和改善公司治理,中国政府采取了其他政策来吸引

---

① 该数据库由罗德岛大学工商管理学院太平洋地区资本市场研究中心和北京大学中国经济研究中心附属的北京色诺芬信息服务有限公司制作和维护。

② 由于所分析的变量具有无争议的最小值,因此我们不会剔除低于 1% 的极端值。

第七章　外国机构投资者股权与流动性的关系：基于实际摩擦和信息摩擦

外资。[①] 例如，根据外国投资者对上市公司所谓的"战略投资"的措施，外国实体在初始投资时必须持有至少 10% 的股权，持有期限超过三年。因此，根据长期战略性公司投资相关政策，外资所有权预计将远远大于 QFII 股份所有权，但他们却在二级市场交易中受到更多限制。由于外国战略投资者更有可能成为一家公司的大股东，因此扣除了 QFII 股份所有权后，前十大股东中的外资持股总额是战略性外国机构所有权的一个很好的替代性指标。我们可以用这些信息来比较大型（战略性）外国机构投资者和小型（QFII）外国机构投资者与流动性的联系。

(二) 统计量描述和初步分析

在本节中，我们给出了因变量，国外和国内机构所有权变量以及控制变量的描述性统计。就 QS、DEP、RS 和 PI 替代逆向选择指标的变量和交易活跃程度方面的差异而言，我们进行初步单变量分析，来比较有外国机构投资者参与的企业和没有外国机构投资者参与的企业。

1. 变量统计。

表 7-1 给出了本研究中使用的变量的统计。我们可以看出，平均而言，QFII 持有公司已发行股份约 1.795%，而国内机构（开放式基金、证券、保险、信托公司和养老基金）合计持有约 6.285%。有趣的是，我们发现其他政策的平均外资所有权约为 15%，远远高于平均 QFII 股份所有权。95% 的所有权分位数表明了同样的观察结果：战略投资者约 46%，QFII 约 4.5%。平均相对 QS 约为 0.201%。对于 DEP，平均值为每天 70 099 股。平均 PI 为 0.036%，平均 RS 为 0.067%。这两个分量的总和等于有效半价差。这表明逆向选择（信息摩擦）指标占据约 35% 的差价，而非信息成分（实际摩擦）占据了约 65% 的差价。

基于 HS 的逆向选择指标的中位数为 0.291，而使用 LSB 的逆向选择指标的中位数为 0.307，表明基于这两个指标的逆向选择指标约为价差的 30%，这与

[①] 中国证监会等有关部门自 2002 年 11 月 1 日起已发布有关向国外投资者转让上市公司国有股和法人股有关问题的通知（到期）；自 2003 年 3 月 7 日起外国投资者合并境内企业暂行规定（修订）；自 2009 年 6 月 22 日起商务部关于修改外国投资者并购境内企业规定的决定（有效）；以及自 2005 年 12 月 31 日起外国投资者对上市公司进行战略投资管理的措施（有效）。

PI 所测量的非常相似。在交易活动方面，每日平均交易次数为 2 807 次，而平均每日交易量（TV）为 715.6 万股。此外，公司平均账面价值约为 21.97 亿元，平均每季度回报波动率为 30.532%，平均非流通股比率（NT）为 0.396，平均杠杆率为 0.486，平均企业寿命为 12 年，平均资产回报率为 0.031%，平均 Herfindahl 10 指数为 0.176。两种流动性指标 RS 和 PI 以及另两种基于 LSB 和 HS 的逆向选择指标显示出较大的正偏度和超峰度。对于交易活跃程度——市场资本和波动性这两种衡量标准也是如此。鉴于此，我们对这些变量取自然对数。

2. 初步单变量分析。

为了提供流动性与所有权之间动态关系的可视化表达，我们绘制了 QFIIs 每季度股票持有总值和两个平均季度流动性指标的相关图像，分别是相对报价买卖差价（A 面板）和交易深度（B 面板），如图 7 – 1①所示。左边的纵轴表示 QFII 的参与（持股量），右边的纵轴表示在样本期间中（2004Q3 – 2012Q1）的流动性。图 7 – 1 中表明，随着时间的推移，QFII 的参与度与市场非流动性之间呈负相关关系。

我们对两个流动性指标，逆向选择指标的三个度量指标，RS 和两个交易活跃程度指标进行初步单变量检验：对于有 QFII 和没有 QFII 的两个子样本（非 QFII 公司）。我们假设，如果 QFII 参与减少总摩擦，实际摩擦或信息摩擦，我们期望为两组企业找到不同的各种（平均）测量值。表 7 – 2 中的证据表明情况属实，并且所有差异在 5% 的水平上都具有统计显著性。我们发现非 QFII 公司平均相对 QS 为 0.161%，低于 QFII 公司（0.205%）。QFII 公司的 PI 和 RS 也较低（分别为 0.027% 和 0.056%），而非 QFII 公司则分别为 0.038% 和 0.068%。针对基于 LSB 和 HS 的逆向选择的两种度量也表现出相同的结果。同样，QFII 公司的报价深度为 75 571 股，高于非 QFII 公司的报价深度 69 794 股。QFII 公司的交易活跃程度的两种衡量指标均高于非 QFII 公司，分别为每日交易量 989.19 万股（3 595 笔交易）和每日交易量 685.3 万股（2 718 笔交易）。

---

① 我们汇总每季度所有外国机构持股。

第七章 外国机构投资者股权与流动性的关系：基于实际摩擦和信息摩擦

表7-1 自变量和因变量的统计表

各公司的QFII持股率和大型外资投资者持股率以及公司前十大股东中的国内机构持股率的数据均来自CCER。我们使用Thomson Reuters的每日数据来计算相对价差（QS），报价深度（DEP），价格影响（PI），实际价差（RS），Lin, Sanger和Booth (1995)的逆向选择指标（LSB），基于Huang和Stoll (1997)的逆向选择指标（HS）以及交易次数。QS、DEP、PI、RS、LSB、HS和交易次数是将每个交易日的数据按季度平均。公司账面价值、股票价格、股票收益率、每日交易量和杠杆率等也来自CCER数据库。周转率等于每季度发行的股票股数。波动率等于每季度股票收益率的标准差、杠杆率等于公司总债务除以其总股产，非股流通比率等于公司非流通股除以其总股份计量。公司寿命是指从公司创立到现在的年数。资产回报率等于净利润除以总资产。Herfindahl 10指数衡量前十名股东的股权集中度。数据期限为2004年7月初至2012年3月底。

Variable	Obs.	Mean	Std. dev	95th Pctl.	75th Pctl.	Median	25th Pctl.	5th Pctl.	Skewness	Kurtosis
QFII ownership（QFII,%）	3 836	1.795	2.040	4.572	2.151	1.277	0.718	0.280	4.571	36.321
Large foreign ownership（FLO,%）	3 374	14.864	15.712	46.153	25.165	9.502	1.480	0.391	1.243	4.343
Domestic ownership（DI,%）	25 880	6.285	6.482	17.550	9.350	4.477	1.544	0.322	3.449	33.775
Relative quoted spread（QS,%）	37 574	0.201	0.106	0.399	0.248	0.173	0.129	0.088	2.503	21.783
Market Depth（DEP, shares）	37 031	70 099	183 362	245 828	65 371	29 758	14 744	5 936	19.899	713.895
Price impact（PI,%）	37 574	0.036	0.026	0.085	0.048	0.030	0.020	0.008	1.422	12.288
Realized spread（RS,%）	37 574	0.067	0.036	0.129	0.083	0.060	0.044	0.027	3.206	43.781
LSB	37 575	0.292	0.110	0.455	0.378	0.307	0.201	0.109	−0.169	2.328
HS	37 575	0.276	0.113	0.443	0.367	0.291	0.177	0.095	−0.114	2.155
Turnover rate（TO, per quarter）	37 575	1.570	1.139	3.935	2.130	1.265	0.708	0.293	1.210	4.161
Number of trades（TRA, per day）	37 575	2 807	3 024	8 535	3 445	1 825	1 000	399	3.562	29.316
Trading volume（TV, shares, millions per day）	37 575	7.156	11.523	22.698	8.643	4.031	1.693	0.513	9.711	206.631
Size（SIZE, Yuan, billons）	37 046	2.197	5.983	6.689	1.867	9.779	0.545	0.250	11.296	171.405
Volatility（VOL,% per day）	37 575	3.847	34.189	4.891	3.736	2.983	2.397	1.784	57.734	4 051.931
Share price（Yuan）	37 575	11.901	10.455	31.150	14.670	8.780	5.530	3.060	3.611	30.521
Non - tradable share ratio（NT）	37 575	0.396	0.262	0.750	0.615	0.448	0.158	0.000	−0.278	1.766
Leverage ratio（LEV）	37 721	0.486	0.224	0.806	0.633	0.495	0.333	0.112	0.581	5.995
Age（AGE, years）	37 575	11.778	4.522	19.000	15.000	12.000	8.000	5.000	0.301	2.762
Return on assets（ROA,% per quarter）	32 786	0.031	0.044	0.092	0.041	0.020	0.008	0.002	23.486	1 263.474
Herfindahl 10 index（CO）	37 557	0.176	0.123	0.410	0.250	0.150	0.080	0.030	1.116	4.225

图A：每季度所有公司相对报价的买卖差价（右边的y轴）和QFII的持股总值

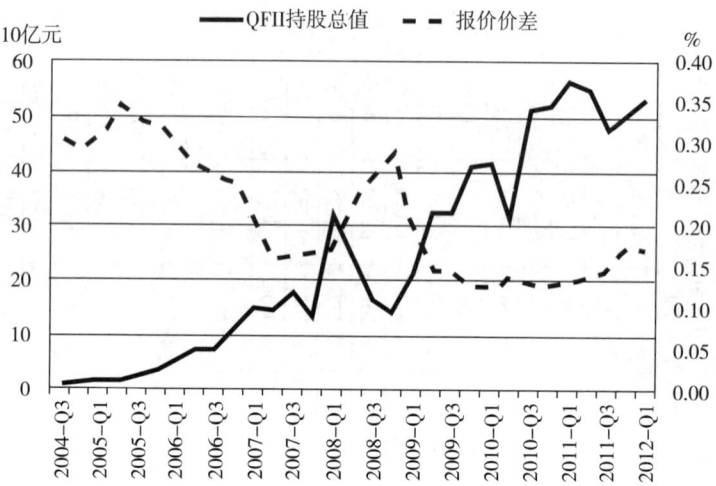

图B：每个季度所有公司报价深度（右边的y轴）和QFII的持股总值（左边的y轴）

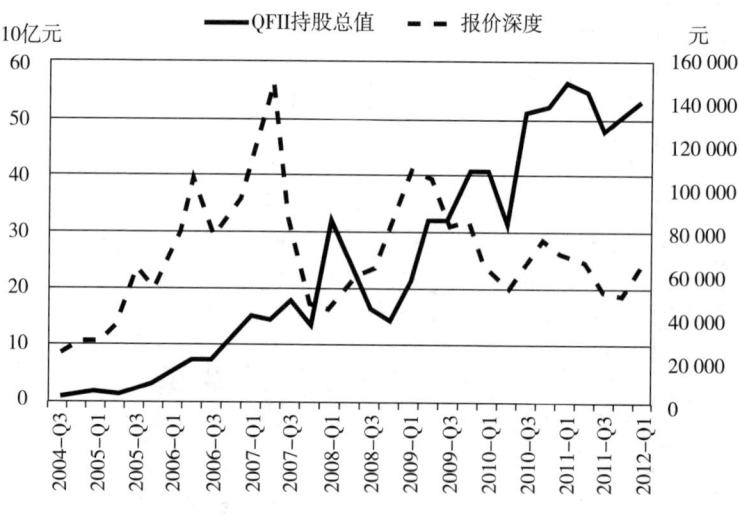

图7-1　QFII 持股总值和流动性

注：相对报价价差和市场深度由 Thomson Reuters 提供的每日数据进行计算。我们将各公司 QFII 持股总值和三个流动性的指标做季度平均。

表7-2　　QFII 持股与流动性之间关系的初步分析

此表阐述了在上海和深圳证券交易所上市的含有 QFII 投资者的公司和没有 QFII 投资者的公司在价差平均值,逆向选择指标和交易交易活跃度变量之间的比较。数据期限为 2004 年第三季度至 2012 年第一季度。第 4 栏显示了第 2 栏和第 3 栏中 QFII 和非 QFII 公司变量的 t 检验的 p 值。每个公司的 QFII 股份所有权数据来自 CCER 数据库。Thomson Reuters 的日内数据用于计算相对报价差价(QS)、市场深度(DEP)、价格影响(PI)、实际价差(RS),基于 Lin,Sanger 和 Booth (1995) 的逆向选择指标(LSB) 和基于 Huang 和 Stoll (1997) 的逆向选择指标(HS),两种交易活跃度的衡量指标(交易次数和交易量)。

Variable	Mean for non-QFII firms Observations = 33 739	Mean for QFII firms Observations = 3 836	p-Value
Relative QS (%)	0.205	0.161	0.000
Market DEP (shares)	69 794	75 571	0.030
PI (%)	0.038	0.027	0.000
RS (%)	0.068	0.056	0.000
LSB	0.295	0.258	0.000
HS	0.280	0.241	0.000
Trading volume (TV, shares, million per day)	6.853	9.819	0.000
Number of trades (TRA, per day)	2 718	3 595	0.000

五、实证结果

我们通过调查外国机构投资者(QFII)是否与中国股市的流动性相关联来开始我们的实证分析。我们使用式(7-6)中的面板回归。接下来,我们通过实际摩擦渠道或通过信息摩擦渠道分析外国机构所有权与股票市场流动性之间是否存在关系。在下一节中,除了 QFII 股份所有权之外,我们还将外国战略机构投资者的大额所有权作为额外解释变量,以区分较小和较大投资机构之间流动性的联系。

(一) 外国机构投资与股票市场流动性的关系

表7-3 显示了第一次面板数据回归的结果。我们关注于外国机构所有权与

市场紧张程度和 DEP 之间的联系。其中，前两个回归（列）显示相对 QS 的结果。有明确的证据表明，外国机构所有权的增加与 QS 较低有关。将国内机构纳入回归分析并不会改变外国机构所有权与相关 QS 之间的关系。在两个回归中，外国机构所有权（QFII）的系数估计值在统计上非常显著，稳定在 −0.588 和 −0.616。系数估计值的数值表明，外国机构所有权增加 10% 会减少约 6% 的差价。Rhee 和 Wang（2009）在印度尼西亚股票市场上发现了相反的结果，其中外国机构所有权增加 10% 会增加约 2% 的差价。同样，对于印度股票市场，Prasanna 和 Bansal（2014）认为，外国投资者的总采购额增加 10% 导致价差增长约 1%。我们针对这些结果的解释是，这些市场上的外资所有权比在中国市场上的 QFII 要大得多。

这些结果与机构所有权与流动性之间存在非单调关系的观点是一致的。Agarwal（2007）认为，对于较低的机构所有权（对于 QFII）而言，价格发现效应盛行：当更加了解信息的国外机构进行交易时，价格反映更多相关信息，从而导致价差更窄。对于更高层次的机构所有权（如印度尼西亚和印度），逆向选择效应盛行：与知情投资者进行交易的风险更高，这导致了更大的价差。另一种可能的解释是，外国机构的股票活动受到密切监控，并被视为具有价值的信号。因此，除了与 QFII 交易有关外，流动性还与其他投资者的交易活跃程度提高有关。

接下来的两个回归显示了市场交易深度的结果（用有无国内机构所有权作为对照）。测量深度的因变量是交易委托账本第一级的买入侧和卖出侧的开仓量的总和。我们的证据表明，外国机构所有权与交易深度显著正相关，系数估计值为 1.021 和 1.005（外国机构所有权再次与流动性相关，与价差一样）。系数估计的数值大小表明，外国机构所有权增加 10% 会导致交易深度增加约 10%。这一结果与 Rhee 和 Wang（2009）的研究结果形成了鲜明对比，后者发现增加的外国机构所有权与印度尼西亚股票市场交易委托账本深度下降有关。我们接下来努力寻找在中国市场中，对于我们得到的价差和深度结果的最合理的解释。

对于控制变量和国内机构所有权的系数（DI），我们发现国内机构所有权

第七章 外国机构投资者股权与流动性的关系:基于实际摩擦和信息摩擦

的增加与报价相对价差的增加有关。国内机构所有权的系数估计在统计上极其显著,等于0.329。系数估计的这个数值大小表明,国内机构所有权增加10%会与约3%的价差增大有关。这一结果符合这样的观点,即大型机构的所有权交易不活跃会降低其他投资者可用的自由流通股份数量,从而增加实际摩擦成本。对这一发现可能的另一种解释是,国内机构投资者拥有私人的,价值相关的信息并进行交易,从而增加逆向选择成本。我们还发现,国内机构所有权的增加与企业的市场交易深度(DEP)减少相关,但结果不具有统计显著性。

对剩余的控制变量的系数估计表明:企业规模,股价与周转率与企业的价差有很强的相关性。简而言之,较小的企业规模,较低的股价以及较低的周转率与较高的价差相关。此外,杠杆率较高,股价较低和周转率较高的大型企业和公司的交易委托账本深度较高。这些结果与研究美国股票市场的先前文献基本一致(例如,Benston 和 Hagerman,1974;Stoll 和 Whaley,1983;Agarwal,2007;Brockman,Chung 和 Yan,2009)。有趣的是,在所有回归中,国有公司具有较小的价差和较高的交易委托账本深度。这与 Ding 和 Suardi(2015)支持的观点是一致的,他们认为国家持股表明政府对此持有信心,并且国有股东比非国有股东有更有效的监管。它不仅可以提高投资者对该股票进行投资和交易的意愿,还可以增强公司的公司治理,从而通过提高交易活跃程度和增强信息效率来提高流动性。最后,非流通股比例较高的公司与较低的流动性相关,表现为较高的价差和较低的交易深度。这是因为非流通股份的存在不仅减少了公众可获得的股票数量,而且非流通股东和流通股股东之间的利益冲突导致了大多数股东与中小股东之间的信息不对称,[①] 造成了流动性降低。

[①] 参见 Jensen 和 Meckling(1976),Allen,Qian 和 Qian(2005)和 Deng,Gan 和 He(2008)。

表7-3　QFII持股与流动性之间的关系

此表以在上海证券交易所和深圳证券交易所的上市公司为数据来源，展示了使用了三种流动性指标与QFII股份所有权的滞后项进行回归的结果。两种流动性指标是相对报价差价（QS）和交易深度（DEP）。DI 表示公司前十大股中东的国内机构所有权的滞后项。其余的控制变量是公司和股票的特征：公司账面价值（SIZE），杠杆率（LEV），股票收益波动率的对数（VOL），股价的对数（LNP）和股票交易周转率（TO）。我们将非流通股比率（NT）和国有企业虚拟变量（STATE）（如果公司是国有的，虚拟变量等于1）作为控制变量。研究期间从2004年第三季度到2012年第一季度。由于数据为不平衡面板数据，我们使用混合OLS回归并使用季度固定效应来运行。在括号内表示的Driscoll-Kraay标准误差对于公司截面和时间序列的残差都具有很强的稳健性。每个回归中有37 575个观察值。

Independent Variables	Dependent variables			
	(1) Log(QS)	(2) Log(QS)	(3) Log(DEP)	(4) Log(DEP)
$QFII_{i,t-1}$	-0.588***	-0.616***	1.021***	1.005***
	(0.180)	(0.181)	(0.319)	(0.302)
$DI_{i,t-1}$		0.329***		-0.193
		(0.062)		(0.173)
$SIZE_{i,t-1}$	-0.131***	-0.133***	0.457***	0.455***
	(0.010)	(0.010)	(0.019)	(0.019)
$STATE_{i,t-1}$	-0.029***	-0.029***	0.018*	0.018*
	(0.005)	(0.005)	(0.010)	(0.010)
$LEV_{i,t-1}$	-0.002	-0.007	0.359***	0.357***
	(0.016)	(0.016)	(0.024)	(0.025)
$VOL_{i,t}$	0.030	0.031	-0.012	-0.011
	(0.032)	(0.032)	(0.041)	(0.041)
$LNP_{i,t}$	-0.332***	-0.348***	-1.397***	-1.406***
	(0.029)	(0.027)	(0.047)	(0.052)
$TO_{i,t}$	-0.121***	-0.118***	0.208***	0.210***
	(0.008)	(0.008)	(0.027)	(0.028)
$NT_{i,t-1}$	0.278***	0.284***	-0.963***	-0.959***
	(0.027)	(0.027)	(0.056)	(0.055)
R^2	0.761	0.762	0.863	0.863
Time dummy	Yes	Yes	Yes	Yes

注：***、**、*分别表示0.1、0.05和0.01水平的统计显著性。

第七章　外国机构投资者股权与流动性的关系：基于实际摩擦和信息摩擦

（二）实际摩擦渠道和信息摩擦渠道

我们现在试图确定外国机构投资者的参与和流动性之间的关联是否更有可能通过实际摩擦渠道还是通过信息摩擦渠道进行运作。如前所述，我们将有效价差分解为 RS 和 PI，其中前者与实际摩擦渠道有关，后者与信息摩擦渠道有关。表 7-4 中的第 1 列和第 4 列显示了与方程（7-6）中的面板回归相似的解释变量与 RS 和 PI 回归的结果。

我们的第一个结果是外国机构所有权与 RS 显著负相关，这表明外国机构投资者的参与降低了实际摩擦成本，如库存和订单处理成本。此外，许多研究表明，这些实际摩擦效应与交易活跃度水平直接相关，如交易次数和交易量（Demsetz，1968；Rubin，2007；Brockman，Chung 和 Yan，2009）。因此，我们接下来检验减少的实际摩擦是否与更高的交易活跃度有关，用交易数量（TRA）和交易量（TV）来衡量。表 7-4 中的第 2 列和第 3 列显示了结果。我们发现较高的外国机构持股与交易活跃度正相关。综合起来，这些结果支持了 H1——外国机构持股增加，交易活跃水平提高，从而减少了平均交易成本和促进流动性。

（三）QFII 投资者和大型外国战略投资者

除了 QFII 外，外国投资者也可以通过其他政策投资 A 股，而这些战略性外国投资者购买的股份通常比 QFII 投资者购买的更大。尽管 QFII 对市场交易的限制较少，但投资者倾向于采用买入和持有策略，并且被视为不活跃的交易者。我们之前的结果表明，QFII 投资一只股票会增加其他投资者投资和交易同一股票的意愿，从而提高交易活跃度。因此，假设两类外国投资者的投资策略都受到国内投资者的密切关注，中国 A 股市场为我们提供了一个有趣的环境，用于研究小型外资持股（QFII）和大型的战略外资持股带给流动性的不同影响。这样做可以使本研究中发现的外国所有权与前人研究中的不同结果达成和解。

因此，我们在方程（7-6）的面板回归中再增加一个变量——通过其他政策（FLO）实现的外国总体所有权。表 7-5 显示了这种回归的结果。

表 7-4　　QFII 持股与交易活跃度和逆向选择成本的关系

此表展示了实际摩擦和信息摩擦的面板回归结果。实际摩擦的回归使用实际价差和交易活跃度的两种指标：交易数量（TRA）和交易量（TV）作为因变量。信息摩擦回归选取 Lin，Sanger 和 Booth（1995）提供的价差逆向选择指标 LSB 以及 Huang 和 Stoll（1997）提供的价差逆向选择指标 HS，作为因变量。研究期间从 2004 年第三季度到 2012 年第一季度。由于数据为不平衡面板数据，我们使用混合 OLS 回归并使用季度固定效应来运行。在括号内表示的 Driscoll-Kraay 标准误差对于公司截面和时间序列的残差都具有很强的稳健性。每个回归中有 37 575 个观察值。

Independent Variables	Dependent variables					
	(1) Log(RS)	(2) Log(TRA)	(3) Log(TV)	(4) Log(PI)	(5) Log(LSB)	(6) Log(HS)
$QFII_{i,t-1}$	-0.752***	1.005*	0.597**	-0.034	-0.232	-0.358
	(0.248)	(0.520)	(0.246)	(0.373)	(0.208)	(0.222)
$DI_{i,t-1}$	0.470***	-1.100***	-0.492	0.333***	0.023	0.028
	(0.084)	(0.166)	(0.504)	(0.101)	(0.089)	(0.094)
$SIZE_{i,t-1}$	-0.152***	0.458***	0.551***	-0.159***	-0.210***	-0.218***
	(0.008)	(0.015)	(0.021)	(0.022)	(0.007)	(0.008)
$STATE_{i,t-1}$	-0.042***	0.089***	0.032**	-0.040***	-0.027***	-0.042***
	(0.007)	(0.016)	(0.015)	(0.005)	(0.008)	(0.009)
$LEV_{i,t-1}$	0.004	0.369***	0.409***	-0.147***	-0.205***	-0.231***
	(0.023)	(0.038)	(0.036)	(0.016)	(0.011)	(0.013)
$VOL_{i,t}$	0.055	0.684***	0.880***	-0.079**	0.029	0.012
	(0.036)	(0.064)	(0.064)	(0.032)	(0.020)	(0.019)
$LNP_{i,t}$	-0.304***	-0.088***	-0.556***	-0.425***	0.143***	0.118***
	(0.026)	(0.031)	(0.033)	(0.040)	(0.017)	(0.016)
$TO_{i,t}$	-0.121***			-0.163***	-0.073***	-0.083***
	(0.007)			(0.017)	(0.009)	(0.010)
$NT_{i,t-1}$	0.287***	-0.962***	-0.972***	0.527***	0.470***	0.538***
	(0.043)	(0.038)	(0.082)	(0.028)	(0.016)	(0.017)
R^2	0.611	0.631	0.711	0.552	0.474	0.471
Time dummy	Yes	Yes	Yes	Yes	Yes	Yes

注：***、**、*分别表示 0.1、0.05 和 0.01 水平的统计显著性。

第七章 外国机构投资者股权与流动性的关系：基于实际摩擦和信息摩擦

表7-5　QFII和大型外国投资者持股与流动性的关系

此表以在上海证券交易所和深圳证券交易所上市公司为数据来源，展示了使用 QS, DEP, PI 和 RS 与 QFII 和 FLO（大型外国投资者）的股份所有权的滞后项进行回归的结果。研究期间从2004年第三季度到2012年第一季度。由于数据为不平衡面板数据，我们使用混合 OLS 回归并使用季度固定效应来运行。在括号内表示的 Driscoll–Kraay 标准误差对于公司截面和时间序列的残差都具有很强的稳健性。每个回归中有 37 575 个观察值。

Independent Variables	Dependent variables			
	(1) Log(QS)	(2) Log(DEP)	(3) Log(PI)	(4) Log(RS)
$QFII_{i,t-1}$	-0.578**	0.127*	-0.443	-0.470**
	(0.220)	(0.058)	(0.270)	(0.165)
$FLO_{i,t-1}$	0.113**	-0.041***	0.113	0.130**
	(0.049)	(0.007)	(0.088)	(0.044)
$DI_{i,t-1}$	0.125***	0.125***	-0.023*	0.221***
	(0.015)	(0.012)	(0.027)	(0.018)
$SIZE_{i,t-1}$	-0.113***	0.043***	-0.120***	-0.112***
	(0.015)	(0.004)	(0.029)	(0.010)
$STATE_{i,t-1}$	-0.014***	0.010**	-0.024	-0.020***
	(0.001)	(0.004)	(0.013)	(0.004)
$LEV_{i,t-1}$	-0.028	0.047***	-0.203***	-0.003
	(0.034)	(0.002)	(0.035)	(0.048)
$VOL_{i,t}$	-0.009	-0.011**	-0.026	-0.008
	(0.025)	(0.004)	(0.032)	(0.030)
$LNP_{i,t}$	-0.374***	-0.144***	-0.430***	-0.335***
	(0.033)	(0.006)	(0.026)	(0.041)
$TO_{i,t}$	-0.205***	0.027***	-0.217***	-0.211***
	(0.013)	(0.006)	(0.031)	(0.011)
$NT_{i,t-1}$	0.289***	-0.072***	0.400***	0.299***
	(0.033)	(0.013)	(0.035)	(0.047)
R^2	0.782	0.860	0.616	0.677
Time dummy	Yes	Yes	Yes	Yes

注：***、**、*分别表示0.1、0.05和0.01水平的统计显著性。

与我们以前的研究结果一致，我们认为 QFII 与流动性正相关。相反，我们发现 FLO 与流动性之间存在负相关关系，表现为较大的 QS 和较低的交易深度。这一发现与含有大量外资所有权的市场的研究结果一致（Rhee 和 Wang，2009；Prasanna 和 Bansal，2014），即大量的外国所有权与不活跃的交易减少了留给公众的流通股份，从而增加实际摩擦成本。这一观点也得到了 FLO 和 RS 之间显著的正相关关系的支持。因此，即便 FLO 增加其他投资者的交易活跃度，这种对交易活跃度的积极影响弱于其不活跃交易的负面影响。与我们对 QFIIs 的结果类似，我们发现 FLO 和 PI 之间的关联没有显著的结果。这一发现表明，大型国外机构投资者不会增加中国市场的信息摩擦成本。然而，这一结果与 Agarwal（2007）和 Rhee 和 Wang（2009）的观点不一致，他们认为大型机构所有者增加了与知情投资者进行交易的风险，从而增加了逆向选择成本。

总而言之，本部分将两种外资所有权（QFII 和大型战略投资者）进行比较，以综合我们研究中的结果和以前的文献的结果。我们认为，外国大股东的显著而严重的负面影响很容易抵消外国所有权对新兴市场流动性的积极影响，这可能导致对外国所有权与流动性之间关系的曲解。本部分的结果强化了我们的观点，即外国机构投资者的参与可以通过增加其他投资者的交易意愿来提高交易活跃性。

六、反向因果关系和外国机构投资者的外部性

QFII 股份所有权与流动性之间正相关关系的另一种解释是，QFII 更偏好流动性强的股票，这可能导致反向因果关系。因此，在本节中，我们研究了反向因果关系和内生性问题，来减少这种干扰。

（一）反向因果检验

我们采用格兰杰因果检验来确定 QFII 股份所有权和流动性之间的超前—滞后关系。我们使用两个衡量流动性的指标：QS 和交易深度（DEP）来研究 QFII 股份所有权是否能影响流动性，反之亦然。为了与主要分析保持一致，我们使

第七章 外国机构投资者股权与流动性的关系：基于实际摩擦和信息摩擦

用流动性和股份所有权的相关变量进行格兰杰因果检验。[①] 此外，我们遵循了标准做法，即限制了 QFII 股份所有权和流动性的滞后期。对于流动性和股份所有权的相关变量，我们采用了五个不同的滞后方式，从一个滞后到五个滞后，来说明残差的序列相关性。控制变量与方程（7-6）中的控制变量相同。[②] 我们考虑每季度的时间固定效应来解释流动性指标和 QFII 股份所有权的时间趋势。我们对每个方程分别运行混合最小二乘法（OLS）进行回归，采用 Driscoll 和 Kraay（1998）和 Hoechle（2007）的标准误差。由于我们在两个方程中都包含时间固定效应，所以两个方程的误差项之间的相关性很小，这证实了 OLS 在这种情况下是有效的。回归方程如下：

$$LIQ_{i,t} = \beta_0 + \sum_{k=1}^{n} \beta_k LIQ_{i,t-k} + \sum_{k=1}^{n} \delta_k QFII_{i,t-k} + \gamma_i X_{i,t} + \varepsilon_{i,t} \quad (7-7)$$

$$QFII_{i,t} = \theta_0 + \sum_{k=1}^{n} \theta_k LIQ_{i,t-k} + \sum_{k=1}^{n} \vartheta_k QFII_{i,t-k} + \rho_i X_{i,t} + \epsilon_{i,t} \quad (7-8)$$

其中 LIQ 等于 QS 或 DEP，X 是控制变量的简写符号，相应系数矢量为 γ 和 ρ。

为了在格兰杰因果意义上检验 QFII 股份所有权是否会导致流动性，我们使用 F 检验，检验联合假设 $\delta_1 = \delta_2 = \cdots = \delta_n = 0$ 是否正确。同样，为了检验流动性是否会在格兰杰因果意义上影响 QFII 股份所有权，我们检验联合假设 $\theta_1 = \theta_2 = \cdots = \theta_n = 0$。结果如表 7-6 所示。

根据 F 检验的 p 值，在格兰杰因果意义上，我们明确拒绝 QFII 股份所有权不会导致 QS 变化和 QFII 股份所有权不会导致所有滞后交易深度变化的假设（所有 p 值均低于 5%）。相比之下，我们未能否认 QS 和交易订单深度（所有滞后订单）不会导致 QFII 股份所有权变化的假设。因此，结果强烈表明 QFII 股份所有权会影响流动性，但是没有统计证据表明流动性能影响 QFII 股份所有

[①] 我们发现，通过使用 Fisher 非平衡面板数据单位根检验，QFII 股份所有权和流动性指标趋于平稳，这种检验非常适用于非平衡面板数据。当我们使用 Augmented Dickey Fuller 单位根检验和 Phillips - Perron 单位根检验时，结果相同。

[②] 纳入控制变量的高阶滞后项并不会改变结果。

权。缺乏反向因果关系证据的一个可能原因是，QFII 对公司的长期表现，它们的账面市场价值和盈利能力感兴趣。因为他们倾向于采取购买和持有的股票策略，而且很少交易股票。

表7-6　　　　　　　　　　　格兰杰因果检验

此表显示了使用方程（7-7）和方程（7-8）中回归指标确定 QFII 股份所有权和流动性之间的超前—滞后关系的格兰杰因果检验。我们使用两种流动性指标，即报价差价（QS）和交易订单深度（DEP）。我们限定 QFII 股份所有权和流动性指标的滞后期是相等的。我们应用了五个不同的滞后方式，从一个滞后到五个滞后。控制变量与方程（7-6）中的相同。由于数据为不平衡面板数据，我们使用混合 OLS 回归并使用季度固定效应来运行。在括号内表示的 Driscoll-Kraay 标准误差对于公司截面和时间序列的残差都具有很强的稳健性。这些结果显示了零假设的 F 统计量和相应的 p 值。

No. of lags	QFII (Granger) causes QS		QS (Granger) causes QFII	
	F – value	p – Value	F – value	p – Value
1	10.020	0.004	0.400	0.674
2	3.100	0.043	0.310	0.818
3	3.140	0.030	0.250	0.906
4	3.040	0.027	0.120	0.986
5	3.160	0.019	0.660	0.680
No. of lags	QFII (Granger) causes DEP		DEP (Granger) causes QFII	
	F – value	p – Value	F – value	p – Value
1	9.390	0.008	0.370	0.692
2	7.610	0.001	0.190	0.899
3	8.000	0.000	0.320	0.864
4	4.960	0.003	0.380	0.857
5	5.330	0.001	1.020	0.436

（二）内生性检验

我们采用了 Wu（1973）和 Hausman（1978）的内生性测试，以检验 QFII 股份所有权和流动性变量：QS 和交易深度（DEP）是否存在内生关系。我们进行两阶段最小二乘法（2SLS）进行回归，其中第一阶段回归包括与方程（7-6）中相同的控制变量，以及一组新的解释变量。我们根据 Kang 和 Stulz（1997），Heflin 和 Shaw（2000），Dahlquist 和 Robertsson（2001），Rubin

第七章 外国机构投资者股权与流动性的关系：基于实际摩擦和信息摩擦

(2007) 以及 Liu，Bredin，Wang 和 Yi (2014) 对外资的投资偏好的先前研究，并在第一阶段回归中使用以下额外的解释变量：资产回报率（净利润除以总资产，ROA），企业寿命（AGE）和股权集中度指数，即 Herfindahl10 指数（OC）。[①] 我们还建立了行业固定效应虚拟变量（IND），当公司在一个给定的行业经营时，该变量等于 1。[②] 第一阶段回归是：

$$QFII_{i,t} = \omega_0 + \omega_1 LIQ_{i,t-1} + \omega_2 DI_{i,t-1} + \omega_3 SIZE_{i,t-1} + \omega_4 STATE_{i,t-1}$$
$$+ \omega_5 LEV_{i,t-1} + \omega_6 VOL_{i,t} + \omega_7 LNP_{i,t} + \omega_8 TO_{i,t} + \omega_9 NT_{i,t-1}$$
$$+ \sum_q \beta_q D_q + \omega_{10} ROA_{i,t-1} + \omega_{11} AGE_{i,t-1} + \omega_{12} OC_{i,t-1}$$
$$+ \sum_m \pi_m IND_{m,i,t-1} + \mu_{i,t}. \qquad (7-9)$$

第二阶段通过实际 QFII 持有量代替第一阶段回归中的滞后残差（R_QFII）来做方程（7-6）中的回归。如果 QFII 是有内生性的，则第二阶段回归中 R_QFII 的系数与零存在统计上的差异；如果 QFII 不是内生的，则系数上与零不存在统计学差异。结果如表 7-7 所示。

我们发现分别对第 2 列中的 QS 和第 4 列中的交易深度做回归，R_QFII 上的系数估计值在统计学上与零的差别不大。这些结果表明我们关于 QFII 股份所有权和流动性之间关系的研究结果并不受内生性关系的影响。

[①] Herfindahl 10 指数衡量了前十大股东结构中的所有权分散程度。
[②] 行业分类由中国证监会发布，CCER 数据库提供数据。等式（7-9）中行业分类有 13 个不同的行业。

表7-7　　　　　　　　　　内生性检验

此表显示了2SLS回归分析。QFII股份所有权是方程（7-9）中的第一阶段估计的因变量，而第二阶段通过用实际的QFII股份所有权替换来自第一阶段的残差R_QFII的滞后值，来估计方程（7-6）中所述的基线模型。我们使用两种流动性指标，即报价差价（QS）和交易订单深度（DEP）。除了方程（7-6）中的控制变量之外，我们还增加了一些新的控制变量：资产回报率（ROA），企业寿命（AGE），股权集中指数（Herfindahl 10 指数，OC）以及行业固定效应虚拟变量（如果公司在特定行业运营，则等于1）。研究期间从2004年第三季度到2012年第一季度。由于数据为不平衡面板数据，我们使用混合OLS回归并使用季度固定效应来运行。在括号内表示的Driscoll-Kraay标准误差对于公司截面和时间序列的残差都具有很强的稳健性。每个回归中有37 575个观察值。

Independent Variables	Dependent variable			
	(1) QFII	(2) Log（QS）	(3) QFII	(4) Log（DEP）
$QS_{i,t-1}$	0.005			
	(0.055)			
$DEP_{i,t-1}$			-0.010	
			(0.013)	
$R\_QFII_{i,t-1}$		0.003		0.004
		(0.003)		(0.008)
$DI_{i,t-1}$	0.315**	0.339***	0.302**	-0.305
	(0.131)	(0.062)	(0.137)	(0.198)
$SIZE_{i,t-1}$	0.066***	-0.135***	0.068***	0.455***
	(0.011)	(0.013)	(0.008)	(0.024)
$STATE_{i,t-1}$	-0.026**	-0.029***	-0.026**	0.032**
	(0.010)	(0.006)	(0.011)	(0.013)
$LEV_{i,t-1}$	0.176***	-0.013	0.189***	0.339***
	(0.042)	(0.020)	(0.041)	(0.045)
$VOL_{i,t}$	-0.089**	0.012	-0.084**	0.461***
	(0.033)	(0.034)	(0.033)	(0.064)
$LNP_{i,t}$	0.187***	-0.339***	0.175***	-0.980***
	(0.028)	(0.033)	(0.032)	(0.067)
$TO_{i,t}$		-0.116***		0.282***
		(0.010)		(0.041)
$NT_{i,t-1}$		0.249***		-0.944***
		(0.032)		(0.050)
$ROA_{i,t-1}$	0.236		0.282*	

第七章 外国机构投资者股权与流动性的关系：基于实际摩擦和信息摩擦

续表

Independent Variables	Dependent variable			
	(1) QFII	(2) Log（QS）	(3) QFII	(4) Log（DEP）
	(0.147)		(0.139)	
$AGE_{i,t-1}$	0.021**		0.023**	
	(0.010)		(0.011)	
$OC_{i,t-1}$	-0.103		-0.125*	
	(0.075)		(0.073)	
R^2	0.070	0.745	0.072	0.635
Time dummy	YES	YES	YES	YES
Industry dummy	YES	NO	YES	NO

（三）一阶差分模型

我们接下来以一阶差分形式估计方程（7-6）中的面板模型，结果如表7-8所示。

表7-8　　　　　　　　　一阶差分模型

此表显示了QFII股票所有权，报价差价（QS），交易订单深度（DEP），实际差价（RS）和价格影响（PI）一阶差分的面板回归结果。研究期间从2004年第三季度到2012年第一季度。由于数据为不平衡面板数据，我们使用混合OLS回归并使用季度固定效应来运行。在括号内表示的Driscoll-Kraay标准误差对于公司截面和时间序列的残差都具有很强的稳健性。每个回归中有37 575个观察值。

Independent Variables	Dependent variable			
	(1) ΔLog（QS）	(2) ΔLog（DEP）	(3) ΔLog（RS）	(4) ΔLog（PI）
$\Delta QFII_{i,t-1}$	-0.136*	0.394*	-0.277**	-0.014
	(0.069)	(0.222)	(0.115)	(0.867)
$\Delta DI_{i,t-1}$	0.049	-1.072*	0.146	0.175
	(0.163)	(0.545)	(0.189)	(0.114)
$\Delta SIZE_{i,t-1}$	-0.027***	0.011	-0.034***	-0.043
	(0.009)	(0.026)	(0.008)	(0.027)
$\Delta STATE_{i,t-1}$	-0.009	0.005	-0.014	-0.007
	(0.007)	(0.031)	(0.012)	(0.028)

续表

Independent Variables	Dependent variable			
	(1) ΔLog(QS)	(2) ΔLog(DEP)	(3) ΔLog(RS)	(4) ΔLog(PI)
$\Delta LEV_{i,t-1}$	0.033	0.247***	0.109***	-0.125***
	(0.022)	(0.074)	(0.029)	(0.042)
$\Delta VOL_{i,t}$	0.048***	0.403***	0.072***	-0.023
	(0.008)	(0.048)	(0.012)	(0.015)
$\Delta LNP_{i,t}$	-0.070***	-0.152*	0.001	-0.241***
	(0.019)	(0.081)	(0.019)	(0.052)
$\Delta TO_{i,t}$	-0.070***	0.324***	-0.051***	-0.125***
	(0.006)	(0.031)	(0.004)	(0.022)
$\Delta NT_{i,t-1}$	0.158***	-0.912***	0.069***	0.386***
	(0.019)	(0.088)	(0.021)	(0.068)
R^2	0.519	0.245	0.184	0.208
Time dummy	Yes	Yes	Yes	Yes

注：***、**、* 分别表示0.1、0.05 和0.01 水平的统计显著性。

我们发现外资所有权的变化与 QS 的变化呈显著负相关，而外资所有权的变化与交易委托账本深度的变化呈显著正相关。价差分解为 RS 和 PI 后，结果显示外资所有权变化与 RS 变化之间呈显著负相关。但是，外资所有权的变化与 PI 变化之间没有显著关系。这些结果支持了我们先前的发现，即外国机构所有权与流动性之间的正相关关系主要是由于 QFII 投资股票通过提高交易活跃度，来减少实际摩擦。

与相同变量的结果相比，外资所有权的变化对 QS，交易深度和 RS 的变化的系数较小。其经济含义是，外国机构的短期购买对流动性的影响要远远小于其长期持股的变化的影响，这可能是由其长期战略需求决定的。然而，一阶差分回归中的 QS，交易深度和 RS 的统计显著性水平也大大降低。尽管我们的一阶差分回归结果与我们的回归结果一致，但一个关于幅度和统计显著性降低的合理解释是，许多 QFII 的股份所有权随着时间的变化有限，但在各公司之间差异很大。所以，一阶差分大大减少了横截面变化，只留下较短期的时间序列信

第七章　外国机构投资者股权与流动性的关系：基于实际摩擦和信息摩擦

息来计算计量模型中的系数。我们设定的一阶差分模型的一个相关的问题是，许多公司的国有制虚拟变量是不随时间变化的。信息的缺乏使得国有制虚拟变量的变化系数难以确定，导致系数估计值很小而且不显著。

（四）固定效应模型

方程（7-6）中不可观测的时间不变因素可同时影响回归的左侧和右侧。如果是这样，那么回归可能会遭受遗漏的变量偏差。我们用公司固定效应回归模型，来试图控制可能遗漏的变量。我们在表7-9中呈现了Driscoll和Kraay（1998）和Hoechle（2007）标准误差的公司固定效应回归结果。

我们发现，当使用固定效应模型时，QFII股份所有权和流动性指标（QS和交易深度）之间的正相关关系不会发生变化。价差的两个组成部分（RS和PI）也具有同样的结论：QFII股份所有权与RS显著负相关，但与PI没有显著关系。系数估计的幅度和显著性高于一阶差分估计，但低于原始估计。这并不奇怪，因为固定效应变换，如同一阶差分变换一样，消除了变量的横截面变化，仅保留时间序列变化。固定效应模型的结果再次支持了我们先前的发现，即外国机构所有权与流动性之间的正相关关系主要是由于QFII的投资通过提高交易活跃度，来使实际摩擦减少。

表7-9　　　　　　　　　　固定效应模型

此表显示了QFII股票所有权，报价差价（QS），交易订单深度（DEP），实际差价（RS）和价格影响（PI）使用固定效应模型回归的结果。研究期间从2004年第三季度到2012年第一季度。由于数据为不平衡面板数据，我们使用混合OLS回归并使用季度固定效应来运行。在括号内表示的Driscoll-Kraay标准误差对于公司截面和时间序列的残差都具有很强的稳健性。每个回归中有37 575个观察值。

Independent Variables	Dependent variables			
	(1) Log (QS)	(2) Log (DEP)	(3) Log (RS)	(4) Log (PI)
$QFII_{i,t-1}$	-0.200**	0.588***	-0.294***	-0.643
	(0.075)	(0.135)	(0.084)	(0.582)
$DI_{i,t-1}$	0.337***	-0.191	0.201***	0.534***
	(0.032)	(0.353)	(0.046)	(0.159)

续表

Independent Variables	Dependent variable			
	(1) $\Delta\text{Log}(QS)$	(2) $\Delta\text{Log}(DEP)$	(3) $\Delta\text{Log}(RS)$	(4) $\Delta\text{Log}(PI)$
$SIZE_{i,t-1}$	-0.094***	0.034	-0.141***	-0.086***
	(0.010)	(0.022)	(0.009)	(0.017)
$STATE_{i,t-1}$	-0.010	0.000	-0.021**	-0.013
	(0.006)	(0.018)	(0.009)	(0.016)
$LEV_{i,t-1}$	0.121***	0.191***	0.149***	-0.116***
	(0.018)	(0.048)	(0.023)	(0.031)
$VOL_{i,t}$	0.046*	0.410***	0.079***	0.062
	(0.023)	(0.053)	(0.026)	(0.042)
$LNP_{i,t}$	-0.318***	-0.744***	-0.240***	-0.673***
	(0.024)	(0.062)	(0.027)	(0.030)
$TO_{i,t}$	-0.098***	0.325***	-0.093***	-0.186***
	(0.009)	(0.031)	(0.008)	(0.023)
$NT_{i,t-1}$	0.163***	-0.859***	0.134***	0.655***
	(0.019)	(0.042)	(0.022)	(0.038)
Within R^2	0.467	0.594	0.545	0.511
Time dummy	Yes	Yes	Yes	Yes

注：***、**、*分别表示0.1、0.05和0.01水平的统计显著性。

七、稳健性检验

我们使用三个替代方式来检验等式（7-6）中面板回归的稳健性。首先，样本分为两个子时期：2004Q3-2007Q4和2008Q1-2012Q4。其次，我们将样本分成上交所和深交所的上市公司。再次，我们检验行业影响是否影响我们以前的结果。最后，我们使用QFII公司虚拟变量和国内机构公司虚拟变量来检验他们对流动性的影响，并将分析限制在QFII公司的子样本中。

第七章　外国机构投资者股权与流动性的关系：基于实际摩擦和信息摩擦

（一）全球金融危机的影响

像许多发展中国家一样，中国的股票市场正在蓬勃发展，例如，2005 年至 2007 年沪深 300 指数上涨了 5 倍（见图 7－2）。然而，中国股市对 2007－2008 年的全球金融危机无法避免。在 2007 年 10 月至 2008 年 12 月期间，中国股市基本崩溃，沪深 300 指数的三分之二以上崩盘。此外，外国机构持股总值从 2008 年初大幅下跌直到 2009 年底，在 2009 年下半年再次上升到金融危机前水平。基于 2008 年初外国机构的变化行为可能是由全球金融危机引起的，我们使用面板回归进行了子期分析，通过将样本分成两个子样本：样本 1（定义为 2004Q3－2007Q4 期间）和样本 2（定义为 2008Q1－2012Q1 期间），来研究在方程（7－6）中 QFII 股份所有权与流动性之间的关系是否随时间而改变。结果如表 7－10 所示。我们发现，在全球金融危机之前和之后，QFIIs 的参与和流动性之间的关联均很强，这导致了其所有权与价差之间的负相关，以及与交易深度之间的正相关。两个子样本中 QS 的系数在统计上都是显著的。两个子样本中交易深度的系数估计均为正值，但仅在危机之后是统计显著的。国内机构的子期结果与总样本结果保持一致。

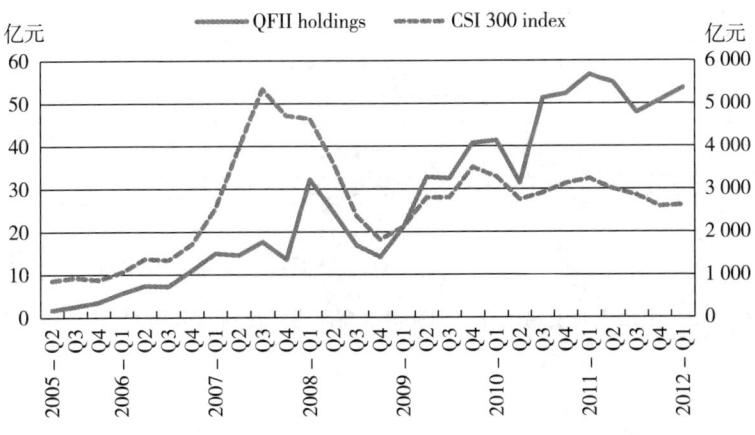

图 7－2　每季度所有企业 QFII 持股总值及沪深 300 指数

(二) 上海证券交易所和深圳证券交易所

我们研究了上海证券交易所和深圳证券交易所中的 QFII 持股与流动性之间的正相关关系是否普遍存在。因此，我们通过将总样本分成两个相应交易所上市股票的子样本，来分别对方程（7-6）中的模型进行面板回归分析。表7-11 显示 QS（交易深度）的 QFII 持股的系数在两个证券交易所均为负（正）且显著。我们发现上交所的 QS 和交易深度的系数估计值（分别为 -0.693 和 1.149）与全部样本估计值相似；然而，深交所的系数较小（分别为 -0.596 和 0.536）。图 7-3 显示了这种差异的一个可能原因，QFIIs 在上交所的投资在不断增加，而在深交所的投资保持在相当低的水平。这意味着 QFII 更倾向于投资于上交所的股票而不是深交所的股票。这两个市场有明显不同的内在因素支配着这种投资行为。例如，上交所吸引了更多的大型企业和国有企业，而深圳证券交易所吸引了更多的中小型企业。

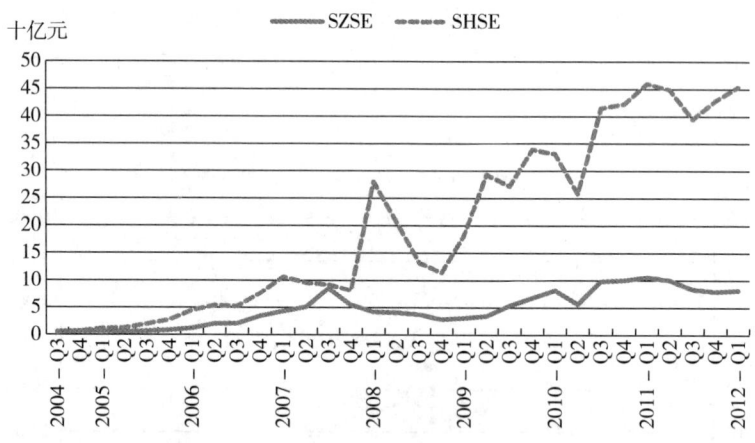

图 7-3 上海证券交易所和深圳证券交易所每季度所有公司 QFII 持股总值

第七章 外国机构投资者股权与流动性的关系：基于实际摩擦和信息摩擦

表7-10　　　　　　　　　　全球金融危机的影响

此表显示了QFII股份所有权与报价差价（QS）和交易订单深度（DEP）的面板回归结果。研究期间从2004年第三季度到2012年第一季度。样本1期间为2004年第三季度至2007年第四季度，样本2期间为2008年第一季度至2012年第一季度。由于数据为不平衡面板数据，我们使用混合OLS回归并使用季度固定效应来运行。在括号内表示的Driscoll-Kraay标准误差对于公司截面和时间序列的残差都具有很强的稳健性。每个回归中有37 575个观察值。

	Dependent variables			
	Sample 1		Sample 2	
Independent variables	(1) Log（QS）	(2) Log（DEP）	(3) Log（QS）	(4) Log（DEP）
$QFII_{i,t-1}$	-0.746**	0.941	-0.679***	1.123***
	(0.293)	(0.684)	(0.213)	(0.265)
$DI_{i,t-1}$	0.372***	-0.114	0.237**	-0.395**
	(0.076)	(0.250)	(0.098)	(0.176)
$SIZE_{i,t-1}$	-0.163***	0.512***	-0.108***	0.405***
	(0.017)	(0.028)	(0.003)	(0.012)
$STATE_{i,t-1}$	-0.016**	-0.001	-0.034***	0.042***
	(0.007)	(0.007)	(0.007)	(0.011)
$LEV_{i,t-1}$	0.029*	0.399***	-0.057***	0.315***
	(0.016)	(0.024)	(0.014)	(0.024)
$VOL_{i,t}$	0.056	-0.013	0.008	0.008
	(0.035)	(0.061)	(0.050)	(0.035)
$LNP_{i,t}$	-0.315***	-1.262***	-0.371***	-1.542***
	(0.053)	(0.076)	(0.019)	(0.014)
$TO_{i,t}$	-0.136***	0.217***	-0.100***	0.198***
	(0.010)	(0.049)	(0.011)	(0.020)
$NT_{i,t-1}$	0.257***	-1.174***	0.266***	-0.833***
	(0.027)	(0.048)	(0.036)	(0.037)
R^2	0.702	0.848	0.600	0.887
Time dummy	Yes	Yes	Yes	Yes

注：***、**、*分别表示0.1、0.05和0.01水平的统计显著性。

表 7-11   深交所和上交所

此表分别显示了上海证券交易所（SHSE）和深圳证券交易所（SZSE）QFII 持股与报价差价（QS）和交易深度（DEP）的面板回归。研究期间从 2004 年第三季度到 2012 年第一季度。由于数据为不平衡面板数据，我们使用混合 OLS 回归并使用季度固定效应来运行。在括号内表示的 Driscoll - Kraay 标准误差对于公司截面和时间序列的残差都具有很强的稳健性。上海证券交易所和深圳证券交易所的回归分别有 18 908 个和 18 667 个观察值。

	Dependent variables			
	SHSE		SZSE	
Independent variables	(1) Log（QS）	(2) Log（DEP）	(3) Log（QS）	(4) Log（DEP）
$QFII_{i,t-1}$	-0.693***	1.149***	-0.596**	0.536*
	(0.218)	(0.394)	(0.246)	(0.293)
$DI_{i,t-1}$	0.315***	-0.554**	0.395***	-0.054
	(0.064)	(0.225)	(0.074)	(0.154)
$SIZE_{i,t-1}$	-0.129***	0.414***	-0.141***	0.469***
	(0.010)	(0.015)	(0.011)	(0.026)
$STATE_{i,t-1}$	-0.014***	0.067***	-0.035***	-0.080***
	(0.004)	(0.007)	(0.008)	(0.007)
$LEV_{i,t-1}$	0.026	0.270***	-0.032	0.355***
	(0.018)	(0.027)	(0.019)	(0.038)
$VOL_{i,t}$	0.039	-0.002	0.027	-0.035
	(0.031)	(0.041)	(0.034)	(0.047)
$LNP_{i,t}$	-0.364***	-1.420***	-0.336***	-1.372***
	(0.031)	(0.048)	(0.027)	(0.053)
$TO_{i,t}$	-0.117***	0.201***	-0.120***	0.219***
	(0.009)	(0.023)	(0.008)	(0.035)
$NT_{i,t-1}$	0.223***	-1.041***	0.334***	-0.709***
	(0.017)	(0.057)	(0.033)	(0.086)
R^2	0.769	0.883	0.761	0.842
Time dummy	Yes	Yes	Yes	Yes

注：***、**、* 分别表示 0.1、0.05 和 0.01 水平的统计显著性。

（三）行业效应

我们在方程式（7-6）中重新考虑了控制行业效应的模型，即加入行业固定效应变量，如果公司在特定行业运营，则该变量等于 1。① 结果表明，控制行

---

① 见等式（7-9）和脚注。

第七章 外国机构投资者股权与流动性的关系：基于实际摩擦和信息摩擦

业影响并不会改变 QFII 股份所有权和流动性之间的关系。此外，行业的联合效应在回归中没有统计显著性。结果显示在表 7-12 中。

表 7-12　　　　　　　　　　行业效应

此表显示了包括行业固定效应在内的回归结果。根据中国证监会的分类，共有 13 个行业。研究期间从 2004 年第三季度到 2012 年第一季度。由于数据为不平衡面板数据，我们使用混合 OLS 回归并使用季度固定效应来运行。在括号内表示的 Driscoll-Kraay 标准误差对于公司截面和时间序列的残差都具有很强的稳健性。每个回归中有 37 575 个观察值。

Independent variables	Dependent variables	
	(1) Log（QS）	(2) Log（DEP）
$QFII_{i,t-1}$	-0.550***	0.863***
	(0.178)	(0.300)
$DI_{i,t-1}$	0.324***	0.154
	(0.061)	(0.177)
$SIZE_{i,t-1}$	-0.131***	0.450***
	(0.010)	(0.019)
$STATE_{i,t-1}$	-0.025***	0.004
	(0.006)	(0.009)
$LEV_{i,t-1}$	-0.034**	0.422***
	(0.016)	(0.027)
$VOL_{i,t}$	0.023	0.011
	(0.032)	(0.039)
$LNP_{i,t}$	-0.342***	-1.407***
	(0.027)	(0.052)
$TO_{i,t}$	-0.111***	0.195***
	(0.009)	(0.028)
$NT_{i,t-1}$	0.245***	-0.917***
	(0.026)	(0.054)
R^2	0.762	0.864
Time dummy	Yes	Yes
Industry dummy	Yes	Yes

注：***、**、*分别表示 0.1、0.05 和 0.01 水平的统计显著性。

(四) QFII 虚拟变量的效应和 QFII 的子样本分析

表 7-2 显示，整个样本中约 10% 包含 QFII 公司，而另外 90% 为非 QFII 公司。我们迄今为止的分析基于整个样本。样本中很小比例的 QFII 公司可能会对系数估计造成偏差。为了进行稳健性检验，我们使用一个 QFII 的虚拟变量重新评估表 7-3 和表 7-4 中的模型，如果公司有 QFII 参与，则取值为 1。同样，国内机构投资者的变量也被虚拟变量所取代，如果企业有国内机构投资者的参与，则变量为 1。表 7-13 中的结果与 QS、DEP、PI 和 RS 有关，结果与表 7-2 至表 7-4 中的结果一致。① QFII 的参与通过减少 QS 和增加 DEP 来提高流动性，而流动性的改善与减少的 RS 密切相关。可以这么说，从虚拟变量和 QFII 之间的交叉项的系数估计可以看出，系数显著减小，从而表明需要进一步分析 QFII 公司的子样本，以便结果可以更多地呈现出 QFII 持股的效应，而不是 QFII 投资者想要投资的公司的特征。

从表 7-14 中可以看出，QFII 企业子样本中 QFII 的系数统计显著，但是它们大于整个样本的 QFII 系数（参见表 7-3 和表 7-4 比较）。这些结果进一步支持了我们的研究结果，并且加强了外国机构参与和股票市场流动性正相关的证据。流动性改善是主要通过实际摩擦渠道运作的；例如，对于交易量（TV），子样本中的系数估计值大约是整个样本系数估计值的四倍。需要强调的是，QFII 持股的系数的统计和经济意义是证明外资参与市场流动性的积极作用的充分条件。为了寻求一个必要条件，我们需要进一步分析公司接受 QFII 投资前后的流动性差异。② 然而，这超出了我们研究的范围，留待未来研究。

---

① 我们还使用两种交易活跃性衡量方式（交易次数和交易量）和两种差价的逆向选择指标衡量方式（LSB 和 HS）来估计模型，并且结果相似。这些结果不在这里呈现，但可以要求作者提供。

② 我们感谢分析师指出了外资参与对市场流动性的积极作用的充分必要条件。

第七章 外国机构投资者股权与流动性的关系：基于实际摩擦和信息摩擦

表7-13 在使用虚拟变量前提下 QFII 持股与流动性的关系

该表显示了使用三种流动性指标与 QFIIDUM 滞后项进行回归的结果，如果公司有 QFII 持股，则虚拟变量等于1。这两种流动性指标是相对报价差价（QS）和市场深度（DEP）。如果公司有国内机构投资者的参与，则 DIDUM 表示1。其余控制变量与表7-3中使用的相同。研究期间从2004年到2012年第一季度。由于数据为不平衡面板数据，我们使用混合 OLS 回归并使用季度固定效应来运行。在括号内表示的 Driscoll-Kraay 标准误差对于公司截面和时间序列的残差都具有很强的稳健性。每个回归中有37 575个观察值。

Independent variables	Dependent variables			
	(1) Log(QS)	(2) Log(DEP)	(3) Log(PI)	(4) Log(RS)
$QFIIDUM_{i,t-1}$	-0.038***	0.060**	-0.022	-0.024***
	(0.005)	(0.027)	(0.019)	(0.006)
$DIDUM_{i,t-1}$	0.032***	-0.026	0.065***	0.021**
	(0.009)	(0.044)	(0.014)	(0.009)
$SIZE_{i,t-1}$	-0.125***	0.380***	-0.149***	-0.144***
	(0.013)	(0.019)	(0.029)	(0.009)
$STATE_{i,t-1}$	-0.029***	0.060***	-0.041***	-0.043***
	(0.006)	(0.015)	(0.004)	(0.008)
$LEV_{i,t-1}$	-0.018	0.520***	-0.160***	-0.007
	(0.021)	(0.052)	(0.018)	(0.029)
$VOL_{i,t}$	0.020	0.441***	-0.094**	0.045
	(0.034)	(0.065)	(0.039)	(0.038)
$LNP_{i,t}$	-0.316***	-1.039***	-0.388***	-0.271***
	(0.034)	(0.060)	(0.047)	(0.033)
$TO_{i,t}$	-0.116***	0.264***	-0.156***	-0.121***
	(0.011)	(0.042)	(0.022)	(0.007)
$NT_{i,t-1}$	0.243***	-0.927***	0.470***	0.249***
	(0.033)	(0.053)	(0.032)	(0.050)
R^2	0.757	0.620	0.550	0.605
Time dummy	Yes	Yes	Yes	Yes

注：***、**、* 分别表示0.1、0.05和0.01水平的统计显著性。

表 7-14　含有 QFII 持股的公司的子样本中 QFII 与流动性的关系

此表显示了使用有 QFII 持股的公司子样本的面板回归结果。我们选择价差 (QS)，交易深度 (DEP)，实际差价 (RS)，价格影响 (PI)，交易次数 (TRA)，交易量 (TV) 和逆向选择的两个指标：Lin, Sanger 和 Booth (1995) 提供的指标 LSB 和 Huang 和 Stoll (1997) 提供的指标 HS 作因变量。研究期间从 2004 年第三季度到 2012 年第一季度。由于数据为不平衡面板数据，我们使用混合 OLS 回归并使用季度固定效应来运作。在括号内报告的 Driscoll–Kraay 标准误差对于同一季度和不同季度的企业内部残差随时间的相关性具有很强的相关性。

Independent variables	Dependent variables							
	(1) Log (QS)	(2) Log (DEP)	(3) Log (RS)	(4) Log (PI)	(5) Log (TV)	(6) Log (TRA)	(7) Log (LSB)	(8) Log (HS)
$QFII_{i,t-1}$	-1.540**	0.938***	-1.682***	-0.264	2.221***	1.347**	-0.411	-0.331
	(0.583)	(0.231)	(0.415)	(0.290)	(0.611)	(0.511)	(0.271)	(0.264)
$DI_{i,t-1}$	0.112	-0.988***	0.326**	0.438***	-1.325***	-1.330***	0.280**	0.276*
	(0.227)	(0.229)	(0.121)	(0.114)	(0.219)	(0.229)	(0.122)	(0.137)
$SIZE_{i,t-1}$	-0.209***	0.462***	-0.137***	-0.180***	0.594***	0.467***	-0.236***	-0.245***
	(0.020)	(0.035)	(0.010)	(0.024)	(0.028)	(0.021)	(0.010)	(0.009)
$STATE_{i,t-1}$	-0.058**	-0.002	-0.029**	-0.005	0.043**	0.056**	-0.009	-0.012
	(0.024)	(0.022)	(0.011)	(0.018)	(0.021)	(0.027)	(0.018)	(0.019)
$LEV_{i,t-1}$	0.218	0.398***	-0.017	-0.060	0.318***	-0.044	0.030	0.027
	(0.135)	(0.138)	(0.037)	(0.039)	(0.053)	(0.070)	(0.033)	(0.034)
$VOL_{i,t}$	0.310***	0.311***	0.089*	-0.064	0.865***	0.638***	0.038**	0.023
	(0.085)	(0.080)	(0.047)	(0.043)	(0.095)	(0.088)	(0.018)	(0.018)
$LNP_{i,t}$	-0.371***	0.012	-0.286***	-0.457***	-0.564***	-0.073*	0.076**	0.046
	(0.055)	(0.061)	(0.027)	(0.048)	(0.034)	(0.037)	(0.032)	(0.0322)
$TO_{i,t}$	-0.078***	0.231***	-0.128***	-0.162***	0.318***		-0.010	-0.089***
	(0.016)	(0.048)	(0.009)	(0.023)			(0.044)	(0.017)
$NT_{i,t-1}$	0.259***	-0.832***	0.318***	0.519***	-0.906***	-1.004***	0.429***	0.504***
	(0.088)	(0.066)	(0.056)	(0.048)	(0.081)	(0.073)	(0.031)	(0.034)
Observations	3 716	3 705	3 710	3 604	3 716	3 716	3 716	3 716
R^2	0.443	0.507	0.541	0.451	0.716	0.581	0.463	0.457
Time dummy	Yes	Yes	Yes	Yes	Yes	Yes	Yes	Yes

注：***，**，* 分别表示 0.1，0.05 和 0.01 水平的统计显著。

第七章　外国机构投资者股权与流动性的关系：基于实际摩擦和信息摩擦

八、结论

前人研究认为，新兴市场的外国机构投资者可能会通过增加信息不对称或减少交易活动而导致市场流动性下降。本章基于世界上最大的新兴市场研究了这些问题。中国股市具有独特的制度和公司治理结构，为研究境外机构投资者与流动性之间的关系提供了一些新的方向。首先，虽然自从中国通过允许外国投资者通过QFII制度持有有限数量的国内上市股票，来放开其金融市场已经有十多年了，但对于该制度与股票市场流动性之间的联系知之甚少。这种特殊背景与之前对其他新兴市场的研究有所不同，其他的新兴市场允许大量的外资持股。因此中国的市场提供了一个完美的环境，可以将有限外资所有权对流动性的影响与大量的外资所有权对流动性的影响区分开来。

我们的研究结果表明，外国机构参与投资与股票市场流动性正相关。这种积极的关系主要通过实际摩擦渠道而不是信息摩擦渠道来实现，这表明外国参与会增加贸易活动并降低中国股市的实际摩擦成本。有趣的是，我们的结果进一步表明，鉴于外国所有权受到限制，外国机构投资者的参与也通过影响国内投资者的交易活跃程度来改变这个市场的交易活跃程度。我们的结果与文献中关于允许大量外国所有权的其他发展中国家市场的结果形成鲜明对比，这些国家的外国机构所有权与流动性之间存在负相关关系。

从政策角度来看，我们的结果表明，自从QFII制度实施以来，从降低整体交易成本的方面来看，市场质量逐步改善。QFII计划与流动性之间的重要联系也很有趣，因为300亿美元的配额相对较少，仅将股票市场资本总量的约1%分配给外国机构投资者，最大允许的QFII股份所有权在一家公司中不超过20%。因此，我们的研究结果意味着外国机构投资者的策略会受到国内投资者的密切关注和跟踪。第一轮QFII制度对市场流动性的积极影响也表明，中国政府于2012年提出的将外资持股额度增加到800亿美元的决定正在朝着正确的方向前进，并可能会改善市场流动性。

参考文献

[1] Agarwal, P., 2007. Institutional ownership and stock liquidity, Cornell University, Johnson Graduate School of Management. http://papers.ssrn.com/sol3/papers.cfm? abstract_id = 1029395.

[2] Ali, A., C. Durtschi, B. Lev, and M. A. Trombley, 2004. Changes in institutional ownership and subsequent earnings announcement abnormal returns, Journal of Accounting, Auditing and Finance 19 (3), 221 – 248.

[3] Allen, F., J. Qian, and M. Qian, 2005. Law, finance, and economic growth in China, Journal of Financial Economics 77 (1), 57 – 116.

[4] Amihud, Y. and H. Mendelson, 1986. Asset pricing and the bid – ask spread, Journal of Financial Economics, 17 (2), 223 – 249.

[5] Bacmann, J. F. and G. Bolliger, 2001. Who are the best? Local versus foreign analysts on Latin American stock markets. Working paper, FAME Research Paper Series.

[6] Barclay, M. J. and T. Hendershott, 2004. Liquidity externalities and adverse selection: Evidence from trading after hours, The Journal of Finance 59 (2), 681 – 710.

[7] Beltratti, A., B. Bortolotti, and M. Caccavaio, 2012. The stock market reaction to the 2005 split share structure reform in China, Pacific – Basin Finance Journal 20 (4), 543 – 560.

[8] Benston, G. J. and R. L. Hagerman, 1974. Determinants of bid – asked spreads in the over – the – counter market, Journal of Financial Economics 1 (4), 353 – 364.

[9] Bolton, P. and V. Thadden, 1998. Blocks, liquidity, and corporate con-

第七章 外国机构投资者股权与流动性的关系：基于实际摩擦和信息摩擦

trol, The Journal of Finance 53 (1), 1 – 25.

[10] Brockman, P., D. Y. Chung, and X. Yan, 2009. Block ownership, trading activity, and market liquidity, Journal of Financial and Quantitative Analysis 44 (6), 1403 – 1426.

[11] Brockman, P. and X. Yan, 2009. Block ownership and firm – specific information, Journal of Banking and Finance 33 (2), 308 – 316.

[12] Bushee, B. J. and T. H. Goodman, 2007. Which institutional investors trade based on private information about earnings and returns? Journal of Accounting Research 45 (2), 289 – 321.

[13] Chordia, T., R. Roll, and A. Subrahmanyam, 2001. Market liquidity and trading activity, The Journal of Finance 56 (2), 501 – 530.

[14] Chung, K. H., J. Elder, and J. C. Kim, 2010. Corporate governance and liquidity, Journal of Financial and Quantitative Analysis 45 (02), 265 – 291.

[15] Dahlquist, M. and G. Robertsson, 2001. Direct foreign ownership, institutional investors, and firm char – acteristics, Journal of Financial Economics 59 (3), 413 – 440.

[16] Demsetz, H., 1968. The cost of transacting, Quarterly Journal of Economics 82 (1), 33 – 53.

[17] Deng, J., J. Gan, and J. He, 2008. The dark side of concentrated ownership in privatization: Evidence from China. Working paper, Hong Kong University of Science and Technology.

[18] Dennis, P. and J. Weston, 2001. Who's informed? An analysis of stock ownership and in – formed trading. McIntire School of Commerce, University of Virginia. http://papers.ssrn.com/sol3/papers.cfm? abstract_id = 267350.

[19] Diamond, D. W. and R. E. Verrecchia, 1991. Disclosure, liquidity, and the cost of capital, The Journal of Finance 46 (4), 1325 – 1359.

[20] Ding, M. and S. Suardi, 2015. Government ownership and stock liquidi-

ty. Working paper, Central Uni – versity of Economics and Finance.

[21] Driscoll, J. C. and A. C. Kraay, 1998. Consistent covariance matrix estimation with spatially dependent panel data, Review of Economics and Statistics 80 (4), 549 – 560.

[22] Froot, K. A., P. G. J. O'Connell, and M. S. Seasholes, 2001. The portfolio flows of international investors, Journal of Financial Economics 59 (2), 151 – 193.

[23] Froot, K. A. and T. Ramadorai, 2001. The information content of international portfolio flows (No. w8472). Working paper, National Bureau of Economic Research.

[24] Grinblatt, M. and M. Keloharju, 2000. The investment behavior and performance of various investor types: A study of Finland's unique data set, Journal of Financial Economics 55 (1), 43 – 67.

[25] Hausman, J. A., 1978. Specification tests in econometrics, Econometrica 46, 1251 – 1272.

[26] Heflin, F. and K. W. Shaw, 2000. Blockholder ownership and market liquidity, Journal of Financial and Quantitative Analysis 35 (4), 621 – 633.

[27] Hendershott, T., C. M. Jones, and A. J. Menkveld, 2011. Does algorithmic trading improve liquidity? The Journal of Finance 66 (1), 1 – 33.

[28] Hoechle, D., 2007. Robust standard errors for panel regressions with cross – sectional dependence, Stata Journal 7 (3), 281 – 312.

[29] Huang, R. D. and H. R. Stoll, 1997. The components of the bid – ask spread: A general approach, Review of Financial Studies 10 (4), 995 – 1034.

[30] Jensen, M. C. and W. H. Meckling, 1976. Theory of the firm: Managerial behavior, agency costs, and ownership cost, Journal of Financial Economics 3, 305 – 360.

[31] Jiang, B. B., J. Laurenceson, and K. K. Tang, 2008. Share reform and the performance of China's listed companies, China Economic Review 19 (3),

第七章 外国机构投资者股权与流动性的关系：基于实际摩擦和信息摩擦

489 – 501.

[32] Kang, J. and R. M. Stulz, 1997. Why is there a home bias? An analysis of foreign portfolio equity ownership in Japan, Journal of Financial Economics 46 (1), 3 – 28.

[33] Ke, B. and K. Petroni, 2004. How informed are actively trading institutional investors? Evidence from their trading behavior before a break in a string of consecutive earnings increases, Journal of Accounting Research 42 (5), 895 – 927.

[34] Khanna, T. and K. Palepu, 2000. Emerging market business groups, foreign intermediaries, and corporate governance, in: R. K. Morck, ed., Concentrated Corporate Ownership (University of Chicago Press, Chicago).

[35] Lee, C. and M. J. Ready, 1991. Inferring trade direction from intraday data, The Journal of Finance 46 (2), 733 – 746.

[36] Lin, J. C., G. C. Sanger, and G. G. Booth, 1995. Trade size and components of the bid – ask spread, Review of Financial Studies 8 (4), 1153 – 1183.

[37] Liu, N., D. Bredin, L. Wang, and Z. Yi, 2014. Domestic and foreign institutional investor behaviour in China, The European Journal of Finance 20 (7 – 9), 728 – 751.

[38] Ng, L., F. Wu, J. Yu, and B. Zhang, 2011. The role of foreign blockholders in stock liquidity: A cross – country analysis. Working paper, University of Wisconsin, Milwaukee.

[39] Prasanna, K. and B. Bansal, 2014. Foreign institutional investments and liquidity of stock markets: Evidence from India, International Journal of Economics and Finance 6 (6), 103 – 118.

[40] Rhee, S. G. and J. Wang, 2009. Foreign institutional ownership and stock market liquidity: Evidence from Indonesia, Journal of Banking and Finance 33 (7), 1312 – 1324.

[41] Rubin, A., 2007. Ownership level, ownership concentration and liquid-

ity, Journal of Financial Markets 10 (3), 219 – 248.

[42] Seasholes, M. S., 2004. Re – examining information asymmetries in emerging stock markets. Working paper, University of California at Berkeley.

[43] Stoll, H. R., 2000. Friction, The Journal of Finance 55 (4), 1479 – 1514.

[44] Stoll, H. R. and R. E. Whaley, 1983. Transaction costs and the small firm effect, Journal of Financial Economics 12 (1), 57 – 79.

[45] Stulz, R., 1999a. International portfolio flows and security markets. NBER Conference Report Series, Ohio State University (OSU), Department of Finance; National Bureau of Economic Research (NBER); European Corporate Governance Institute (ECGI).

[46] Stulz, R., 1999b. Globalization of equity markets and the cost of capital. Working paper, NBER 7021 Ohio State University (OSU), Department of Finance; National Bureau of Economic Research (NBER); European Corporate Governance Institute (ECGI).

[47] Wu, D., 1973. Alternative tests of independence between stochastic regressors and disturbances, Econo – metrica 41 (4), 733 – 749.

第八章　股价暴跌风险积聚中的机构交易

——来自我国 A 股市场的证据

高昊宇　刘　伟　杨晓光

摘　要：机构投资者作为股票市场重要的知情参与方，其交易行为如何影响股价波动是学术界探讨的热点。限于分账户高频交易数据的可获得性，文献中直接的经验证据非常少。本章基于 2014 年 1 月 1 日至 2016 年 12 月 31 日上海证券交易所特有的沪市 A 股的分账户日交易数据，构建个股的日度"知情卖出指数"，运用面板回归模型，从微观视角探索机构退出对个股股价暴跌风险的影响。实证发现：(1) 机构账户退出对个股股价暴跌风险有显著影响，机构账户日退出比例每增加一个标准差，个股的跌停可能性增加 0.6%，占样本均值 22.5%。(2) 机构账户退出与暴跌风险之间的正向关联在小市值、高成长、波动率大和散户投资者比例多的股票中更强，证明机构账户退出信号在公开信息环境较差的股票中影响更大。上述发现在引入公司层面的更多控制变量、企业固定效应、其他机构退出代理变量和样本倾向得分匹配后仍显著存在。

关键词：机构账户卖出　个股暴跌风险　账户交易数据

一、引言

2014－2015 年，中国股市再次上演了一波"过山车式"的牛熊转换，相当多的股票都经历了股价极端波动，特别是跌停风险事件，引起多次 A 股断崖式的急跌，给广大中、小投资者带来巨大的财富损失。① 作为股票市场的重要知情参与方，近些年机构投资者在中国资本市场力量迅速增长，日益扮演非常重要的角色，特别是在 2000 年中国证监会提出"超常规发展机构投资者"之后。② 不少学者立足机构投资者与股价波动的关系，但研究结论不尽相同，而且已有研究多集中在机构投资者的持股水平上，受限于分账户高频交易数据的可获得性，对机构投资者交易行为与公司个股股价波动关系的研究尚为空白。据此，本章基于 2014 年 1 月 1 日至 2016 年 12 月 31 日上海证券交易所特有的沪市 A 股全部账户的日交易数据，特别地回答以下两个研究问题：（1）机构投资者账户退出是否显著关联个股股价的跌停风险？（2）这种机构投资者账户退出对哪种类型的股票具有更强的作用？

为稳定资本市场的健康发展，恢复投资者信心，证监会采取了一系列措施来应对 2015 年下半年的股市暴跌，包括国家队救市护盘、大股东减持受限、限制股指做空等。例如：2015 年 7 月 8 日，证监会公告《18 号文》，规定即日起 6 个月内，上市公司控股股东和持股 5% 以上股东（以下并称大股东）及董事、监事、高级管理人员不得通过二级市场减持本公司股份。2017 年 5 月 27 日，证监会再次发布《上市公司股东、董监高减持股份的若干规定》，上交所及深交所也相应发布了实施细则，旨在避免集中、大幅、无序的股份减持扰乱二级市场秩序和冲击市场信心。国内文献对机构减持活动产生的经济影响缺乏系统的实证量化研究，特别是在对股价影响方面，本章的实证发现则填补了这方面的研究空白。

传统理论文献认为，机构投资者就持股数量而言，较个人投资者更多，往往凭借其更丰富的投资经验、更宽广的信息获取渠道和更专业的信息处理能力，

---

① 数据显示，2015 年 7 月共有 17 138 股票交易日，发生个股股价跌停的股票交易日占比超过 25%。特别地，2015 年 7 月 27 日，A 股千股跌停，上证指数暴跌 8.48%，创造了 2007 年以来单日上证指数最大跌幅。

② 机构投资者账户数量及持股占比均呈现逐年快速上升趋势，截至 2016 年底，沪市 A 股共有 68.1 万机构投资者账户，持股市值占比为 76.2%；相比 2005 年的 20.1 万机构投资者账户，持股市值占比为 33.3%，分别增长 239% 和 129%。

第八章　股价暴跌风险积聚中的机构交易

表现出更多的信息优势和规模经济（Shleifer 和 Vishny，1986）。无论机构投资者的主动监管（"Voice"或"Direct Intervention"）还是退出威胁（"Exit"或"Voting with Their Feet"）均可以推动机构投资者参与公司治理，规范公司运营活动，进而提高公司信息透明度，增强股票流动性和降低股价的剧烈波动（McCahery 等，2016）。国内外许多文献研究并证实机构投资者确实起到了降低股价的波动性和稳定市场的功能（Sias，1996；Irvine 等，2007；祁斌等，2006；胡大春和金赛男，2007）。高昊宇等（2017）利用个股的机构投资者季度持仓数据，实证发现机构投资者持股比例越多的股票更不容易发生个股股价的暴涨、暴跌等极端价格波动。但也有学者认为，机构投资会通过频繁交易来获取短期利润，进而加剧市场的波动，成为股市暴涨、暴跌的助推器（Abreu 和 Brunnermeier，2002，2003；蔡庆丰和宋友勇，2010）。岳意定和周可峰（2009）和陈国进等（2010）分别使用 TOPVIEW 提供的短期日度交易数据发现我国机构投资者不但没能发挥稳定资本市场的作用，反而是股价波动的助推器。

信息优势假设认为机构投资者相对于个人投资者，在信息收集、处理与传递等方面具有明显优势，往往表现为更丰富的投资经验和判断力（Bartov 等，2000；胡志勇和魏明海，2005；姚颐和刘志远，2008；Boehmer 和 Kelley，2009）。市场参与者通常认为机构投资者的交易决策建立在充分收集、处理信息之上，愿意将机构投资者的交易行为特点视为定价和交易决策的重要参考因素。因此，机构账户的交易特征会显著影响股票价格的变动方向和幅度。Sias 等（2006）利用美国市场机构投资者的季度持仓数据的变化，证明机构投资者的交易与股价收益率呈现出显著的相关性，但限于分账户交易明细数据的缺少，无法提供更微观的经验证据，本章则填补了这方面的实证空白。同时，本章从公司自身信息环境质量角度研究机构投资者的"知情卖出交易"与个股股价暴跌之间的正向关联在个股间的异质性。

本章选用 2014 年至 2016 年期间沪市 A 股所有上市公司为研究对象，利用上海证券交易所内部创新平台实验数据库中投资者的逐笔买卖数据，共有 596 551 家公司——日交易样本，覆盖 955 家非金融企业上市公司，前后包含

732个交易日，大规模的交易账户数据为本章精准地分析机构投资者的卖出决策是如何显著影响股价暴跌风险提供了可能。通过研究发现：（1）个股中机构账户退出比例高的交易日更易伴随发生跌停风险，平均意义上，若个股的机构账户退出比例增加一个标准差，那么个股跌停的可能性则增加0.6%，该正向关联在引入更多公司层面控制变量之后依旧显著，此发现与文献中揭示机构投资者是市场信息交易者的发现具有一致性；（2）机构账户退出释放的信号在信息透明度差的公司中更容易引发股价暴跌，具体地，在小市值、高成长、波动率大和散户投资者多的股票中机构退出会引起更大的跌停风险。上述发现在引入资产规模、负债率、盈利能力、机构投资者持股水平等公司层面的更多控制变量后依旧显著成立。为排除公司层面不随时间变化的因素影响，进一步加入公司固定效应后结果依旧存在。本章以过去30天的平均机构卖出比例作为参照标准研究机构超额卖出的作用，发现机构超额卖出仍显著正相关于个股股价的暴跌风险。为排除机构退出决策的选择性偏差，本章最后选用样本倾向得分匹配方法，构建可比样本，实证发现主要结论仍显著存在。

本章的研究贡献主要体现在：第一，文献中对机构投资者的研究多集中在刻画和对比不同持股水平的影响，比如，机构持股改善公司治理、发挥监督监管的作用的研究，而本章则基于分类账户的高频交易数据，首次提出机构账户卖出比例这个指标，重点分析了机构账户卖出行为对股票市场产生的经济影响，并从信息透明度差异角度验证机构交易对股价暴跌产生影响的异质性，填补了文献中机构账户交易决策作用的研究空白；第二，拓宽了文献对个股暴跌过程中机构投资者所扮演角色的认识，证据表明在控制机构持有水平等公司层面的因素后，机构投资者，作为市场中重要的信息交易者，其卖出决策会显著增加个股股价的暴跌可能性，这些发现也同时印证了监管部门制定"限售"政策对稳定市场的必要性。

余文安排如下：第二部分主要进行相关文献回顾和假设提出。第三部分是数据与样本描述。第四部分是实证研究与稳定性检验。第五部分是结论与总结。

二、文献回顾与理论假设

文献中关于股价崩盘风险的研究集中在分析股价暴跌的影响因素方面。①特别地，机构账户持有水平对股价崩盘风险影响的研究则主要从机构投资者发挥的监督作用入手，比如，An 和 Zhang（2013）以及 Callen 和 Fang（2013）分析美国市场的数据发现，以短线投资为目的机构投资者的交易会增加股市的暴跌风险，而以长期价值投资为目的机构投资者会显著降低股价暴跌风险。高昊宇等（2017）利用中国的机构投资者持有数据，借鉴中国股票市场特有的涨跌停板制度，实证研究发现机构投资者持股量的增加会减少个股价格波动中暴涨和暴跌的发生。陈国进等（2010）通过分析 2007 年 6 月到 2008 年 12 月"赢富"数据库机构投资者的日持仓数据，构建了机构投资者日度持仓变化指标，并结合个股和指数的暴涨、暴跌事件，发现机构投资者"乘骑泡沫"的特点。蔡庆丰和宋友勇（2010）实证发现，由于我国基金业界信托责任观念淡薄、基金监管不力等原因，导致我国基金业的跨越式发展并没有促进市场的稳定和理性，反而加剧了机构重仓股的波动。史永东和王谨乐（2014）实证研究发现我国证券投资基金在市场上升阶段，加剧了股票的波动性。

而且，除了揭示机构投资者通过发挥监督人角色影响信息披露进而影响价格波动的研究外，还有学者从机构投资者的信息优势出发，研究机构投资者的交易决策与个股股价变动的关联。主要观点认为，机构投资者资金雄厚，在信息收集、处理与传递等方面具有明显优势，往往表现为更丰富的投资经验和判断力（Kyle，1985；Bartov 等，2000；Boehmer 和 Kelley，2009）。许多实证研究表明，通过交易进行信息披露是股票价格发生变化的主要原因（French 和 Roll，

---

① 在其他的相关研究中，分析师（Xu 等，2013）、上市公司社会责任（Kim 等，2014）、强制使用国际财务报告准则（DeFond 等，2014）、CEO 的过度自信（Kim 等，2016）等因素也会影响股价崩盘风险。在对中国市场的相关研究中，分析师利益冲突（许年行等，2012）、税收征管、税收激进（江轩宇，2013）、内部控制信息披露（叶康涛等，2015）、投资者行为偏好（刘圣尧等，2016）、中国式融资融券制度（褚剑和方军雄，2016）等因素被证实也会显著影响股价的崩盘风险。

1986等)。利用中国市场体现机构投资者信息交易的研究中,姚颐和刘志远(2008)研究发现在个人投资者存在反应滞后的情况下,基金首先予以了信息识别并做出交易反馈。姚颐等(2011)实证发现,基金作为知情交易者能够对未来价值进行预测,同时基金的交易行为发生后股价对未来价值有明显的提前反应。

Gompers和Metrick(2001)提出需求冲击理论,并使用季度持仓数据发现机构投资者的持有水平与未来股票收益率存在显著的正相关性。同理,机构投资者的卖出决策伴随着大量的卖单,市场需要更低的价格吸引其他参与者消化这些卖单,同时作为市场中重要的信息交易者,其卖出决策释放的讯号同样可以引起市场其他投资者选择沽空或卖出,从而显著地增加股价的暴跌风险。持仓数据的变化反映的是交易净增量,在某种程度上可以反映机构投资者的交易特征,但是无法准确刻画和区分机构投资者的买入和卖出行为。受限于股票市场投资者账户的交易数据可得性,现有研究几乎都是利用机构投资者的持仓数据作为主要研究样本(Gompers和Metrick,2001;Sias等,2006;高昊宇等,2017;陈国进等,2010)。本章从上海证券交易所金融创新实验平台数据库中获取了2014-2016年沪市A股所有投资者的日交易数据,利用机构投资者的每日买卖明细数据,来探讨机构投资者的交易行为对股价暴跌的影响。

综合以上文献发现,本章提出假设1:

假设1:机构投资者的退出显著增加个股股价的暴跌风险。

机构投资者作为专业投资者,通过挖掘掌握的公司私有信息,以直接买入或卖出的方式影响公司股价。本章认为公司信息的获取成本,将显著影响投资者对机构交易行为信息的依赖程度。具体表现为,公司的信息透明度越低,投资者的信息获取成本越高,机构投资者退出信号对个股股价产生的影响将会更大。同时,市场中的噪声交易者或其他投资者,因缺乏足够的信息,则倾向于观察其他投资者的交易决策。有文献认为,因为信息获取是有成本的,散户投资者之间更易表现出羊群现象,通过彼此学习交易策略会引起短期的股价极端波动。如Khurshed等(2014)利用股票首次公开发行的数据证明中小散户投资者主动追随机构投资者的 IPO 认购策略,而且即便是机构投资者之间也存在羊群行为,因为机构间可以从彼此的交易行为获取信息(Sias,2004)。

综合以上文献发现,本章提出假设 2:

假设 2:机构投资者的退出引发的股价暴跌风险在信息透明度更低、投资者结构中更多中小散户的个股中更大。

三、样本处理与研究设计

(一)样本选择与数据来源

考虑到机构投资者日交易数据的可获得性,本章选取沪市 A 股市场 2014 年 1 月 1 日至 2016 年 12 月 31 日全部上市公司为研究样本。沪市 A 股所有账户的逐笔交易数据来自上海证券交易所资本市场研究所金融与创新实验平台数据库。股票价格数据来源于 Wind 数据库,公司财务数据来源于 CSMAR 数据库。根据研究需要按照以下原则对数据样本进行筛选:(1)剔除 ST、PT 公司,由于这些公司属于风险警示对象,股价更容易受信息的波动,而且其涨跌幅限制为 5%;(2)剔除金融类上市公司,由于金融公司在会计处理方面有别于其他非金融公司;(3)剔除变量缺失的样本;(4)为了避免数据异常值的影响,对所有连续变量按照样本 1% 和 99% 分位数缩尾处理。经过上述筛选后,共获得 2014 - 2016 年期间 955 家沪市 A 股上市公司,包括 596 551 家公司——日度数据样本。

(二)变量说明

1. 机构投资者退出比例。

首先,本节定义"知情卖出指数"为机构投资者的退出比例,$Institutional\ Exit$,表示股票 i 在第 t 日所有卖出股份数中由机构账户卖出的比例,即所有沽空力量中机构账户的占比。在稳健性检验中,选取另外两个变量来衡量机构投资者的退出比例,分别是股票 i 在第 t 日所有卖出账户个数中机构账户个数的比

例和股票 i 在第 t 日所有机构账户买入、卖出交易量中机构卖出的比例。①

2. 股价暴跌风险。

借鉴已有研究（高昊宇等，2017），本章以个股在第 t 天内是否发生股价跌停来定义股价的暴跌或崩盘风险。中国 A 股市场有涨、跌停板限制，个股股价的跌停可以直接刻画价格的极端变化，是一个市场公认的、最直接的股价暴跌度量。因此，本章定义股价暴跌变量，Crash，为虚拟变量，若股票 i 在 t 日发生跌停则取值为 1，否则为零。

3. 控制变量。

本章借鉴已有研究股价崩盘风险影响因素的相关文献（An 和 Zhang，2013；Callen 和 Fang，2013），控制了以下因素：公司规模（Size），财务杠杆率（Leverage），有形资产占比（Asset Tangibility），经营业绩（ROA），市值账面比（M2B），机构投资者持股比例（Institutional Ownership），独立董事人员比例（Independent Director）。此外，因为股票的过去收益率和收益波动率会影响机构投资者持股比例的变动，本章进而控制了变量 Past Returns，过去 30 个交易日的日收益率的平均值，以及变量 Volatility，过去 30 个交易日的日收益率的标准差。②鉴于频繁交易也可以增加股价波动性，本章进一步控制换手率变量 Tunrover，定义为过去 30 个交易日的日成交量占流通股的比例。

上述各变量的详细定义如表 8-1 所示。

表 8-1　变量定义

变量	定义
Crash	基于股票日度数据的虚拟变量，若股票发生跌停则取值为 1，否则为零；数据来自 Wind
Institutional Exit	基于股票日度数据的连续性变量，0~1，股票当天所有卖出股份数中机构账户卖出的比例；数据来自上海证券交易所

---

① 受限于文章篇幅，通过更换指标的稳健性检验结果并没有放到正文中。

② 本章也选取过去 180 交易日和过去 250 交易日构造收益率和波动率指标，主要实证发现并无显著变化，限于篇幅，不予展示稳健性检验结果。

续表

变量	定义
Assets (Billion RMB)	最近会计年度的总资产，单位十亿元人民币，回归中取自然对数；数据来自 CSMAR
Leverage	最近会计年度的资产负债率，总负债/总资产；数据来自 CSMAR
Asset Tangibility	最近会计年度的有形资产占比，有形资产/总资产；数据来自 CSMAR
ROA	最近会计年度的资产回报率，净利润/总资产；数据来自 CSMAR
M2B	最近会计年度的市净率，股票市值/股权账面值；数据来自 CSMAR 和 Wind
Institutional Ownership	基于股票日度数据的连续性变量，0~1，股票当天交易开始时所有机构账户持有股份数占比；数据来自上海证券交易所
Independent Director	最近会计年度的独立董事占比，0~1，董事会中独立董事占比；数据来自 CSMAR
Past Returns (%)	股票过去 30 个交易日的日度收益率的平均值；数据来自 Wind
Volatility	股票过去 30 个交易日的日度收益率的标准差；数据来自 Wind
Turnover	股票过去 30 个交易日的日度成交量占流通股的比例；数据来自 Wind

(三) 描述性统计

1. 描述性统计分析。

表 8-2 给出了主要变量的描述性统计。样本包含 2014 年 1 月 1 日至 2016 年 12 月 31 日期间所有沪市 A 股上市公司。描述了每个变量的样本量，均值，中位数以及标准差。表 8-2 还根据机构投资者的卖出比例的高低将样本划分为 2 组，并分别描述了每组子样本的均值和中位数，以及两组样本之间的均值差 t 检验。

从表 8-2 可以得出，样本期间股价暴跌的平均比例为 2.7%，而且机构投资者卖出比例高的那一组样本发生暴跌可能性为 3.0%，显著高于机构投资者卖出比例低的那一组样本（1.8%）。整体来看，A 股市场中机构投资者的卖出占比虽不高，均值为 12.5%，但标准差（13.1%）相对较大，说明 A 股股票交易以散户为主，同时"知情卖出指数"在样本上呈现较大差异。

表 8-2　主要变量的描述性统计

	样本量	总样本			高-机构退出		低-机构退出		高-低	T统计量
		均值	中位数	标准差	平均值	中位数	平均值	中位数		
Crash	596 551	0.027	0.000	0.163	0.030	0.000	0.018	0.000	0.012	21.79
Institutional Exit	596 551	0.125	0.078	0.131	0.311	0.274	0.017	0.017	0.293	890.31
Assets (Billion RMB)	596 551	20.846	6.058	46.737	32.435	9.087	9.309	3.992	23.126	140.23
Leverage	596 551	0.499	0.502	0.201	0.493	0.494	0.499	0.502	-0.006	-7.91
Asset Tangibility	596 551	0.470	0.463	0.232	0.459	0.447	0.474	0.469	-0.016	-18.68
ROA	596 551	0.034	0.029	0.050	0.051	0.045	0.023	0.023	0.028	150.09
M2B	596 551	2.312	1.748	1.682	2.407	1.842	2.305	1.723	0.102	16.16
Institutional Ownership	595 034	0.450	0.472	0.226	0.538	0.570	0.362	0.369	0.176	220.13
Independent Director	594 574	0.371	0.333	0.054	0.373	0.364	0.369	0.333	0.004	18.89
Past Returns (%)	596 551	0.065	0.106	1.675	-0.001	0.068	0.176	0.155	-0.177	-30.39
Volatility	594 023	0.031	0.027	0.016	0.028	0.025	0.032	0.028	-0.004	-60.56
Turnover	595 330	0.021	0.016	0.017	0.015	0.012	0.025	0.019	-0.009	-155.29

第八章 股价暴跌风险积聚中的机构交易

表 8-3 相关系数矩阵

		1	2	3	4	5	6	7	8	9	10	11	12
Crash	1	1	0.028	-0.024	0.001	-0.007	-0.019	0.021	-0.014	-0.002	-0.246	0.206	0.152
Institutional Exit	2	0.015	1	0.219	-0.009	-0.027	0.227	0.031	0.302	0.032	-0.039	-0.098	-0.220
Log (Assets)	3	-0.025	0.194	1	0.501	0.118	-0.061	-0.628	0.352	0.076	0.000	-0.129	-0.327
Leverage	4	0.001	-0.024	0.481	1	-0.035	-0.442	-0.496	0.113	0.025	0.004	-0.006	-0.030
Asset Tangibility	5	-0.007	-0.033	0.137	-0.331	1	-0.074	-0.159	0.061	-0.033	0.001	-0.066	-0.057
ROA	6	-0.018	0.237	-0.012	-0.399	-0.084	1	0.254	0.054	-0.037	0.001	-0.078	-0.205
M2B	7	0.013	0.040	-0.521	-0.425	-0.142	0.168	1	-0.165	-0.030	-0.016	0.115	0.140
Institutional Ownership	8	-0.015	0.275	0.344	0.120	0.073	0.033	-0.190	1	0.045	0.001	-0.073	-0.200
Independent Director	9	-0.004	0.023	0.104	0.017	-0.043	-0.016	0.026	0.033	1	-0.003	-0.012	-0.041
Past Returns	10	-0.026	-0.001	0.003	0.001	-0.017	0.002	-0.003	1	-0.046	0.008	0.022
Volatility	11	-0.441	-0.116	-0.124	0.004	-0.055	-0.068	0.067	-0.068	-0.014	-0.046	1	0.637
Turnover	12	0.245	-0.226	-0.289	-0.012	-0.041	-0.183	0.076	-0.184	-0.025	-0.024	0.603	1

注：表 8-3 报告了变量间的相关系数矩阵，上三角是 Spearman 秩相关系数，下三角是 Pearson 相关系数。

2. 相关性分析。

表 8-3 报告了主要变量间的相关系数矩阵,上三角是 Spearman 秩相关系数,下三角是 Pearson 相关系数。

从表 8-3 可以得出,Crash 与机构投资者退出指标的相关系数显著为正,说明在不考虑其他因素时,机构投资者卖出比例较高的公司股价崩盘风险也高,符合假设 1 的基本预期,即机构投资者的卖出会伴随公司股价的暴跌。与已有研究中的发现一致的是,Crash 与公司规模间相关系数为负。其他控制变量之间的相关系数均比较低,说明回归分析中主要变量间不存在多重共线性问题。

四、实证结果分析

(一) 机构投资者的退出与股价暴跌

为了验证假设 1,本章利用多元回归分析方法讨论机构投资者的退出与股价暴跌风险之间的关系。本章利用股价是否跌停来刻画股价的暴跌风险,利用股票日卖出股份数中机构账户卖出的比例来刻画机构投资者的退出行为。建立如下 Logit 回归模型:

$$Prob(Crash_{i,t}) = \alpha_0 + \alpha_1 InstitutionalExit_{i,t} + \beta ControlVariables_{i,t} + \varepsilon_{i,t}$$

(8-1)

表 8-4 汇报了机构投资者的退出比例对股价暴跌风险发生的影响。以第 (1) 列为例,回归结果表明,$Institutional\ Exit$ 的回归系数为 1.412,且在 1% ($t-statistic=11.54$) 的置信水平下是统计上显著的。表 8-4 中的第 (2) ~ 第 (4) 列分别控制了文献中提及的影响股价波动风险的因素。其中,第 (2) 列控制了与公司财务信息相关的变量,包括公司规模、资产负债率、有形资产占比、经营业绩、市值账面比等;第 (3) 列在第 (2) 列的基础上继续控制了机构投资者持股比例,独立董事人员比例;第 (4) 列进一步地控制了股票过去 30 个交易日的平均收益率、波动率以及换手率。为了控制宏观经济因素影响,我们引入年份固定效应;为了控制行业层面的异质性,我们还引入二分位行业

虚拟变量控制相应的行业固定效应。不难发现，引入更多控制变量后的回归结果，依旧一致地表明 Institutional Exit 的回归系数均是正的，而且都在1%的置信水平下是统计上显著的。根据回归模型（8-4）计算边际效应发现，机构投资者卖出比例每增加一个标准差，公司的股价崩盘风险提高了0.6个百分点，占样本的跌停可能性均值22.5%，说明机构退出对公司股票暴跌风险的影响不容忽视。回归结果显著地支持了假设1，即机构投资者的卖出会增加个股股价的暴跌风险。

机构投资者由于其更宽广的信息获取渠道以及更专业的信息处理能力，相比市场中的个人投资者，能够提前获取优势信息并做出交易决策，而个人投资者往往倾向于观察市场中其他投资者的交易决策，体现出较强的羊群行为。多数情况下，机构卖出决策带来的信号释放，短期内造成失衡的股票供需关系，而且可能引起其他投资者的跟风卖出，进而对股价暴跌产生促进作用。因此，机构投资者的退出会增加个股股价发生极端暴跌的风险。

表8-4 机构投资者退出与股价暴跌

	股价跌停			
	(1)	(2)	(3)	(4)
Institutional Exit	1.412***	1.843***	2.010***	3.121***
	(11.54)	(18.07)	(19.63)	(23.75)
Log (Assets)		-0.191***	-0.164***	-0.081***
		(-14.80)	(-12.64)	(-5.40)
Leverage		0.287***	0.252***	-0.061
		(3.70)	(3.28)	(-0.70)
Asset Tangibility		0.115*	0.130*	0.104
		(1.66)	(1.94)	(1.39)
ROA		-2.226***	-2.374***	-1.634***
		(-5.72)	(-6.02)	(-4.91)
M2B		-0.005	-0.003	-0.010
		(-0.50)	(-0.31)	(-0.95)
Institutional Ownership			-0.467***	-0.433***

续表

	股价跌停			
	(1)	(2)	(3)	(4)
			(-7.67)	(-6.24)
Independent Director			-0.026	-0.248
			(-0.12)	(-0.98)
Past Returns				-89.770***
				(-161.20)
Volatility				68.147***
				(73.38)
Turnover				14.136***
				(18.70)
Constant	-6.013***	-4.726***	-4.937***	-8.278***
	(-84.09)	(-33.11)	(-29.50)	(-43.06)
Industry FE	Yes	Yes	Yes	Yes
Year FE	Yes	Yes	Yes	Yes
Observations	596 551	596 551	593 057	590 542
Pseudo R-squared	0.103	0.109	0.113	0.585

注：***、**和*分别表示在1%、5%和10%水平上显著，括号内为 t 值。

（二）机构投资者退出的作用差异

本章认为机构投资者的退出行为对股价暴跌的助长作用源自机构的信息优势，即机构投资者通过挖掘公司私有信息，以直接买入或卖出的方式影响公司股价。因此，投资者对公司信息的获取成本，将显著影响机构账户交易决策信号的经济影响。具体地，信息透明度低、信息环境差的上市公司，机构投资者退出产生的信号作用将会更强。已有很多研究认为，市值小、散户投资者较多的公司，大部分股权都集中在公司高管或少数股东手中，导致公司的信息透明度相对较低。此外，自身处于成长期、股价波动较大的公司，投资者面对的不确定性因素更多，信息环境噪声相对更强。基于前文的假设2，本章利用交互项分析来探讨以上4个重要因素对机构账户卖出决策信号作用的影响。在回归

第八章 股价暴跌风险积聚中的机构交易

中,分别将机构投资者的退出比例变量与公司资产的自然对数变量、市值账面比变量、收益波动率变量以及机构投资者的持股比例变量交乘,然后多元回归分析,回归结果如表8-5所示。

Atiase(1985)研究发现规模较大的公司的信息环境更好,因为大公司往往有更多的分析师,更充分的信息披露要求。因此,本章也选取公司的资产规模(Assets)作为信息环境的代理变量。由表8-5中回归结果(1)所示,$Institutional\ Exit$ 与 $Log(Assets)$ 的交互项的系数为 -0.735,且在1%(t-statistic = -7.83)的置信水平下是统计上显著的,说明公司的资产规模越小,机构退出信号带来的暴跌风险作用越强。

已有研究指出市值账面比高的公司多表现为成长型股票,往往是公司规模小、无形资产较多的企业,因此公司的信息透明度相对更低(Roychowdhury 和 Watts,2007)。本章选取公司的市值账面比($M2B$)作为信息透明度的代理变量,由表8-5中回归结果(2)所示,$Institutional\ Exit$ 与 $M2B$ 的交互项的系数为 0.124,且在5%(t-statistic = 2.00)的置信水平下是统计上显著的,说明对账面市值越大的公司,机构退出比例增加产生的股价暴跌作用越强。

表 8-5　　　　　　　　　机构投资者退出作用的异质性

	股价跌停			
	(1)	(2)	(3)	(4)
Institutional Exit	9.502***	2.796***	-0.058	4.678***
	(11.68)	(13.90)	(-0.14)	(16.89)
Institutional Exit * Log (Assets)	-0.735***			
	(-7.83)			
Institutional Exit * M2B		0.124**		
		(2.00)		
Institutional Exit * Volatility			64.308***	
			(8.26)	
Institutional Exit * Institutional Ownership				-3.212***
				(-6.03)
Log (Assets)	0.030	-0.080***	-0.069***	-0.078***

续表

	股价跌停			
	(1)	(2)	(3)	(4)
	(1.64)	(-5.33)	(-4.67)	(-5.32)
Leverage	-0.102	-0.072	-0.078	-0.086
	(-1.16)	(-0.81)	(-0.89)	(-1.00)
Asset Tangibility	0.083	0.105	0.102	0.068
	(1.12)	(1.39)	(1.36)	(0.92)
ROA	-1.594***	-1.673***	-1.501***	-1.554***
	(-4.82)	(-4.96)	(-4.57)	(-4.72)
M2B	-0.008	-0.027**	-0.009	-0.010
	(-0.74)	(-1.97)	(-0.83)	(-0.89)
Institutional Ownership	-0.450***	-0.436***	-0.434***	-0.008
	(-6.43)	(-6.27)	(-6.17)	(-0.08)
Independent Director	-0.233	-0.241	-0.267	-0.221
	(-0.94)	(-0.94)	(-1.03)	(-0.92)
Past Returns	-89.684***	-89.781***	-89.317***	-89.771***
	(-160.61)	(-161.34)	(-161.84)	(-161.08)
Volatility	67.800***	68.153***	59.988***	68.095***
	(73.38)	(73.43)	(49.67)	(73.76)
Turnover	14.489***	14.170***	14.785***	14.465***
	(19.14)	(18.74)	(19.11)	(19.01)
Constant	-9.201***	-8.242***	-7.957***	-8.491***
	(-44.17)	(-42.42)	(-40.52)	(-45.14)
Industry FE	Yes	Yes	Yes	Yes
Year FE	Yes	Yes	Yes	Yes
Observations	590 542	590 542	590 542	590 542
Pseudo R-squared	0.586	0.585	0.586	0.586

注：***、**和*分别表示在1%、5%和10%水平上显著，括号内为 t 值。

Loughran 和 McDonald（2013）研究发现信息不确定性比较高的新上市公司，第一天的回报率以及上市后短期内的收益波动率都比较高。因此，本章参照 Baik 等（2010）将公司过去30个交易日的日度收益率的标准差（*Volatility*）

作为一个衡量信息不对称的代理变量。由表 8-5 中回归结果（3）所示，*Institutional Exit* 与 *Volatility* 的交互项的系数为 64.308，且在 1%（$t\text{-statistic} = 8.26$）的置信水平下是统计上显著的，说明公司收益波动率越大，机构退出与暴跌风险的正向关联会更加明显。

一般来说，散户持股比例较多的公司股权比较分散，因搭便车动机不愿意付出成本主动参与公司治理，因此公司的信息透明度相对较低。本章最后选取公司的机构投资者持股占比（*Institutional Ownership*）作为代理变量，由表 8-5 中回归结果（4）所示，*Institutional Exit* 与 *Institutional Ownership* 的交互项系数为 -3.212，且在 1%（$t\text{-statistic} = -6.03$）的置信水平下是统计上显著的，即公司散户持股占比越大，机构退出对股价暴跌风险的助长作用会显著增强。

以上回归结果一致地证明了假设 2 成立。公司的信息透明度越低，投资者的信息获取成本越高，机构账户的退出信号与个股股价暴跌风险之间的正向关系会更加明显。同时，机构账户作为市场重要的参与主体，其卖出决策在短期内给市场带来供给冲击，面对信息环境更差的公司，市场投资者获取信息的成本更大，则更倾向于观察并学习其他投资者的交易决策，因而机构退出带来的需求冲击加剧了短期内的股价暴跌风险。

五、内生性与稳健性分析

本章利用交易账户明细数据通过实证检验发现机构投资者的退出与个股股价暴跌风险之间存在显著正相关关系。为了体现研究结论的稳健性，本章将用公司固定效应替代行业固定效应，以控制企业不随时变的因素影响；此外，引入其他衡量机构投资者退出比例的变量，证明机构退出与股价暴跌之间的正向关系不局限于某种特定的机构退出变量定义；最后，为了排除选择性偏差，本章采取倾向得分匹配（PSM）分析，基于匹配样本进一步考察了机构投资者退出对股价暴跌风险的影响。

(一) 内生性——企业固定效应

本章发现的机构退出与股票暴跌的关系可能是由公司自身不可观测的因素引起的。例如,公司某些特征可能同时引起机构账户的卖出和个股股价的暴跌风险。基于此,参照文献 Fang 等 (2009)、Edmans 等 (2013),本章加入企业固定效应,以期控制公司中一些难以直接观测因素的影响,进而验证本章主要研究结论的稳定性。实证结果如表 8-6 所示。

从表 8-6 中回归结果 (1) 可得,在控制企业固定效应之后,$Institutional\ Exit$ 的系数为 4.291,并且在 1% ($t - statistic = 32.13$) 的置信水平下是统计上显著的。上述控制企业固定效应后,机构退出与股价暴跌风险之间存在显著的正相关关系,而且对比表 8-3 中的回归系数不难发现,引入企业固定效应后,机构退出与股价暴跌风险间的正向关系明显增强。因此,进一步验证了假设 1 的成立。表 8-6 中回归结果 (2) ~ (5) 进一步说明,控制企业固定效应之后,假设 2 的结论依旧成立。

表 8-6 企业固定效应模型

	股价跌停				
	(1)	(2)	(3)	(4)	(5)
Institutional Exit	4.291***	10.125***	3.823***	1.159***	5.236***
	(32.13)	(11.44)	(18.83)	(2.90)	(18.38)
Institutional Exit * Log (Assets)		-0.675***			
		(-6.63)			
Institutional Exit * M2B			0.179***		
			(3.14)		
Institutional Exit * Volatility				64.202***	
				(8.57)	
Institutional Exit * Institutional Ownership					-1.995***
					(-3.63)
Log (Assets)	-0.025	0.066	-0.028	-0.019	-0.019
	(-0.23)	(0.62)	(-0.26)	(-0.17)	(-0.18)

续表

	股价跌停				
	(1)	(2)	(3)	(4)	(5)
Leverage	0.068	0.070	0.048	0.090	0.053
	(0.23)	(0.24)	(0.17)	(0.31)	(0.18)
Asset Tangibility	0.445*	0.453*	0.432*	0.425	0.435*
	(1.72)	(1.72)	(1.67)	(1.60)	(1.69)
ROA	-0.377	-0.383	-0.419	-0.266	-0.399
	(-0.83)	(-0.81)	(-0.89)	(-0.59)	(-0.87)
M2B	0.076***	0.077***	0.053**	0.073***	0.074***
	(3.75)	(3.75)	(2.43)	(3.56)	(3.59)
Institutional Ownership	-1.362***	-1.411***	-1.378***	-1.344***	-1.058***
	(-6.45)	(-6.61)	(-6.49)	(-6.32)	(-4.52)
Independent Director	0.719	0.751	0.751	0.632	0.754
	(1.35)	(1.41)	(1.41)	(1.17)	(1.41)
Past Returns	-91.561***	-91.460***	-91.579***	-91.067***	-91.551***
	(-157.48)	(-156.88)	(-157.56)	(-158.02)	(-157.39)
Volatility	64.631***	64.457***	64.624***	56.628***	64.629***
	(70.33)	(70.07)	(70.40)	(48.98)	(70.27)
Turnover	21.110***	21.510***	21.226***	21.801***	21.149***
	(19.15)	(19.54)	(19.26)	(19.88)	(19.10)
Constant	-10.123***	-10.812***	-9.976***	-9.655***	-10.231***
	(-9.24)	(-10.15)	(-8.98)	(-8.78)	(-9.37)
Firm FE	Yes	Yes	Yes	Yes	Yes
Year FE	Yes	Yes	Yes	Yes	Yes
Observations	588 392	588 392	588 392	588 392	588 392
Pseudo R-squared	0.596	0.597	0.596	0.596	0.596

注：***、**和*分别表示在1%、5%和10%水平上显著，括号内为 t 值。

(二) 稳健性——其他代理变量

为了排除研究结论过分依赖机构投资者退出代理变量选择的影响，本节首先引入另外两个代理变量：*Institutional Exit Number*，股票 i 在第 t 日所有卖出账户中机构账户个数的占比；Institutional Exit Ratio，股票 i 在第 t 日所有机构账户买入、卖出交易量中机构卖出的比例。

重复上述多元回归分析，研究结果进一步明确了机构投资者退出会增加个股股价崩盘风险。回归结果表明，Institutional Exit Number、Institutional Exit Ratio 的回归系数均在 1% 的置信水平下显著为正，即本章的研究结论并不受代理变量选取的影响。限于篇幅，相关回归结果未在正文中报告。

(三) 内生性——PSM 分析

已有研究通常采用倾向得分匹配（Propensity Score Matching，PSM）方法来解决回归分析中潜在的内生性问题（Jeon 等，2011；Chen 等，2014）。根据 Rosenbaum 和 Rubin（1983）以及 Jeon 等（2011），首先基于 Probit 模型计算所有样本的倾向得分，即公司 i 在 t 日的机构账户卖出比例超过第 t 日所有样本公司机构卖出比例 75% 分位数的可能性。Probit 模型的因变量是虚拟变量，如果公司 i 在 t 日的机构账户卖出比例超过第 t 日样本公司机构账户卖出比例的 75% 分位数，则取值为 1，否则为零。所含控制变量同模型（1）相同。

表 8-7　　　　　　　　　　　　倾向得分匹配分析

	股价跌停				
	(1)	(2)	(3)	(4)	(5)
Exit Dummy	0.990***	2.973***	1.035***	-0.439***	1.286***
	(15.42)	(6.80)	(10.58)	(-2.96)	(8.52)
Exit Dummy * Log (Assets)		-0.230***			
		(-4.64)			
Exit Dummy * M2B			-0.017		
			(-0.60)		
Exit Dummy * Volatility				29.814***	
				(10.22)	
Exit Dummy * Institutional Ownership					-0.668**
					(-2.28)
Exit Dummy * Liquidity					

续表

	股价跌停				
	(1)	(2)	(3)	(4)	(5)
Log（Assets）	-0.073	0.096	-0.072	-0.057	-0.051
	(-0.46)	(0.64)	(-0.46)	(-0.35)	(-0.31)
Leverage	-0.652	-0.661	-0.640	-0.626	-0.696
	(-1.20)	(-1.21)	(-1.18)	(-1.16)	(-1.28)
Asset Tangibility	0.673	0.625	0.690	0.683	0.653
	(1.36)	(1.27)	(1.39)	(1.36)	(1.32)
ROA	-1.963**	-1.882**	-1.965**	-1.785**	-2.000***
	(-2.51)	(-2.52)	(-2.48)	(-2.25)	(-2.59)
M2B	0.114***	0.128***	0.125***	0.113***	0.117***
	(3.47)	(3.90)	(3.42)	(3.50)	(3.48)
Institutional Ownership	-1.608***	-1.662***	-1.600***	-1.551***	-1.079***
	(-5.39)	(-5.58)	(-5.35)	(-5.11)	(-2.84)
Independent Director	1.711*	1.684*	1.703*	1.566*	1.731**
	(1.94)	(1.92)	(1.93)	(1.78)	(1.96)
Past Returns	-89.325***	-89.345***	-89.309***	-88.626***	-89.389***
	(-78.90)	(-78.71)	(-78.71)	(-79.85)	(-78.57)
Volatility	65.071***	64.789***	65.086***	42.514***	65.072***
	(36.77)	(36.56)	(36.79)	(16.67)	(36.72)
Liquidity	24.093***	24.492***	24.046***	25.453***	24.152***
	(9.98)	(10.12)	(9.97)	(10.49)	(9.96)
Constant	-9.111***	-10.454***	-9.174***	-8.127***	-9.483***
	(-5.54)	(-6.65)	(-5.63)	(-4.81)	(-5.55)
Firm FE	Yes	Yes	Yes	Yes	Yes
Year FE	Yes	Yes	Yes	Yes	Yes
Observations	195 066	195 066	195 066	195 066	195 066
Pseudo R-squared	0.603	0.604	0.605	0.604	0.604

注：***、**和*分别表示在1%、5%和10%水平上显著，括号内为 t 值。

然后，将样本分成试验组（机构账户卖出比例超过75%分位数的样本）和控制组（机构账户卖出比例低于或等于75%分位数的样本）。在控制行业与年份的前提下，分别从实验组和控制组中按照倾向得分最小邻居（Nearest Neighbor）1：1 的匹配对比法寻找具有类似倾向得分的样本。最后，基于完成匹配后的样本，重复回归模型（1）来检验机构投资者的卖出对股价暴跌风险的影响，回归结果如 8-7 所示。其中，主要变量是虚拟变量变量（*Exit Dummy*），表示该样本是否来自实验组。从回归结果（1）~（5）不难看出，除交互项 *Exit Dummy* * *M2B* 的回归系数不是十分显著之外，*Exit Dummy* 以及另外 3 个变量交互项的回归系数均在 1% 的置信水平下显著的。即在匹配样本的基础上，机构投资者的卖出确实会加剧个股股价的崩盘风险。而且，机构投资者退出与个股股价暴跌风险的正向关联在信息透明度更低、投资者结构中更多中、小散户的个股中更强。

六、结论

本章以 2014 年 1 月 1 日至 2016 年 12 月 31 日上海证券交易所特有的沪市 A 股全部账户的日交易数据为研究样本，构建个股的"知情卖出指数"，运用面板回归模型，从微观视角探索机构退出对个股股价暴跌风险的影响。研究发现，个股中机构账户退出比例高的交易日更容易伴随着个股的跌停风险，即机构投资者的退出与个股股价崩盘风险之间存在显著的正相关关系。在一系列内生性和稳健性的检验之后，该结论依然成立。进一步研究发现，该正向关联在信息透明度更差的公司中更大。具体地，本章发现在小市值、高成长、波动率大和散户投资者比例多的股票中，机构退出会引起更大的个股跌停风险。

本章的研究具有重要的理论贡献和现实意义。首先，本章利用沪市 A 股投资者的交易数据，构造出个股的日度"知情卖出指数"，重点分析了机构账户卖出行为对股票市场产生的经济影响，并从信息透明度差异角度验证机构交易对股价暴跌产生影响的异质性，是对已有研究的一个补充。其次，本章通过研究发现，机构投资者作为市场中重要的信息交易者，其卖出决策会显著增加个股股价的暴跌可能性，这些发现也同时印证了监管部门制定"限售"政策对稳定市场的必要性。最后，本章的研究发现为监管部门引导资本市场健康发展，具有重要的参考价值。

参考文献

[1] 蔡庆丰，宋友勇. 超常规发展的机构投资者能稳定市场吗？对我国基金跨越式发展的反思 [J]. 经济研究，2010（1）：90-101.

[2] 陈国进，张贻军，刘淳. 机构投资者是股市暴涨暴跌的助推器吗？——来自上海A股市场的经验证据 [J]. 金融研究，2010（11）：45-59.

[3] 褚剑，方军雄. 中国式融资融券制度安排与股价崩盘风险的恶化 [J]. 经济研究，2016（5）：143-158.

[4] 高昊宇，杨晓光，叶彦艺. 机构投资者对暴涨暴跌的抑制作用：基于中国市场的实证 [J]. 金融研究，2017（2）：156-177.

[5] 胡大春，金赛男. 基金持股比例与A股市场收益波动率的实证分析 [J]. 金融研究，2007（4）：129-142.

[6] 胡志勇，魏明海. 财务信息解释能力对价格发现机制的影响：基于封闭式证券投资基金的研究 [J]. 金融研究，2005（7）：67-75.

[7] 江轩宇. 税收征管，税收激进与股价崩盘风险 [J]. 南开管理评论，2013（5）：152-160.

[8] 刘圣尧，李怡宗，杨云红. 中国股市的崩盘系统性风险与投资者行为偏好 [J]. 金融研究，2016（2）：55-70.

[9] 祁斌，黄明，陈卓思. 机构投资者与股市波动性 [J]. 金融研究，2006（9）：80-91.

[10] 史永东，王谨乐. 中国机构投资者真的稳定市场了吗？[J]. 经济研究，2014（12）：100-112.

[11] 许年行，江轩宇，伊志宏等. 分析师利益冲突，乐观偏差与股价崩盘

风险 [J]. 经济研究, 2012 (7): 127 – 140.

[12] 姚颐, 刘志远. 震荡市场, 机构投资者与市场稳定 [J]. 管理世界, 2008 (8): 22 – 32.

[13] 姚颐, 刘志远, 相二卫. 中国基金在投资中是否追求了价值? [J]. 经济研究, 2011 (12): 45 – 58.

[14] 叶康涛, 曹丰, 王化成. 内部控制信息披露能够降低股价崩盘风险吗? [J]. 金融研究, 2015 (2): 192 – 206.

[15] 岳意定, 周可峰. 机构投资者对证券市场价格波动性的影响——基于 Topview 数据的实证研究 [J]. 中国工业经济, 2009 (3): 140 – 148.

[16] Abreu D. and Brunnermeier M. K., "Synchronization Risk and Delayed Arbitrage," Journal of Financial Economics, 2002, 66 (2): 341 – 360.

[17] Abreu D. and Brunnermeier M. K., 2003, "Bubbles and Crashes," Econometrica, 71 (1): 173 – 204.

[18] An H. and Zhang T., 2013, "Stock Price Synchronicity, Crash Risk, and Institutional Investors," Journal of Corporate Finance, 21 (1): 1 – 15.

[19] Atiase R. K., 1985, "Predisclosure Information, Firm Capitalization, and Security Price Behavior around Earnings Announcements," Journal of Accounting Research, 23 (1): 21 – 36.

[20] Baik B., Kang J. K. and Kim J. M., 2010, "Local Institutional Investors, Information Asymmetries, and Equity Returns," Journal of Financial Economics, 97 (1): 81 – 106.

[21] Bartov E., Radhakrishnan S., and Krinsky I., 2000, "Investor Sophistication and Patterns in Stock Returns after Earnings Announcements," Accounting Review, 75 (1): 43 – 63.

[22] Boehmer E. and Kelley E. K., 2009, "Institutional Investors and the Informational Efficiency of Prices," Review of Financial Studies, 22 (9): 3563 – 3594.

[23] Callen J. L. and Fang X., 2013, "Institutional Investor Stability and

Crash Risk: Monitoring Versus Short - termism?" Journal of Banking and Finance, 37 (8): 3047 - 3063.

[24] Chen T. Y., Dasgupta S. and Yu Y., 2014, "Transparency and Financing Choices of Family Firms," Journal of Financial and Quantitative Analysis, 49 (2): 381 - 408.

[25] DeFond M. L., Hung M., Li S. and Li Y., 2014, "Does Mandatory IFRS Adoption Affect Crash Risk?" The Accounting Review, 90 (1): 265 - 299.

[26] Edmans A., Fang V. W., and Zur E., 2013, "The Effect of Liquidity on Governance," Review of Financial Studies, 26 (6): 1443 - 1482.

[27] Fang V. W., Noe T. H. and Tice S., 2009, "Stock Market Liquidity and Firm Value," Journal of Financial Economics, 94 (1): 150 - 169.

[28] French K. R., and Roll R., 1986, "Stock Return Variances: The Arrival of Information and the Reaction of Traders," Journal of Financial Economics, 17 (1): 5 - 26.

[29] Gompers P. A. and Metrick A., 2001, "Institutional Investors and Equity Prices," Quarterly Journal of Economics, 116 (1): 229 - 259.

[30] Irvine P., Lipson M. and Puckett A., 2007, "Tipping," Review of Financial Studies, 20 (3): 741 - 768.

[31] Jeon J. Q., Lee C., and Moffett C. M., 2011, "Effects of Foreign Ownership on Payout Policy: Evidence from the Korean Market," Journal of Financial Markets, 14 (2): 344 - 375.

[32] Khurshed A., Paleari S., Pande A. and Vismara S., 2014, "Transparent Bookbuilding, Certification and Initial Public Offerings," Journal of Financial Markets, 19 (6): 154 - 169.

[33] Kim J. B., Wang Z. and Zhang L., 2016, "CEO Overconfidence and Stock Price Crash Risk," Contemporary Accounting Research, 33 (4): 1720 - 1749.

[34] Kim Y., Li H. and Li S., 2014, "Corporate Social Responsibility and

Stock Price Crash Risk," Journal of Banking and Finance, 43 (1): 1 – 13.

[35] Kyle A. S., 1985, "Continuous Auctions and Insider Trading," Econometrica: Journal of the Econometric Society, 53 (6): 1315 – 1335.

[36] Loughran T. and Mcdonald B., 2013, "IPO First – day Returns, Offer Price Revisions, Volatility, and Form S – 1 Language," Journal of Financial Economics, 109 (2): 307 – 326.

[37] McCahery J. A., Sautner Z. and Starks L. T., 2016, "Behind the Scenes: The Corporate Governance Preferences of Institutional Investors," 2016, Journal of Finance, 71 (6): 2905 – 2932.

[38] Rosenbaum P. R. and Rubin D. B., 1983, "The Central Role of the Propensity Score in Observational Studies for Causal Effects," Biometrika, 70 (1): 41 – 55.

[39] Roychowdhury S. and Watts R. L., 2007, "Asymmetric Timeliness of Earnings, Market – to – book and Conservatism in Financial Reporting," Journal of Accounting and Economics, 44 (1): 2 – 31.

[40] Shleifer A. and Vishny R. W., 1986, "Large shareholders and corporate control," Journal of Political Economy, 94 (3): 461 – 488.

[41] Sias R. W., 1996, "Volatility and the Institutional Investor," Financial Analysts Journal, 52 (2): 13 – 20.

[42] Sias R. W., 2004, "Institutional herding," Review of Financial Studies, 17 (1): 165 – 206.

[43] Sias R. W., Starks L. T. and Titman S., 2006, "Changes in Institutional Ownership and Stock Returns: Assessment and Methodology," Journal of Business, 79 (6): 2869 – 2910.

[44] Xu N., Jiang X., Chan K. C. and Yi Z., 2013, "Analyst Coverage, Optimism, and Stock Price Crash Risk: Evidence from China," Pacific – Basin Finance Journal, 25: 217 – 239.

第九章 股指期权的推出对指数波动率的影响

——基于上证 50ETF 期权的实证研究

涂 婧 钟 锐

摘　要： 本章研究了上证 ETF50 指数期权的推出对现货市场的波动率和市场深度产生的影响。通过实证分析我们发现上证 ETF50 指数期权的推出显著降低 EGARCH 模型得到的条件波动率（Conditional Volatility）和历史波动率（Historical Volatility），但却对已实现波动率（Realized Volatility）并没有影响。因此，股指期权的推出并没有改变现货市场价格日内的波动，但显著降低长期波动趋势。通过运用 EGARCH 模型的均值方程，我们发现股指期权的推出并没有增加市场波动所含有的信息成分和价格发现能力。

关键词： 上证 50ETF 期权　EGARCH 模型　历史波动率　已实现波动率

一、引言

完整的股票市场应该具有三个层次：发行股票的一级市场，进行交易转让的二级市场和管理风险的衍生品市场。其中，衍生品市场出现得最晚。但不同于期货，期权因其权利和义务的非对等性使得其能够避免资产价格的不利变动，却收获有利变动带来的收益，对风险管理更为精细化。股指期权作为股票市场的补充，其具有交易成本低、杠杆高、流动性较好等优势，吸引了大量机构投资者和个人投资者的参与。

近年来，全球衍生品市场发展势头迅猛。股指期权起源于美国，1983年芝加哥期权交易所（CBOE）推出了首只股指期权标准普尔100股指期权；随着股指期权在其管理风险方面的优势发展，近几年亚洲衍生品市场股指期权的交易量也呈现量级增长，随后印度、新加坡、中国台湾、中国香港等地也纷纷推出了股指期权这一业务。

与发达国家完善的金融体系相比，我国证券市场仅仅经过多年的筹备和近3年的仿真交易，2010年4月，我国金融期货交易所推出了衍生品市场的首只股指期货——沪深300股指期货，这一举措是完善我国股票市场的重要一步。为进一步完善我国金融衍生品市场，促进金融市场健康发展，我国又于2015年2月9日引入了首只股指期权产品——上证50ETF期权，此举也为日后更多场内期权产品的推出做了铺垫。虽然上证50ETF期权的标的是开放式指数基金，但该基金就是跟踪模拟上证50指数的走势，因此可以近似将其视为股指期权产品。从2015年6月12日，我国A股市场经历了前所未有的断崖式下跌，证监会当局试图通过限制一部分衍生品的交易来稳定股票市场，而金融衍生品的交易被看作是引起大幅波动的根源。股指期权作为我国金融市场的新兴产物，其上市对我国股市的波动性和流动性有怎样的影响，是目前学界和市场都热切关注的问题。

二、文献综述

伴随着股票市场的发展和完善，20世纪70年代作为管理和减弱股票市场系统风险的金融衍生品市场应运而生。1983年，以标普100为标的的首只股指期权在芝加哥期权交易所推出上市。因期权可以构建不同的投资组合进行套利，定价机制比较复杂，交易机制较为灵活，因此自其推出，就吸引了学者的目光。

发达国家金融市场的发展较为成熟，机制更加完善，期权产品诞生较早。因此，国外学者对期权的研究更为全面和深入。围绕期权展开的研究主要分为两种，其一是期权定价问题，其二是期权的交易对市场的影响。随着期权交易的产生，期权市场的大量实证数据也可以被收集用来检验构造的理论模型，所以研究方法主要分两大类——理论分析和实证检验。

(一) 期权对现货市场影响的理论研究

投资者对期权市场的预期和所持有的信息，都能通过在期权市场的交易而迅速传递至现货市场。因此学者主要从信息交易机制和投资者异质信念这两个角度，构建模型来试图解释股指期权市场对现货市场的影响。

研究认为，股指期权市场作为现货市场的补充，存在着高杠杆、低交易成本的优势，因此能够吸引大量机构投资者的参与。当投资者获得新信息的时候，往往会选择在期权市场进行交易，以较低的成本获得更大的收益，所以市场中的新信息能够在期权价格中快速体现，并且传递到现货市场中，Skinner (1989) 也提出信息交易者从现货市场转向期权市场，这一效应能够减少股票市场做市商的逆向选择成本，因此降低市场波动率。

具体来说，Kraus 和 Smith (1996) 假设市场只存在两个交易者，并且存在信息不对称，通过构建股价二叉树模型，并引入期权交易，发现交易者可以通过期权的价格来判断对手方所掌握的信息。因此期权市场的存在可以揭示出更多股市所无法反映的信息。而 Kraus 和 Smith 的市场模型比较简单，并且股票价格并不连续，因此 Back (2003) 将 Kyle (1985) 的内部信息交易理论进行改进，并套用在期权市场中。Back 假设市场中噪声交易者的交易量服从连续布朗运动，且与市场中的交易量相关，从而得出随着期权的引入，从其价格中交易者可以获得更多的信息，市场能够更加迅速地达到均衡状态。

传统的理论研究通常假设投资者对资产收益的概率分布有相同的判断和预期，但是现实的资本市场往往难以满足这种假设。期权是基于投资者对标的价格的预期而进行交易的，买卖双方对标的价格趋势有着截然不同的判断，因此异质信念更加贴合期权市场 (Leland, 1996)。

因此，理论模型都倾向于认为期权市场的存在是对现货市场的补充，交易所形成的期权价格能够充分揭示新的信息，促进现货市场的价格发现功能以及降低现货市场的系统性风险。

(二) 期权对现货市场影响的实证研究

随着股指期权产品的推出和交易，大量实证数据被收集用来检验期权的产生和交易对现货市场的影响，包括对现货市场流动性、波动率、信息传递效率和投资者交易结构等方面。

流动性和波动率是检验一个金融市场是否成熟和完善的重要指标，因此股指期权的推出和交易对市场流动性和波动率的影响受到许多学者的关注并做了深入研究。学者多是采取时间序列模型进行实证分析，由于选取市场、时机和变量的差异，学者们的研究结论也不尽相同。

1. 支持股指期权的交易可以增加市场的流动性并降低市场波动的研究。

股指期权最早于1983年在美国的芝加哥期权交易所推出上市，因此学者最初的实证研究集中于美国金融市场，对于个股的研究也拓展到标的指数上。

Skinner 和 Park (1988) 选取标普100指数期权进行实证研究，发现随着期权的推出交易，标普100指数的波动率明显降低。Christensen (1995) 也同样选取标普100指数期权这一研究对象，通过建立指数价格序列和期权交易量序列的自回归模型（VaR模型），发现当指数期权的交易量增加时，标的指数的波动率降低，因此提出期权的交易能够稳定指数的波动。Kumar、Sarin 和 Shastri (1998) 则通过对股指期权的标的——标普100指数成分股的价格和交易量进行分析，发现随着期权的推出，价格方差明显变小，买卖差价降低；不仅如此，这些成分股的交易量变大但是方差减少，市场深度增加，而且这些效应对于小市值股的作用更加明显，因此股指期权的推出能够降低市场中信息不对称效应，提高市场深度，增强股票市场效率。Danielsen 和 Ness (2006) 通过对纳斯达克100指数期权进行研究，也发现了相同的结论。

随着股指期权在其他发达国家金融市场推出，学者们也对这些市场引入期权的反应进行了实证研究。例如，Kumar 等 (1998) 以日本金融市场中日经255指数期权的推出为研究对象，发现标的股票的波动率和买卖差价在期权推出后均出现显著下降,并猜测这种现象出现的原因可能是投机性的交易者由现货市场转到期权市场。Hwang 和 Satchell（2000）以英国富时 100 指数期权为对象、Sahlstrom（2001）将芬兰市场作为研究对象,均得出股指期权的存在能增大现货市场的流动性,降低价格波动,股票市场变得更有效率。

以上的研究均基于成熟的金融市场,随着新兴经济体的发展,学者也开始以这些国家的期权市场作为研究对象。新兴金融市场发展起步较晚,法律法规和交易机制尚不完善,具有高杠杆性的期权的引入势必会给现货市场带来动荡,因此在选择期权推出的产品和时机时,务必谨慎。Seung 等（2008）针对韩国 KOSPI200 指数期权进行研究,综合运用时间序列和横截面分析的方法,发现引入股指期权后现货市场的波动性降低。

综合来看,国外学者无论是针对成熟金融市场还是新兴经济体,大多都得出期权的推出和交易能够显著降低现货市场波动、增加市场的交易规模和深度,从而改善股票市场的质量,从实证角度支持了期权交易能够解释更多的信息的理论分析。但是,也有学者通过实证研究发现期权的推出对现货市场并没有显著的影响,或是加剧了现货市场的波动。

2. 支持期权交易加剧现货市场的波动,或是没有明显影响的研究。

Holmes 和 Priestley（1998）则针对英国富时 100 指数的日收益数据进行研究,发现由于期权的推出,富时 100 指数的波动率增大,他们指出造成波动增加的原因是期权带来新的信息。Nicolas（1998）选取标普 100 指数期权和纳斯达克 100 指数期权交易的历史数据,运用 GMM 回归分析的方法,发现期权的推出对标的指数的波动率并没有显著的影响。他们认为虽然期权市场由于高杠杆性能吸引更多的投机交易,但现货市场也因此损失了流动性,这两部分的作用相互抵消。

Khelifa Mazouz（2004）也建立了经典的 GARCH 模型来对波动率进行研究,首次将虚拟变量——是否推出股指期权这一变量引入到条件方差的方程中,发现期权的推出对不同个股的影响并不相同。Srivastave、Yadav 和 Jain（2008）选择印度 Nifty 指数期权为研究对象,发现期权的未平仓合约能够显著影响现货市场的波动；进一步地，他发现印度市场投资者行为更具有投机性。可以看出，不同金融市场发展阶段和条件都不尽相同，因此期权的推出对现货市场的流动性和波动率的影响也不尽相同。

一些学者认为，期权作为建立在标的股票上的新的产品，它的推出能为投资者带来新的信息，知情者常常会选择在杠杆性更高的衍生品市场进行交易，通过期权价格的变化将新的信息迅速地反馈给现货市场，从而提高现货市场的信息效率。因而，期权市场的营运状况对市场效率的影响也成为学者关注的重点问题。

期权和现货市场价格的领先滞后关系可以反映期权市场和现货市场的信息效率。一般检验价格领先滞后关系的方法是格兰杰因果分析和协整分析。Fleming 和 Whaley（1996）对 S&P500 指数和以其为标的的股指期权和期货价格之间的关系进行了实证研究，他们发现 S&P500 指数期货市场的价格处于领先地位，其次是股指期权市场，现货市场排在最后。De Jong 和 Donders（1998）也以荷兰市场为研究对象得出了类似的结论，并且进一步地提出股指期权和期货价格之间并不存在双向的引导关系。Nam 等（2006）则选取发展中国家韩国的 KOSPI200 指数为研究对象，发现股指期货和股指期权的价格均领先于现货价格，并且股指期权价格发现能力最强。

学者研究认为，期权市场的产生能够提高市场信息效率可由下列几种原因解释：首先，期权的做空机制。Stoll 和 Whaley（1987）、Fleming（1996）的研究均认为股票现货市场只能买进不能看空，不利消息产生的交易量只能由现货市场吸收，这在市场恐慌时可能产生汲取现货市场流动性而加剧危机爆发的现象，因而市场波动会更加剧烈。但是衍生品市场允许卖空，负面信息可以更快、更早地被市场吸收；因此期权市场对价格的反应速度要高于现货市场，从而提高市场效率。其次，非同步交易的影响。当期权市场与现货市场脱离了应有的联系，变成了两个独立交易的市场时，因股票市场缺乏避险的工具，从而增加现货市场的波动率（Harris，1996）。最后，成本不同。期权交易因其成本低、杠杆高，吸引了大量机构投资者和个人投资者的参与；因而当投资者掌握了新

第九章　股指期权的推出对指数波动率的影响

的信息往往会选择交易成本较低的期权市场,这也就使得期权的价格对信息的反应速度要高于现货市场(Abhyankar,1998)。

尽管如此,一些学者在检验其他市场中期权对信息效率的影响时发现了截然不同的实证结果。Stephan 和 Whaley(1999)的研究表明,现货价格要领先于期权所隐含的股票价格。Booth 等(1999)对以德国 DAC 指数为标的的期权市场、期货市场和现货市场研究中也得出了相同的结论。因此,首先,学者提出期权市场的成交机制、交易者成分构成等都能影响期权市场的信息效率。其次,从期权价格计算隐含现货价格的模型选择也会影响结论。大多数学者采用 BS 模型来计算隐含股价,但是 BS 模型是基于资产收益率呈正态分布、波动率是常数等假设,因此会产生系统性误差。最后,所选取的市场和时间区间不同,实证结果也会有所不同。

衍生品市场在我国发展较晚,虽然个股权证在 20 世纪 90 年代引入,但由于我国证券市场法律法规尚不健全,权证交易机制也不成熟,因此权证市场日渐沉寂消亡。直至 2010 年,我国才推出以沪深 300 指数为标的的指数期货;经历 5 年之久,于 2015 年 2 月 9 日推出了以上证 50ETF 为标的的期权,深交所场内期权还在酝酿之中。股指期货和期权的推出对于我国金融市场的发展和完善具有重要意义,它们对于我国证券市场的影响也值得学者进行深入探讨。股指期货推出时间较早,之前国内学者的研究多集中在股指期货产品上市对股市波动性的影响上。结果表明,各个市场的实证结果有较大差异。

陈芳平等(2006)、张丹等(2009)和张维等(2006)分别利用 GARCH 模型和 STGARCH 模型对韩国市场、中国台湾市场和日本市场的数据进行了检验,结果表明,各个市场股指期货产品的推出都加剧了现货市场股价的波动性。蔡向辉(2010)选取了 10 多个股指期权市场为研究对象,深入研究了股指期货上市对股票市场的影响效果。其研究结果表明,股指期货上市对股市的影响效果因市场不同而存在较大差异。郦金梁等(2012)则用 EGARCH 模型得出沪深 300 指数期货的推出提升了股票市场的流动性和价格发现能力,并进而提高了交易量的稳定性,降低了价格波动性。

熊熊等（2011）则选择韩国 KOSPI200 股指期权为研究对象，采取了传统 EGARCH 的方法发现股指期权的引入能够显著降低现货市场的波动。

从国内文献综述可以看出，股指期权的推出对我国影响的研究课题，我国学者的研究并不充足，因此需要深入研究。

三、市场深度与波动率

（一）市场深度

衡量一个金融市场运行质量的重要指标有：流动性、波动率、市场效率和透明度，其中，流动性是最重要的指标，它的变动对其他指标有着重要影响。Back（1971）认为市场中的参与者能够以较低的交易成本迅速地卖出或者买入标的资产，则市场具有良好的流动性。Harris（1990）提出可以从市场宽度和深度这两个维度来衡量市场的流动性。市场宽度指在一定价格水平中的买卖差价，反映了流动成本；市场深度是价格对交易量弹性的倒数，衡量市场在某个价格区间内所能够包含的最大交易量。市场深度越大，某个价格区间内所能包含的交易量越大，也就是说单位交易量造成的价格波动越小，市场流动性越好。我们可以通过检验股指期权推出前后市场深度是否发生变化，来验证股指期权对现货市场流动性的影响。

（二）交易量与波动率

价格的波动率和交易量之间的关系是金融研究的重点问题。传统的文献认为，交易量增加了市场的波动，也就是说因为新的信息推动交易量的变化，从而带来市场较大的波动。然而，Kyle（1985）提出，市场深度越大，承载信息的交易量能够抑制市场价格的巨幅波动，起到了稳定市场的作用。市场的成交量可以分解为以下三种成分：第一种是构成流动性的基础，因日常交易产生的买卖平衡的成交量，此部分交易量对维持市场稳定起了重要作用；第二种是部分投资者因某种渠道获得信息所引发的交易，该部分交易能够使得价格永久性地调整到新的均衡价格；第三种是引起价格短期波动的方向性交易量，它源自投机者伺机而动进行的短期交易，这部分交易虽不能形成新的均衡价格，却能够在市场恐慌情绪蔓延时汲取更多的流动性，从而加速危机的爆发。因此，可预期的交易是市场内机构投资者和噪声投资者因非信息原因而产生的成交量，体现了良好的流动性，这部分交易往往会抑制价格的波动。非预期交易则体现了新的信息，提高波动率。

波动率作为衡量金融资产的风险属性，也是资产的重要特征。它并不能直接观测到，因此学者根据其表现特征构建了不同的波动率估计模型，主要有历史波动率（Historical Volatility）、自相关条件方差模型以及近些年根据高频数据计算的已实现波动率（Realized Volatility）。这些模型在假设前提、计算方法上都有所不同，因此得到的资产的波动率也包含不同的信息。

1. 历史波动率（Historical Volatility）。

历史波动率（Historical Volatility，以下简称 HV）是将过去一段时间价格序列的收益率的方差，作为波动率的估计量，这是传统但通用的方法，它基于波动率的变化方式并不随着时间改变这一假设。

$$\bar{r} = \frac{1}{N} \sum r_t$$

$$HV = \sigma_t^2 = \frac{1}{N-1} \sum (r_t - \bar{r})^2$$

其中，N 为所选取的观测周期（不含当日），r_t 为价格序列的对数收益率。

利用历史波动率作为波动率的估计量，最大的优势是不受参数模型假设的限制，并且方法简单易懂，能够反映金融资产历史波动情况。但是历史波动率也有两个缺点：第一，历史波动率仅仅将过去一段时间价格序列的收益率的方差作为波动率的估计量，没有考虑到新的信息集对波动率的影响；第二，历史波动率对异常值很敏感，因此有可能高估"真实收益率"（Ederington 等，2006）。通过适当延长时间间隔，可以增加历史波动率估计的准确度，学者一般选择 30 天作为估计历史波动率的时间长度。

2. ARCH 族模型。

随着学者对波动率的特征进一步研究，他们发现波动率的变化会随着时间改变，并且具有"集聚性"。即误差在某一段时间内较大，而在另一时段较小。这种误差的产生可能受到多种因素的影响，如货币政策或财政政策出现了变动，或是受经济环境的影响。

为了刻画误差项的特征以更有效地估计回归参数，恩格尔（Engle R., 1982）提出了 ARCH 模型（自回归条件异方差模型）。他将价格回归方程的残差项放入适当的模型中来刻画波动率的变动趋势，即资产收益率的扰动项 a_t 并非是独立序列，可由其前期值的二次函数表示。具体来看，ARCH（m）表示为下式：

$$a_t = \sigma_t \varepsilon_t, \quad \sigma_t^2 = \alpha_0 + \alpha_1 a_{t-1}^2 + \cdots + \alpha_m a_{t-m}^2$$

其中，$\{\varepsilon_t\}$ 是均值为零、方差为 1 的独立同分布随机变量序列。前期大的扰动使得条件方差 σ_t^2 的值变大，因此 ARCH 模型刻画了波动率的"集聚"现象。

考虑到 ARCH 模型的设定需要很多参数，这会导致估计的误差值较大，因此 Bollerslev T.（1986）将其拓展为更为实用的 GARCH 模型——广义自回归条件异方差模型。在 GARCH 模型中，条件方差 σ_t^2 不仅和前期扰动项有关，还受前期条件方差值的影响，GARCH（1, 1）表示为：

$$a_t = \sigma_t \varepsilon_t, \quad \sigma_t^2 = \alpha_0 + \alpha_1 a_{t-1}^2 + \beta_1 \sigma_{t-1}^2$$

该模型不仅刻画了波动率的"集聚性"，也描述了波动率的演变过程。a_{t-1}^2 表示 ARCH 效应，即新的信息对当期价格序列变动的影响；σ_{t-1}^2 为 GARCH 效应，描述了之前的信息造成的波动。

对于金融资产而言，"负面"消息的冲击往往会带来比"正面"信息更强的波动性，但是在 ARCH 模型和 GARCH 模型中，正的扰动和负的扰动均体现为平方项，无法准确描述这种"非对称性"。在此背景下，Nelson（1991）提出了 EGARCH 模型——指数广义自回归条件异方差模型：

$$\ln(\sigma_t^2) = \omega + \sum_{j=1}^{p} \beta_j \ln(\sigma_{t-j}^2) + \sum_{i=1}^{q} \alpha_i |a_{t-i}/\sigma_{t-i}| + \sum_{i=1}^{q} \gamma_i \times (a_{t-i}/\sigma_{t-i})$$

第九章 股指期权的推出对指数波动率的影响

γ_i 用来描述"正负"扰动的非对称性,即 γ_i 不为零时,冲击对价格序列的波动就具有"非对称效应";当 $\gamma_i < 0$ 时,说明存在"杠杆效应"。而且由于对数可以在实数范围内取值,因此 EGARCH 模型中不必对回归参数加以非负性的约束。

总的来说,条件方差模型的中心思想是基于所得到的收益率数据样本,对其波动规律进行捕捉归纳,从而预测未来波动率。它是站在总体的角度对未来波动率的一种预测,并且假设未来市场的条件并没有发生改变,因此它没有考虑到促使金融资产巨幅波动的外部环境因素,无法很好地刻画资产的暴跌暴涨带来的波动率大幅变化。

3. 已实现波动率。

历史波动率和条件方差模型使用的是资产的日收益率,就损失掉日内价格序列所带来的信息。随着信息技术的发展,高频数据越来越容易地获取并使用,学者对于高频数据所含有的日内信息开始关注并深入研究。Andersen 和 Bollerslev(1998)最早提出已实现波动率(Realized Volatility,以下简称 RV)概念,他们认为理论上,当样本频率足够高时,已实现波动率是该时间段内瞬时波动率的无偏估计。

已实现波动率的离散模型:

市场上所能观测的交易数据一般都是离散的,因此考察 Omen(2002)所提出的离散收益率模型:在第 t 交易日,资产日收益率 r_t 可以表示为

$$r_t = \eta_t \sqrt{h_t}$$

其中,η_t 服从均值为零,方差为 1 的独立同正态分布,即 $\eta_t \sim \text{NID}(0, 1)$。

假设第 t 交易日,我们能够得到每笔的交易价格(tick-by-tick),所有的观测点均包含在区间 $\Lambda_t = (\tau_{0,t}, \tau_{1,t}, \cdots, \tau_{I,t})$ 中,I 为在该 t 交易日内所观测到样本的容量,$p_{i,t}$ 为第 i 个观测到的价格序列。因此,根据设定的离散收益率函数

$$r_{i,t} = \eta_{i,t} \sqrt{h_{i,t}}$$

其中，$\eta_{i,t} \sim NID(0, I^{-1})$，$r_{i,t} = \ln(p_{i,t}) - \ln(p_{i-1,t})$

则，$r_t = \sum_{i=1}^{I} r_{i,t}$，且 $h_t = \frac{1}{I}\sum_{i=1}^{I} h_{i,t}$。定义信息集 $F_{t,i}$ 包含第 t 交易日第 i 笔交易之前（含第 i 笔交易）所有的信息，因此，$F_{t,0}$ 可以解释为第 t 交易日之前的信息集，则有：

$$E(r_t^2 | F_{t,0}) = h_t$$

$$Var(r_t^2 | F_{t,0}) = 2h_t^2$$

在此基础上，已实现波动率（RV）可以定义为

$$RV_t = \sum_{i=1}^{I} r_{i,t}^2$$

因此，日收益率的平方和 r_t^2 可以表示为

$$r_t^2 = (\sum_{i=1}^{I} r_{i,t})^2 = \sum_{i=1}^{I} r_{i,t}^2 + 2\sum_{i=1}^{I}\sum_{j=i+1}^{I} r_{i,t} r_{j,t}$$

它的条件期望为

$$E(r_t^2 | F_{t,0}) = E(\sum_{i=1}^{I} r_{i,t}^2 | F_{t,0}) + 2E(\sum_{i=1}^{I}\sum_{j=i+1}^{I} r_{i,t} r_{j,t} | F_{t,0})$$

$$= E(RV_t | F_{t,0}) + 2E(\sum_{i=1}^{I}\sum_{j=i+1}^{I} r_{i,t} r_{j,t} | F_{t,0})$$

若日内收益率序列不相关，则：

$$E(r_t^2 | F_{t,0}) = E(RV_t | F_{t,0}) = h_t$$

因此，第 t 交易日收益率的方差的无偏估计即为已实现波动率（RV_t）。

$$Var(RV_t | F_{t,0}) = \frac{2}{I}\sum_{i=1}^{I} \frac{h_{i,t}^2}{I} < \frac{2}{I}(\sum_{i=1}^{I} \frac{h_{i,t}}{I})^2 = Var(r_t^2 | F_{t,0})$$

而且，$\lim_{I \to \infty} Var(RV_t | F_{t,0}) = 0$

Andersen 和 Bollerslev 提出收益率的波动可以通过加总日内收益率的平方计算；理论上，当价格序列观测频率无限大时，收益率方差的估计误差趋近于零。

$$RV' = \frac{\sum_{t=1}^{T} r_t^2}{\sum_{t=1}^{T} RV_t} \times RV_t$$

四、构建假设

由上文综述和理论分析中可知,股指期权作为股票市场的补充,其具有交易成本低、杠杆高、流动性较好等优势,吸引了大量机构投资者和个人投资者的参与。股指期权和股指期货,这两大重要的衍生工具能够显著地改善股票市场的运营质量,增强现货市场的流动性和价格发现能力。流动性是反映一个股票市场健全运营的重要指标,良好的流动性能够迅速"消化"冲击因素的影响,维持市场的稳定。良好的流动性一般体现在活跃的成交量。因此,市场的成交量可以分解为以下三种成分:第一种是构成流动性的基础,因日常交易产生的买卖平衡的成交量,此部分交易量对维持市场稳定起了重要作用;第二种是部分投资者因某种渠道获得新信息所引发的交易,该部分交易能够使得价格永久性得调整到新的均衡价格;第三种是引起价格短期波动的方向性交易量,它源自投机者伺机而动进行的短期交易,这部分交易虽不能形成新的均衡价格,却能够在市场恐慌情绪蔓延时汲取更多的流动性,从而加速危机的爆发,例如,2015年6月我国A股市场爆发的"股灾"。稳健的股指期权市场能够吸引大量的投资者参与其中,利用衍生品具有的风险管理特点进行套利和套期保值交易,为现货市场带来更大的基础流动性;加之股指期权的低成本性能够吸引到更多的投资者,这也就促使现货市场为保留投资者将交易成本降低到合理区间,这能够明显地改善市场的流动性。

随着期权市场的发展,股指期权市场相对于现货市场具有的交易成本低、杠杆高、流动性较好等优势往往会吸引到更多的投资者参与到衍生品市场交易。一旦这些投资者获得了新的信息,他们常常会选择利用期权高杠杆的特性进行交易,因此期权市场能够迅速地吸收新的市场信息,并体现在期权价格的变动中,由于套利的存在,这种波动能够快速地传递到现货市场,这体现了期权能够促使现货市场的价格发现能力。

现在距2015年2月9日上证50ETF期权的推出已经近两年时间,我们可以获取到足够的数据,通过实证来检验现货市场的运营是否发生改善。基于以上分析,本章将从市场深度和波动率两个角度验证上证50ETF期权的推出对现货市场的影响。

$H1_0$:上证50ETF期权的推出能够降低现货市场的波动率。

结合非参数检验和参数检验来考察上证50ETF期权的推出对指数价格序列波动率的影响。通过构造上证50ETF期权是否推出这一虚拟变量(推出前,变量取值为0;推出后,变量取值为1),将其引入EGARCH模型的条件方差方程中,以检验上证50ETF期权的推出对标的指数波动率的影响;而后采用非参数模型计算出上证50指数的历史波动率和已实现波动率,并构建多元回归模型对波动率进行多维度估计,进一步检验上证50ETF期权的推出这一事件对上证50指数波动率的是否产生影响。

$H2_0$:上证50ETF期权的推出能够改善现货市场深度。

市场深度作为衡量流动性的重要指标,是价格对成交量的敏感度的倒数。从定义可以看出,市场深度越大,单位交易量所能引起的资产价格变动越小,市场就越稳定。如果在上证50ETF期权推出后,价格对交易量的敏感度降低,则证明上证50ETF期权的推出能够改善现货市场深度。

五、实证数据

本章选取2013年3月9日到2017年1月9日这一时间段,共计935个交易日。5分钟时段的高频交易数据只能获取到三年时间段,因此日内数据的统计时段为2014年3月9日到2017年1月9日,共计33 218个样本,数据来自Wind数据库。

表9-1列示了样本的描述性统计。其中,日对数收益率为上证50指数隔日收盘价的对数差,并以百分数表示;日内五分钟收益率为上证50指数从开盘9:30交易到闭盘15:00之间每隔五分钟收益率序列的对数差,也以百分数的形式表示;日成交量是指上证50指数成分股在当日交易手数的加总。通过表

9-1可以看出，在上证50ETF期权推出之前，日对数成交量的平均值为17.1666，与之相比，推出之后的均值17.6515上涨了2.8%，随之标准差也增加了。

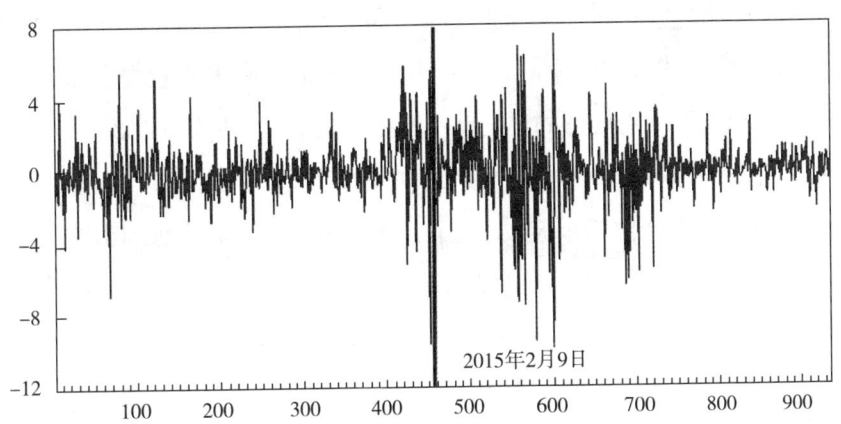

图9-1 上证50指数日对数收益率序列走势（2013.3.9-2017.1.9）

表9-1 样本的描述性统计

统计区间：2013年3月9日至2017年1月9日					
	均值	标准差	偏度	峰度	样本数量
日对数收益率（%）	0.0212	1.770	-0.612	8.457	935
日成交量（万手）	5 197.408	5 275.167	2.197	8.571	935
日对数成交量（上证50ETF期权推出之前）	17.1666	0.667	1.373	4.353	467
日对数成交量（上证50ETF期权推出之后）	17.6515	0.822	0.338	2.139	468
日内五分钟对数收益率（%）	1.337×10^{-3}	0.260	-0.971	68.837	33 218

从日对数收益率的波动趋势图来看，在2015年2月9日推出上证50ETF期权后，上证50指数日对数收益率出现较大幅度的波动，但近期指数波动率明显变小。考虑到2015年，我国A股市场伴随着杠杆的过度使用，在短短半年内冲到5 100多点，而后6月出现"断崖式"下跌，半月时间暴跌20%至3 800多点，这一罕见的股市震荡使得2015年指数大幅波动。造成如此巨幅震荡的波动，原因来自多方面的，如A股市场中主要充斥着个人投资者和场外配资的过

度使用等，而非仅仅因上证50ETF期权导致，因此上证50ETF期权推出对指数波动率的影响还需要通过GRACH模型和多元回归模型做进一步论证。

从分时段的描述性统计可以看出，以上证50ETF期权推出为界点，上证50指数在其推出前两年的波动率为1.5564，推出后两年的波动率上升至1.9614，提高了26.02%。这种波动率的增加并非仅由上证50ETF期权推出导致，2015年我国A股市场伴随着杠杆的过度使用，在短短半年内冲到5 100多点，而后6月出现"断崖式"下跌，半月时间暴跌20%至3 800多点，这一罕见的股市震荡使得2015年多个指数大幅波动。对比沪深300指数，在上证50ETF期权推出的前两年波动率为1.3565，推出后两年的波动率上升至2.0095，提高了48.14%。因此我们猜测上证50指数的波动增加主要是由市场因素影响所致，是否受到期权的影响还需要参数模型做进一步验证。

表9-2　　　　　　上证50指数日对数收益率分时段描述性统计

统计时段	样本量	均值	标准差	偏度	峰度	J-B
2013.3.9–2017.1.9	935	0.0212	1.7699	-0.612	8.457	1 218.590
2013.3.9–2015.2.8	467	0.0431	1.5564	-0.088	8.255	538.0352
2015.2.9–2017.1.9	468	-6.35×10⁻³	1.9614	-0.844	7.924	528.34

表9-3　　　　　　沪深300指数日对数收益率分时段描述性统计

统计时段	样本量	均值	标准差	偏度	峰度	J-B
2013.3.9–2017.1.9	935	0.0272	1.7140	-0.969	8.230	1 212.085
2013.3.9–2015.2.8	467	0.0513	1.3565	-0.359	7.300	369.863
2015.2.9–2017.1.9	468	0.00329	2.0095	-1.074	7.161	427.603

上证50ETF期权的推出这个事件本身也会对市场带来冲击，为了避免这种波动，根据之前文献的经验，样本将剔除2015年2月9日前后各一个半月的数据，如图9-2本章考察2014年12月25日之前与2015年3月25日之后的收益率序列。

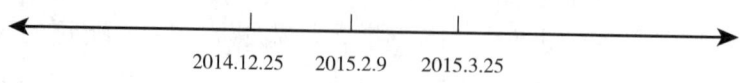

图9-2　波动率齐性检验时间段选择说明

第九章 股指期权的推出对指数波动率的影响

此时,本章将使用非参数检验——方差齐性检验的方法来准确对比上证 50ETF 期权的推出前后的日对数收益率波动趋势是否发生变化。方差齐性检验是通过原假设为两组样本的方差相等来执行检验。方差齐性检验常用的两种方法分别是 Bartlett 检验和 Levene 检验。Bartlett 检验适用于大样本,一般要求样本为正态分布;而 Levene 检验适用范围较广,样本可为非正态分布。上证 50 指数日对数收益率的峰度为 8.457(>3),显然不是正态分布,所以我们选取 Levene 检验来进行方差齐性检验,来考察 2014 年 12 月 25 日之前与 2015 年 3 月 25 日之后的收益率序列 3 个、6 个、12 个、18 个、21 个月期限的样本,分别代表了股指期权推出短期(3 个月和 6 个月)、中期(12 个月)和长期(18 个月和 21 个月)。

表 9-4　　　　上证 50 指数日对数收益率方差齐性检验结果

期限	标准差			Levene 检验
	前	后	后 - 前	
3 个月 (2014.9 - 2014.12 vs 2015.3. - 2015.6)	2.034	2.316	0.282	1.216 (0.272)
6 个月 (2014.6 - 2014.12 vs 2015.3 - 2015.9)	1.588	3.020	1.432	27.516 (0.000)
12 个月 (2013.12 - 2014.12 vs 2015.3 - 2016.3)	1.381	2.555	1.174	39.632 (0.000)
18 个月 (2013.6 - 2014.12 vs 2015.3 - 2016.9)	1.403	2.190	0.787	19.726 (0.000)
21 个月 (2013.3 - 2014.12 vs 2015.3 - 2016.12)	1.441	2.002	0.561	9.509 (0.000)

从方差齐性检验的结果可以看出,上证 50 指数日对数收益率的方差在上证 50ETF 期权推出后短期(3 个月)的 Levene 检验 p 值为 1.216,说明事件前后 3 个月方差内并没有显著变化。随着时间的推移,其他期限(6 个月、12 个月、18 个月和 21 个月)Levene 检验 p 值均为 0.000,拒绝方差相同的原假设,说明事件前后相应期限的方差出现了明显变化。并且,事件后不同期限的方差均高于事件前的比较值。从表 9-4 可以看出,上证 50 指数日对数收益率的方差在 2015 年 3 月至 2015 年 9 月期间达到峰值 3.020,也印证了 2015 年我国 A 股市

场暴涨暴跌的整体局势使得指数发生大幅波动。随后，上证 50 指数波动降低，较长时段（21 个月）事件前后方差的差值最小，为 0.561。仅从非参数检验，我们可以得出短期内上证 50 指数波动并未改变；中长期指数波动增加。究竟指数波动增大是否受上证 50ETF 期权推出的影响，我们还需要通过 EGARCH 模型做进一步验证。

六、EGARCH 模型、市场深度与日间波动率

（一）价格模型

Kyle（1985）在其著名的内部交易者行为研究中将市场中的投资者分为三类——具有内幕信息的知情者、噪声投资者和做市商，通过构建这三类投资者投资行为模型，分析得出第 t 期的资产价格是受两种因素影响：一种是基于 $t-1$ 期之前信息对资产价格的预期；另一种是 t 期的交易量对价格的影响。

$$P_t = E(p \mid f_{t-1}) + \lambda \times Q_t \quad (9-1)$$

其中，P_t 表示资产在第 t 期的价格，f_{t-1} 包含 $t-1$ 期之前所有可获得的信息集，Q_t 为该项资产在第 t 期的成交量。从上述表达式可以看出，λ 即为价格对交易量的敏感度，$1/\lambda$ 是市场深度。

将公式（9-1）拓展到 $t+1$ 期，可以得到式（9-2）：

$$P_{t+1} - P_t = [E(p \mid f_t) - E(p \mid f_{t-1})] + \lambda \times (Q_{t+1} - Q_t) \quad (9-2)$$

其中，式（9-2）左侧体现了价格的变动，右式（$Q_{t+1} - Q_t$）是成交量的变化。在式（9-2）的基础上，以价格变动率为解释变量将公式演化为回归方程：

$$r_t = \mu + \sum b_i \times x_{i,t} + a_t \quad (9-3)$$

其中，μ 是收益率的均值，$x_{i,t}$ 是模型中设定的影响收益率变动的解释变量，a_t 是残差项。由于 EGARCH 模型的种种优势，因此被广泛用来描述金融资产价格波动率序列。本章在此也将上证 50 指数的方差序列用 EGARCH 模型来刻画，以验证上证 50ETF 期权的推出是否对现货市场的波动率及市场深度产生影响。

(二) 成交量模型

市场的成交量可以分解为以下三种成分：第一种是构成流动性的基础，因日常交易产生的买卖平衡的成交量，该部分交易量对维持市场稳定起了重要作用；第二种是部分投资者因某种渠道获得新信息所引发的交易，该部分交易能够使得价格永久性得调整到新的均衡价格；第三种是引起价格短期波动的方向性交易量，它源于投机者伺机而动进行的短期交易，这部分交易虽不能形成新的均衡价格，却能够在市场恐慌情绪蔓延时汲取更多的流动性，从而加速危机的爆发，因此可以将上证 50 指数成分股的成交量进一步分解为两部分——可预期交易量 V_t 和非预期交易量 V_t^{un}。可预期的交易量是市场内机构投资者和噪声投资者因非信息原因而产生的成交量，体现了良好的流动性，这部分交易往往会抑制价格的波动。基础交易量对波动率的"抑制效应"可由以下两个原因来解释：第一，较高的交易量说明市场投资者的参与度很高，这部分交易能够充分吸收新的信息对市场造成的干扰，使得信息能够均匀地作用于股票市场，这能够降低由信息不对称产生的价格扰动；第二，金融市场由于交易成本和市场微观结构等因素的作用，往往不符合"无摩擦"的假设，而良好的流动性能够润滑该部分摩擦因素的影响，降低对价格的扰动作用。非预期交易量则体现了信息交易，新的信息推动交易量的变化，从而带来市场较大的波动。

Amihud（2002）在对交易量的实证分析中发现交易量是高度自相关的，可以用 AR 模型来进行回归。为了避免交易量的低频波动对回归的影响，本章采用上证 50 指数交易量（成分股交易手数之和）的对数进行研究。根据上证 50 指数对数交易量的自相关图，其表现出明显的三阶自相关，并且通过 AIC/SC 准则检验，AR（3）模型的 AIC/SC 数值最小。因此，我们对上证 50 指数交易量的对数成交量的对数序列构建 AR（3）模型，以此方法对交易量进行分解：

$$\ln(V_t) = c_0 + c_1 \times \ln(V_{t-1}) + c_2 \times \ln(V_{t-2}) + c_3 \times \ln(V_{t-3}) + \epsilon_t$$

Correlogram of LOG(V)

Date:02/13/17 Time:12:23
Sample:1935
Included observations:935

Autocorrelation	Partial Correlation		AC	PAC	Q-Stat	Prob
		1	0.928	0.928	808.36	0.000
		2	0.897	0.257	1 564.4	0.000
		3	0.883	0.200	2 297.9	0.000
		4	0.862	0.048	2 997.6	0.000
		5	0.848	0.076	3 675.4	0.000
		6	0.843	0.105	4 344.8	0.000
		7	0.834	0.057	5 001.1	0.000
		8	0.826	0.050	5 645.7	0.000
		9	0.819	0.040	6 280.7	0.000
		10	0.808	-0.000	6 899.2	0.000
		11	0.807	0.084	7 516.6	0.000
		12	0.798	-0.002	8 121.8	0.000
		13	0.793	0.038	8 719.5	0.000
		14	0.785	-0.013	9 305.0	0.000
		15	0.777	0.008	9 879.5	0.000
		16	0.773	0.040	10 449	0.000
		17	0.764	-0.018	11 007	0.000
		18	0.755	-0.005	11 552	0.000
		19	0.756	0.058	12 098	0.000
		20	0.755	0.046	12 644	0.000

图 9-3 上证 50 指数对数交易量的自相关

其中，ε_t 是残差项，可以将 ε_t 的估计值表示为非预期交易量 V_t^{un}，体现了交易量所含的信息交易成分；根据回归式（9-3），可以对交易量进行预测，并把预测交易量的增量定义为可预期交易量 V_t（郦金梁，2012）。在下文的检验中将可预期交易量 V_t 和非预期交易量 V_t^{un} 作为控制变量代入 EGARCH 的均值和方差模型中，以验证不同成分的交易量对价格序列及其波动产生的影响。

（三）波动率的其他影响因素

市场环境、投资者情绪等多种因素均能对上证 50 指数的收益变动产生影响，因此，为了更加精确地估计"上证 50ETF 期权推出"这一事件对标的指数波动率产生的影响，本章将选取合适的替代变量引入到均值和方差方程中作为控制变量。EGARCH 模型的均值方程中，回归的被解释变量为上证 50 指数以百分率计的日对数收益率（简记为 R_t^{SZ50}），根据学者研究股票价格变动和波动率均存在星期效应，为了控制星期效应，在均值和方差方程中均加入 4 个星期虚拟变量：周一到周四（简记为 $D_1 - D_4$）。这些变量在每个星期中所代表的当天取值为 1，其他时段为零。上证综指是选择在上海证券交易所进行交易的所有上市股票加权计算所得的指数，它涵盖了 A 股和 B 股，包含大盘股和中小盘股，能够综合反映市场上股票交易的情况；因此上证综指的变动能够很好地体现市场投资情况，因此我们选择上证综指的对数收益率作为市场因素的替代变量，记为 R_t^{SZ}。在上证 50ETF 期权推出之后，2015 年下半年我国 A 股市场出现断崖式下跌，市场流动性极度枯竭，我国政府在此期间审时度势，多次推出政策"救市"，例如，央行降息降准、证监会暂停 IPO 审核等。为控制这种极端行情对指数变动的影响，本章将在条件方差方程中设置代表"股灾时期"的虚拟变量 G：股灾期间（2015.06.15 – 2016.1.27）取值为 1，其余时段为零。

（四）数据的平稳性检验

在建立 EGARCH 模型之前，我们需要对收益率和成交量序列进行平稳性检验，以避免出现伪回归，在此采取最为常用的 ADF 检验。

表 9 – 5　　　　　　　　ADF 单位根检验

样本	t-statistics	Prob.	结论	1% Level	5% Level	10% Level
R_t^{SZ50}	-29.380	0.0000	I (0)	-3.427145	-2.864429	-2.568361
R_t^{SZ}	-15.809	0.0000	I (0)			
$\ln(V_t^{SZ50})$	-3.583	0.0063	I (0)			
V_t	-30.9273	0.0000	I (0)			
V_t^{un}	-17.4846	0.0000	I (0)			

从表 9 – 5 可以看出，上证 50 指数对数收益率（R_t^{SZ50}）、上证综指对数收益率（R_t^{SZ}）和上证 50 指数成分股成交量 [$\ln(V_t^{SZ50})$] 以及从对数交易量自

回归模型中分解出的可预期交易量（V_t）和非预期交易量（V_t^{un}）序列均在1%的水平下拒绝存在单位根的原假设，即这五个时间序列均是平稳的。

（五）EGARCH 模型的构建

由于上证50指数的收益率序列受到多种因素的影响，因此在模型中加入R_t^{SZ}和周一到周四的虚拟变量（$D_1 - D_4$）以剔除市场因素和星期效应等对上证50指数序列变化的影响。为了研究成交量中所含的可预期成分和信息成分对价格变动的影响，还将在均值方程中加入根据成交量模型分解的可预期交易量V_t和非预期交易量V_t^{un}。

$$R_t^{SZ50} = \mu + \sum_{i=1}^{4} b_i D_i + b_5 R_t^{SZ} + b_6 V_t + b_7 V_t^{un} + a_t$$

其中，R_t^{SZ50}和R_t^{SZ}分别表示第t期上证50指数和上证综指以百分率计的对数收益率；$D_1 - D_4$为表示"星期效应"的虚拟变量；V_t为上证50指数成分股对数交易量以AR（3）模型进行回归的交易量估计值的增量部分，代表从交易量中分解出的可预期成分；V_t^{un}为交易量中的信息成分，用AR（3）模型中的残差项的估计量表示。

我们对均值方程进行最小二乘法回归，得到残差序列$\{a_t\}$。然后对该序列检验是否存在ARCH效应，若存在，则可以进一步对残差序列$\{a_t\}$的条件方差进行估计，构建EGARCH模型。

通过ARCH – LM检验发现，残差序列$\{a_t\}$存在ARCH效应，所以我们能进一步对其条件方差构建EGARCH模型。

表9–6　　　　　均值方程残差序列$\{a_t\}$的ARCH – LM检验结果

F-statistic	102.5638	Prob.	0.0000
Obs * R-squared	92.59420	Prob.	0.0000

EGARCH模型既能捕捉到波动率的集聚性，也能够反映波动的不对称性，加之其对系数也没有非负的约束，因此被广泛应用在描述残差序列$\{a_t\}$的方差方程。

在以往的文献研究中，学者发现星期效应同样也会影响股票价格的波动率，因此本章也将在方差方程中引入周一到周四的虚拟变量($D_1 - D_4$)用来排除"星期效应"的影响。根据上文描述的成交量模型,预期交易的成分能够吸收新的信息对价格的扰动,与波动率负相关;非预期交易即信息交易则会增大价格的波动,与波动率正相关。因此为了验证预期交易量与非预期交易量对上证50指数波动率的影响,我们也在方差方程中加入根据成交量模型分解的可预期交易量V_t和非预期交易量V_t^{un}。为控制2015年期间"股灾"这种极端行情对指数变动率的影响,本章在条件方差方程中设置代表"股灾时期"的虚拟变量G:股灾期间(2015.06.15 – 2016.1.27)取值为1,其余时段为零。

所以构建的EGARCH(1,1)模型如下式:

$$R_t^{SZ50} = \mu + \sum_{i=1}^{4} b_i D_i + b_5 R_t^{SZ} + b_6 V_t + b_7 V_t^{un} + a_t$$

$$\ln(\sigma_t^2) = \omega + \alpha |a_{t-1}/\sigma_{t-1}| + \gamma(a_{t-1}/\sigma_{t-1}) + \beta \ln(\sigma_{t-1}^2) + \sum_{i=1}^{4} d_i D_i + d_5 G + d_6 V_t + d_7 V_t^{un}$$

为了进一步验证上证50ETF期权的推出是否改变现货市场的深度及波动,引入代表上证50ETF期权是否推出的虚拟变量O,其取值在2015年2月9日之前设置为零,在之后取为1。将代表预期交易和信息交易的虚拟变量O^*V_t和$O^*V_t^{un}$分别加入均值和方差方程,并且在方差方程中单独加入代表上证50ETF期权是否推出这一时间的虚拟变量O。EGARCH模型的均值和方差方程设定如下:

$$R_t^{SZ50} = \mu + \sum_{i=1}^{4} b_i D_i + b_5 R_t^{SZ} + b_6 V_t + b_7 V_t^{un} + b_8 O^* V_t + b_9 O^* V_t^{un} + a_t$$

$$\ln(\sigma_t^2) = \omega + \alpha |a_{t-1}/\sigma_{t-1}| + \gamma(a_{t-1}/\sigma_{t-1}) + \beta \ln(\sigma_{t-1}^2) + \sum_{i=1}^{4} d_i D_i + d_5 G + d_6 V_t + d_7 V_t^{un} + d_8 O + d_9 O^* V_t + d_{10} O^* V_t^{un}$$

(六)实证结果

根据表9-7中回归(1)结果看出,上证50指数日对数收益率的条件平均值为0.0816%,并且在5%水平上显著。我们将根据上证50指数成分股总成交量分解出的代表预期成分的 V_t 和非预期成分的 V_t^{un} 分别放入 EGARCH 模型的条件均值和条件方差方程中，用来研究市场深度，以及预期成分和信息成分对指数波动率的影响。在表 9-7 的回归（2）中，观察均值方程，预期交易量 V_t 的参数估计未通过显著性水平检验，非预期交易量 V_t^{un} 的参数估计为正，并且在 99% 的置信水平下显著，可以得出信息交易能够推动指数价格的变化；预期的交易量只是形成买、卖均衡的基础流动性，而对价格的变动没有显著的影响。在条件方差方程中，预期交易量 V_t 和非预期交易量 V_t^{un} 的参数分别为 -1.8235 和 1.9625，均在 1% 的水平上显著。这与成交量模型中的分析相一致——预期交易成分能够降低指数的波动率，非预期交易成分体现了市场上新的信息，造成指数波动的增加。在之前的研究中，Li（2011）将标普 500 指数作为研究对象、郦金梁（2012）以沪深 300 指数为研究对象，均得出了预期的交易量与价格波动率负相关的结论。也就是说，我们可以将预期交易量作为衡量市场流动性的指标。而非预期交易量代表市场出现的新信息，信息冲击市场使得价格发生变动，价格波动一部分与达到市场的信息量有关，因此体现了市场的价格发现功能。

表 9-7　上证 50 指数日对数收益率（%）的 EGARCH 模型（含成交量效应）

	变量	(1)	(2)	(3)	(4)	(5)
均值方程	μ	0.0816** (2.1788)	0.0906*** (3.4935)	0.0854*** (3.3833)	0.0902*** (3.7209)	-0.0076 (-0.5110)
	D_1	-0.1198** (-2.0352)	-0.1904*** (-4.7252)	-0.1729*** (-4.4038)	-0.1691*** (-4.2360)	
	D_2	-0.1623*** (-3.0387)	-0.1700*** (-4.3347)	-0.1619*** (-4.1026)	-0.1614*** (-4.3818)	
	D_3	-0.0534 (-0.9182)	-0.1098*** (-2.9688)	-0.1036*** (-2.8618)	-0.1055*** (-3.0702)	
	D_4	-0.0715 (-1.4024)	-0.0799** (-2.0109)	-0.0742** (-1.9150)	-0.0777** (-2.1308)	
	R_t^{SZ}	1.0180*** (58.1317)	0.9218*** (40.9140)	0.9210*** (43.7234)	0.9055*** (41.8343)	0.8936*** (35.3422)
	V_t		-0.0213 (-0.2949)	0.1874 (1.5632)	0.1666 (1.3863)	0.2202 (1.6633)

第九章 股指期权的推出对指数波动率的影响

续表

	变量	(1)	(2)	(3)	(4)	(5)
均值方程	$O*V_t$			-0.3179 (-1.5438)	-0.2733 (-1.5765)	-0.3347 (-1.2732)
	V_t^{un}		0.4364*** (6.0653)	0.5710*** (6.8003)	0.5699*** (6.6829)	0.5989*** (6.9820)
	$O*V_t^{un}$			-0.1979* (-1.6767)	-0.1898* (-1.6638)	-0.2199** (-1.8420)
方差方程	ω	-0.2129 (-1.2401)	-0.6931*** (-3.5211)	-0.6734*** (-3.9430)	-0.6209*** (-3.5660)	-0.2208*** (-5.8364)
	$\lvert a_{t-1}/\sigma_{t-1} \rvert$	0.1699*** (3.8422)	0.2062*** (5.0694)	0.2207*** (5.3570)	0.1987*** (4.6662)	0.1897*** (4.7362)
	(a_{t-1}/σ_{t-1})	0.0674** (2.3761)	0.0519* (1.9302)	0.0559** (2.0261)	0.0658** (2.4756)	0.0792*** (2.8988)
	$\ln(\sigma_{t-1}^2)$	0.9678*** (77.3309)	0.9248*** (76.8370)	0.9251*** (77.8574)	0.9281*** (84.5495)	0.9317*** (93.0995)
	D_1	0.3951 (1.5764)	0.8362*** (2.8837)	0.7726*** (3.0015)	0.7594*** (2.9451)	
	D_2	-0.1613 (-0.6635)	0.3150 (1.2817)	0.3057 (1.3528)	0.2665 (1.2071)	
	D_3	0.1199 (0.5448)	0.3393 (1.3880)	0.3282 (1.4665)	0.3455 (1.5376)	
	D_4	-0.0928 (-0.2968)	0.6266 (1.6171)	0.5572* (1.6949)	0.5558* (1.6890)	
	G	0.0292 (1.0729)	0.0506 (1.3999)	0.0507 (1.4191)	0.0809** (2.4217)	0.0836*** (3.5422)
	V_t		-1.8235*** (-4.2765)	-2.0654*** (-4.8216)	-2.2204*** (-5.8670)	-2.2532*** (-5.5981)
	$O*V_t$			0.4250 (0.5968)	0.4831 (0.7191)	0.6694 (1.3208)
	V_t^{un}		1.9625*** (5.9400)	2.0216*** (8.9865)	2.0998*** (10.2759)	2.1003*** (8.5158)
	$O*V_t^{un}$			-0.0789 (-0.1663)	-0.0682 (-0.1521)	-0.1858 (-0.6464)
	O				-0.0597*** (-3.2341)	-0.0598*** (-3.7051)

注：表中展示了回归方差的参数（t 值）；*、**、***分别代表在10%、5%和1%的置信水平下显著（以下表中标注同此表，不再赘述）。

本章进而考虑上证 50ETF 期权推出对市场质量的影响。加入代表预期交易量和非预期交易量的虚拟变量 O^*V_t 和 $O^*V_t^{un}$ 后,如回归(3)所示,在均值方程中,预期交易量的虚拟变量 O^*V_t 未通过显著性检验;代表信息交易的虚拟变量 $O^*V_t^{un}$ 的参数估计通过了 10% 的显著性检验,估计值为 -0.1979。具体解释如下,其他因素不变时在上证 50ETF 期权推出之前,非预期交易量变动 1%,能够使价格变动 0.5710 个基点;在事件日之后,非预期交易量发生 1% 的变动只会引起上证 50 指数变动 0.3731 个基点①。即在上证 50ETF 期权推出之后,单位交易量所能引起的价格变动减少,现货市场的深度得以提高。但是在条件方差方程中,$O^*V_t^{un}$ 的参数估计并不显著,说明事件前后指数波动率的信息含量并没有发生显著变化。我们进而将代表上证 50ETF 期权是否推出的虚拟变量 O 单独加入回归方程中,得到了回归(4),O 的参数估计在 99% 的置信区间内显著为负,这说明在控制有关因素后,上证 50 指数的波动率在期权推出后降低了。

当我们剔除代表星期效应的虚拟变量,重复如上的回归作为稳健性检验,得到结果(5),结果与(4)中一致。

为了检验选择时间的长短是否对实证结果产生影响,也为了与根据高频数据得到的已实现波动率时间段保持一致,我们选取事件日前后 9 个月(2014.3.9 - 2016.1.9)这一时间段重复执行上述回归,作为稳健性检验。回归结果如表 9 - 8 所示。

表 9 - 8　　2014.3.9 - 2016.1.9 上证 50 指数日收益率(%)的 EGARCH 模型
(含成交量效应)

	变量	(1)	(2)	(3)	(4)	(5)
均值方程	μ	0.0805 (1.3331)	0.0847* (1.7009)	0.0878* (1.8226)	0.0959** (2.0100)	-0.0121 (-0.5270)
	D_1	-0.2162** (-2.7348)	-0.2772*** (-3.5727)	-0.2951*** (-3.8671)	-0.3027*** (-4.0612)	

---

① 因为设置了事件日为虚拟变量,因此事件日之后交易量对价格的影响为 V 和 $O \times V$ 参数估计之和。

续表

	变量	(1)	(2)	(3)	(4)	(5)
均值方程	D_2	-0.1891** (-2.2263)	-0.1625** (-2.3466)	-0.1614** (-2.3540)	-0.1656** (-2.5695)	
	D_3	-0.0708 (-0.8727)	-0.0824 (-1.2585)	-0.0840 (-1.3211)	-0.0990 (-1.6253)	
	D_4	-0.0061 (-0.0698)	-0.0258 (-0.3396)	-0.0351 (-0.4759)	-0.0307 (-0.4258)	
	R_t^{SZ}	1.0425*** (45.6113)	0.8458*** (39.3010)	0.9473*** (41.0024)	0.9331*** (44.0052)	0.9156*** (40.8520)
	V_t		0.2148 (1.4923)	0.3475** (2.0117)	0.3429** (2.0621)	0.3253* (1.9047)
	$O*V_t$			-0.5335 (-0.5116)	-0.5053 (-1.1645)	-0.6500 (-1.3217)
	V_t^{un}		0.7329*** (6.2932)	0.7948*** (7.6216)	0.8828*** (8.3644)	0.8104*** (7.3171)
	$O*V_t^{un}$			-0.1893* (-1.7172)	-0.4262* (-1.6817)	-0.5348** (-1.9798)
方差方程	ω	-0.2865* (-1.6549)	-0.6109** (-2.4342)	-0.6176** (-2.4767)	-0.7286*** (-3.0934)	-0.0009 (-0.0271)
	$\|a_{t-1}/\sigma_{t-1}\|$	0.2259*** (3.5799)	0.0448 (1.2667)	0.0290 (0.8338)	-0.0561 (-1.4636)	-0.0577* (-1.8986)
	(a_{t-1}/σ_{t-1})	0.0603 (1.6263)	0.0563*** (2.7332)	0.0682*** (3.3008)	0.0500*** (3.2347)	0.04618*** (3.0868)
	$\ln(\sigma_{t-1}^2)$	0.9728*** (73.3063)	0.9575*** (76.6349)	0.9600*** (79.9364)	0.9769*** (89.3441)	0.9737*** (87.7470)
	D_1	0.2548 (0.9444)	0.9229*** (2.8285)	0.9557*** (2.8982)	1.1868*** (4.0527)	
	D_2	0.0388 (0.1527)	0.3149 (1.0064)	0.3448 (1.0607)	0.5772* (1.8717)	
	D_3	0.1216 (0.4366)	0.3859 (1.2273)	0.4102 (1.3349)	0.5554** (2.0338)	
	D_4	0.0144 (0.0418)	0.8960* (1.6992)	0.9042* (1.6770)	1.3423*** (2.7803)	

续表

变量		(1)	(2)	(3)	(4)	(5)
方差方程	G	0.0346 (1.0049)	0.0372** (2.5628)	0.0323** (2.4983)	0.0568*** (3.2695)	0.0500** (2.3430)
	V_t		-0.7917* (-1.7104)	-0.2748* (-1.8814)	-0.4191** (-1.9814)	-0.0051 (-0.0108)
	$O*V_t$			-0.7860 (-1.1933)	-1.7986** (-1.9988)	-1.2727 (-1.5022)
	V_t^{un}		1.2027*** (2.8886)	0.9479*** (3.2512)	0.5941*** (2.8049)	0.8002*** (3.3632)
	$O*V_t^{un}$			0.4086 (1.1149)	1.1581 (1.2017)	0.7728 (1.2531)
	O				-0.0628* (-1.8268)	-0.0447* (-1.8537)

子样本的回归（1）和（2）与总样本一致。在回归（3）中，加入代表预期交易量和非预期交易量的虚拟变量 $O*V_t$ 和 $O*V_t^{un}$ 后，在均值方程中，预期交易和非预期交易的系数均显著为正（0.3475和0.7948），说明交易量推动价格的变化；并且结果显示，价格对预期交易量的敏感度小于对信息交易量的敏感度。在事件日后，非预期交易所能引起的价格变化降低，市场深度也有所增大。在条件方差方程中，$O*V_t^{un}$ 的参数估计并不显著，说明事件前后指数波动率的信息含量并没有发生显著变化。

单独加入代表上证50ETF期权是否推出的虚拟变量O，得到回归（4）的结果与总样本也一致，即上证50ETF期权推出能显著降低指数的波动。

七、上证50指数推出对标的指数历史波动率影响的实证研究

GARCH模型来估计指数序列的波动率，能够很好地描述波动率的尖峰厚尾和集聚性等特征；在此基础上改进的EGARCH模型还刻画了波动率的杠杆效应。但是，作为参数估计的方法，GARCH模型是基于收益率服从某种特定分布

第九章　股指期权的推出对指数波动率的影响

的假设;虽然后续学者对 GARCH 模型进行了改进,扩展波动率时间序列的分布,从服从正态分布到更一般化的设定,例如,EGARCH 模型假设波动率服从 GED 分布,这些改进使得波动率更加符合现实。然而这些假设还是与实际波动率的分布有所区别,并且 GARCH 模型中对估计参数的取值范围有很大的限制,这些都会影响到波动率的估计准确度。因此,为了更加准确地验证上证 50ETF 期权的推出对现货市场波动率的影响,本章将从指数的历史波动率维度进行研究,通过引入上证 50ETF 期权是否推出这一虚拟变量,来判断这一事件对上证 50 指数波动率的影响。

历史波动率(Historical Volatility,以下简称 HV)是将过去一段时间价格序列的收益率的方差,作为波动率的估计量,这是传统但通用的方法。

$$\bar{r} = \frac{1}{N} \sum r_t$$

$$HV = \sigma_t^2 = \frac{1}{N-1} \sum (r_t - \bar{r})^2$$

其中,N 为所选取的观测周期(不含当日),r_t 为价格序列的对数收益率。本章选取 2013 年 3 月 9 日至 2017 年 1 月 9 日上证 50 指数收盘价为研究对象,选择 $N = 30$ 天来计算上证 50 指数的历史波动率。

考虑到市场因素对上证 50 指数对数收益率的影响,上一节 EGARCH 模型中用上证综指的对数收益率作为控制因素,在此我们同样做此处理。我们计算出上证 50 指数相对于上证综指的超额收益率 r_t,得到 r_t 的历史波动率,以此研究上证 50ETF 期权的推出对历史波动率是否有影响。

我们使用过去 30 天的数据滚动计算得到历史波动率序列,因此该序列具有较高的自相关性。通过观察自相关图,我们在方程中引入滞后一期的历史波动率 HV_{t-1}^{SZ50} 来修正模型。在回归模型中,我们同样加入周一到周四的虚拟变量($D_1 - D_4$)用来排除"星期效应"对波动率的影响;在计算历史波动率的时候,我们使用过去 30 天收益率的方差作为历史波动率的估计量,在此过程中并没有考虑到新的信息集对波动率的影响,因此我们只在回归方程中引入代表预期交易成分的可预期交易量 V_t,来控制成交量对波动率的影响。为了验证上证

50ETF 期权的推出是否改变现货市场的波动率和成交量效应,引入代表上证 50ETF 期权是否推出的虚拟变量 O,其取值在 2015 年 2 月 9 日之前均为零,在之后取为 1,并引入代表预期交易虚拟变量 O^*V_t。为控制 2015 年期间"股灾"这种极端行情对指数变动率的影响,本章在条件方差方程中设置代表"股灾时期"的虚拟变量 G:股灾期间(2015.06.15 – 2016.1.27)取值为 1,其余时段为零。

综上,所构建的回归方程如下:

$$HV_t^{SZ50} = c + \sum_{i=1}^{4} k_i D_i + k_5 \times G + k_6 HV_{t-1}^{SZ50} + k_7 V_t + k_8 O + k_9 O^* V_t$$

我们计算出剔除市场因素的上证 50 指数超额收益率 r_t 从 2013 年 3 月 9 日到 2017 年 1 月 9 日这一时间段的历史波动率,共计 935 个样本。HV_t^{SZ50} 的均值为 0.5590,峰度为 8.7478(>3)。

表 9 – 9　　　　　　　上证 50 指数历史波动率的描述性统计

	统计区间:2013 年 3 月 9 日 – 2017 年 1 月 9 日				
	均值	标准差	偏度	峰度	样本数量
上证 50 指数历史波动率	0.5590	0.6188	2.3956	8.7478	935
	统计区间:2014 年 3 月 9 日 – 2016 年 1 月 9 日				
上证 50 指数历史波动率	0.7941	0.7967	1.4782	4.2771	452

数据的平稳性检验

从回归结果(1)来看,预期交易量对历史波动率的影响显著为正。根据历史波动率的计算公式,我们利用过去 30 天对数收益率的方差作为当天的波动率,预期交易量实际上也代表了市场的成交量,说明在交易量的推动会加剧收益率的变动,这与学者们研究的总成交量与波动率为正相关的结果也是一致的。当我们加入代表上证 50ETF 期权是否推出的变量 O,根据回归(2)O 的参数估计在 99% 的置信区间内显著为负。这也与参数模型 EGARCH 得到的结果是一致的。作为稳健性检验,我们剔除代表星期效应的虚拟变量后,回归结果(3)与(2)也是一致的。

表 9-10　　　　　　　　上证 50 指数历史波动率的回归结果

变量	(1)	(2)	(3)
C	0.1062*** (3.1743)	0.1458*** (4.9186)	0.1370*** (3.4528)
D_1	-0.0906* (-1.9207)	-0.0471 (-0.9903)	
D_2	0.0938* (1.8740)	0.1105** (2.4205)	
D_3	-0.0237 (-0.4732)	-0.0180 (-0.3813)	
D_4	-0.0441 (-0.5983)	-0.0462 (-0.8257)	
G	0.0733 (1.4132)	0.1379*** (2.9515)	0.1968*** (3.5513)
HV_{t-1}^{SZ50}	1.0664*** (28.3796)	1.0620*** (29.5242)	1.0520*** (25.4581)
V_t	0.3173** (2.4250)	0.3724*** (3.2644)	0.3890*** (3.0116)
$O*V_t$	-0.0174 (-0.1519)	-0.0647 (-0.6722)	-0.0312 (-0.3232)
O		-0.1097*** (-3.2897)	-0.0805** (-2.2585)

为了检验选择时间的长度对实证结果的影响，也为了与根据高频数据得到的已实现波动率时间段保持一致，我们选取事件日前后 9 个月（2014.3.9 - 2016.1.9）这一时间段进行上述回归，作为稳健性检验。回归结果如表 9-11 所示：

表 9-11　　　　2014.3.9 - 2016.1.9 上证 50 指数历史波动率的回归结果

变量	(1)	(2)	(3)
C	0.1069*** (3.5785)	0.1470*** (5.9267)	0.1554*** (3.5067)
D_1	-0.0821 (-1.5854)	-0.0582 (-0.9056)	
D_2	0.1612*** (2.8003)	0.1747*** (3.0861)	

续表

变量	(1)	(2)	(3)
D_3	0.0485 (0.8666)	0.0514 (0.9115)	
D_4	0.0277 (0.3842)	0.0178 (0.3029)	
G	0.0918 (1.5170)	0.1700 *** (2.9236)	0.1900 *** (3.0822)
HV_{t-1}^{SZ50}	1.0245 *** (22.8235)	1.0218 *** (23.0767)	1.0375 *** (22.7615)
V_t	0.4272 *** (2.6039)	0.4052 *** (3.2387)	0.3657 *** (5.3356)
$O*V_t$	-0.0213 (-0.5514)	-0.0658 (-0.7243)	-0.0328 (-0.4528)
O		-0.1229 *** (-3.1697)	-0.0645 ** (-1.994)

从子样本的检验结果来看，回归结果与整体样本是一致的，代表上证 50ETF 期权是否推出的变量 O 参数估计显著为负，说明事件后，指数的历史波动率显著降低。

八、上证 50 指数推出对标的指数已实现波动率影响的实证研究

当我们使用指数日收盘价通过 EGARCH 模型和历史波动率模型对指数波动率进行估计，这就损失掉日内价格序列所带来的信息。随着信息技术的发展，高频数据越来越容易地获取并使用，学者对于高频数据所含有的日内信息开始关注并深入研究。Andersen 和 Bollerslev（1998）最早提出已实现波动率（Realized Volatility，以下简称 RV）。

在此我们使用 Hansen（2006）提出了已实现波动率的调整公式来计算上证 50 指数的已实现波动率（RV'_t）：

第九章 股指期权的推出对指数波动率的影响

$$RV'_t = \frac{\sum_{t=1}^{T} r_t^2}{\sum_{t=1}^{T} RV_t} \times RV_t$$

$$RV_t = \sum_{i=1}^{I} r_{i,t}^2$$

其中，r_t^2 是股票日对数收益率序列的平方，即 $r_t = p(t) - p(t-1)$，$p(t)$ 为第 t 交易日股票序列收盘价的对数，i 为第 t 个交易日的第 i 观测样本。在此我们选择 5 分钟上证 50 指数的收盘价序列，$I=48$。5 分钟时段的高频交易数据只能获取到三年时间段，因此日内数据的统计时段为 2014 年 3 月 9 日到 2017 年 1 月 9 日，共计 33 218 个样本，数据来自 Wind 数据库。

考虑到市场因素对上证 50 指数对数收益率的影响，在此采取与历史波动率剔除市场因素相同的方法，我们计算出上证 50 指数相对于上证综指的超额收益率 r_t，并根据公式计算出 r_t 的已实现波动率，以此研究上证 50ETF 期权的推出对已实现波动率是否有影响。

因为波动率的集聚性，其受前期值影响，通过观察自相关图，我们在方程中引入滞后一期的已实现波动率 RV'^{SZ50}_{t-1} 来修正模型。在回归模型中，我们同样加入周一到周四的虚拟变量（$D_1 - D_4$）用来排除"星期效应"对波动率的影响；为了研究成交量中所含的可预期成分和信息成分对波动率的影响，还会在回归模型中加入根据成交量模型分解的可预期交易量 V_t 和非预期交易量 V^{un}_t。为了验证上证 50ETF 期权的推出是否改变现货市场波动，引入代表上证 50ETF 期权是否推出的虚拟变量 O，其取值在 2015 年 2 月 9 日之前均为零，在之后取为 1，并引入代表预期交易虚拟变量 $O*V_t$ 和代表非预期交易的虚拟变量 $O*V^{un}_t$，以检验事件对市场信息含量的影响。为控制 2015 年期间"股灾"这种极端行情对指数变动率的影响，本章在条件方差方程中设置代表"股灾时期"的虚拟变量 G；股灾期间（2015.06.15－2016.1.27）取值为 1，其余时段为零。

$$RV'^{SZ50}_t = C + \sum_{i=1}^{4} h_i D_i + h_5 G + h_6 RV'^{SZ50}_{t-1} + h_7 V_t$$

$$+ h_8 V_t^{un} + h_9 O + h_{10} O^* V_t + h_{11} O^* V_t^{un}$$

根据表 9-12 已实现波动率的描述性统计，在上证 50ETF 期权推出的前后 9 个月区间内，已实现波动率为 1.2097。我们可以看出已实现波动率在相应的统计区间明显要大于历史波动率。已实现波动率是利用日内的高频数据计算得到的，涵盖了市场的大量信息，也反映了市场短期的日内波动。

表 9-13 已实现波动率的描述性统计

	统计区间：2014年3月9日-2017年1月9日				
	均值	标准差	偏度	峰度	样本数量
上证 50 指数已实现波动率	0.8873	1.6917	4.1045	23.0592	696
	统计区间：2014年3月9日-2016年1月9日				
上证 50 指数已实现波动率	1.2097	2.0085	3.3214	15.6441	452

通过 LM 检验，回归方程存在自相关问题，在此使用广义差分法对自相关问题进行修正。修正后的回归结果如表 9-13 所示。

我们首先运行不含上证 50ETF 期权推出的虚拟变量的回归模型，在回归结果（2）中可以看出，预期交易量和非预期成交量的系数分别为 -0.9266 和 1.5441，并且都在 99% 的置信区间内显著。说明预期成交量能抑制指数的已实现波动率，而信息成分促使波动率增大。这与 EGARCH 模型中波动率的成交量效应一致。当我们加入代表预期交易和非预期交易的虚拟变量 $O^* V_t$ 和 $O^* V_t^{un}$ 时，回归（2）所示 $O^* V_t^{un}$ 的系数为负，并在 5% 的水平下显著，说明在指数期权推出之后，波动率所含的信息成分减少了。当在方程中加入代表上证 50ETF 期权推出的虚拟变量 O 时，参数估计并不显著。这一结果说明在上证 50ETF 期权推出后，指数已实现波动率并没有明显变化。作为稳健性检验，我们剔除代表星期效应的虚拟变量后，回归结果（4）与（3）也是一致的。

表 9 – 13　　　　　　　上证 50 指数已实现波动率的回归结果

变量	(1)	(2)	(3)	(4)
C	0.1645*** (2.8843)	0.1611*** (2.8295)	0.1507** (2.5551)	0.0938*** (3.6158)
D_1	0.1719* (1.9496)	0.1701* (1.9376)	0.1704* (1.9394)	
D_2	−0.0738 (−0.9338)	−0.0784 (−0.9923)	−0.0783 (−0.9909)	
D_3	−0.0179 (−0.2309)	−0.0180 (−0.2322)	−0.0181 (−0.2327)	
D_4	0.2457*** (2.7212)	0.2315** (2.5704)	0.2317** (2.5714)	
G	0.0753** (2.3596)	0.0785** (2.4605)	0.0863** (2.5362)	0.0884** (2.5709)
RV'^{SZ50}_{t-1}	0.9315*** (31.0151)	0.9310*** (31.0826)	0.9308*** (31.0242)	0.9293*** (39.9573)
V_t	−0.5479*** (−4.2648)	−0.9266*** (−3.7768)	−0.9312*** (−3.7926)	−0.9919*** (3.9988)
$O*V_t$		0.5181* (1.8092)	0.5227* (1.8239)	0.5680* (1.9636)
V_t^{un}	1.2711*** (16.0516)	1.5441*** (10.1781)	1.5399*** (10.1370)	1.5779*** (10.2912)
$O*V_t^{un}$		−0.3741** (−2.1143)	−0.3688** (−2.0819)	−0.4060** (−2.2710)
O			−0.0182 (−0.6672)	−0.0178 (−0.6429)

为了检验选择时间的长度对实证结果的影响，更为准确地检验上证 50ETF 期权的推出对已实现波动率的作用，我们选取事件日前后 9 个月（2014.3.9 – 2016.1.9）这一时间段进行上述回归，作为稳健性检验。回归结果如表 9 – 14 所示。

表 9-14　　2014.3.9–2016.1.9 上证 50 指数已实现波动率的回归结果

变量	(1)	(2)	(3)	(4)
C	0.1819 ** (2.4077)	0.1734 ** (2.3290)	0.1823 ** (2.3933)	0.1106 *** (4.2374)
D_1	0.1003 (0.8908)	0.0986 (0.7989)	0.0984 (0.7963)	
D_2	0.0484 (0.4887)	0.0393 (0.4015)	0.0384 (0.3922)	
D_3	0.0078 (0.0843)	0.0047 (0.0508)	0.0045 (0.0483)	
D_4	0.2504 ** (2.0761)	0.2343 ** (2.0100)	0.2322 ** (1.9956)	
G	0.0731 * (1.7637)	0.0758 * (1.8025)	0.0608 (1.2818)	0.0591 (1.2501)
RV'^{SZ50}_{t-1}	0.9204 *** (32.4543)	0.9205 *** (32.0275)	0.9172 *** (33.5161)	0.9156 *** (33.8162)
V_t	0.5955 *** (-3.2966)	-0.9203 *** (-4.0711)	-0.9148 *** (-4.0635)	-0.9587 *** (-4.1733)
$O * V_t$		0.5947 * (1.8035)	0.5996 * (1.8147)	0.6354 * (1.8882)
V^{un}_t	1.3771 *** (12.5664)	1.5648 *** (16.5734)	1.5682 *** (16.4927)	1.5903 *** (16.4099)
$O * V^{un}_t$		-0.3451 * (-1.8747)	-0.3603 * (-1.9394)	-0.3928 ** (-2.0711)
O			0.0246 (0.6320)	0.0289 (0.7310)

子样本与总体回归的结果是一致的，说明在上证 50ETF 期权推出后，指数已实现波动率并没有明显变化。作为稳健性检验，我们剔除代表星期效应的虚拟变量后，回归结果（4）与（3）也是一致的。

九、结论和政策性建议

波动率不能直接观测得到，不同的波动率估计模型建立在不同的假设基础上，因此所反映的信息也有所不同。

EGARCH 模型所得到的波动率是基于整个样本区间（in-sample）指数价格序列估计的。对于区间内某一时点而言，EGARCH 模型波动率不仅包含过去价格序列信息，也涵盖对未来波动趋势的预测，代表了波动率的长期趋势。

历史波动率使用过去 30 天上证 50 指数收益率的方差作为估计量，对于某一交易日的波动率而言，它仅仅涵盖了历史的信息，并且假设波动率以相同的趋势变动，说明了上证 50 指数历史的波动情况。

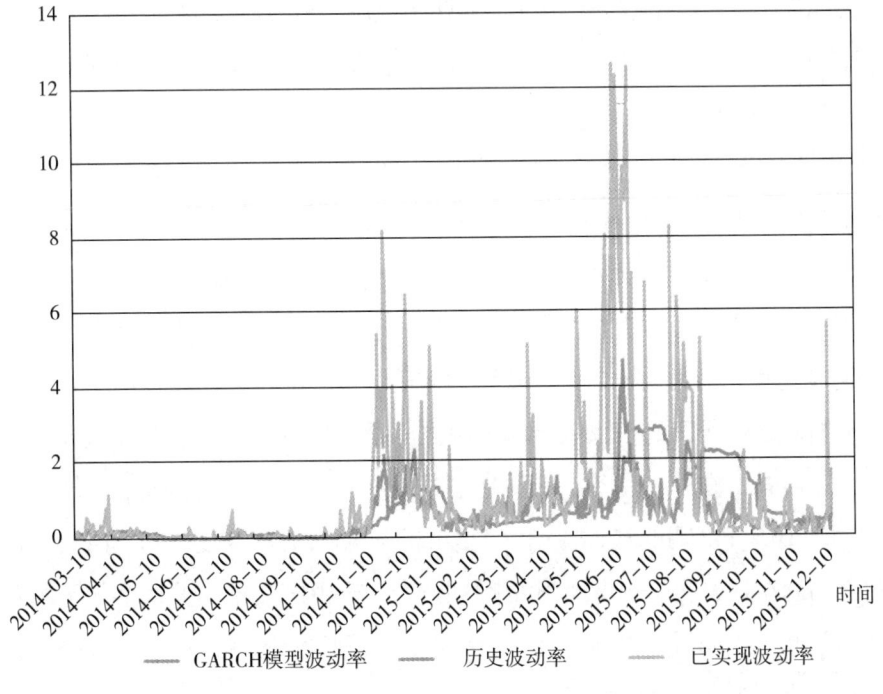

图 9 - 4　2014.3.9 - 2015.12.10 三种波动率对比

历史波动率和条件方差模型使用的是资产的日收益率，就损失掉日内价格序列所带来的信息。随着信息技术的发展，高频数据越来越容易地获取并使用，学者对于高频数据所含有的日内信息开始关注并深入研究。Andersen 和 Bollerslev（1998）最早提出已实现波动率（Realized Volatility，以下简称 RV）概念，他们认为理论上，当样本频率足够高时，已实现波动率是该时间段内瞬时波动率的无偏估计。而已实现波动率利用日内 5 分钟高频数据计算得到，它充分利用了一个交易日内的市场数据，反映了上证 50 指数短期即时波动情况。

选取时段 2014 年 3 月 9 日到 2016 年 1 月 9 日，我们做出如图 9-4 所示的三种波动率的变动趋势，可以看出三种波动率还是有所不同的。通过这三个维度对波动率进行全面刻画，不仅反映出上证 50 指数波动率的长期趋势和历史情况，也描述了指数在一天内即时波动情况。

在 EGARCH 和历史波动率回归模型中，上证 50ETF 期权推出事件的虚拟变量均显著为负，说明在事件后现货市场的波动率降低。当选取子样本（2014.3.9－2016.1.9）进行回归时，也得出了一致的结果。但是对于已实现波动率来说，无论在整个样本区间内（2014.3.9－2017.1.9），还是短期（2014.3.9－2016.1.9），期权推出并没有显著影响上证 50 指数的已实现波动率，说明事件并没有对一天内交易所形成的短期波动带来影响。

通过其他市场经验来看，金融衍生品推出上市的初始阶段可能会加剧现货市场的波动性，这既是一个市场转型的需要，也可能是合约设计的不合理或是上市时机不合适所致的。我国台湾地区推出股指期货的经验表明：只要指数合约的上市准备工作充分完备，即便是在短期内，股指期货也不会加大现货市场的波动。2015 年 2 月 9 日，在充分组织市场、加强监管、设计合约以及选择合适的上市时机后，上证 50ETF 期权顺利推出，对中国股市的波动性起了改善的作用。因此从长期看，良好管理的股指期权市场和股指期货市场相互配合，应该能提升股票市场的运行质量。

在相同的时间段内（2014.3.9－2016.1.9），对比上证 50ETF 期权推出对不同波动率的影响，可以得出：事件能够显著降低 EGARCH 模型得到的条件波动率和历史波动率；但却对已实现波动率并没有影响。已实现波动率涵盖了日内的交易信息，股指期权的推出并没有改变日内的波动；但长期来看，股指期权的推出可以降低长期波动趋势。政策制定者应该充分考虑股指期权推出的双面性和复杂性，对不同波动率的影响不同，审时度势地在适当时机推出设计合理的场内期权。

基于 EGARCH 模型的均值方程，随着股指期权的推出，价格吸收交易量的能力变强，市场深度提高，从这一侧面衡量市场流动性变好。但是在 EGARCH 模型的条件方差方程和已实现波动率的回归方程中，代表信息交易的虚拟变量系数显著为负，说明随着上证 50ETF 期权的推出，市场波动所含有的信息成分变少了，价格发现能力并没有增强。这可能说明期权市场的知情交易者并没有变多，所以我国需要大力培养合格的机构交易者参与金融市场的交易，继续对投资者进行教育和培育。

参考文献

［1］陈海强，张传海. 股指期货交易会降低股市跳跃风险吗？［J］. 经济研究，2015（1）：153 – 167.

［2］陈彦辛. 股指期权上市对股票市场的影响——中国台湾市场经验［D］. 复旦大学，2014.

［3］高铁梅. 计量经济分析方法与建模：EViews 应用及实例（第 2 版）［M］. 清华大学出版社，2009.

［4］郦金梁，雷曜，李树憬. 市场深度、流动性和波动率——沪深 300 股票指数期货启动对现货市场的影响［J］. 金融研究，2012（6）：124 – 138.

［5］林先锋. 上证 50ETF 期权波动率实证研究［D］. 山东大学，2016.

［6］刘飞. 股指期货与我国股市的波动性及其交易效率的实证检验［J］. 统计与决策，2013（5）：162 – 165.

[7] 邵锡栋,殷炼乾. 基于实现极差和实现波动率的中国金融市场风险测度研究 [J]. 金融研究, 2008 (6): 109-121.

[8] 涂志勇,郭明. 股指期货推出对现货市场价格影响的理论分析 [J]. 金融研究, 2008 (10): 104-116.

[9] 魏洁,韩立岩. 股指期货与股指期权市场之间的风险传递效应研究——来自香港恒生指数衍生品市场的证据 [J]. 数理统计与管理, 2014, 33 (6): 1132-1140.

[10] 魏宇. 沪深300股指期货的波动率预测模型研究 [J]. 管理科学学报, 2010, 13 (2): 66-76.

[11] 熊熊,张宇,张维,等. 股指期权推出对股票市场和股指期货市场波动性影响: 以KOSPI200股指期权为例 [J]. 系统工程理论与实践, 2011, 31 (5): 785-791.

[12] 杨瑞杰. 期权交易能提高标的资产的定价效率吗?——基于上证50ETF套利视角的实证研究 [J]. 金融发展研究, 2015 (10): 43-46.

[13] 杨瑞杰. 期权交易能提高标的资产的定价效率吗?——基于上证50ETF套利视角的实证研究 [J]. 金融发展研究, 2015 (10): 43-46.

[14] 张静,宋福铁. 上证ETF50期权上市对标的股票的影响——基于流动性和波动性的视角 [J]. 金融发展研究, 2016 (3): 59-65.

[15] 周明. 期权引入对我国股票市场的影响研究 [D]. 哈尔滨工业大学, 2009.

[16] Alizadeh S, Brandt M W, Diebold F X. Range-Based Estimation of Stochastic Volatility Models [J]. The Journal of Finance, 2002, 57 (3): 1047-1091.

[17] Amihud Y. Illiquidity and stock returns [J]. Journal of Financial Markets, 2002 (3): 31-56.

[18] Andersen T G, Bollerslev T, Diebold F X, et al. Modeling and Forecasting Realized Volatility [J]. Econometrica, 2003, 71 (2): 579-625.

[19] Andersen T G, Bollerslev T. Answering the Skeptics: Yes, Standard Vol-

atility Models do Provide Accurate Forecasts [J]. International Economic Review, 1998, 39 (4): 885-905.

[20] Antoniou A, Holmes P, Priestley R. The effects of stock index futures trading on stock index volatility: An analysis of the asymmetric response of volatility to news [J]. 1998, 18 (2): 151-166.

[21] Bollen N P B. A note on the impact of options on stock return volatility 1 [J]. Journal of Banking & Finance, 1998, 22 (9): 1181-1191.

[22] Detemple J, Selden L. A General Equilibrium Analysis of Option and Stock Market Interactions [J]. International Economic Review, 1991, 32 (2): 279-303.

[23] Detemple J, Selden L. A General Equilibrium Analysis of Option and Stock Market Interactions [J]. International Economic Review, 1991, 32 (2): 279-303.

[24] Ederington L H, Wei Guan. Measuring Historical Volatility [J]. Journal of Applied Finance, 2006, 16.

[25] Fleming J, Ostdiek B, Whaley R E. Trading costs and the relative rates of price discovery in stock, futures, and option markets [J]. Journal of Futures Markets, 1996, 16 (4): 353-387.

[26] Hong H, Stein J C. Disagreement and the Stock Market [J]. Journal of Economic Perspectives, 2007, 21 (2): 109-128.

[27] Hwang S, Satchell S E. Market risk and the concept of fundamental volatility: Measuring volatility across asset and derivative markets and testing for the impact of derivatives markets on financial markets [J]. Journal of Banking & Finance, 1999, 24 (5): 759-785.

[28] John K, Koticha A, Subrahmanyam M G, et al. Margin Rules, Informed Trading in Derivatives, and Price Dynamics [J]. General Information, 2000.

[29] Kumar R, Sarin A, Shastri K. The Impact of Options Trading on the Market Quality of the Underlying Security: An Empirical Analysis [J]. The Journal of Finance, 1998, 53 (2): 717-732.

[30] Kyle A S. Continuous Auctions and Insider Trading [J]. Finance and Stochastics, 2003, 7 (1): 47 – 71.

[31] Leland H E. Options and Expectations [J]. Journal of Portfolio Management, 1996 (RPF – 267).

[32] Nam S O, Oh S Y, Kim H K. The time difference effect of a measurement unit in the lead-lag relationship analysis of Korean financial market ☆ [J]. International Review of Financial Analysis, 2008, 17 (2): 259 – 273.

[33] Sahlström P. Impact of stock option listings on return and risk characteristics in Finland [J]. International Review of Financial Analysis, 2001, 10 (1): 19 – 36.

第十章 委托理财中的道德风险和现金持有价值

刘 彤 裴 沛 贾越珵

摘 要：上市公司委托理财是指上市公司作为委托方，根据签订的协议将货币资金委托给银行、信托公司等受托方管理，并获取投资收益。近几年，我国的上市公司将闲置资金用于委托理财的现象非常普遍，获取短期收益和代理关系中的道德风险是上市公司进行委托理财的原因；其中道德风险是指在股东和管理者的代理关系中，公司管理者为了个人私利而非股东利益将大量资金用于委托理财。如果管理者为了提高资金使用效率进行委托理财，有助于提高公司持有现金的价值，但是如果管理者为了谋求私利进行委托理财，导致的代理成本会降低公司持有现金的价值。本章将委托理财和现金持有价值作为研究对象，以我国 2011-2016 年沪深两市 A 股的上市公司为研究样本，考察了上市公司的委托代理关系中的道德风险。通过研究发现，委托理财与现金持有价值显著负相关；并且给定委托理财，大股东持股比例越高，委托理财对现金持有价值的负面影响越小。这一结果说明，由于道德风险的存在，委托理财规模越大，公司管理者可能用于谋求个人私利的部分越多，对现金持有价值的负面影响越严重；大股东的持股比例越高，其对管理者道德风险的约束力越强。

关键词：委托理财 道德风险 现金持有价值 股权结构

一、引言

委托理财是指委托方把自己的财产委托给受托方,由受托方进行投资管理,并获取除去管理费的投资收益。本章研究的是上市公司的委托理财行为,是指上市公司把货币资金委托给银行、信托公司等专业投资机构进行投资管理,并获取收益。

在我国,这一现象始于1996年,经历了三个发展阶段:萌芽兴起阶段(1996—2004年)、平稳过渡阶段(2005—2010年)和再次兴起阶段(2011年至今)。在萌芽兴起阶段,上市公司委托理财的整体规模较小,并在2004年随着闽发证券违规操作委托理财资金等事件的爆发开始暴露出风险,市场热情退却,进入比较稳定的过渡阶段;直至2011年,在货币政策趋向稳健、股市债市行情较好和实体经济不景气的大环境下,上市公司委托理财再次兴起,2011—2016年,进行委托理财的上市公司由12家上升到827家,年度委托理财总金额由25.30亿元上升到8 226.73亿元,增速很快。

上市公司在委托理财中委托的资产主要是货币资金,据统计,进行委托理财的上市公司持有的现金①占总资产20%,比重较高,同时现金是企业流动性最强的资产,其使用效率对企业的正常运营和投资管理非常重要,所以本章研究了委托理财对现金持有价值的影响。

现金持有价值是指投资者对企业持有现金的价值的衡量。在现有文献中,计量现金持有价值较为常用的一种方法是通过衡量持有现金对于公司市场价值的边际贡献,即公司每多持有的一单位现金对公司市场价值的影响。Modigliani 和 Miller(1985)认为在一个强有效的完美资本市场里,由于不存在交易成本并且信息是完全对称的,当公司需要现金时,可以及时地从外部市场筹措到资

---

① 根据财政部发布的《企业会计准则——现金流量表》有关规定和实操中的上市公司财务报告的相关条目,本章研究的现金包括现金和现金等价物。《企业会计准则——现金流量表》中规定:"现金是指企业库存现金和可以随时用于支付的存款,现金等价物是指企业所持有的流动性强、期限短(一般到期期限三个月内)、易于转换为现金和风险很小的投资。"

第十章 委托理财中的道德风险和现金持有价值

金,所以现金是净现值为零的投资(企业持有的每一单位现金的市场价值也是一单位),公司没有必要持有现金。但是现实中的资本市场不是完美的,交易成本、信息不对称、税收和管理者①自利动机等因素使企业持有一定数量的现金,并影响现金持有价值。一方面,企业持有流动性较高的现金能够维持日常生产经营活动,降低企业发生财务困境的概率,使企业在无法进行外部融资时仍能实施其投资决策,降低外部融资的信息不对称成本和交易成本,因此投资者对公司持有1美元现金的价值衡量大于1美元。另一方面,企业持有现金也有成本——税收成本和代理成本;税收成本是指企业税负通常高于个人税负,所以对于投资者来说,将超额现金以股利的形式返还给股东比企业留存超额现金收益更大;代理成本是在股东和管理者的委托代理关系中,股东和管理者的利益不一致,因为现金可以增加管理者的操控权,管理者对现金有更大的偏好,倾向持有本应以股利或者逆回购等形式返回给股东的现金;以上两个原因导致投资者对公司持有1美元现金的价值衡量小于1美元。

关于上市公司进行委托理财的动因有较多研究,主要有两点:(1)提高闲置资金使用效率,获取短期收益以增加业绩;(2)管理者为了谋求私利而非股东权益最大化。相关的文章有陈湘永和丁楹(2002)、巴曙松(2001)、谷鸣(2001)、张音和晓芳(2002)、王晓武(2004)、何燎原(2004)、裘益政和陈琼琼(2004)等。其中管理者通过委托理财谋求个人私利的具体表现有:

①管理者的受贿行为。

管理者在委托理财的决策和投资过程中以"回扣"或"手续费"等方式收受受托机构的贿赂,并与之合谋有意隐瞒公司委托理财的相关信息,使股东和监管机构难以监督管理其过程。例如,2001-2005年,原南航集团财务部部长陈利明大肆开展委托理财共43亿元,侵吞部分收益,收受回扣,共计5 300余万元。

---

① 本章所说的管理者是指"企业的经营层,即上市公司的总经理、副总经理及财务经理、业务经理和其他中坚管理骨干人才等"(秦中甫,韩新宽,刘成民.公司治理结构[M].电子科技大学出版社,2005)。

②管理者的"偷懒"行为。

管理者并不承担投资失败时委托理财的全部损失，可能为了偷懒在决策和投资过程中没有履行谨慎认真地筛选受托方、经常关注委托资金的动向、及时辨别投资风险并及时止损等职责。

③滥用闲置资金。

委托理财的资金主要来自闲置自有资金和闲置募集资金，除此以外没有更加详细的说明，投资者无从得知该笔资金用于委托理财的合法性和合理性。例如，部分上市公司为了快速谋求短期利益，没有将募集资金投资于原来募集资金时披露的项目，而是以资金闲置为借口用于委托理财，还很有可能舍本逐末，危害公司市场价值和股东利益。

管理者存在通过委托理财谋求个人私利的各种行为，这可以通过委托代理理论得到解释。委托代理理论研究了委托代理关系中的代理问题，包括逆向选择问题和道德风险问题，逆向选择问题存在于委托人和受托人签订契约前，道德风险问题存在于委托人和受托人签订契约后，因为委托理财发生在股东聘任管理者之后，所以本章研究的委托理财中的代理问题是指道德风险。道德风险是指在委托代理关系中，一方面委托人和代理人的效用函数不同，委托人追求的是自己的财富最大化，而代理人追求的是自己的工资津贴收入、奢侈消费和闲暇时间最大化；另一方面由于信息不对称，委托人无法获知代理人的全部信息，如努力程度、是否滥用企业资源等信息，所以在没有有效制度安排的情况下，代理人的行为很可能是为了个人利益而损害委托人的利益。在委托理财的决策和投资过程中，一方面企业管理者和股东的利益和风险偏好不同，管理者在委托理财中可以在无须承担投资失败的全部损失（最坏的情况是委托的本金和预计收益全都无法收回）的情况下获得较多收益（绩效奖金、以"顾问费"等名义实施的贿赂款、闲暇时间等）；另一方面委托理财的资金来源是现金，现金是企业流动性最强的资产，公司的股东，即便是大股东对于管理层在什么时间、以什么方式将现金投入到项目中的具体情况有时也是不知情的。正是这种信息不对称的存在带来委托理财中的道德风险：管理者可能利用自己的信息优

第十章 委托理财中的道德风险和现金持有价值

势,从满足自身利益的角度将本该返还给股东的资金用于委托理财,结果损害了企业价值。周彩霞和刘志彪(2006)在委托代理理论框架下研究了委托理财现象,他们通过构建企业和管理者个人两个决策主体基于委托理财的风险和收益的效用模型发现,管理者对委托理财的决策规模高于企业的理性选择规模,即企业管理者倾向于使用过多资金进行委托理财。

基于以上对现金持有价值和委托理财动因的分析,可以得出如果管理者为了谋求短期收益、提高公司利润将闲置资金用于委托理财,能够提高现金的使用效率和持有价值;如果管理者为了谋求私利,将本应以股利或者逆回购等形式返还于股东的现金用于委托理财,产生的代理成本会抵销持有现金的收益,降低现金持有价值。在我国,监管机构对上市公司委托理财的监管落后于委托理财的发展,2001年上半年,证监会才对委托理财的信息披露、业务规范做出特别规定,实践中仍有许多上市公司并没有完全遵守证券监管部门的要求,违规现象较多;以往文献从动因、收益、风险等方面对委托理财中存在的代理问题多有研究,徐永新、薛健和陈晓(2009)以委托理财收益率为研究对象,从委托代理问题出发,发现在上市公司委托理财投资下,管理层可操控的现金越多,越有机会乱用手中的现金进行非有效投资,如更加随意地选择受托方,导致委托理财收益率下降。所以本章提出由于道德风险的存在,委托理财使现金持有价值下降;并以我国2011–2016年沪深两市A股的上市公司为研究样本发现委托理财与现金持有价值显著负相关,证明了道德风险的存在。

针对如何减小委托理财对现金持有价值的负面影响,本章进一步探究了大股东在委托理财对现金持有价值中的调节作用。因为董事会的设置、薪酬制度等公司治理因素对委托理财投资过程的影响是长期间接的,而大股东在管理者操控现金进行委托理财的过程中能够更直接有效地监督管理者的行为,所以本章探究了大股东在委托理财中的作用。在股东和管理者的委托代理关系中,股东的持股比例越高,道德风险造成的公司价值的损失对大股东的影响越大,大股东监督管理者行为的收益越大,因此更有动力去监督管理者的经营管理和投资活动。所以在委托理财中,股东的持股比例越高,越有动力监督委托理财的决策和投资过程,如监督管理者认真筛选受托方、按时了解跟踪理财过程和资金动向、一旦发现风险促使管理者及时止损,股东的监督作用越大,管理者利用委托理财谋求私利的可能性越小,从而减小委托理财对现金持有价值的负面影响。本章以我国2011－2016年沪深两市A股的上市公司为研究样本发现大股东在委托理财对现金持有价值的影响中具有正向调节作用,证明了大股东对道德风险问题的约束作用。

本章的创新之处有:(1)现有文献大多定性地研究上市公司委托理财的动因、影响因素和风险,没有涉及委托理财对现金持有价值的影响。本章通过理论和实证分析,发现由于道德风险的存在,委托理财损害了公司的现金持有价值,弥补了该研究空白,有助于深入探究委托理财现象;(2)本章研究了上市公司委托理财如何影响现金持有价值,发现了中国上市公司股东和管理者之间道德风险的存在,理论上深化了对委托代理理论和现金持有价值的研究,实践中为加强监管和完善公司治理提供理论支撑;(3)本章针对委托代理中存在的道德风险问题,进一步考察了大股东在委托影响现金持有价值中的调节作用,为解决代理问题、完善企业治理机制提供研究支持;(4)本章使用的2011－2016年上市公司委托理财数据均为笔者手动收集,共2 502条,包括理财起始日期、金额、预期收益率、受托方、投资方向等指标,补充了近几年上市公司委托理财相关数据的空白。

正文在结构上有如下四部分:第一部分介绍了研究背景,包括本章研究的上市公司委托理财的界定、发展历程、持有现金情况和道德风险问题,第二部分回顾了相关文献;第三部分提出研究假设并通过实证分析检验了研究假设;第四部分是研究结论和政策建议。

二、研究背景

(一)委托理财的界定

委托理财作为一个经济概念,有广义和狭义之分。广义的委托理财是指委托方把自己的财产委托给受托方,由受托方进行投资管理,并获取除去管理费的投资收益;广义的委托理财在发达国家非常普遍,法律保护、信息披露、监督管理等配套措施发展地也比较成熟,除了个人投资者,很多大型的企业会将退休金等委托给专业机构管理。狭义的委托理财是指法人机构将货币资金委托给银行、信托公司等专业管理机构进行投资管理以获取收益,也包括法人机构购买理财产品的做法;其中法人机构包括上市公司和非上市公司。上市公司在委托理财中投资的规模比较大,是主要委托方,同时考虑到研究数据的可获得性,本章中研究的是上市公司的委托理财行为。

狭义的委托理财还有以下具体界定:(1)可以投资的范围非常狭窄,根据上市公司披露的委托理财公告,投资范围基本上限制在了证券市场;(2)我国上市公司可以用来委托的资产仅仅局限在货币资金,根据上市公司披露的委托理财公告,资金主要来自闲置自有资金和闲置募集资金。

(二)上市公司委托理财的发展历程

本章将我国的上市公司委托理财的发展历程划分为三个阶段,分别是萌芽兴起阶段(1996-2004年)、平稳过渡阶段(2005-2010年)和再次兴起阶段(2011年至今)。考虑到上市公司委托理财的市场规模和数据可获得性,本章主要分析再次兴起阶段。

1. 萌芽兴起阶段(1996-2004年)。

1996年,最早出现上市公司将资金委托给证券公司进行投资管理的现象,但是初期委托理财的资金规模较小,没有引起大众的关注。1999-2000年股市一片向好,许多上市公司为了谋求短期收益,把大量资金委托给证券公司等机构投资到股票市场来谋求丰厚收益,这引发了委托理财的第一次兴起。侯毅(2004)统计了2000-2003年上市公司委托理财的规模,这四年披露委托理财相关公告的有219家上市公司,占全部上市公司中的16.90%;所有公司委托理财的总金额为384.15亿元,平均每家公司委托1.75亿元,占总资产的比例为7.20%。

这一阶段的委托理财市场存在监管落后于实践的问题，受托公司随意挪用委托资金进行违规操作、公司管理者和受托方同谋以谋取私利等现象较为普遍，委托理财的风险逐渐显露。自2003年5月，证券市场下行，德隆资金链断裂、南航集团重大受贿案件等事件爆发，很多开展委托理财的上市公司损失严重；何燎原与王平心（2005）统计了2004年1-6月的委托理财实际平均收益率为-6.00%，整体状态是亏损。因此在2004年，市场热情快速下降，上市公司开始全面审视委托理财的风险，同时证监会开始排查证券公司的委托理财业务，上市公司委托理财市场开始萎缩。

2. 平稳过渡阶段（2005-2010年）。

2004年许多委托理财风险事件的爆发，开展委托理财的公司开始正视委托理财的风险，排查以往项目，该市场从2005年开始进入相对稳定的过渡期。这一时期监管部门对上市公司委托理财业务也进一步进行了规范，如2005年证监会在《关于证券公司个人债权及客户证券交易结算资金收购有关问题的通知》中对委托理财的合同规范性进一步提出了要求，并禁止受托方挪用委托方的资金。监管的加强遏制了证券公司等受托方开展委托理财业务的热情，这一阶段委托理财的市场整体较稳定。

3. 再次兴起阶段（2011年至今）。

2011至今，是上市公司委托理财的再次兴起阶段。这一阶段的货币政策开始趋向稳健，"钱荒"现象多发，市场上的理财产品的收益率较高，而且实体经济增长较为乏力，在这一宏观背景下，上市公司委托理财的规模大幅度增长。据统计，2011-2016年进行委托理财的上市公司的数量、累计委托理财金额和委托理财次数上都呈现直线上升的趋势；且涉及各个行业；据部分数据统计，大多数上市公司委托理财的委托期限在1年以内，少部分在1~3年①。

（1）企业数量和行业分布。

---

① 因部分上市公司未披露每笔委托理财的起始日期和结束日期，所以关于委托理财期限的数据不完整，本章只能根据收集到的数据分析上市公司委托理财期限的概况。

第十章 委托理财中的道德风险和现金持有价值

2011—2016年进行委托理财的上市公司的数量呈现快速上升趋势，并且各个行业均有涉及，可以看出该阶段上市公司委托理财逐渐普遍化。

如图10-1所示，2011—2016年进行委托理财的上市公司数以较快速度增长，从2011年的12家到2016年的827家，平均年增长率为237%。

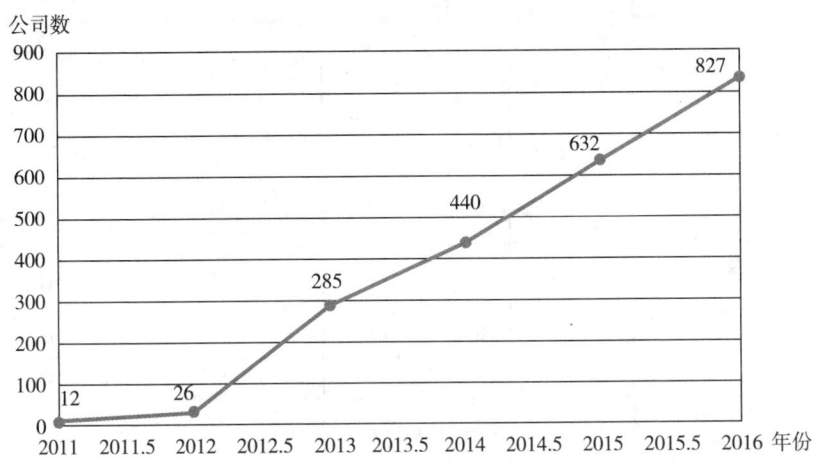

资料来源：Wind、上海证券交易所官网、深圳证券交易所官网。

图10-1 2011—2016年进行委托理财的上市公司统计

如表10-1所示，从涉及行业①上来看，2011年只有制造业，随后涉及的行业逐渐增多，截至2016年，进行委托理财的上市公司涉及全部行业。但是呈现出较为明显的行业分布特征，制造业历年占比始终最高，达70%左右，比例较重，第二高的行业是信息传输、软件和信息技术服务业，第三高的行业是批发和零售业。

---

① 根据《证监会上市公司行业分类指引》，行业分类为1. 采矿业；2. 电力、热力、燃气及水生产和供应业；3. 房地产业；4. 建筑业；5. 交通运输、仓储和邮政业；6. 教育；7. 科学研究和技术服务业；8. 农、林、牧、渔业；9. 批发和零售业；10. 水利、环境和公共设施管理业；11. 卫生和社会工作；12. 文化、体育和娱乐业；13. 信息传输、软件和信息技术服务业；14. 制造业；15. 住宿和餐饮业；16. 综合；17. 租赁和商务服务业。统计数据中删除了金融业公司。

表 10 - 1 各行业公司数在所有行业中的比重

行业	2011年 数量	2011年 占比	2012年 数量	2012年 占比	2013年 数量	2013年 占比	2014年 数量	2014年 占比	2015年 数量	2015年 占比	2016年 数量	2016年 占比
采矿业	0	0	1	3.85	4	1.40	6	1.36	6	0.95	13	1.57
电力、热力、燃气及水生产和供应业	0	0	0	0	2	0.70	5	1.14	7	1.11	16	1.93
房地产业	0	0	0	0	4	1.40	11	2.50	18	2.85	17	2.06
建筑业	0	0	0	0	5	1.75	8	1.82	13	2.06	20	2.42
教育	0	0	0	0	0	0	0	0	0	0	1	0.12
制造业	12	100	16	61.54	208	72.98	311	70.68	438	69.30	567	68.56
交通运输、仓储和邮政业	0	0	0	0	6	2.11	11	2.50	14	2.22	13	1.57
科学研究和技术服务业	0	0	0	0	2	0.70	7	1.59	11	1.74	11	1.33
农、林、牧、渔业	0	0	0	0	5	1.75	7	1.59	13	2.06	15	1.81
批发和零售业	0	0	4	15.38	16	5.61	24	5.45	33	5.22	44	5.32
水利、环境和公共设施管理业	0	0	1	3.85	1	0.35	2	0.45	5	0.79	7	0.85
卫生和社会工作	0	0	0	0	0	0	0	0	0	0	1	0.12
文化、体育和娱乐业	0	0	1	3.85	6	2.11	6	1.36	9	1.42	13	1.57
信息传输、软件和信息技术服务业	0	0	3	11.54	18	6.32	32	7.27	51	8.07	72	8.71
住宿和餐饮业	0	0	0	0	1	0.35	1	0.23	1	0.16	0	0
综合	0	0	0	0	1	0.35	2	0.45	3	0.47	4	0.48
租赁和商务服务业	0	0	0	0	6	2.11	7	1.59	10	1.58	13	1.57
总计	12	100	26	100	285	100	440	100	632	100	827	100

注：占比单位：%。

资料来源：Wind、上海证券交易所官网、深圳证券交易所官网。

(2) 理财次数和规模。

很多上市公司在一个会计年度会进行多次委托理财，如图 10 - 2 所示，2011 年所有上市公司共进行 14 次委托理财，2012 年共进行 92 次，2013 年随着公司数的快速增加呈现爆发式增长，达到 2 205 次，之后直线上升；图中平均委托理财次数是指每年进行委托理财的上市公司的平均理财次数，可见2011 - 2015 年平稳上升，2016 年趋于平稳。

第十章 委托理财中的道德风险和现金持有价值

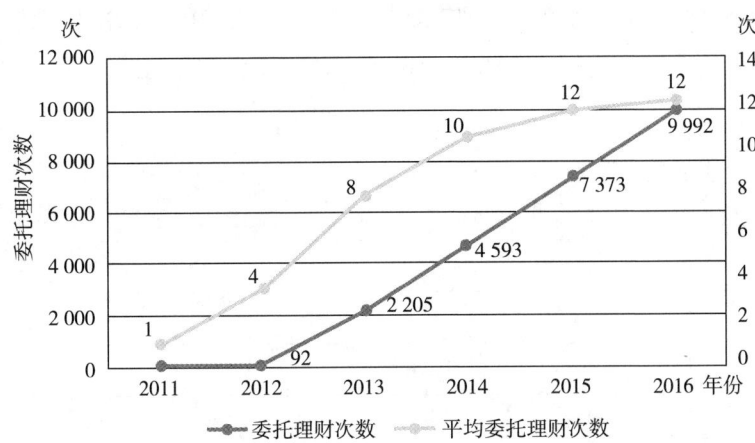

图 10-2 2011-2016 年上市公司进行委托理财的次数统计

数据来源：Wind、上海证券交易所官网、深圳证券交易所官网。

图 10-3 2011-2016 年上市公司用于委托理财的累计货币资金总金额统计

数据来源：Wind、上海证券交易所官网、深圳证券交易所官网。

这一阶段的委托理财的规模也呈现快速上升的趋势。如图 10-3 所示，委托理财总金额①在 2011 年达 25.30 亿元，在 2012 年达 118.54 亿元，2013 年呈现了爆发式增长，达到 1 642.78 亿元，之后直线上升；平均理财总金额②在

---

① 当年进行委托理财的上市公司累计理财总金额。
② 上市公司的平均累计理财规模。

2011-2015年平稳增长，2016年增长速度下降。如图10-4所示，2011-2016年，随着委托理财的火热，上市公司用于委托理财的理财总金额占总资产比重以较快速度攀升，从2011年的8%升至2016年的30%，这与部分公司频繁循环使用资金进行委托理财有关。

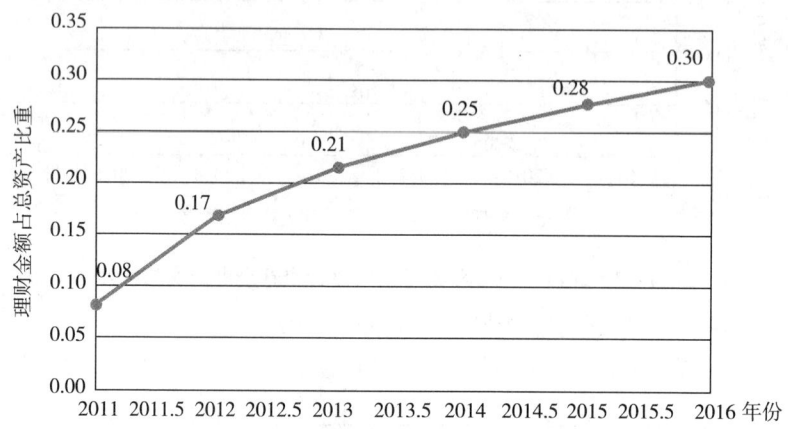

图10-4　2011-2016年上市公司用于委托理财的平均理财总金额占总资产比重统计
数据来源：Wind、上海证券交易所官网、深圳证券交易所官网。

（三）上市公司的现金持有情况

根据上市公司披露的有关信息，用于委托理财的大量资金主要来源是闲置自有资金和闲置募集资金，据统计，进行委托理财的上市公司持有的现金较多。如图10-5所示，在2011-2016年发生委托理财的上市公司中，每家公司的平均现金持有量在2011年达52.57亿元，2012年下降至12.59亿元，并在2013年继续下降至7.66亿元，2014-2016年平稳上升。与平均现金持有量的趋势不同的是，每家公司持有现金占总资产的平均比重在2011年为0.27，即每家进行委托理财的上市公司平均持有的现金占总资产的27%，在2012年该比重上升至37%，随后至2016年稳定在20%左右，比例较高，所以其使用效率对企业管理和价值的影响较为重要。

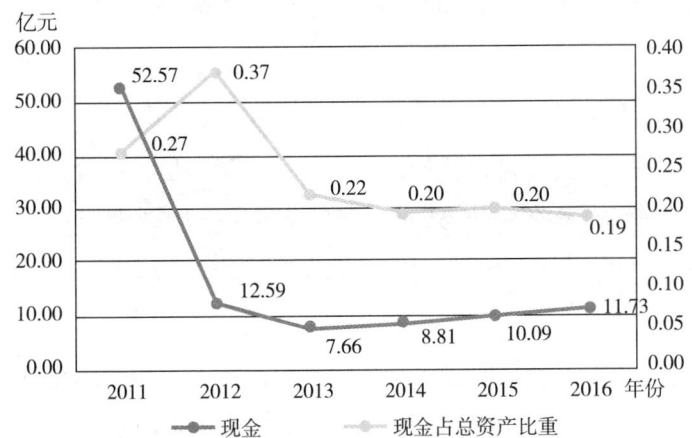

图 10-5　2011-2016 年发生委托理财的上市公司现金持有情况统计

数据来源：Wind、上海证券交易所官网、深圳证券交易所官网。

（四）委托理财中的道德风险

上市公司进行委托理财有两个重要原因，一是提高闲置资金的使用效率、获取短期收益；二是管理者出于个人利益将本应返还给股东或者投资较长期项目的现金用于委托理财，即道德风险。其中，道德风险是委托人和受托人签订契约后的代理问题，存在于股东和管理者的委托代理关系中；在现代企业中，企业的所有权和管理权分离，股东和管理者的利益并不完全相同，又因为股东无法了解管理者的全部信息，如努力程度、是否滥用企业资源等信息；所以企业管理者会从自身的利益而非即股东的利益出发做出某些决策。Jensen 和 Mecking（1976）系统地研究了股东与管理者之间的代理问题，他们认为在委托—代理关系中的道德风险会造成企业价值下降。Jensen（1986）提出自由现金流假说，研究了代理问题在公司的现金流管理中的体现；他认为委托代理问题会导致企业管理者滥用公司的自由现金流，例如，股东由于监督成本无法及时监督管理者如何使用企业的自由现金流，而管理者的金钱收益、非金钱收益或控制权和声誉常常和企业规模正相关，所以管理者会将本应返还给股东的资金投资于净现值小于零的项目以扩大投资或者把控资金，从而损害了企业价值。具体到委托理财现象，股东追求企业市场价值最大化，而管理者追求个人利益最大化，两者利益不完全一致；并且在企业的日常经营中，股东们即使是大股东也无法详细了解管理者使用的每一笔资金的具体情况，如时间、项目决策、合作方等，那么管理层可能凭借自己的信息优势，为了满足私利将本该返还给股东或者投资于其他能使企业价值最大化的项目的资金用于委托理财，损害现金持有价值和股东利益。在实践中，道德风险的具体表现有：

1. 管理者的受贿行为。

有些上市公司管理者或公司内部委托理财经办人，在委托理财的决策和投资过程中以"回扣"或"手续费"等方式收受受托机构的贿赂，并与之合谋有意隐瞒公司委托理财的相关信息，造成股东和监管机构难以监督管理其过程。如2005年，在中国南方航空集团（以下简称南航）的特大腐败案件中，陈利明（南航原财务部经理）以南航集团的名义在汉唐证券和世纪证券开展多次委托理财业务，以"顾问费"的名义收受证券公司业务人员的贿赂共计5 300余万元。

2. 管理者的"偷懒"行为。

首先，在委托理财的决策过程中，管理者可能出于"偷懒"没有谨慎筛选受托方；业绩较差的公司的管理者也可能出于"偷懒"而过分依赖委托理财，企图依靠短期较高收益"扭亏"，而不是调整公司长期战略，这会影响公司主营业务的发展，损害公司的市场价值。其次，委托理财的投资过程中，管理者可能出于"偷懒"疏于监督委托理财的进展和风险识别。

3. 滥用闲置资金。

根据上市公司披露的有关公告，委托理财的资金主要来自闲置自有资金和闲置募集资金，除此以外没有更加详细的说明，投资者无从得知该笔资金用于委托理财的合法性和合理性。例如，部分上市公司委托理财的资金来源是闲置募集资金，是因为这些公司在募集资金到位后，为了快速谋求短期利益，擅自更改资金投向；这不仅违反了《证券法》及相关法律法规，还很有可能舍本逐末，危害公司市场价值和股东利益。

上市公司的管理者可能通过延时公布委托理财相关信息、公布信息不全面等方式掩盖这些资金滥用的行为,以此逃避股东和监管部门的监督管理。比如,天山股份,直到德恒证券无法偿还其委托理财的本金时,才公布了以往委托理财相关信息,并计提了大量减值准备,公司利润大幅下降。

三、文献综述

(一) 关于委托理财的研究

陈湘永和丁楹 (2002) 统计了2001年上市公司委托理财的相关数据,基于统计数据和有关案例定性地分析了委托理财的动因,他们认为主要有三种:(1) 获取短期收益以增加业绩;(2) 与受托方合谋,在股市上进行"做庄",以谋取非法高额回报;(3) 管理者借此谋求个人私利。相似的讨论还有巴曙松 (2001)、谷鸣 (2001)、张音和晓芳 (2002)、王晓武 (2004)、何燎原 (2004)、裘益政和陈琼琼 (2004) 等。除了定性分析,还有一些文献基于委托代理理论,从理论模型和实证研究两方面对委托理财进行了分析。理论模型方面,周彩霞和刘志彪 (2006) 在委托代理理论框架下通过构建企业和管理者个人两个层次决策主体基于委托理财的风险和收益的效用模型发现,企业管理者倾向于使用过多资金进行委托理财。实证方面,徐永新、薛健和陈晓 (2009) 从委托代理问题出发,发现在上市公司委托理财投资上,管理层可操控的现金越多,越有机会挥霍现金用以谋求私利,导致更高的代理成本,最终造成委托理财收益率低下;笔者还研究了大股东对委托理财收益率的影响,发现给定"可操控现金",第一大股东持股和委托理财收益率呈显著正相关的关系,由此证明大股东持股比例越高,越有助于改善这一代理问题。

(二) 关于现金持有价值的研究

Modigliani 和 Miller (1985) 认为在一个强有效的完美资本市场里,由于不存在交易成本并且信息是完全对称的,现金时净现值为零的投资,但是现实的资本市场不是完美的,交易成本、信息不对称、税收和经理人自利动机等因素企业持有一定数量的现金，并影响现金持有价值。Dittmar 等（2003）论述了公司持有现金的重要原因之一是代理问题的存在，并且由于代理问题的存在，即便公司能够以较低的成本进行外部融资，也会选择持有更多的现金。Drobetz 等（2010）研究了在信息不对称的情况下公司持有现金的边际价值，发现自由现金流产生的代理成本会抵销掉低成本的内部融资带来的收益，使公司持有的现金的价值下降。

许多学者进一步研究了如何解决代理问题并提高现金持有价值。Dittmar 和 Mahrt-Smith（2007）实证研究发现在治理较差的公司，1 美元现金的市场价值只有 0.42~0.88 美元，然而在治理较好的公司，1 美元现金的市场价值大约增加了一倍，这说明了公司治理在解决委托代理问题中的重要性。在股东的监督作用方面，LaPorta 等（2000）研究发现，投资者保护程度比较低时，股权集中能够使投资者利益受到侵害的程度下降，在一定程度上更有效地抑制管理者谋求私利的行为。

四、实证分析

（一）委托理财的计量

管理者可能出于获取短期收益或谋求私利的目的把现金用于委托理财，但是要区分这两种动机引起的委托理财十分困难，不仅从数据上难以区分，甚至公司股东和管理者也没有明确的划分。为了在委托代理理论框架下探究委托理财对现金持有价值的影响，本章借鉴了徐永新、薛健和陈晓（2009）对"可操控现金"[①]的计量方式，使用两种方法衡量委托理财，一种是公司一年中用于

---

① "可操控现金"的准确衡量十分困难，因为即刻到期的债务和供货商货款、定期发放的员工工资等因素的存在，并不是公司持有的所有现金都是管理层可以随意操控的，所以笔者使用了两种指标来衡量"可操控现金"：一种是现金占总资产的绝对值，这个指标意味着现金总量越多，管理层可操控的部分也越大；另一种是现金占总资产的比重减去行业平均现金持有量，这个指标显示控制了行业因素后的现金越多，管理层可操控的资金额越大，行业平均水平可选用均值或中值。

委托理财的资金总额，这个指标意味着用于委托理财的货币资金越多，管理者可用于谋求私利的部分越大；另一种是委托的资金相对额，即公司减去行业的市值加权平均委托理财金额的委托总额，这个指标控制了行业因素。如果在包含出于提高现金使用效率而进行委托理财的情况下，委托理财的规模仍旧和现金持有价值呈显著的负相关关系，更能说明委托理财过程中存在道德风险，产生的代理成本使现金持有价值降低，更能说明结果比较稳健。

(二) 研究假设

针对本章的研究问题：由于道德风险的存在，委托理财使现金持有价值下降。本章提出以下假设：

假设1：由于道德风险的存在，上市公司的现金持有价值随着委托理财规模的增加而下降。

针对如何减小委托理财对现金持有价值的负面影响，本章进一步探究了大股东在委托理财对现金持有价值中的调节作用，并提出以下假设：

假设2：给定委托理财的规模，第一大股东持股比例越高，委托理财对现金持有价值中的负面影响越小。

(三) 模型构建

1. 现金持有价值。

现有文献度量现金持有价值的方法有两类。一是直接度量法，一般使用期权定价模型进行度量。二是间接度量法，主要包括以下两种方法：

(1) Fama 和 Franch (1998) 的经典企业价值回归模型 [杨兴全和张照南 (2010)，Pinkowitz 等 (2006)]。

(2) Faulkender 和 Wang (2006) 的边际价值回归模型。该模型的因变量是公司的股票超额收益率，即股票收益率和 Fama 和 Franch (1993) 所用的账面—市值价值 (BM 比值) 匹配投资组合的收益率的差额；关键自变量是公司持有现金的变化量；控制变量包括如利息支付、股息支付等变量的变化量 (将这些变量除以公司上一年度的市场价值,以消除量纲的影响)和杠杆率。公司持有现金的变化量(经过市场价值标准化)对公司超额收益率的影响度量了现金持有的边际价值,即公司股东如何衡量公司每持有的额外一单位现金的价值,或者说公司每多持有的一单位现金对其市场价值的影响。

本章研究的是委托理财对现金持有价值的影响,不需要直接计量持有现金的价值,所以使用间接度量法。其中 Faulkender 和 Wang(2006)的边际价值回归模型比较直观:如果股东认为公司额外持有的一单位现金能够降低风险和融资成本或者有助于及时抓住投资机会,这额外持有的一单位现金的边际价值就会显著大于 1;反之,如果股东认为存在税收成本和代理问题,因此这额外持有的一单位现金留在公司由管理者把控而不是以现金股利的形式返还给股东会产生代理成本,那么这额外的一单位现金的边际价值就会显著小于 1。所以本章使用该模型来进行实证分析,通过考察委托理财对企业现金的边际价值的影响,来判断委托理财会导致现金持有价值增加还是减少,并分析其原因。

2. 实证模型。

本章借鉴 Faulkender 和 Wang(2006)的边际价值回归模型并做适当修正,实证模型(1)如下:

$$\begin{aligned} r_{i,t} - R_{i,t} = & \alpha_0 + \alpha_1 \frac{\Delta cash_{i,t}}{MV_{i,t-1}} + \alpha_2 \frac{INV_{i,t}}{MV_{i,t-1}} \frac{\Delta cash_{i,t}}{MV_{i,t-1}} + \alpha_3 \frac{INV_{i,t}}{MV_{i,t-1}} + \alpha_4 \frac{cash_{i,t-1}}{MV_{i,t-1}} \\ & + \alpha_5 \frac{cash_{i,t-1}}{MV_{i,t-1}} \frac{\Delta cash_{i,t}}{MV_{i,t-1}} + \alpha_6 LEV_{i,t} \frac{\Delta cash_{i,t}}{MV_{i,t-1}} + \sum_{i=1}^{6} b_i \frac{\Delta X_i}{MV_{i,t-1}} \\ & + \sum_{i=1}^{5} c_i year_i + \sum_{j=1}^{16} d_i indu_j + \varepsilon_{i,t} \end{aligned} \quad (10-1)$$

a_j 为第 j 个自变量的系数;自变量的下标 i 和 t 分别代表第 i 个公司、第 t 年;Δ 表示变化量,即这个变量的第 t 年年末的值和第 $t-1$ 年年末的差值。

因变量是根据总市值计算的第 t 年公司 i 的超额收益率,等于公司 i 的收益率减去第 t 年的基准回报率,这是为了消除第 t 年收益率中的市场预期收益,从而得到收益率中的非预期部分;其中基准回报率的计算方法是基于 Fama 和 French(1993)的研究,把样本公司分别按企业账面价值和市价比(BM 比值)

的大小分成五等份,构成25组,每组内所有股票回报率的市值加权平均数。关键自变量是 INV 和 C,INV 代表委托理财规模;C 代表现金持有量。为了控制与现金(C)持有变化量和公司价值有关的其他变量,加入控制变量 X,包括盈利能力(E)、财务状况(I,D,L)、投资决策(NA,R&D),详细描述如表 10 - 2 所示。由于本章选取样本为 2011 - 2016 年的数据,以 2011 年为基准,共有五个年度虚拟变量;INDU 为行业虚拟变量,按照证监会行业分类(除去金融业)共有 17 个行业,所以加入 16 个行业虚拟变量;ε 为扰动项。

所有因变量和自变量(除了资产负债率)都使用滞后一期的市场价值标准化,那么现金变化量的系数衡量的是额外一单位持有现金导致的公司市场价值的变化,即一单位持有现金的边际价值。

$(INV_{i,t}/MV_{i,t-1}) \times (\Delta cash_{i,t}/MV_{i,t-1})$ 度量委托理财对现金价值产生的影响。根据本章的研究假设1,若该交叉项系数 a_2 显著为负,则说明委托理财使现金持有价值下降,证明代理成本的存在导致现金持有价值下降。

为了检验本章的研究假设2,构建实证模型(10 - 2)如下:

$$r_{i,t} - R_{i,t} = a_0 + a_1 \frac{\Delta cash_{i,t}}{MV_{i,t-1}} + a_2 \frac{INV_{i,t}}{MV_{i,t-1}} \frac{\Delta cash_{i,t}}{MV_{i,t-1}} + a_3 G_{i,t-1} \times \frac{INV_{i,t}}{MV_{i,t-1}} \frac{\Delta cash_{i,t}}{MV_{i,t-1}}$$
$$+ a_4 \frac{INV_{i,t}}{MV_{i,t-1}} + a_5 G_{i,t-1} \times \frac{INV_{i,t}}{MV_{i,t-1}} + a_6 G_{i,-1} \times \frac{\Delta cash_{i,t}}{MV_{i,t-1}} + a_7 \frac{cash_{i,t-1}}{MV_{i,t-1}}$$
$$+ a_8 \frac{cash_{i,t-1}}{MV_{i,t-1}} \frac{\Delta cash_{i,t}}{MV_{i,t-1}} + a_9 LEV \frac{\Delta cash_{i,t}}{MV_{i,t-1}} + \sum_{i=1}^{6} b_i \frac{\Delta X_i}{MV_{i,t-1}}$$
$$+ \sum_{i=1}^{5} c_i year_i + \sum_{j=1}^{16} d_j indu_j + \varepsilon_{i,t} \qquad (10-2)$$

$G_{i,t-1}$ 表示 i 公司在第 $t - 1$ 年年末的第一大股东持股比例,$G_{i,t-1} \times (INV_{i,t}/MV_{i,t-1}) \times (\Delta cash_{i,t}/MV_{i,t-1})$ 的系数是用来度量大股东在委托理财对现金持有价值的影响中的调节作用。根据本章的研究假设2,若该交叉项系数 a_3 显著为正,说明给定委托理财规模,大股东的持股比例越高,现金持有价值越高,即大股东在委托理财对现金持有价值的影响中有正向调节作用,证明了大股东持股比例越高,越有动力去监督管理者的行为,从而降低代理成本,提升现金持有价值。

3. 其他变量定义。

表 10-2 为回归分析中所用指标的选取及计算方法。

表 10-2　　　　　　　　指标选取及计算方法

变量	含义	计算方法或规定
$MV_{i,t}$	i 公司股票在第 t 年期末的市场价值	$MV_{i,t}$ = 每股价格 × 流通股股数 + 每股净资产 × 非流通股股数 + 负债账面价值
$r_{i,t}$	i 公司股票在第 t 年间的收益率	$r_{i,t} = (MV_{i,t} - MV_{i,t-1})/MV_{i,t-1}$
$R_{i,t}$	i 公司股票所属基准投资组合在第 t 年间的收益率	根据 Fama 和 French (1993) 的研究计算
$C_{i,t}$	现金持有量	包括公司库存现金、银行结算户存款、外埠存款、银行汇票存款、三个月内到期的债券投资等
$Inv1_{i,t}$	i 公司在第 t 年间委托理财规模	在上市公司的财务报表中，委托理财一般被计入其他流动资产项。$Inv1_{i,t}$ = 第 t 年进行委托理财的总金额
$Inv2_{i,t}$	i 公司在第 t 年间委托理财规模减去行业市值加权规模	$Inv2_{i,t}$ = 第 t 年进行委托理财的总金额 - 所处行业市值加权平均委托理财金额
$G_{i,t-1}$	i 公司在第 $t-1$ 年期末的大股东持股比例	第一大股东持股比例
$I_{i,t}$	i 公司股票在第 t 年的利息支出	公司财务费用
$D_{i,t}$	i 公司股票在第 t 年发放的股利	支付的普通股股利
$L_{i,t}$	i 公司在第 t 年的市值财务杠杆	$L_{i,t}$ = 负债合计$/MV_{i,t}$
$E_{i,t}$	i 公司在第 t 年的息税前利润	$E_{i,t}$ = (营业总收入 - 营业税金及附加) - (营业成本 + 利息支出 + 手续费及佣金支出 + 销售费用 + 管理费用 + 坏账损失 + 存货跌价损失)[①]
$R\&D_{i,t}$	i 公司在第 t 年的研发费用支出	研发费用支出
$NA_{i,t}$	i 公司在第 t 年期末除去货币资金的总资产	$NA_{i,t} = TA_{i,t} - C_{i,t}$
YEAR	年份虚拟变量	会计年度
INDU	行业虚拟变量	按照中国证监会行业分类标准划分

① 其中：利息支出为列示在利润表营业成本之后的科目，并非财务费用附注中的利息支出。

第十章　委托理财中的道德风险和现金持有价值

（四）样本选择与数据描述

1. 样本选择。

该研究样本选取 2011 年至 2016 年沪深两市的 A 股上市公司，数据均来自发布在深圳和上海证券交易所官网的上市公司公告和 Wind 数据库。本章剔除了以下样本及观测值：（1）按照证监会颁布的上市公司行业分类标准，剔除金融业公司；（2）同时在 A 股市场以外发行股票的公司，包括 B 股、H 股等；（3）数据不完整的观测值；（4）ST 和 PT 的公司。最终得到 6 年 1 010 家公司的样本，共 1 914 个观测值。

为了解决部分数据存在极端值的问题，对各个变量（除交叉变量）进行 Winsorize 处理，把落在（1%，99%）之外的观测值设置为 1% 或 99% 分位的值，交叉变量使用经过 Winsorize 处理的数据的计算结果。

2. 数据描述。

表 10-3 为因变量和经过市值标准化的自变量的描述性统计。可以看出，因变量 $r_{i,t} - R_{i,t}$ 的均值是 0.0671，中位数是 -0.0300，不是十分接近于零，主要是因为本章选取的不是全部上市公司，而是 2011—2016 年进行委托理财的公司，因此有一定偏差。

$C_{i,t}$ 表示经市值标准化后的 i 公司在第 $t-1$ 年期末的现金持有量，平均数是 0.1210，中位数是 0.0900，说明样本公司平均持有市值 12.1% 的现金，中位数小于平均数，说明现金持有量（经过市值标准化）的分布是偏右的。

$Inv1_{i,t}$ 表示 i 公司在第 t 年间委托理财总金额占其市值的比重，平均数是 0.1380，中位数是 0.0800。说明在选取的样本中，进行委托理财的上市公司在 2011—2016 年平均每年将市值 13.8% 的货币资金用于委托理财[①]，比重较高。值得注意的是 $Inv1_{i,t}$ 的最大值是 5.85，是因为个别公司在一年中会将一笔资金

[①] 在该指标中，将公司滚动用于委托理财的资金叠加计算。

滚动使用于多笔理财。$Inv2_{i,t}$ 是 i 公司在第 t 年间委托理财总额减去行业市值加权平均总额后占其市值的比重，平均值是 -0.0145，较接近于 0，中位数是零。$G_{i,t-1}$ 表示第一大股东持股比例，平均数是 0.3470，中位数是 0.33，说明在选取的样本中，进行委托理财的上市公司中大股东平均持股 34.70%，比重较高。

其他指标的平均数均为正数，说明总体的变化方向是上升的。其中，$\Delta C_{i,t}$ 的平均数是 0.0021，非常接近于零，中位数是零，说明样本公司的现金持有量占其市值的比重的年度变化是略有上升。衡量财务状况的指标中，$\Delta I_{i,t}$ 和 $\Delta D_{i,t}$ 的平均数都非常接近于零，中位数都为零，说明公司的利息支出和股利支出占其市值的比重比较稳定，变化不大；市值财务杠杆 $L_{i,t}$ 的平均数是 0.1780，表示样本公司负债占其市值的比重平均为 17.8%。衡量盈利能力的指标 $\Delta E_{i,t}$ 的中位数是零，平均数是 0.0046，比较接近于零，说明公司的盈利能力略有上升、比较稳定。衡量投资的指标中，$\Delta NA_{i,t}$ 的平均值是 0.1280，中位数是 0.08，说明公司资产（除去货币资金）相对于其市值增长较多，$\Delta R\&D_{i,t}$ 的平均数是 0.0016，中位数是零，说明样本公司每年用于研发的费用占其市值的比重比较稳定。

表 10-3　　　　　　　　　　样本变量统计性描述

变量	计数	平均数	标准差	中位数	最小值	最大值
$r_{i,t} - R_{i,t}$	1 914	0.0671	0.5940	-0.0300	-1.1300	7.3000
$Inv1_{i,t}$	1 914	0.1380	0.2220	0.0800	0.0000	5.8500
$Inv2_{i,t}$	1 914	-0.0145	0.2510	0.0000	-2.1500	4.6200
$C_{i,t-1}$	1 914	0.1210	0.1040	0.0900	0.0000	0.7600
$\Delta C_{i,t}$	1 914	0.0021	0.1010	0.0000	-0.6500	1.5700
$\Delta I_{i,t}$	1 914	0.0006	0.0047	0.0000	-0.0200	0.0500
$\Delta D_{i,t}$	1 914	0.0011	0.0092	0.0000	-0.0800	0.0800
$\Delta E_{i,t}$	1 914	0.0046	0.0318	0.0000	-0.3200	0.7200
$\Delta NA_{i,t}$	1 914	0.1280	0.2780	0.0800	-0.4800	6.4200
$\Delta R\&D_{i,t}$	1 914	0.0016	0.0061	0.0000	-0.0500	0.0900
$L_{i,t}$	1 914	0.1780	0.1510	0.1300	0.0000	0.8800
$G_{i,t-1}$	1 914	0.3470	0.1490	0.3300	0.0400	0.8200

注：（1）$r_{i,t} - R_{i,t}$ 表示第 t 年公司 i 的股票的超额收益率，是因变量，其他变量均是自变量；（2）Δ 表示变化量，即这个变量的 t 年年末的值和 $t-1$ 年年末的差值；（3）以上指标（除了市值财务杠杆 $L_{i,t}$）均已使用滞后一期市场价值标准化；（4）以上变量均尚未进行 Winsorize 处理。

表 10 – 4　　　　　　　　　　样本变量间的相关系数

	$r_{i,t}-R_{i,t}$	$Inv1_{i,t}$	$Inv2_{i,t}$	$C_{i,t-1}$	$\Delta C_{i,t}$	$\Delta I_{i,t}$	$\Delta D_{i,t}$	$\Delta E_{i,t}$	$\Delta NA_{i,t}$	$\Delta R\&D_{i,t}$	$L_{i,t}$	$G_{i,t-1}$
$r_{i,t}-R_{i,t}$	1.0000											
$Inv1_{i,t}$	-0.0179	1.0000										
$Inv2_{i,t}$	-0.1670	0.7080	1.0000									
$C_{i,t-1}$	0.0825	0.1720	-0.0205	1.0000								
$\Delta C_{i,t}$	0.0475	0.0321	0.0510	-0.4430	1.0000							
$\Delta I_{i,t}$	0.0595	-0.0797	-0.0270	-0.1120	0.0769	1.0000						
$\Delta D_{i,t}$	-0.0030	0.0415	0.0519	0.0420	-0.0471	-0.0105	1.0000					
$\Delta E_{i,t}$	0.1060	0.0133	-0.0039	-0.0742	0.3120	-0.0084	0.0339	1.0000				
$\Delta NA_{i,t}$	0.0565	0.1070	0.0575	0.1250	0.1130	0.2490	-0.0136	0.2030	1.0000			
$\Delta R\&D_{i,t}$	-0.0006	0.0095	0.0020	0.0618	0.1600	-0.0235	0.0104	0.1510	0.1650	1.0000		
$L_{i,t}$	-0.1160	-0.1110	0.0390	0.0250	0.0826	0.2870	-0.0365	-0.0334	0.2310	0.0133	1.0000	
$G_{i,t-1}$	-0.0106	0.0280	0.0329	0.1630	-0.0826	-0.0025	0.0628	0.0219	0.0150	-0.0175	0.0662	1.0000

注：(1) $r_{i,t}-R_{i,t}$ 表示第 t 年公司 i 的股票的超额收益率，是因变量，其他变量均是自变量；(2) Δ 表示变化量，即这个变量的 t 年年末的值和 $t-1$ 年年末的差值；(3) 以上指标（除了市值财务杠杆 $L_{i,t}$）均已使用滞后一期市场价值标准化；(4) 以上变量均尚未进行 Winsorize 处理。

（五）结果分析

1. 委托理财对现金持有价值的影响。

表 10 – 4 为委托理财对现金持有价值的影响的回归分析结果，基于模型 (10 – 1) 共进行了三个回归分析，均通过 VIF 检验和 White 检验，不存在多重共线性和异方差性问题。

结果 (10 – 1) 是没有加入委托理财变量（$Inv1_{i,t}$ 和 $Inv2_{i,t}$）的回归结果，结果 (10 – 2) 是加入上市公司委托理财总额和现金持有变化量（均经过市场价值标准化）的交叉项（$Inv1_{i,t} * \Delta C_{i,t}$）的回归结果，结果 (10 – 3) 是加入除去行业市值加权平均数的委托理财总额和现金持有变化量（均经过市场价值标准化）的交叉项（$Inv2_{i,t} * \Delta C_{i,t}$）的回归结果。

结果 (10 – 1) 中 $\Delta C_{i,t}$ 的系数是 0.4621 且在 10% 的水平上显著，说明公司新增的 1 元现金的市场价值为 0.4621 元，持有价值较低，与杨兴全和张照南 (2008, 2010) 的研究结果相一致。

结果 (10 – 2) 的关键变量——交叉项 $Inv1_{i,t} * \Delta C_{i,t}$ 的系数衡量的是委托理

财对持有现金的边际价值的影响,该项系数为 -0.3279,在5%的水平上显著,说明委托理财规模与持有现金的边际价值显著负相关。该系数表示,控制其他变量,若公司没有将资金用于委托理财,公司新增的1元现金的市场价值为0.7720元,若公司将占市值1%的资金用于委托理财,公司新增的1元持有现金的市场价值为0.7687元,下降0.0033元,下降幅度约为0.42%。本结果验证了研究假设1,证明了上市公司中存在代理成本,并导致委托理财使现金持有价值下降。

结果(10-3)的关键变量——交叉项 $Inv2_{i,t} * \Delta C_{i,t}$ 的系数衡量的是控制行业因素后的委托理财对持有现金的边际价值的影响,值为 -0.3968,在1%的水平上显著,验证了本模型的稳健性。本结果中的该项系数表示,控制其他变量,若公司没有将资金用于委托理财,公司新增的1元持有现金的市场价值为0.7444元,若公司将市值的1%的资金用于委托理财,公司新增的1元持有现金的市场价值为0.7404元,下降0.0040元,下降幅度约为0.53%,与结果(10-2)相似。

在三个回归结果中,$\Delta E_{i,t}$ 和 $C_{i,t-1}$ 的系数为正,且在1%的水平上显著,说明盈利能力的提升(息税前利润)的增加、现金持有量的增加提高了超额收益率,这与 Faulkender 和 Wang(2006)、王立新等(2011)的结论一致。$C_{i,t-1} * \Delta C_{i,t}$ 交叉项的系数表示的是持有的现金量对新增现金的边际价值的影响,结果显示该交叉项的结果为正,但是非常不显著,说明了持有的现金量对新增现金的边际价值没有显著影响。

衡量财务状况的指标中,$\Delta I_{i,t}$ 的系数均为正,且在1%的水平上显著,这与 Faulkender 和 Wang(2006)的结论不一样。依据 Jensen(1986)的文章中提到的"债务控制假说",可能有以下两点原因:一是我国资本市场不完善,投资者保护比较弱,股东和管理者之间的委托问题较为严重,利息支出(以财务费用衡量)的增加能够很好地控制管理者随意操控现金的代理问题,从而提高现金持有价值;二是利息支出降低了税收成本。$\Delta D_{i,t}$ 的系数均为负且不显著,这与 Easterbrook(1984)、Faulkender 和 Wang(2006)、王立新等(2011)、韩立岩等（2011）研究的结论不一致，可能是因为我国资本市场不完善，现金股利传递信号的作用较弱，所以对超额回报率的影响很小。$L_{i,t}$的系数均为负且在1%的水平上显著，说明资产负债率对超额收益率有负的影响，这与Faulkender和Wang（2006）、韩立岩等（2011）研究的结论一致。

衡量投资情况的指标中，$\Delta NA_{i,t}$的系数均为正，但是不显著，可能是因为超额收益率已经将规模效应考虑在内。$\Delta R\&D_{i,t}$的系数均为负，在10%的水平上显著，说明公司对研发投资的增加对股票超额收益的影响或贡献不大，这与王立新等（2011）的研究结论一致，但与Faulkender和Wang（2006）、韩立岩等（2011）研究的结论不一致。可能有以下两点原因：一是研发投资信息的不透明，加大了企业的信息不对称问题；二是研发投资的收益多为长期收益，具有滞后性。

表 10-5　　委托理财对现金持有价值的影响的回归结果

	（1）	（2）	（3）
$\Delta C_{i,t}$	0.4621*	0.7720***	0.7444**
	(1.86)	(2.89)	(2.96)
$\Delta I_{i,t}$	13.6949***	13.4612***	12.6784***
	(4.44)	(4.37)	(4.16)
$\Delta D_{i,t}$	-0.786	-0.6788	-0.1833
	(-0.50)	(-0.47)	(-0.13)
$\Delta E_{i,t}$	1.5821***	1.4374***	1.4549***
	(3.50)	(3.17)	(3.24)
$\Delta NA_{i,t}$	0.0597	0.0716	0.0711
	(1.07)	(1.28)	(1.29)
$\Delta R\&D_{i,t}$	-3.5544	-3.7988*	-3.9813*
	(-1.56)	(-1.67)	(-1.77)
$C_{i,t-1}$	0.8487***	0.8968***	0.7674***
	(5.45)	(5.72)	(4.97)
$L_{i,t}$	-0.6377***	-0.6610***	-0.6050***
	(-6.78)	(-6.98)	(-6.50)
$C_{i,t-1} * \Delta C_{i,t}$	0.3018	0.0534	0.8626

续表

	(1)	(2)	(3)
	(0.33)	(0.06)	(0.95)
$L_{i,t} * \Delta C_{i,t}$	0.206	-0.2124	0.0439
	(0.24)	(-0.25)	(0.05)
$Inv1_{i,t}$		-0.0826	
		(-1.07)	
$Inv1_{i,t} * \Delta C_{i,t}$		-0.3279**	
		(-1.98)	
$Inv2_{i,t}$			-0.0179
			(-0.10)
$Inv2_{i,t} * \Delta C_{i,t}$			-0.3968***
			(-6.86)
_cons	0.0608**	0.0696**	0.0536**
	(2.29)	(2.47)	(2.04)
YEAR	Yes		
INDU	Yes		
N	1 914	1 914	1 914
$Adj - R^2$	0.1472	0.1518	0.1653

注：(1) 以上回归分析的因变量是 $r_{i,t} - R_{i,t}$，表示第 t 年公司 i 的股票的超额收益率，其他变量均为自变量；cons 为回归常数项；(2) Δ 表示变化量，即这个变量的 t 年年末的值和 $t-1$ 年年末的差值；(3) 以上指标（除了市值财务杠杆 $L_{i,t}$）均已使用滞后一期市场价值标准化；(4) YEAR 和 INDU 分别表示 5 个年度虚拟变量和 16 个行业虚拟变量，Yes 代表至少一个行业或年份的统计显著；(5) 括号内是回归系数的 t 值，***、**、* 分别代表统计检验在 1%、5%、10% 水平上显著。

2. 大股东在委托理财影响现金持有价值中的调节作用。

表 10-6 是大股东在委托影响现金持有价值中的调节作用的回归分析结果，基于模型（10-2），分别使用上市公司委托理财总额（$Inv1_{i,t}$）和除去同行业市值加权平均数的公司委托理财金额（$Inv2_{i,t}$）衡量委托理财，进行了两个回归分析，均通过 VIF 检验和 White 检验，不存在多重共线性和异方差性问题。

关键变量是第一大股东持股比例和委托理财规模（$Inv1_{i,t}$ 或 $Inv2_{i,t}$）、现金持有变化量的交叉项，结果（10-1）中该项系数是 7.7321，且在 5% 的水平上显著，说明大股东在委托理财影响现金的持有价值中存在正向的调节作用，验证了研究假设 2，即控制委托理财金额，大股东持股比例越高，越有动力监督管理者的行为，抑制委托理财过程中管理者谋求私利的可能性，降低了代理成本，从而提高了现金持有价值。

结果（10-2）中该项系数是 8.6330，且在 10% 水平上显著，与结果（10-1）类似，证明回归结果较稳健。其他变量的系数和表中模型（10-1）的回归结果基本一致。

表 10-6　大股东在委托理财影响现金持有价值中的调节作用的回归结果

	(1)	(2)
$\Delta C_{i,t}$	0.8569**	0.9234***
	(2.37)	(2.67)
$\Delta I_{i,t}$	7.6983***	6.7437**
	(2.65)	(2.34)
$\Delta D_{i,t}$	3.2865**	3.8590***
	(2.40)	(2.85)
$\Delta E_{i,t}$	1.3844***	1.3632***
	(3.23)	(3.20)
$\Delta NA_{i,t}$	1.1654***	1.1602***
	(22.16)	(22.33)
$\Delta R\&D_{i,t}$	1.9684	2.0050
	(0.92)	(0.94)
$C_{i,t-1}$	1.2542***	1.1305***
	(8.41)	(7.70)
$L_{i,t}$	-1.2276***	-1.1912***
	(-13.75)	(-13.43)
$C_{i,t-1}*\Delta C_{i,t}$	3.1962***	2.1243**
	(3.62)	(2.48)
$L_{i,t}*\Delta C_{i,t}$	-1.2529	-1.1930
	(-1.57)	(-1.53)
$G_{i,t-1}*\Delta C_{i,t}$	1.2784	1.3668
	(1.51)	(1.63)
$Inv1_{i,t}$	-1.0414	

续表

	(1)	(2)
	(-1.17)	
$\text{Inv1}_{i,t} * \Delta C_{i,t}$	-1.5730**	
	(-2.14)	
$G_{i,t-1} * \text{Inv1}_{i,t}$	-5.2354	
	(-1.23)	
$G_{i,t-1} * \text{Inv1}_{i,t} * \Delta C_{i,t}$	7.7321**	
	(2.33)	
$\text{Inv2}_{i,t}$		-0.8560
		(-0.96)
$\text{Inv2}_{i,t} * \Delta C_{i,t}$		-1.5887*
		(-1.79)
$G_{i,t-1} * \text{Inv2}_{i,t}$		-3.4444
		(-0.57)
$G_{i,t-1} * \text{Inv2}_{i,t} * \Delta C_{i,t}$		8.6330*
		(1.79)
YEAR	Yes	
INDU	Yes	
_cons	0.2770***	0.2694***
	(10.44)	(10.88)
N	1 914	1 914
$Adj-R^2$	0.3403	0.3521

注：(1) 以上回归分析的因变量是 $r_{i,t} - R_{i,t}$，表示第 t 年公司 i 的股票的超额收益率，其他变量均是自变量；cons 为回归常数项；(2) Δ 表示变化量，即这个变量的 t 年年末的值和 $t-1$ 年年末的差值；(3) 以上指标（除了市值财务杠杆 $L_{i,t}$）均已使用滞后一期市场价值标准化；(4) Year 和 Indu 分别表示 5 个年度虚拟变量和 16 个行业虚拟变量，Yes 代表至少一个行业或年份的统计显著；(5) 括号内是回归系数的 t 值，***、**、* 分别代表统计检验在 1%、5%、10% 水平上显著。

五、研究结论和政策建议

(一) 主要结论

通过研究委托理财对现金持有价值的影响,本章有以下两点结论:

(1) 上市公司委托理财的过程中确实存在代理问题中的道德风险,并且由于代理成本的存在,委托理财使现金持有价值下降;具体来说,公司用于委托理财的货币资金越多,现金持有价值越低。这一结果说明管理者用于委托理财的资金越多,越有可能通过委托理财谋求私利,比如,通过"回扣"等多种形式受贿、转移公司资产,或者出于"偷懒"疏于监督委托理财的过程,这些代理问题导致了现金持有价值下降。

(2) 大股东持股比例越高,越有助于解决道德风险问题,提高现金持有价值;具体来说,给定委托理财的资金规模,第一大股东持股比例越高,委托理财对现金持有价值的负面影响越小。这一结果说明大股东的持股比例越高,对管理者监督的动力越高,能够更好地监督和约束管理者对现金的使用,如监督管理者的委托理财决议和按时监督委托理财过程,降低了管理者为了谋求私利进行委托理财的可能性,从而提高了现金持有价值。

(二) 政策建议

如前文所述,管理层在将闲置资金用于委托理财而不是返还给股东的过程中存在代理问题中的道德风险,这种代理成本使现金的持有价值下降,对公司的发展不利。本章依据研究结论尝试提出以下建议:

首先,在委托理财的决策过程中,上市公司应明确可用于委托理财的闲置资金的来源和可用额度,针对违反行为采取相应的惩处措施;并设立起透明有效的决策机制,使委托理财的决策过程更加民主科学。其次,在委托理财的投资管理过程中,建立起健全的对高管人员等管理者的责任追究机制,使公司内委托理财的所有涉及方有激励遵守相关政策认真履行职责,这有利于防范委托理财风险、防止管理者"偷懒"或者借机谋求私人利益。最后，公司股东应加强对委托理财过程的监督；及时全面地披露委托理财相关情况，包括理财规模、受托方情况、预期收益和风险分析等，以保障中小股东的知情权；还要按时跟进委托理财动向和结束时本金和收益的回收情况，以免发生重大风险事件。

参考文献

[1] 巴曙松. 圈钱游戏中的"恶庄"与委托理财 [J]. 现代管理科学, 2001 (5)：11-13.

[2] 陈若晴. 上市公司委托理财行为研究——来自中国资本市场的证据 [D]. 厦门大学, 2014.

[3] 陈湘永, 丁楹. 我国上市公司委托理财的实证分析 [J]. 管理世界, 2002 (3)：107-116, 136.

[4] 陈雪峰, 翁君奕. 配股公司现金持有与经营业绩 [J]. 管理科学, 2002, 15 (4)：37-41.

[5] 杜玉忠. 南航高管涉讼, 折戟委托理财 [J]. 新财经, 2006 (12)：106-107.

[6] 冯志华. 现金持有、公司治理与代理成本——基于产权的调节效应 [J]. 经济管理, 2017 (8).

[7] 谷鸣. 委托理财：大旗会倒吗? [J]. 经济月刊, 2001 (11)：57-58.

[8] 韩立岩, 刘博研. 公司治理、不确定性与现金价值 [C] /经济学. 2011：523-550.

[9] 何燎原, 王平心. 上市公司委托理财的特征、问题及监管建议——基于深市上市公司的实证分析 [J]. 财政研究, 2005 (9)：26-28.

[10] 何燎原. 深市上市公司委托理财专题研究 [J]. 证券市场导报, 2004 (11)：13-15.

第十章 委托理财中的道德风险和现金持有价值

[11] 侯毅. 我国上市公司委托理财动因和影响的实证研究 [D]. 清华大学, 2004.

[12] 黄善东. 上市公司委托理财刍探 [J]. 财会月刊, 2002 (11): 23-24.

[13] 姜宝强, 毕晓方. 超额现金持有与企业价值的关系探析——基于代理成本的视角 [J]. 经济与管理研究, 2006 (12): 49-55.

[14] 林小驰, 严斌, 欧阳婧, 等. 委托理财与公司治理: 基于中国上市公司数据的实证研究 [C] /中国国际金融年会. 2006.

[15] 刘怀珍, 欧阳令南. 经理私人利益与过度投资 [J]. 系统工程理论与实践, 2004, 24 (10): 44-48.

[16] 刘银国, 张琛. 自由现金流与在职消费——基于所有制和公司治理的实证研究 [J]. 管理评论, 2012, 24 (10): 18-25.

[17] 马军生. 我国上市公司现金持有的影响因素和市场价值 [D]. 复旦大学, 2007.

[18] 裘益政, 陈琼琼. 三问上市公司委托理财 [J]. 国际融资, 2004 (9): 31-33.

[19] 王立新, 沈金洲. 高管变更与现金持有价值 [J]. 南方经济, 2011, 29 (7): 70-80.

[20] 王晓武. 我国上市公司委托理财违规现象透析 [J]. 北方经济, 2004 (9): 54-55.

[21] 王展飞. 基于代理理论的上市公司委托理财影响因素研究 [D]. 浙江大学, 2006.

[22] 奚宾. 中国上市公司持有现金价值影响因素研究 [D]. 暨南大学, 2011.

[23] 徐晓东, 陈小悦. 第一大股东对公司治理、企业业绩的影响分析 [J]. 经济研究, 2003 (2): 64-74.

[24] 徐永新, 薛健, 陈晓. 从委托理财收益率看上市公司委托道德风险 [J]. 南开管理评论, 2009, 12 (5): 101-108.

[25] 徐永新. 二级委托道德风险研究：来自委托理财的经验证据 [J]. 管理工程学报, 2009, 23 (4): 31–36.

[26] 许碧, 黄飞. 浅析上市公司委托理财 [J]. 四川会计, 2002 (2): 35–36.

[27] 伊志宏, 姜付秀, 秦义虎. 产品市场竞争、公司治理与信息披露质量 [J]. 管理世界, 2010 (1): 133–141.

[28] 翟胜宝, 郑洁. 我国上市公司委托理财风险控制理论研究 [J]. 北方经贸, 2008 (3): 57–59.

[29] 张音, 晓芳. 委托理财前景初探 [J]. 现代管理科学, 2002 (3): 60–61.

[30] 张兆国, 郑宝红, 李明. 公司治理、税收规避和现金持有价值——来自我国上市公司的经验证据 [J]. 南开管理评论, 2015, 18 (1): 15–24.

[31] 张照南, 杨兴全. 治理环境、现金持有量与公司价值——来自我国上市公司的证据 [J]. 经济与管理研究, 2009 (2): 88–94.

[32] 周彩霞, 刘志彪. 利益与风险偏好差异：上市公司委托理财行为及对策的经济学分析 [J]. 当代经济科学, 2006, 28 (2): 90–96.

[33] 周彩霞. 委托理财危机背后的公司治理困局探析——以吴忠仪表和闽东电力案为例 [J]. 经济研究导刊, 2006 (4): 69–71.

[34] Dittmar A, Mahrt-Smith J, Servaes H. International Corporate Governance and Corporate Cash Holdings [J]. Journal of Financial & Quantitative Analysis, 2003, 38 (1): 111–133.

[35] Dittmar A, Mahrt-Smith J. Corporate governance and the value of cash holdings [J]. Journal of Financial Economics, 2007, 83 (3): 599–634.

[36] Drobetz W, Grüninger M C, Hirschvogl S. Information asymmetry and the value of cash [J]. Journal of Banking & Finance, 2010, 34 (9): 2168–2184.

[37] Fama E F, French K R. Taxes, Financing Decisions, and Firm Value [J]. Journal of Finance, 1998, 53 (3): 819–843.

[38] Fama E F, Jensen M C. Separation of Ownership and Control [J]. Journal of Law & Economics, 2013, 26 (2): 301 – 325.

[39] Faulkender M, Wang R. Corporate Financial Policy and the Value of Cash [J]. Journal of Finance, 2006, 61 (4): 1957 – 1990.

[40] Frank H. Easterbrook. Two Agency – Cost Explanations of Dividends [J]. American Economic Review, 1984, 74 (4): 650 – 659.

[41] Jensen M C. Agency Costs of Free Cash Flow, Corporate Finance, and Takeovers. [J]. American Economic Review, 1986, 76 (2): 323 – 329.

[42] Jensen, M., Meckling, W.. Theory of the firm: Managerial behavior, agency costs, and ownership structure. [J] Journal of Financial Economics, 1976 (3): 305 – 360.

[43] Keynes J M. The General Theory of Employment [J]. Quarterly Journal of Economics, 1937, 51 (2): 209 – 223.

[44] Myers S C, Majluf N S. Corporate financing and investment decisions when firms have information that investors do not have [J]. Social Science Electronic Publishing, 1984, 13 (2): 187 – 221.

[45] Pinkowitz L, Williamson R. Does the Contribution of Corporate Cash Holdings and Dividends to Firm Value Depend on Governance? A Cross-Country Analysis [J]. Journal of Finance, 2006, 61 (6): 2725 – 2751.

[46] Porta R L, Lopez-De-Silanes F, Shleifer A, et al. Agency Problems and Dividend Policies around the World [J]. Journal of Finance, 2000, 55 (1): 1 – 33.

第十一章 中国保险资金在"举牌"中的积极主义研究

何重达　许智华　徐青青

摘　要：在中国金融市场不断走向成熟的过程中，保险资金"举牌"中国上市公司引起了社会诸多讨论。投资者的积极主义也开始成为中国上市公司公司治理的重要组成部分。文章发现，中国保险资金青睐于制造业、房地产业、批发和零售业和金融行业等在中国具有广阔前景的行业。本章运用事件研究、回归和与对标公司比较的方法，发现中国保险资金在"举牌"上市公司的短期内能够改善上市公司的盈利能力，同时资本市场对于保险资金"举牌"行动持有积极态度，被"举牌"的公司在公告发出前后能够观测到其股票有显著的超额收益。中国保险资金的"举牌"行为能够为股东带来财富提升。因此，应当积极完善险资"举牌"的市场规则和准入制度，正面引导保险资金在资本市场进行股权投资。

关键词：保险资金　举牌　积极主义

一、引言

2015年1月以来，中国保险资金多次"举牌"上市公司引起了社会的强烈反响。社会对其看法褒贬不一：有人认为"举牌""不但没有支持企业发展，

第十一章 中国保险资金在"举牌"中的积极主义研究

反而损害了企业的稳定经营能力,对实体经济健康发展造成冲击"① 这些观点大体上认为保险资金是上市公司的"强盗",损害了其他小股东的权益。也有人认为"保险资金投资于一些估值较低、分红较高的蓝筹股,以及一些具有较好成长性的新兴行业,也是支持经济转型升级的有益实践。"② 这些观点认为保险资金能够参与到公司的战略决策当中,改善公司的经营状况,不仅使得保险资金自己受益,同时也能够帮助其他小股东获益。本章认为这两种观点可以通过数据的实证来验证。本章希望研究保险资金在"举牌"事件发生前后的财务表现和股价表现,以确定保险资金在"举牌"中国上市公司时能否为股东带来价值效应,能否在短期内改善公司的经营状况。

在成熟的金融市场中,股东的积极主义(Shareholder Activism)是其市场的主要特征之一。Jennifer E. Bethel[3] 将大量购买股票的股东[4]分为积极投资者、财务投资者和战略投资者三类,他发现在这三者都喜欢投资于财务表现不佳、股权分散化的公司。但在13D公告(相当于中国的"举牌"公告——股东权益变动的提示性公告)后,市场对于积极投资者的13D公告反应更为热烈,其标的公司的财务表现也有显著改善;与此同时,财务投资者和战略投资者投资的上市公司的股价上涨相比之下则不是很高,财务表现没有明显改善。

在探讨投资者的积极主义上,更多国外研究者将投资者的类型进行细分,分为对冲基金、养老基金和个人投资者。而西方研究者很少关注保险公司的积极主义,美国的保险公司由于资产负债的匹配需要,更多将资金投入到股指当中,而很少专门投资于单一的、易受经济周期影响的股票。在国外,保险公司的权益类投资多用于配置ETF指数类基金。因此,在美国鲜有保险公司发出13D公告。在股权投资上,中美两国的保险资金在投资标的上存在一定的差别。

---

① 刘夏村. 意味深长的讨论 [N]. 中国证券报·中证网, 2017 – 03 – 13.
② 张爽,康民,冯娜娜,李梦溪. 险资不是妖精 稳定的资本市场必有险资做基石 [N]. 中国保险报·中保网, 2016 – 12 – 06.
③ Bethel J E, Liebeskind J P, Opler T. Block share purchases and corporate performance [J]. The Journal of Finance, 1998, 53 (2): 605 – 634.
④ 持股比例超过5%。

金融风险管理若干重要问题的再探讨

中国保险公司与美国保险公司投资习惯不相一致，中国保险资金的高调与美国保险资金的沉默形成了鲜明的对比，这更需要我们单独对待中国保险资金的"举牌"行为。近期中国保险公司的"举牌"行为更类似于美国的对冲基金、养老基金的做法。

国内最近出现的一些新闻报道中，大多关注于保险资金"举牌"的动因和特点。朱南军[1]通过简单的分析，发现近期保险资金大量"举牌"的原因是①保费增速较快，投资渠道有限[2]。②股市大幅波动，监管政策引导[3]。③年末考核将至，提升偿付能力[4]。④货币严重超发，保持资产价值。⑤打通行业屏障，实现协同效应；他认为被"举牌"的上市公司四个特点：一是股息率较高；二是市盈率较低；三是股权集中度较低；四是净资产利润率较高，现金流稳定。

本章的研究对象为保险资金，而非其他资金，探究他们能否带来正的价值效应。中国的保险公司在选择投资个别股票时是与美国的对冲基金、养老基金是否有相似之处？中国的保险资金青睐于什么样的公司？中国的保险资金能否为上市公司以及其股东带来一定的变化？这是本章希望研究的问题。本章主要参考国外学者对冲基金积极主义、养老基金积极主义论文的研究方法。首先，运用比较的方法探究被"举牌"公司的特点。其次，本章运用Logistic回归的方法研究什么样的公司容易被"举牌"。再次，本章通过观察股价的变动来确定市场对于"举牌"事件的态度：这其中既包含计算累计超额收益率，也包含运用累计超额收益率对各财务指标进行回归来探究市场所看重的财务指标。最后，本章通过比较被"举牌"公司与对标公司的财务变

---

[1] 朱南军，韩佳运. 险资举牌的逻辑、特征与策略 [J]. 金融市场研究，2016（4）017.

[2] 2015年，多家保险公司（如富德生命人寿、前海人寿、和谐健康和国华人寿）在2015年都有100%的保费增长率；与此同时，保险公司在市场利率下调、债券市场风险偏高的情况下，出现了较为严重的资产配置荒。

[3] 2015年7月8日，原保监会发布了《关于提高保险资金投资蓝筹股票监管比例有关事项的通知》，该通知放宽了保险资金投资蓝筹股票监管比例。对符合条件的保险公司，将投资单一蓝筹股票的比例上限由占上季度末总资产的5%调整为10%；投资权益类资产达到30%比例上限的，可进一步增持蓝筹股，增持后权益类资产余额不高于上季度末总资产的40%。

[4] "举牌"已经重仓的上市公司，可供出售金融资产账户的公允价值有望得到快速提升，从而提高偿付能力水平，这比直接注入资本金应对会计期末的偿付能力考核效果更好、成本更低。

第十一章 中国保险资金在"举牌"中的积极主义研究

化来分析保险资金究竟是掠夺了上市公司的财富还是改善了上市公司的经营状况。

通过研究我们发现：保险资金多喜欢"举牌"发展较为成熟的公司，保险资金的进入能够显著改善上市公司的净资产收益率（ROE）；市场对于保险资金的"举牌"普遍有积极的反应，"举牌"事件短期内能够观测到十分显著的超额收益，市场对保险资金的行动是认可的。因此，应当积极完善险资举牌的市场规则和准入制度，正面引导保险资金在资本市场的长期投资，对于资金来源合理的险资"举牌"进行价值投资行为予以鼓励。

本章的第二部分是文献回顾和研究假设。国内的文献对于积极主义的研究相对较少。该部分大致梳理了西方文献中围绕"举牌"公告的积极主义研究的结论，同时也涉及对国内的文献的回顾，在此基础上提出了本章的研究假设。第三部分为数据描述，介绍了本章的研究的样本，包括数据的来源与选择和对标公司的筛选标准。第四部分则是具体的实证研究与分析，该实证研究具体分为六部分，以"举牌"前、"举牌"时、"举牌"后为时间顺序，分别研究上市公司的财务表现和股价变动，以期对本章提出的研究假设做出验证。第五部分为本章的结论。

二、文献回顾与研究假设

首先，对于对冲基金的积极主义上，绝大多数研究者基本同意资本市场对于13D公告有积极的反应，即公告前后市场会产生显著的超额收益。例如，April Klein[1]通过研究发现上市公司在对冲基金发出13D公告时，市场对于对冲基金持有积极态度：13D公告前后有显著为正的累计超额收益；相似的结论在

---

[1] Klein A, Zur E. Hedge fund activism [J]. 2006.

Lucian A. Bebchuk[1]、Nicole M. Boyson[2] 的论文中也可以找到；Alon Brav[3] 也发现超额持有收益率在 13D 公告前后 20 天内有显著的正收益。

对于对冲基金"举牌"公告后的财务表现研究上则存在一定的分歧。April Klein[4] 运用与对标公司比较的方法，发现被"举牌"的上市公司在 13D 公告后最近的财务报表中每股盈余（EPS）、资产收益率（ROA）和净资产收益率（ROE）都有下降，同时被"举牌"的公司的现金比率降低了。Alon Brav[5] 的论文中的观测期相比于 April Klein 长一些，他发现短期内股利分配率（Payout Ratio）和账面杠杆比率（Leverage Ratio）确实会提高，但资产收益率（ROA）和营业利润率（Operating Profit Margin）的提高只有在两年后才有体现。Christopher P. Clifford[6] 也运用了相似的比较方法，发现被"举牌"公司在资产收益率（ROA）、行业调整净资产收益率（Industry – Adjusted ROE）均有提升，他发现这种提升更多是来自于资产的剥离而非现金流的改善。Nicole M. Boyson[7] 以对冲基金退出上市公司后的财务表现为观测对象，发现对冲基金在退出后，上市公司的托宾 Q 值提升了；同时，他运用财务表现对一系列"举牌"的虚拟变量回归的方法，发现对冲基金的积极主义能够给改善上市公司的财务表现。这种财务表现的提升在短期和长期都有所体现。

其次，对于养老基金的积极主义上，西方研究者普遍持有悲观态度。Sunil

---

[1] Bebchuk L A, Brav A, Jackson Jr R J, et al. Pre-Disclosure Accumulations by Activist Investors: Evidence and Policy [J]. Journal of Corporation Law, 2013, 39 (1): 1.

[2] Boyson N M, Mooradian R M. Hedge funds as shareholder activists from 1994 – 2005 [J]. Northeastern University-College of Business Administration, 2007.

[3] Brav A, Jiang W, Partnoy F, et al. Hedge fund activism, corporate governance, and firm performance [J]. The Journal of Finance, 2008, 63 (4): 1729 – 1775.

[4] Klein A, Zur E. Hedge fund activism [J]. 2006.

[5] Brav A, Jiang W, Partnoy F, et al. Hedge fund activism, corporate governance, and firm performance [J]. The Journal of Finance, 2008, 63 (4): 1729 – 1775.

[6] Clifford C P. Value creation or destruction? Hedge funds as shareholder activists [J]. Journal of Corporate Finance, 2008, 14 (4): 323 – 336.

[7] Boyson N M, Mooradian R M. Hedge funds as shareholder activists from 1994 – 2005 [J]. Northeastern University-College of Business Administration, 2007.

第十一章 中国保险资金在"举牌"中的积极主义研究

Wahal[①] 在研究了美国 9 个著名养老基金的积极主义行为后，发现养老基金整体上在公告前后短期内不会带来显著的超额收益，长期的股价表现甚至会下跌。此外，他发现养老基金在公告后，上市公司的营业利润和净利润也没有显著改变。Tracie Woidtke[②] 将养老基金分成了公共养老基金和私人养老基金，发现当一家上市公司的私人养老基金持股比例越高，这家公司的行业调整托宾 Q 值则越高。与之相对的，当一家上市公司的公共养老基金持股比例越高，这家公司的行业调整托宾 Q 值却越低。

最后，对于个人投资者的积极主义研究上，西方文献中也有相关研究。Clifford G. Holderness[③] 研究了美国历史上极富争议性的 6 位个人投资者（Carl Icahn，Irwin Jacobs，Carl Lindner，David Murdock，Victor Posner 和 Charles Bluhdorn，他们在报道中有时被称为"最卑鄙的欺骗者"，有时被称为"嗅觉灵敏、大胆的资本玩家"）在 13D 公告发出前后的股价反应，发现这些个人投资者在公告后能够为上市公司的股东带来统计上显著的财富提升。因此，他拒绝了"他们是上市公司的强盗"的假设，并且接受了他们"能够改善公司管理"和"具有杰出的股票分析能力"的假设。

在中国，对于公司被"举牌"的研究则较少。谢纪刚[④] 分析了 1993 年至 2007 年 39 起上市公司被"举牌"事件的证券市场反应。他将"举牌"事件分为投机套利和借"壳"上市类、战略并购类、机构价值投资类三种情况，他发现只有在战略投资类的"举牌"在公告后才有显著的超额收益，其他类别的"举牌"股价均已提前消化信息。这一发现很可能是因为中国市场在当时尚不

[①] Wahal S. Pension fund activism and firm performance [J]. Journal of Financial and quantitative analysis, 1996, 31 (1): 1 – 23.

[②] Woidtke T. Agents watching agents: Evidence from pension fund ownership and firm value [J]. Journal of Financial Economics, 2002, 63 (1): 99 – 131.

[③] Holderness C G, Sheehan D P. Raiders or saviors? The evidence on six controversial investors [J]. Journal of Financial Economics, 1985, 14 (4): 555.

[④] 谢纪刚，张秋生，陈勇. 中国证券市场举牌事件的市场反应 [J]. 生产力研究, 2008 (18): 9 – 10.

成熟造成的。何婧①运用最小二乘法回归的方法，发现产业资本对被"举牌"公司实施经营管理，提高了公司的经营业绩（如 ROA，EPS 等）。她的研究没有能够仔细分析不同资金的"举牌"对上市公司的影响。特别是 2015 年以来，中国保险公司频繁"举牌"上市公司，这一情况与以往很不相似，他们的"举牌"逻辑与以往其他投资者"举牌"动机不同，值得单独研究。

基于上述文献对积极主义的研究结论以及中国保险公司的"举牌"行为与美国的对冲基金、养老基金做法的类似性，本章将研究分解为公司的财务表现和股价表现两个方面并提出两个假设：

假设 1：中国保险资金"举牌"注重于改善中国上市公司的财务表现。

如果假设成立，我们应当能够观察到公司财务报表的改善。这种改善可以体现在与未被"举牌"的对标公司的对比中体现，也可以从什么样的公司容易被"举牌"的分析中体现出来。

假设 2：资本市场对于中国保险资金"举牌"反应积极，认可保险资金的行动。

如果假设成立，我们应该能够看到"举牌"公告前后上市公司股票价格的明显变化。具体来说，我们可以观察到显著的累计超额收益率。同时我们可以运用回归的方法观察市场关注上市公司的哪些财务指标。

在前文提到的研究积极主义的西方文献中，研究者已经一定程度上形成了研究方法的定式。一是计算 13D 公告前后较短时间内的超额收益，运用绘图的方式观察累计超额收益率的变化，或者通过与对标公司的累计超额收益率进行比较；二是分析被"举牌"的上市公司自身财务特征以及各种分类统计；三是运用 Probit 或 Logistic 回归研究财务报表中哪些因素容易导致被"举牌"，或者运用回归的方法观察 13D 公告能够带给公司多少超额收益；四是关注公司 13D 公告后的长期股票收益表现；五是关注公司被"举牌"后的长短期的财务表现，并与其他未被"举牌"的公司参照组做对比。

---

① 何婧，徐龙炳. 产业资本向金融资本渗透的路径和影响——基于资本市场"举牌"的研究 [J]. 财经研究，2012，38（2）：81-90.

第十一章 中国保险资金在"举牌"中的积极主义研究

本章参考这些研究方法,通过数据实证研究被保险资金"举牌"的上市公司的特点,以"举牌"事件发生之日研究该事件为公司带来的价值效应。在财务表现的研究中,本章不仅关注于绝对值,更希望关注被"举牌"公司与对标公司的比较。由于本章选取的是2015年1月1日至2017年2月18日的中国保险资金"举牌"中国上市公司的行为,数据在时间上的积累尚不够充足,因此无法观测上市公司被"举牌"后的长期财务表现。因此,本章仅对上市公司的短期财务表现做研究。

三、数据描述

(一)数据来源

1. 保险资金举牌明细(详细明细见附录1)。

本章选取2015年1月1日至2017年2月18日的保险资金举牌事件作为本章研究的底层数据,这一数据整理自国泰安数据库的公司研究—产业资本—上市公司举牌信息表中,在筛选数据时,本章的筛选标准是资金来源为保险资金而非公司名称含有"保险"二字,因此会有"资产管理有限公司"等举牌人进入列表。在整理数据过程中,我同时参考了一些新闻作为验证。其中国泰安数据库中未记录到万科A在2015年8月27日的股权变动的提示性公告,本章在以上列表加入了这一条信息。另外,南玻A在2015年4月28日的公告(股权变动由0%至5.03%)在数据库中的记录时间点为2015年5月8日,本章在列表中做了修正。

2. 上市公司财务及股票价格数据。

上市公司财务及股票价格数据来源于万得金融终端。

3. 全样本中未被"举牌"的对标公司选择。

每一个被"举牌"公司会选择一个相应的未被"举牌"的公司作为对标。选择标准有三个:①对标公司与被"举牌"公司同在同花顺三级行业分类下。②对标公司与被"举牌"公司有相近的总资产。③对标公司在最近两期年报的时间内没有发生过"借壳上市",没有发生过重大资产重组。

同一家被"举牌"公司对应同一家未被"举牌"的对标公司。

(二) 分行业统计

本章整理了被"举牌"公司的行业分类,得到的结果如表 11-1 所示。

表 11-1　　　　　被"举牌"公司的分行业统计

门类名称及代码[①]	"举牌"数量
(C) 制造业	33
(K) 房地产业	14
(F) 批发和零售业	13
(J) 金融业	11
(D) 电力、热力、燃气及水的生产和供应业	5
(E) 建筑业	5
(N) 水利、环境和公共设施管理业	4
(S) 综合	4
(I) 信息传输、软件和信息技术服务业	2
(R) 文化、体育和娱乐业	2
(B) 采矿业	1
(G) 交通运输、仓储和邮政业	1
(L) 租赁和商务服务业	1
(A) 农、林、牧、渔业	0
(H) 住宿和餐饮业	0
(M) 科学研究和技术服务业	0
(P) 教育	0
(Q) 卫生和社会工作业	0
总计	96

表 11-1 展示了被"举牌"公司分行业统计。我们可以看到,在 96 起"举牌"事件中,制造业占了 33 起,房地产行业占了 14 起,批发和零售业占了 13

[①] 各上市公司的行业分类标准依据中国证券监督管理委员会发布的《2016 年第四季度上市公司行业分类结果》进行归类并统计。

起，金融业占了11起。这四个行业已经占了全部"举牌"事件的74%，说明了这四个行业在保险资金看来极具吸引力，同时也是政府积极发展，市场前景广阔的行业。

在 Nicole M. Boyson[①]、April Klein[②] 和 Christopher P. Clifford[③] 的三人对冲基金的研究中，商业服务行业、医疗卫生行业和储蓄机构行业多是频繁被对冲基金"举牌"的行业。这在一定程度上体现了美国对冲基金和中国保险资金投资标的上的差距。

四、实证研究

(一) 事件前被"举牌"公司财务表现统计并与对标公司比较

本章对被"举牌"公司的各项财务指标进行统计，并与对标公司进行比较，得出的结果在表 11-2 中。

1. 变量解释。

首先，解释各列变量，前三列分别为被"举牌"公司的财务指标统计，包括平均数、中位数和标准差。第四列为被"举牌"公司与对标公司的某个财务指标之差的平均数。第五列为被"举牌"公司与对标公司的某个财务指标之差的中位数。第六列为财务数据之差的平均数的 t 统计量，中括号内为 p 值。第七列为财务数据之差的中位数的 Wilcoxon 符号秩检验的 z 统计量，中括号内为 p 值。

[①] Boyson N M, Mooradian R M. Hedge funds as shareholder activists from 1994-2005 [J]. Northeastern University-College of Business Administration, 2007.
[②] Klein A, Zur E. Hedge fund activism [J]. 2006.
[③] Clifford C P. Value creation or destruction? Hedge funds as shareholder activists [J]. Journal of Corporate Finance, 2008, 14 (4): 323-336.

表 11-2　　事件前被"举牌"公司财务指标统计并与对标公司比较[1]

	描述性统计			与对标公司的差值			
	平均数	中位数	标准差	差值平均数	差值中位数	t 统计量	Wilcoxon
P/B	3.807	2.618	4.104	-0.081	-0.081	-0.255 [0.799]	-1.026 [0.305]
Tobin Q	2.220	1.518	2.070	0.056	-0.055	0.302 [0.764]	-0.692 [0.489]
Growth (%)	9.347	9.099	35.962	2.829	-2.086	0.508 [0.613]	0.256 [0.798]
ROA (%)	4.743	4.428	5.200	0.816	1.056	1.110 [0.270]	2.228 ** [0.026]
ROE (%)	10.579	11.653	11.529	-3.773	0.190	-2.216 ** [0.030]	-1.409 [0.159]
EPS	0.666	0.435	0.835	-0.079	0.061	-0.874 [0.385]	-0.784 [0.433]
Cash Ratio (%)	16.089	11.025	13.253	1.785	0.854	1.090 [0.279]	1.210 [0.226]
Capital Expenditure Ratio (%)	4.377	2.277	4.618	-0.375	-0.337	-0.595 [0.553]	-0.466 [0.641]
Leverage Ratio (%)	52.079	51.885	19.929	-6.559	-7.652	-3.209 *** [0.002]	-3.295 *** [0.001]
Short Term Debt Ratio (%)	40.474	41.377	19.242	-4.988	-6.251	-2.555 ** [0.013]	-2.503 ** [0.012]

---

[1]　数据取自被"举牌"公司"举牌"前最近一期年报的财务数据。每一个被"举牌"公司会选择一个相应的未被"举牌"的公司作为对标。其中有一部分数据由于（1）被"举牌"公司刚刚上市，尚未有年度财务报表（002777.SZ/2016-03-29；300438.SZ/2015-12-28；002771.SZ/2016-12-26；300394.SZ/2015-12-23）。（2）在观测期间对应上市公司股票由于各种原因长期停牌，有重大资产重组公告发布，容易导致上一年度财务报表难以贴近公司最新情况的（002638.SZ/2016-12-01；000002.SZ/2016-11-23；300184.SZ/2016-10-27；002411.SZ/2015-12-16；002411.SZ/2015-07-28）。（3）被"举牌"公司属于金融类股票（如银行、证券、保险），其财务报表有特殊的编制办法导致与其他行业股票难以一起比较的（600291.SH/2015-01-22；600016.SH/2016-07-01；000783.SZ/2016-01-28；600015.SZ/2015-12-29；600000.SH/2015-12-09；600000.SH/2015-11-11；600000.SH/2015-09-12；600000.SH/2015-08-29；601166.SH/2015-07-11）。（4）截至2017年3月18日，被"举牌"公司仍未公布最新的上一年度财务报表的（000166.SZ/2017-01-26）因为以上四种原因，我剔除了这些数据。因此在这个图标中有被"举牌"事件样本数量为76。同样地，对标公司的样本数量为76。

续表

	描述性统计			与对标公司的差值			
	平均数	中位数	标准差	差值平均数	差值中位数	t 统计量	Wilcoxon
Long Term Debt Ratio（%）	11.605	9.247	10.394	-1.572	-0.983	-1.360 [0.178]	-1.576 [0.115]
Dividend Yield	1.640	1.082	1.549	0.850	0.415	4.566*** [0.000]	4.802*** [0.000]
Payout Ratio（%）	35.979	30.556	35.852	17.411	6.814	3.502*** [0.001]	3.788*** [0.000]
Top 10 Holder（%）	43.941	38.105	17.058	-17.620	-19.020	-6.901*** [0.000]	-5.579*** [0.000]

注：中括号内为 p 值；*** $p<0.01$，** $p<0.05$，* $p<0.1$。

其次，解释各行变量，P/B 为市净率，是指每股股价与每股净资产的比率。Tobin Q 是指（账面负债合计 + 年末流通价值）/年末总资产。Growth 是指销售额增长率（%）。ROA 是资产收益率（%）。Leverage Ratio 是指账面杠杆比率（又称资产负债率），即总负债/总资产。Cash Ratio（%）是指现金比率，即期末现金流加现金等价物/总资产。Dividend Yield 是指股息收益，是每股午红利/每股购买价。Payout Ratio 是指股利分配率，即股东分派的股息占净利润之比（%）。EPS 是指每股盈利。ROE 是指净资产收益率（%）。Capital Expenditure Ratio（%）是指资产支出/总资产。Short Term Debt Ratio（%）是指流动负债占总资产的比例。Long Term Debt Ratio（%）是指非流动资产占总资产的比例。Top 10 Holder（%）是指上一年度财务报表前十大股东合计持股比例。

2. 图表分析。

在表 11 - 2 中，被"举牌"的上市公司在公告前的总资产收益率（ROA）较高，平均接近 4.743%，中位数比对标公司高出接近 1.056%。然而，我们却发现被"举牌"的上市公司的净资产收益率（ROE）却只有 10.579%，平均上比对标公司少了接近 3.773%。这一结果表明上市公司的整体盈利能力不差，但是归属于股东的收益率却较低。被"举牌"公司的账面负债率平均约为 52.079%，平均比对标公司少了接近 6.559%。负债比例低更多是体现在流动性负债比例上，平均比对标公司少 4.988%。由此可见，被"举牌"的上市公司经营风险较低，经营策略较为保守。此外，在股息率和股利分配率这一指标上，被"举牌"公司的分派股利较高。被"举牌"公司的股息率平均为 1.640，比对标公司高出接近 0.850。被"举牌"公司的股利分配率平均达到 35.979%，平均比对标公司高出 17.411%，可见，保险资金"举牌"的公司多为成熟的公司，他们有可观的股利收入，这对于保险资金"举牌"上市公司也是一个激励。另外，被"举牌"公司的股权结构较为分散，前十大股东持股比例平均为 43.941%，平均比对标公司低 17.620%，有利于保险资金在"举牌"后掌握一定的话语权。

由表 11-2 我们可以看到，在被"举牌"公司与对标公司的比较上，t 检验与 Wilcoxon 符号秩检验的结果较多相同，它们都指出被"举牌"公司在账面杠杆比率、流动负债比例、股息收益、股利分配率，前十大股东合计持股比例这些财务指标上与对标公司存在显著差别。在 Wilcoxon 符号秩检验中，被"举牌"公司的总资产收益率（ROA）这个指标与对标公司存在显著差别。在 t 检验中，被"举牌"公司在净资产收益率（ROE）上存在显著差别。

被"举牌"公司的总资产收益率（ROA）比较高，并且它们的负债比较低，这说明这些公司本身经营状况良好。同时，公司的负债比例，特别是流动负债比例较低，同时说明公司经营风险较低，经营策略较为保守。正是由于负债比例较低，导致公司的股东权益权重较高，这导致了公司净资产收益率（ROE）较低，公司股东没有得到行业应有的净资产收益率（ROE）。此外，被"举牌"的公司多呈现高股息收益，高股息分配率的特点，这说明被"举牌"公司往往已经发展到了成熟阶段。另外，被"举牌"的公司的大股东持股比例较低，这提高了举牌方的在"举牌"后对公司管理层的话语权。与此同时，被"举牌"公司与对标公司在市净率、托宾 Q、总营收收入增长率、现金比率、每股盈利和资本支出比率上没有显著差别。

3. 阶段性结论。

被"举牌"公司往往是发展到较为成熟阶段的公司，它们的盈利能力好于同行业其他公司，但归属于股东的利润率却较低。这可能是公司经营时负债较

第十一章 中国保险资金在"举牌"中的积极主义研究

低导致的。被"举牌"公司的股东权益占总资产比率较大,并且大股东持股总比例也较低,这提高了保险资金"举牌"后的话语权,在提出改善公司治理的建议时更容易被倾听。

(二) 决定保险资金举牌的因素——Logistic 模型

我们将被"举牌"的公司与对标公司放在一起作为一个全样本,研究哪些因素容易导致上市公司容易被举牌。

1. 模型简介。

我使用 Logistic 分布函数作为累积分布函数进行回归,多元变量总体 Logit 模型为

$$\Pr(Y=1|X_1,X_2\cdots X_k) = \frac{1}{1+e^{-(\beta_0+\beta_1 X_1+\beta_2 X_2+\cdots+\beta_k X_k)}} \quad (11-1)$$

在该模型中,因变量有 0 和 1 两个取值,当因变量取值为零时,则该公司未被保险资金"举牌";当因变量取值为 1 时,该公司被保险资金"举牌"过。本回归计算的标准误为异方差——稳健标准误,回归经过了聚类调整。回归结果展示在表 11-3 中。表中的数据为均值边际效应和 p 值。

表 11-3　　被"举牌"可能性的影响因素 (Logistic 回归结果)[1][2]

变量	模型 I	模型 II	模型 III	模型 IV
Log Asset	0.0214 (0.341)	0.1565** (0.026)	0.1711** (0.017)	0.1908** (0.018)
Leverage Ratio (%)	—	-0.0098** (0.049)	-0.0051 (0.331)	-0.0062 (0.304)

---

[1] 本回归计算的标准误为异方差——稳健标准误,回归经过了聚类调整。
[2] 数据取自被"举牌"公司"举牌"前最近一期年报的财务数据。由于(1)被"举牌"公司刚刚上市;(2)在观测期间对应上市公司股票由于各种原因长期停牌,有重大资产重组公告发布;(3)被"举牌"公司属于金融类股票(如银行、证券、保险);(4)被"举牌"公司仍未公布最新的上一年度财务报表的;这四种原因,部分"举牌"的观测值被删去。在该模型中,被"举牌"的样本数为74,未被"举牌"的样本为74。

续表

变量	模型 I	模型 II	模型 III	模型 IV
Beta	—	-0.2260 (0.328)	-0.0169 (0.952)	0.0592 (0.855)
Tobin Q	—	0.0138 (0.711)	-0.0166 (0.365)	0.0307 (0.450)
ROE（%）	—	-0.0172** (0.034)	-0.0166* (0.066)	-0.0184* (0.064)
EPS	—	0.0901 (0.476)	0.0518 (0.674)	0.0739 (0.654)
Growth（%）	—	0.0027 (0.233)	0.0042* (0.062)	0.0051** (0.010)
Cash Ratio（%）	—	0.0016 (0.809)	0.0037 (0.580)	0.0085 (0.275)
Capital Expenditure Ratio（%）	—	0.0014 (0.920)	-0.0038 (0.803)	-0.0051 (0.766)
Payout Ratio（%）	—	—	0.0118** (0.025)	0.0151** (0.017)
Top 10 Holder（%）	—	—	-0.0188*** (0.000)	-0.0252*** (0.001)
Industry Variables	NO	NO	NO	Yes
Probability > Chi^2	0.3409	0.3726	0.0004	0.0475
Pseudo R^2	0.0043	0.1155	0.3584	0.4179
Log Pesudolikelihood	-102.1418	-90.7321	-65.8237	-59.7183
Observations	148	148	148	148

注：括号内为 p 值；*** $p<0.01$，** $p<0.05$，* $p<0.1$。

2. 变量解释。

Log Asset 是总资产的自然对数。Beta 是指被"举牌"的公司近期的 Beta 值。Beta 的具体计算方法在下一部分有详细介绍。Industry Variables 为是否含有行业的虚拟变量。当表 11-3 中 Industry Variables 显示为 Yes 时，回归中含有 Industry_Manufacture（制造业），Industry_RealEstate（房地产业），Industry_Retail（批发和零售业），Industry_Utility（电力、热力、燃气及水的生产和供应业），Industry_Construction（建筑业），Industry_Infrastructure（水利、环境和公

共设施管理业), Industry_Entertainment (文化、体育和娱乐业), Industry_Mining (采矿业), Industry_Transportation (交通运输、仓储和邮政业), Industry_Travel (租赁和商务服务业) 这几个行业虚拟变量。当公司隶属该行业的股票时, 对应的行业虚拟变量取值为1。当所有行业虚拟变量取值均为零时, 该公司隶属于综合行业。

3. 研究分析。

在模型Ⅱ中, 当上市公司总资产的自然对数增加1个单位时, 上市公司被举牌的可能性提高15.65%, 说明保险资金愿意"举牌"规模较大的公司。当上市公司的债务杠杆比率降低1个百分点时, 上市公司被举牌的可能性提高0.98%, 说明上市公司的经营风险越小, 经营策略越保守, 则该公司越容易被"举牌"。更为重要的, 当上市公司的净资产收益率 (ROE) 降低1个百分点时, 该上市公司被"举牌"的可能性提高1.72%。

当我们加入股利分配和公司治理特征变量时, 上市公司的账面杠杆比率在模型Ⅲ中不再显著。总资产自然对数的影响有所提高 (17.11%), 上市公司净资产收益率 (ROE) 的边际效应和显著性没有明显改变。当上市公司的净资产收益率 (ROE) 降低1个百分点时, 该公司被"举牌"的可能性提高1.66%。此外, 上市公司的销售额增长率也变得显著起来。当上市公司的销售额增长率增长1个百分点时, 上市公司被"举牌"可能性提高0.42%。同时, 上市公司的股利分配率和前十大股东持股比例的影响也很显著。当上市公司的股利分配率增长1个百分点, 上市公司被"举牌"的可能性提高1.18%。这两个变量的符号都说明了保险资金倾向于大额投资发展较为成熟的公司。除此之外, 上市公司的大股东比例影响的符号也符合预期: 当上市公司的前十大股东持股比例上升1个百分点, 上市公司被"举牌"的可能性则降低1.88%。

在模型Ⅳ中, 当我们加入行业虚拟变量作为控制变量时, 模型Ⅲ中原有的变量的显著性没有变化, 边际效应数值上的变化也不大。当上市公司的净资产收益率 (ROE) 降低1个百分点时, 上市公司被"举牌"的可能性就会提高1.84%。

从模型Ⅱ、模型Ⅲ和模型Ⅳ中我们可以看出, 公司的净资产收益率、总资产、股利分配率和前十大股东对于公司被"举牌"的可能性具有显著的影响。当公司的净资产收益率越低时，公司越容易被"举牌"。这体现了保险资金的"举牌"行为是表达了对上市公司净资产收益率过低的不满，希望着重改善上市公司的净资产收益率。当公司规模越大时，公司越容易被"举牌"；股利分配率越高时，公司越容易被"举牌"，这可以看出，保险资金更倾向于"举牌"成熟的大公司。在模型Ⅲ和模型Ⅳ中，公司如果上一年的营业收入增长率越高，则保险资金越容易"举牌"该上市公司。保险资金青睐于销售能力较强的公司。除此之外，公司的大股东持股比例越高，则越难以被"举牌"。这从侧面一定程度反映了保险资金在意自己成为大股东后的话语权。一个股权高度集中的上市公司对于保险资金的吸引力会降低。

如果将模型Ⅱ、模型Ⅲ和模型Ⅳ中的净资产收益率（ROE）换成总资产收益率（ROA）后，总资产收益率（ROA）变得不显著，其他变量的显著性未有改变。这说明保险资金十分看重净资产收益率（ROE）。

4. 阶段性结论。

当一家公司的发展较为成熟、销售能力较强、规模较大、但净资产收益率较低，经营相对保守时，该公司越容易被"举牌"。这一方面体现了保险资金希望通过改善公司运营、提高公司自有资本的使用效率，来提升公司的价值。另一方面我们也看出保险资金由于本身资金的需要，必须选择一些发展相对成熟的公司。保险资金由于会计考核的需要不会使自己陷入高风险的困境当中。

（三）事件前后的股价变动——累计超额收益率

在观测到"举牌"前上市公司的财务表现后，我们可以考察"举牌"公告发出时，市场上的股票价格如何反应。本章运用事件分析法，将举牌公告日期作为 t_0 时刻，尝试计算公告日前后的累计超额收益。

1. 模型简介。

我运用市场模型法估算 Beta 和 Alpha，估计模型如下：

$$R_{it} = \alpha_i + \beta_i R_{mt} + u_{it} \tag{11-2}$$

第十一章 中国保险资金在"举牌"中的积极主义研究

R_{it}是在t时刻i上市公司的股价回报率。R_{mt}是t时刻市场投资组合的回报率。u_{it}是独立同分布的误差项。α_i与β_i是待估计的未知参数。在计算回报率时,本章选取每日收盘价作为计算数据。在计算市场投资组合回报率时,本章选择沪深300指数价格的收盘价作为代理变量。在估计期的选择上,本章选择"举牌"公告的日期作为t_0时刻。如果公告日期处于周末,则t_0选择顺延至下一个交易日。本章参照了Clifford G. Holderness①的做法,选择估计Beta的时间范围为t_0前300个交易日至t_0前100个交易日。

而后我们运用估计好的Beta②和Alpha来计算公司在"举牌"公告发出之时的超额收益率。其计算公式如下:

$$AR_{it} = R_{it} - \hat{\alpha}_i - \hat{\beta}_i R_{mt} \quad (11-3)$$

R_{it}是在t时刻的i股票的实际收益率,AR_{it}是t时刻i股票的超额收益率。

此后我们对各个股票的AR_{it}取平均值并进行累加,得到$CAR[-t, t]$,公式如下

$$\overline{AR_t} = \sum_{i=1}^{n} \frac{AR_{it}}{n} \quad (11-4)$$

$$CAR[-t, t] = \sum_{i=-t}^{t} \overline{AR_i} \quad (11-5)$$

这里的n为被"举牌"的公司的个数。

此外,我们也对各个t时刻的超额收益率AR做t检验,具体的t统计量计算公式如下:

---

① Holderness C G, Sheehan D P. Raiders or saviors? The evidence on six controversial investors [J]. Journal of Financial Economics, 1985, 14 (4): 555.

② 其中有部分数据由于(1)在观测期间公司尚未上市,观测期间样本数为零(002777. SZ/2016-03-29);(2)在观测期间正好发行,发行后股价连续涨停背离市场波动,观测样本容量不足100个(300438. SZ/2015-12-28;002771. SZ/2016-12-26;300394. SZ/2015-12-23);(3)在观测期间对应上市公司股票由于各种原因长期停牌,导致观测样本容量不足100个的(002638. SZ/2016-12-01;000002. SZ/2016-11-23;300184. SZ/2016-10-27;002411. SZ/2015-12-16;002411. SZ/2015-07-28);这三种原因剔除了部分数据,剩余数据均达到了观测期间样本数在100以上,可以确保beta估计的有效性。需要提示的是,即便是同一家上市公司在不同的被"举牌"时期的beta数值也不相同,这是由于选取的观测时间段不同导致的。最终,本章对87只股票估计了Beta值。

$$s_t^2 = \sum_{i=1}^{n} \frac{(AR_{it} - \overline{AR_t})^2}{n-1} \quad (11-6)$$

$$t-statistics_t = \frac{\overline{AR_t}}{s_t} \quad (11-7)$$

2. 研究分析。

在附录2中，本章展示了[-30, 30]时刻的平均超额收益率和平均超额收益率的累加值。

我们在图11-1中绘制了事件发生前后30天的累计平均超额收益率和换手率。图中折线图为累计平均超额收益率（平均超额收益率在各个时间点的累加值）。柱状图为平均换手率（%）。横坐标为时间点，其中0为"举牌"公告日，即t_0时刻，-30为t_{-30}时刻，30为t_{30}时刻。

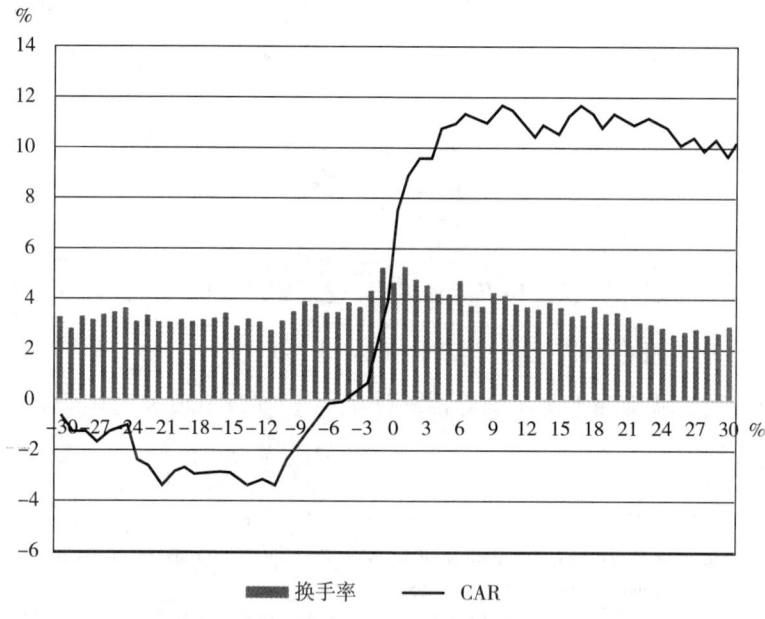

图11-1 "举牌"前后30天的累计平均超额收益与换手率[①]

从图表中我们可以看出，在"举牌"公告发布前后，累计平均超额收益率

[①] 原始数据取自于万得金融终端。

第十一章 中国保险资金在"举牌"中的积极主义研究

有明显的提升。值得注意的是，在 [−30，−11] 时刻，平均超额收益率多为负值，t 统计量显示这并不显著。从 [−11，9] 时间段，累计平均超额收益率不断拉升，最高点一度接近12%，说明市场对于"举牌"有积极的态度，认为"举牌"会带给公司价值提升，带来正的价值效应。值得关注的是，在举牌前 [−2，0] 的时间内，就已有明显的股价提升。这三天的 t 统计量也十分高，特别是在 t_0 时刻，平均超额收益率的超过3%，此时对应的 t 统计量为5.3511[①]，显示该时刻超额收益率显著不为零，否定了平均超额收益率为零的假设。股价似乎在"举牌"公告前2天就已经开始消化信息。本章认为这也许和中国的"举牌"规定有关。中国《证券法》规定，投资者持有一个上市公司已发行股份的5%时，应在该事实发生之日起3日内，向国务院证券监督管理机构、证券交易所作出书面报告，通知该上市公司并予以公告，并且履行有关法律规定的义务。本章认为三天时间足够公司内部人士渐渐流出信息，或者市场上的交易者也能够灵敏地探查到同一买家大量买入的情况。因此本章认为"举牌"公告前股价上升行为并不违背有效市场假设，"举牌"前三日保险资金已经买入超过5%股票的既定事实同样会引起市场波动。在此后的 [10，30] 的时间段，累计平均超额收益率渐渐趋稳，维持在10%左右，这说明每日平均超额收益率已经不再与零有明显偏离，市场已经消化"举牌"的信息。

柱状图为换手率。部分西方文献[②][③]采用的是交易量作为比较。本章认为使用成交量进行分析不甚妥当。因为不同上市公司的总发行股数不尽相同，我们在取算术平均值时难免会造成发行股票数量多的公司所占权重更大一些，导致平均交易量容易被发行多数股票的公司主导。本章采用换手率作为分析，将不同公司的交易量转化为可比较的同一量纲。在取算术平均数时对被"举牌"的每家上市公司有相同的权重，以期有更有说服力的结果。从图表上可知，在

---

① 数据来自于附录2。
② Brav A，Jiang W，Partnoy F，et al. Hedge fund activism, corporate governance, and firm performance [J]. The Journal of Finance，2008，63（4）：1729−1775.
③ Bebchuk L A，Brav A，Jackson Jr R J，et al. Pre-Disclosure Accumulations by Activist Investors：Evidence and Policy [J]. Journal of Corporation Law，2013，39（1）：1.

[-30, -3] 时刻，平均换手率没有超过4%，而到 [-2, 5] 时刻，平均换手率超过了4%，体现了市场对于"举牌"反应活跃。值得指出的是，"举牌"公告前换手率的提高可能是由于保险资金大幅买入股票造成的，但这不至于否定市场反应活跃的解释，因为在公告后换手率依旧处在一个较高的水平。再往后换手率同样回到了"举牌"前的正常值范围。

表11-4汇总了不同时间段内的累计平均超额收益率（CAR）以及显著性。由表中可知，被"举牌"的上市公司在短期内有非常显著的累计超额收益。

表11-4　　　　　累计平均超额收益率（CAR）的各时间段内统计①

	平均值	t 统计量	P 值
CAR [-1, 1]	0.0679	5.931	0.0000
CAR [-2, 2]	0.0873	6.416	0.0000
CAR [-5, 5]	0.1073	5.683	0.0000
CAR [-10, 10]	0.1468	6.377	0.0000
CAR [-30, 30]	0.1010	3.412	0.0010

由表11-4可以看到，五个累计平均超额收益率都显著不等于零。在 [-1, 1] 的时间段内，累计平均超额收益率为6.79%；在 [-2, 2] 的时间段内，累计平均超额收益率上升到8.73%；在 [-5, 5] 的时间段内，累计平均超额收益率升到10.73%；在 [-10, 10] 的时间段内，累计平均超额收益率再次升高到14.68%；在 [-30, 30] 的时间段内，累计平均超额收益率稍有回落，为10.10%。可见，市场反应积极。

3. 阶段性结论。

无论是 CAR [-1, 1]，CAR [-2, 2]，CAR [-5, 5]，CAR [-10, 10] 还是 CAR [-30, 30]，"举牌"发生前后的累计超额收益均显著不为零。这说明保险资金"举牌"上市公司时，市场对于该事件反应热烈，看好保险资金能够带来股东财富的增值，且这种增值效应不会随着时间的推移而回到零。平均下来，近年来的"举牌"事件可以为股东带来高达10%的累计超额收益。

---

① 原始数据取自万得金融终端。

第十一章 中国保险资金在"举牌"中的积极主义研究

(四) 决定累计超额收益率大小的因素——OLS 回归

本章不仅希望研究是什么因素决定保险资金"举牌"上市公司,也想关注市场在接收到"举牌"公告后,更加关注上市公司的哪方面财务表现。因此,文章希望通过运用 OLS 回归的方法,找出决定累计超额收益率大小的因素,并且与保险资金所关注的变量(文章前面部分 Logistic 回归中的显著变量)做一个比较分析。

1. 模型简介。

文章运用 OLS 的方法进行多元回归。回归模型为

$$Y_i = \beta_0 + \beta_1 X_{1i} + \beta_2 X_{2i} + \cdots + \beta_k X_{ki} + u_i, i = 1, \cdots, n \quad (11-8)$$

在计算标准误时,本章采用异方差——稳健标准误。回归结果汇总在表 11-5 中。

表 11-5 累计超额收益率的影响因素 (OLS 回归结果)

变量	CAR [-1, 1]	CAR [-2, 2]
ROA	-0.228	0.0862
	(0.294)	(0.419)
Growth of Sales	0.0444	0.0351
	(0.0316)	(0.0374)
EPS	0.0647**	0.0389
	(0.0291)	(0.0374)
Dividend Per Share	-0.239**	-0.165
	(0.0924)	(0.117)
Cash Ratio	0.0968	-0.00808
	(0.110)	(0.154)
Leverage Ratio	0.0399	0.0334
	(0.104)	(0.134)
Capital Expenditure Ratio	-0.467	-0.711
	(0.333)	(0.446)
Beta	-0.0560	0.0220
	(0.0453)	(0.0691)
Log Asset	-0.0127	-0.0236
	(0.0106)	(0.0143)

续表

变量	CAR [-1, 1]	CAR [-2, 2]
Constant	0.424**	0.650**
	(0.207)	(0.270)
Observations	74	74
R-squared	0.312	0.204

注：括号内为 p 值；*** $p<0.01$，** $p<0.05$，* $p<0.1$。

2. 变量解释。

在此模型中，各变量不以百分数为单位，以真实数值为单位。CAR [-1, 1] 是指各被"举牌"公司事件发生前后一天的累计超额收益率，即 AR_{-1}、AR_0、AR_1 的加和。CAR [-2, 2] 是指各被"举牌"公司时间发生前后两天的累计超额收益率，即 AR_{-2}、AR_{-1}、AR_0、AR_1 和 AR_2 的加和。ROA 是资产收益率。Growth of Sales 是指销售额增长率。EPS 是指每股盈利。Dividend Per Share 是指年度累计每股股息。Cash Ratio 是指现金比率，即期末现金流加现金等价物/总资产。Leverage Ratio 是指账面杠杆比率（又称资产负债率），即总负债/总资产。Capital Expenditure Ratio 是指资产支出/总资产。Beta 是指观测期内的股票 Beta，本模型以 Beta 作为股票波动率的代理变量。Log Asset 是指上市公司总资产的自然对数。

3. 研究分析。

在回归结果中，仅有 EPS 和每股年股息是显著的。其他变量如资产收益率（ROA），销售额增长率，现金比率，账面杠杆比率，资本支出比率，股票的波动率还有公司规模则不显著。这一结果体现了市场更注重于微观层面的财务表现和股利总额，而非宏观层面的盈利能力、销售能力、风险和公司规模。当被"举牌"公司的 EPS 每增加一个单位，可以提高累计超额收益率 6.5 个百分点。值得注意的是，在前面的 Logistic 回归模型中，上市公司的净资产收益率越低越容易被"举牌"，而在这个回归模型中，上市公司的每股盈利越高，累计超额收益率则越高，说明市场喜欢在保险资金选择出的财务表现差的公司中选择相对财务表现较好的公司，实现"劣中选优"。这一定程度体现了保险资金和市场对于上市公司盈利能力要求上的区别。当被"举牌"公司的每股年股息每降低一个单位时,上市公司在事件发生时的累计超额收益率会提高 23.9 个百分点。当我们将模型中的 ROA 换成 ROE 时,ROE 依旧不显著,且其他变量的显著性未发生改变。随着 CAR 观测期的延长,回归中各变量的显著性降低,模型整体的解释力度也在降低。说明市场会在"举牌"公告发出的很短时间内分析上市公司的财务报表。此外,我也对 CAR [-5,5], CAR [-10,10] 做回归,模型的解释力度在逐步降低,也没有显著的变量。

4. 阶段性结论。

从市场的角度来看,市场同样关注被"举牌"公司的盈利情况和股利分配,只不过市场更加关注微观层面。从回归的结果来看,市场在公司盈利情况上关注于公司的每股盈利,说明市场在保险资金选择出的财务表现不佳的公司中选择相对财务表现较好的公司,实现"劣中选优"。当被"举牌"公司的每股股利越低时,市场期待保险资金能够提高被"举牌"公司的股利分配方案,因此短期内的累计超额收益率也会越高。

(五)事件后被"举牌"公司财务表现统计并与对标公司比较

本章对被"举牌"公司事件后的各项财务指标进行统计,并与对标公司进行比较,得出的结果如表 11-6 所示。

1. 变量解释。

首先,解释各列变量,前三列分别为被"举牌"公司的财务指标统计,包括平均数、中位数和标准差。第四列为被"举牌"公司与对标公司的某个财务指标之差的平均数。第五列为被"举牌"公司与对标公司的某个财务指标之差的中位数。第六列为财务数据之差的平均数的 t 统计量,中括号内为 p 值。第七列为财务数据之差的中位数的 Wilcoxon 符号秩检验的 z 统计量,中括号内为 p 值。

表 11-6 事件后被"举牌"公司财务指标统计并与对标公司比较①

	描述性统计			与对标公司差值			
	平均数	中位数	标准差	差值平均数	差值中位数	t 统计量	Wilcoxon
ΔGrowth (%)	-0.389	0.107	24.441	-0.98	2.908	-0.203 [0.84]	-0.162 [0.871]
ΔROE (%)	-0.003	-1.797	9.91	3.472	1.855	1.953* [0.056]	2.091** [0.037]
ΔEPS	0.013	-0.025	0.508	0.164	0.09	1.814* [0.075]	1.892* [0.058]
ΔCash Ratio (%)	-3.039	-1.661	9.529	-2.123	-1.121	-1.275 [0.207]	-1.671* [0.095]
ΔLeverage Ratio (%)	-0.298	0.125	6.331	2.629	2.017	2.034** [0.046]	2.879*** [0.004]

注：中括号内为 p 值；*** $p<0.01$，** $p<0.05$，* $p<0.1$。

其次，解释各行变量，ΔGrowth (%) 是指销售额增长率相比于上一年度财务报表的增加值。ΔROE (%) 是指净资产收益率上比于上一年度的增加值。ΔEPS 是指每股盈利相比于上一年度的增加值。ΔCash Ratio (%) 是指现金比率相比于上一年度的增加值。ΔLeverage Ratio (%) 是指账面杠杆比率（又称

---

① 财务数据来自万得。数据取自被"举牌"公司"举牌"后最近一期年报的财务数据。其中有部分数据由于（1）被"举牌"公司刚刚上市，"举牌"前尚未有年度财务报表（002777.SZ/2016-03-29；300438.SZ/2015-12-28；002771.SZ/2016-12-26；300394.SZ/2015-12-23）；（2）在观测期间对应上市公司股票由于各种原因长期停牌，有重大资产重组公告发布，容易导致上一年度财务报表难以贴近公司最新情况的（002638.SZ/2016-12-01；000002.SZ/2016-11-23；300184.SZ/2016-10-27；002411.SZ/2015-12-16；002411.SZ/2015-07-28）；（3）被"举牌"公司属于金融类股票（如银行、证券、保险），其财务报表有特殊的编制办法导致与其他行业股票难以一起比较的（600291.SH/2015-01-22；600016.SH/2016-07-01；000783.SZ/2016-01-28；600015.SZ/2015-12-29；600000.SH/2015-12-09；600000.SH/2015-11-11；600000.SH/2015-09-12；600000.SH/2015-08-29；601166.SH/2015-07-11）；（4）截至2017年3月18日，被"举牌"公司仍未公布最新的上一年度财务报表的（000166.SZ/2017-01-26）；（5）截至2017年3月18日，被"举牌"公司仍未公布"举牌"后最近一年度的财务报表的（601668.SH/2016-11-26；000502.SZ/2016-11-24；000623.SZ/2016-11-22；601668.SH/2016-11-19；600620.SH/2016-10-11；600350.SH/2016-09-28；600887.SH/2016-09-19；000002.SZ/2016-08-09；000002.SZ/2016-07-07；600048.SH/2016-06-24；002047.SZ/2016-04-20；000802.SZ/2016-04-06；600739.SH/2016-02-24；002426.SZ/2016-01-22）。因为以上五种原因，我剔除了这些数据。因此在这个图标中有被"举牌"事件样本数量为60。同样的对标公司的样本数量为60。

资产负债率）相比于上一年度的增加值。

2. 研究分析。

由表 11-6 可以看出，被"举牌"公司在事件发生后净资产收益率（ROE）本身虽然变化不大，但是在与对标公司对比之后，发现净资产收益率的变化平均比对标公司高出 3.472%。这说明被"举牌"公司即使在艰难的市场环境中，也维持了原本的净资产收益率。我们同样可以视其为财务表现的改善。每股收益（EPS）也有显著提升，平均比对标公司高出 0.164，证明保险资金在"举牌"上市公司后积极改善了公司的经营状况。同时，被"举牌"公司的现金及现金等价物也减少了 3.039%，比对标公司少了 1%~2%，说明被"举牌"公司降低了自身的闲散资金。同时，被"举牌"公司的负债水平相比于对标公司也有提升，证明公司积极举债。此外，资产收益率的增长（ΔROA）相比于对标公司则没有明显的变化。

3. 阶段性结论。

保险资金"举牌"上市公司能够改善公司的经营状况，减少闲散资金的留存，积极举债，为公司、股东、保险资金本身创造了价值。

（六）研究结果分析

在实证分析中，本章以时间顺序作为研究的顺序，分别分析"举牌"前，"举牌"时和"举牌"后的各项数据，希望看到在"举牌"事件中，被"举牌"的公司、保险资金和资本市场三方面的变化及反应。

首先，在财务分析方面，文章发现尽管被"举牌"的公司多为发展较为成熟、股权分散的公司，但他们经营策略保守，净资产收益率较低。Logistic 回归结果也表明，发展越成熟、经营越保守、股权越分散、净资产收益率越低的上市公司越容易被"举牌"。这些迹象一定程度上体现了保险资金希望进驻一些股东权益收益水平不佳的公司，企图改善他们的股东资金使用效率。这一猜测在"举牌"后的财务表现变化中已被证实。上市公司被"举牌"后的净资产收益率有了明显的改善，他们的负债水平也有所提升，证明被"举牌"的上市公司开始采用较为积极的经营策略，改善了公司的盈利能力。这一逻辑线证明了本章中的假设1是正确的，即保险资金"举牌"注重于改善上市公司的财务表现。

其次，在市场反应方面，文章发现保险资金在"举牌"上市公司公告发出前后，股价有较高的、显著的超额收益，说明市场期望保险资金能够提升公司的价值，为股东带来一定的财富。从回归结果来看，市场关注于上市公司财务报表中的微观层面，当上市公司的每股盈利越高时，股票的累计超额收益率则越高。这一定程度体现了市场和保险资金观点的差异，市场会在保险资金"举牌"盈利能力较弱的上市公司中选择盈利能力强的公司。此外，市场还关注每股股利，股利越低的公司所经历的超额收益率越高，说明资本市场期待保险资金能够提高被"举牌"公司的股利发放。这一逻辑线证明了本章中的假设2是正确的，即市场对于保险资金"举牌"反应积极，认可保险资金的行动。

五、结论

本章运用事件分析法、回归和与对标公司比较的方法，分别从被保险资金"举牌"上市公司的股价变动和财务表现入手，观察上市公司的自身的改善以及资本市场对公司的期待。

文章发现保险资金更青睐于制造业、房地产业、批发和零售业、金融业。市场对于中国保险公司"举牌"有积极的态度，认可保险资金的行动。中国保险资金的"举牌"对股价有明显的刺激作用，在事件发生前后能够获得约10%的累计超额收益率，提升了公司的市值，为公司股东在短期内带来正的超额收益和财富的提升。"举牌"公告发出时，资本市场既关注上市公司的微观层面的盈利情况，也关注公司微观层面的股利派发。

中国保险资金在"举牌"上市公司时，更青睐于发展到成熟阶段的、股权分散的、净资产盈利能力较差的公司。净资产收益率越低，规模越大的、负债越小、股权越分散的公司，越容易被"举牌"。上市公司的股利分配率和销售额增长率也是保险资金"举牌"上市公司的重要考量。保险资金"举牌"后在短期内公司采取了积极的经营策略,改善了公司经营状况,提高了公司的盈利能力,改善了公司股东资金的使用效率,短期内提高了公司的财务表现。

从股市反应和财务表现这两方面看,保险资金都提高了上市公司的价值,为股东带来了财富上的提升;同时,作为大股东之一的保险公司自身也从这个"举牌"的行动中获益。

因此,积极完善险资举牌的市场规则和准入制度,从而正面引导保险资金的股权投资是必要的。第一,促进保险资金举牌行为的信息披露,增强市场透明度。引导与规范保险公司"举牌"目的与其资金来源的披露,有利于监管层对不同类型的险资"举牌"采取不同的监管措施,从而鼓励资金来源合理的险资"举牌"价值投资行为,加强监管资金来源存在潜在风险的险资"举牌"以及快进快出的短期炒作行为。第二,把握好监管的边界,合理规范险资"举牌"行为,而不是"一刀切"的限制。在监管的强制性和保险资金进入资本市场的自主性之间找到平衡点。合理推动保险资金作为资本市场长期资金的来源弥补市场资金短板,有助于提高保险公司的发展动力,改善被"举牌"上市公司的经营状况与盈利能力,发挥保险资金"举牌"促进我国资本市场良性发展的重要作用。

参考文献

[1] 刘夏村. 意味深长的讨论 [N]. 中国证券报·中证网, 2017 - 03 - 13.

[2] 张爽, 康民, 冯娜娜, 李梦溪. 险资不是妖精 稳定的资本市场必有险资做基石 [N]. 中国保险报·中保网, 2016 - 12 - 06.

[3] 缴文超, 张译从. 中美万能险比较, 美国保险公司为何不举牌? [EB/OL]. 平安证券行业研究报告, http://www.microbell.com/docdetail_1984421.html, 2016 - 12 - 20.

[4] 谢纪刚, 张秋生, 陈勇. 中国证券市场举牌事件的市场反应 [J]. 生

产力研究, 2008 (18): 9-10.

[5] 何婧, 徐龙炳. 产业资本向金融资本渗透的路径和影响——基于资本市场"举牌"的研究 [J]. 财经研究, 2012, 38 (2): 81-90.

[6] 游达明, 王典, 刘亚庆. 我国上市公司杠杆收购绩效研究 [J]. 财务与金融, 2013 (5): 1-8.

[7] 王晓初, 俞伟峰. 企业收购绩效与公司治理——内地和香港上市的中国企业实证分析 [J]. 会计研究, 2007, 8: 51-59.

[8] 龙振海. 机构投资者与公司价值关系研究——来自上市公司要约收购的证据 [J]. 南开管理评论, 2010 (4): 35-43.

[9] 朱南军, 韩佳运. 险资举牌的逻辑, 特征与策略 [J]. 金融市场研究, 2016 (4): 17.

[10] 刘照普. 哪些险资在举牌? [J]. 中国经济周刊, 2016, 46: 10.

[11] 刘照普. 2016年险资举牌十大案例 [J]. 中国经济周刊, 2017 (1): 48-51.

[12] 刘纪鹏, 刘志强. 厘清创新与监管边界规范险资举牌行为 [J]. 清华金融评论, 2016 (3): 71-74.

[13] Bethel J E, Liebeskind J P, Opler T. Block share purchases and corporate performance [J]. The Journal of Finance, 1998, 53 (2): 605-634.

[14] Gillan S L, Starks L T. Corporate governance proposals and shareholder activism: The role of institutional investors [J]. Journal of financial Economics, 2000, 57 (2): 275-305.

[15] Klein A, Zur E. Hedge fund activism [J]. 2006.

[16] Bebchuk L A, Brav A, Jackson Jr R J, et al. Pre-Disclosure Accumulations by Activist Investors: Evidence and Policy [J]. Journal of Corporation Law, 2013, 39 (1): 1.

[17] Boyson N M, Mooradian R M. Hedge funds as shareholder activists from 1994-2005 [J]. Northeastern University-College of Business Administration, 2007.

[18] Brav A, Jiang W, Partnoy F, et al. Hedge fund activism, corporate governance, and firm performance [J]. The Journal of Finance, 2008, 63 (4): 1729-1775.

[19] Clifford C P. Value creation or destruction? Hedge funds as shareholder activists [J]. Journal of Corporate Finance, 2008, 14 (4): 323-336.

[20] Wahal S. Pension fund activism and firm performance [J]. Journal of Financial and quantitative analysis, 1996, 31 (1): 1-23.

[21] Woidtke T. Agents watching agents: evidence from pension fund ownership and firm value [J]. Journal of Financial Economics, 2002, 63 (1): 99-131.

[22] Holderness C G, Sheehan D P. Raiders or saviors? The evidence on six controversial investors [J]. Journal of Financial Economics, 1985, 14 (4): 555.

[23] Dlugosz J, Fahlenbrach R, Gompers P, et al. Large blocks of stock: Prevalence, size, and measurement [J]. Journal of Corporate Finance, 2006, 12 (3): 594-618.

[24] Edmans A. Blockholders and Corporate Governance [J]. The Annual Review of Financial Economics is, 2014 (6): 23-50.

附 录

附录一：中国保险资金"举牌"上市公司明细表

附录1　　中国保险资金"举牌"上市公司明细表[①]

公司代码	上市公司	举牌人	持股比例（%）	公告日期
000166	申万宏源	中国人寿保险股份有限公司等[②]	10.7945	2017/01/26
002638	勤上光电	华夏人寿保险股份有限公司	11.1500	2016/12/01

① 原始数据来自国泰安数据库的公司研究—产业资本—上市公司举牌信息表，在筛选数据时标准是资金来源是保险资金，因此会有"资产管理有限公司"等举牌人进入列表。在整理数据过程中，笔者同时参考了一些新闻作为验证。其中数据库中未记录到万科A在2015年8月27日的股权变动的提示性公告，本章在以上列表加入了这一条信息。另外，南玻A在2015年4月28日的公告（股权变动由0%至5.03%）在数据库中的记录时间点为2015年5月8日，本章在以上列表中做了修正。

② 完整举牌人为中国人寿保险股份有限公司、中国人寿资产管理有限公司和国寿投资控股有限公司。

续表

公司代码	上市公司	举牌人	持股比例（%）	公告日期
601668	中国建筑	安邦资产管理有限责任公司	10.0000	2016/11/26
000502	绿景控股	天安人寿保险股份有限公司	24.2900	2016/11/24
000002	万科A	广州市昱博投资有限公司等①	10.0000	2016/11/23
000623	吉林敖东	阳光财产保险股份有限公司	5.0000	2016/11/22
601668	中国建筑	安邦资产管理有限责任公司	5.0000	2016/11/19
300184	力源信息	华夏人寿保险股份有限公司	8.8700	2016/10/27
600620	天宸股份	国华人寿保险股份有限公司	20.0000	2016/10/11
600350	山东高速	安邦资产管理有限责任公司	11.5400	2016/09/28
603003	龙宇燃油	国华人寿保险股份有限公司	5.7200	2016/09/28
600887	伊利股份	阳光人寿保险股份有限公司等②	5.0000	2016/09/19
000002	万科A	广州市昱博投资有限公司等	5.0000	2016/08/09
000002	万科A	深圳市钜盛华股份有限公司等③	25.0000	2016/07/07
600016	民生银行	华夏人寿保险股份有限公司	5.4800	2016/07/01
600048	保利地产	泰康人寿保险股份有限公司等④	7.3500	2016/06/24
002047	宝鹰股份	恒大人寿保险有限公司	6.2500	2016/04/20
000802	北京文化	富德生命人寿保险股份有限公司	15.6579	2016/04/06
002777	久远银海	平安养老保险股份有限公司等⑤	6.3500	2016/03/29
600739	辽宁成大	富邦人寿保险股份有限公司等⑥	7.7600	2016/02/24
000783	长江证券	国华人寿保险股份有限公司等⑦	19.7200	2016/01/28
002426	胜利精密	百年人寿保险股份有限公司	5.9300	2016/01/22
600015	华夏银行	中国人民财产保险股份有限公司	19.9900	2015/12/29
300438	鹏辉能源	中融人寿保险股份有限公司	5.0000	2015/12/28

① 完整举牌人为广州市昱博投资有限公司，广州市奕博投资有限公司，广州市凯轩投资有限公司，广州市悦朗投资有限公司，广州市广域实业有限公司，广州市仲勤投资有限公司，广州市欣盛投资有限公司，广州市启通实业有限公司，广州市凯进投资有限公司，恒大地产集团有限公司。

② 完整举牌人为阳光人寿保险股份有限公司，阳光财产保险股份有限公司。

③ 完整举牌人为深圳市钜盛华股份有限公司，前海人寿保险股份有限公司。

④ 完整举牌人为泰康人寿保险股份有限公司，泰康资产管理有限责任公司。

⑤ 完整举牌人为平安养老保险股份有限公司，平安资产管理有限责任公司，广发证券资产管理（广东）有限公司。

⑥ 完整举牌人为富邦人寿保险股份有限公司，富邦证券投资信托股份有限公司。

⑦ 完整举牌人为国华人寿保险股份有限公司，新理益集团有限公司，刘雯超。

第十一章　中国保险资金在"举牌"中的积极主义研究

续表

公司代码	上市公司	举牌人	持股比例（%）	公告日期
002771	真视通	中融人寿保险股份有限公司	5.0000	2015/12/26
300394	天孚通信	中融人寿保险股份有限公司	5.0000	2015/12/23
600085	同仁堂	安邦人寿保险股份有限公司等①	10.0000	2015/12/23
600694	大商股份	安邦养老保险股份有限公司等	10.0000	2015/12/22
600697	欧亚集团	安邦人寿保险股份有限公司等	10.0000	2015/12/22
002202	金风科技	安邦保险集团股份有限公司等	10.0000	2015/12/19
002411	必康股份	华夏人寿保险股份有限公司	6.5700	2015/12/16
000402	金融街	和谐健康保险股份有限公司等	25.0000	2015/12/12
600694	大商股份	安邦养老保险股份有限公司等	5.0000	2015/12/12
600697	欧亚集团	和谐健康保险股份有限公司等	5.0000	2015/12/12
000002	万科A	安邦人寿保险股份有限公司等	5.0000	2015/12/09
002202	金风科技	和谐健康保险股份有限公司等	5.0000	2015/12/09
600000	浦发银行	富德生命人寿保险股份有限公司	20.0000	2015/12/09
600085	同仁堂	安邦人寿保险股份有限公司等	5.0000	2015/12/09
000002	万科A	深圳市钜盛华股份有限公司等	20.0080	2015/12/07
000848	承德露露	阳光人寿保险股份有限公司等	5.0300	2015/12/02
600138	中青旅	阳光人寿保险股份有限公司	5.0000	2015/12/02
600683	京投发展	阳光人寿保险股份有限公司等	5.0100	2015/12/02
000417	合肥百货	深圳市钜盛华股份有限公司	6.7200	2015/11/24
600000	浦发银行	富德生命人寿保险股份有限公司	15.0000	2015/11/11
000012	南玻A	前海人寿保险股份有限公司等	25.0500	2015/11/03
000069	华侨城A	前海人寿保险股份有限公司等	8.6800	2015/10/29
600712	南宁百货	前海人寿保险股份有限公司	10.0100	2015/10/22
002085	万丰奥威	百年人寿保险股份有限公司	5.0000	2015/10/10
601898	中煤能源	富德生命人寿保险股份有限公司等	15.0000	2015/10/10
600872	中炬高新	前海人寿保险股份有限公司	20.1100	2015/10/09
600872	中炬高新	前海人寿保险股份有限公司	15.1100	2015/09/23
600712	南宁百货	前海人寿保险股份有限公司	5.0100	2015/09/22

① 完整举牌人为安邦人寿保险股份有限公司，安邦财产保险股份有限公司，和谐健康保险股份有限公司，安邦养老保险股份有限公司。

续表

公司代码	上市公司	举牌人	持股比例（%）	公告日期
000417	合肥百货	前海人寿保险股份有限公司	5.0100	2015/09/18
600101	明星电力	前海人寿保险股份有限公司	5.0200	2015/09/18
600872	中炬高新	前海人寿保险股份有限公司	10.1100	2015/09/15
600000	浦发银行	富德生命人寿保险股份有限公司	10.0000	2015/09/12
002159	三特索道	君康人寿保险股份有限公司	5.0645	2015/09/07
600000	浦发银行	富德生命人寿保险股份有限公司	5.0097	2015/08/29
600621	华鑫股份	国华人寿保险股份有限公司	10.0000	2015/08/29
600620	天宸股份	国华人寿保险股份有限公司	15.0000	2015/08/27
000002	万科A	深圳市钜盛华股份有限公司等	15.0400	2015/08/27
600628	新世界	国华人寿保险股份有限公司	10.0000	2015/08/21
600133	东湖高新	国华人寿保险股份有限公司	5.0000	2015/08/18
600621	华鑫股份	国华人寿保险股份有限公司	5.0000	2015/08/18
000601	韶能股份	前海人寿保险股份有限公司	15.0000	2015/08/14
600628	新世界	国华人寿保险股份有限公司	5.0000	2015/08/13
000601	韶能股份	前海人寿保险股份有限公司	10.0000	2015/08/08
600620	天宸股份	国华人寿保险股份有限公司	10.0000	2015/08/05
000002	万科A	深圳市钜盛华股份有限公司等	10.0000	2015/08/04
002485	希努尔	华夏人寿保险股份有限公司	18.7500	2015/07/29
600315	上海家化	中国平安人寿保险股份有限公司	27.9400	2015/07/29
000601	韶能股份	前海人寿保险股份有限公司	5.0000	2015/07/28
002411	必康股份	华夏人寿保险股份有限公司	6.5700	2015/07/28
600493	凤竹纺织	阳光人寿保险股份有限公司	5.0000	2015/07/23
002002	鸿达兴业	国华人寿保险股份有限公司	5.3000	2015/07/20
600620	天宸股份	国华人寿保险股份有限公司	5.0000	2015/07/16
000012	南玻A	前海人寿保险股份有限公司	20.0000	2015/07/14
000002	万科A	前海人寿保险股份有限公司	5.0000	2015/07/11
601166	兴业银行	中国人民人寿保险股份有限公司	6.7011	2015/07/11
601166	兴业银行	中国人民财产保险股份有限公司	6.4500	2015/07/11
000004	国农科技	国华人寿保险股份有限公司	5.0000	2015/07/10
600206	有研新材	国华人寿保险股份有限公司	7.5000	2015/07/08
000012	南玻A	深圳市钜盛华股份有限公司等	15.0400	2015/06/30

第十一章 中国保险资金在"举牌"中的积极主义研究

续表

公司代码	上市公司	举牌人	持股比例（%）	公告日期
002140	东华科技	正德人寿保险股份有限公司	5.0224	2015/05/20
000012	南玻 A	前海人寿保险股份有限公司	10.0400	2015/05/08
600884	杉杉股份	天安财产保险股份有限公司	5.3500	2015/05/07
600884	杉杉股份	华夏人寿保险股份有限公司	5.3500	2015/05/07
600088	中视传媒	正德人寿保险股份有限公司	5.0012	2015/04/29
000012	南玻 A	前海人寿保险股份有限公司	5.0300	2015/04/28
600872	中炬高新	前海人寿保险股份有限公司	5.0200	2015/04/25
000407	胜利股份	阳光人寿保险股份有限公司	5.0900	2015/03/27
000069	华侨城 A	深圳市钜盛华股份有限公司	5.1700	2015/03/21
000069	华侨城 A	前海人寿保险股份有限公司	6.8900	2015/03/21
600291	西水股份	华夏人寿保险股份有限公司	19.2900	2015/01/22
002052	同洲电子	华夏人寿保险股份有限公司	10.0000	2015/01/20
002052	同洲电子	华夏人寿保险股份有限公司	5.0018	2015/01/08

附录二："举牌"前后 [-30, 30] 期间的超额收益率

附录2　　"举牌"前后30天的平均超额收益率[①]

时间点	平均每日超额收益率（AR）	t 统计量	平均超额收益率累加
-30	-0.0057	-1.4656	-0.0057
-29	-0.0061	-1.8900	-0.0118
-28	0.0004	0.1116	-0.0114
-27	-0.0047	-1.2432	-0.0161
-26	0.0041	0.9435	-0.0120
-25	0.0012	0.3319	-0.0108
-24	0.0008	0.1970	-0.0100
-23	-0.0139	-1.7649	-0.0239
-22	-0.0017	-0.4187	-0.0256
-21	-0.0066	-1.9507	-0.0322
-20	0.0044	1.1669	-0.0278

---

① 原始数据取自于万得金融终端。

续表

时间点	平均每日超额收益率（AR）	t 统计量	平均超额收益率累加
-19	0.0015	0.3772	-0.0263
-18	-0.0016	-0.4335	-0.0279
-17	-0.0005	-0.1297	-0.0284
-16	0.0003	0.0702	-0.0281
-15	0.0009	0.2210	-0.0272
-14	-0.0041	-1.0967	-0.0313
-13	-0.0019	-0.4887	-0.0332
-12	0.0026	0.6658	-0.0306
-11	-0.0027	-0.6335	-0.0333
-10	0.0108	2.4612	-0.0226
-9	0.0054	1.2719	-0.0171
-8	0.0054	1.2941	-0.0118
-7	0.0056	1.3566	-0.0062
-6	0.0062	1.5975	0.0000
-5	0.0004	0.0940	0.0004
-4	0.0038	0.8376	0.0042
-3	0.0030	0.6194	0.0072
-2	0.0148	3.0440	0.0219
-1	0.0179	3.3756	0.0398
0	0.0320	5.3511	0.0718
1	0.0180	3.7150	0.0898
2	0.0046	1.0114	0.0944
3	0.0004	0.0775	0.0948
4	0.0120	3.2222	0.1068
5	0.0005	0.1265	0.1073
6	0.0049	1.0359	0.1122
7	-0.0018	-0.5007	0.1104
8	-0.0013	-0.3527	0.1091
9	0.0067	1.7469	0.1158
10	-0.0024	-0.6352	0.1135
11	-0.0071	-2.0412	0.1063

续表

时间点	平均每日超额收益率（AR）	t 统计量	平均超额收益率累加
12	-0.0029	-0.8561	0.1034
13	0.0048	1.2436	0.1082
14	-0.0047	-1.1604	0.1035
15	0.0078	2.0185	0.1112
16	0.0044	1.2832	0.1156
17	-0.0029	-0.8003	0.1127
18	-0.0060	-1.5802	0.1067
19	0.0048	1.4183	0.1115
20	-0.0014	-0.3843	0.1101
21	-0.0020	-0.5982	0.1080
22	0.0023	0.6486	0.1103
23	-0.0015	-0.5047	0.1088
24	-0.0024	-0.8845	0.1064
25	-0.0068	-2.7883	0.0996
26	0.0027	0.8134	0.1023
27	-0.0052	-1.9044	0.0970
28	0.0050	1.7557	0.1020
29	-0.0061	-2.2201	0.0959
30	0.0051	1.4096	0.1010

第十二章 妒忌心理会导致商业违规吗？来自公司内幕交易的证据

沈 蜜

摘 要：本章显示公司高管的妒忌心理会导致商业违规。通过测试高管内幕交易行为，本章发现如果公司股票表现相对于同地区其他公司较差，而本地区其他大部分公司股票都表现良好，那么该公司高管会因为嫉妒进行投机性质的内幕交易。这些投机性质的内幕交易行为包括：他们的股票交易存在超额收益（Abnormal Return）以及他们在本公司股票大幅下跌之前进行减持的概率增加。本章同时发现，如果公司所在地区的平均家庭慈善捐款水平较低时，由妒忌心理所导致的内幕交易行为会更加显著，这是因为慈善捐款水平低同时显示出当地居民财富有较高的渴求（higher level of greed on average）。

关键词：内幕交易 妒忌心理 相对收入 高管薪酬

一、引言

近年来，商业违规的盛行以及它所带来的负面影响使得政府投入了更加有效的措施。政府为了更好地监管金融市场颁布了新的法案，而执法部门也增强了对商业犯罪的处罚力度。举例来说：美国政府颁布的 SOX 法案不仅提高了对公司信息披露程度的要求，并且加大了对商业犯罪作为刑事案件的处罚。然而，目前并没有直接的证据表明这些措施减少了商业违规（Coates and Srinivasan, 2014）。

第十二章　妒忌心理会导致商业违规吗？来自公司内幕交易的证据

不仅如此，Dyck 等（2010）表明执法部门并不是发现商业违规的主要力量。而在 Frijns et al.（2013）的研究中发现严厉的责罚并不能阻止商业欺诈的发生。以上的论证表明，阻止商业欺诈是十分困难的。因此，深入理解导致企业高管进行违规操作的因素变得尤为重要。

在本研究中，我们研究人的情感是否影响企业高管进行商业违规或犯罪的决定。进一步来说，我们测试妒忌心理是否会导致商业违规。当人们对比别人优于自己的境遇往往会引发妒忌（Smith et al.，1988）。正如其他情感一样，妒忌心理的产生会影响行为。社会学家普遍认为，嫉妒通常会与负面的行为和态度相关（Smith 和 Kim，2007）。妒忌会使人觉得自卑和愤恨（Parrott 和 Smith，1993），也会让人觉得不公平（Smith et al.，1994）。因此，妒忌的人会更有攻击性，更不愿意分享信息以及远离他所嫉妒的群体（Salovey 和 Rodin，1984；Dunn 和 Schweitzer，2004）。由于妒忌是一种很普遍并且每个人都可能会经历的情感（Gino 和 Pierce，2009），再加上它能催化不良行为。因此，我们提出本研究的假设：当企业高管有妒忌心理时，他们将更容易做出不道德的商业行为。

本研究假设的提出基于现有理论性及实验性的研究。Gilbert et al.（1995）提出妒忌是社会性比较的产物。经济学的现有文献中也有将这种社会比较当作决定个人偏好的因素之一。Abel（1990）和 Gali（1994）提出了"keep up with the Joneses（KUJ）"偏好。他们认为个人偏好不仅仅取决于本人的消费也取决于社会人均消费。基于 Gali（1994）所提出的效用函数，当个人的偏好属于 KUJ，那么社会人均消费的增加会增加个人消费的边际效应。也就是说，任何个人消费的增加都会对他产生更高的价值。所以，人均消费的增加会激励个人增加消费从而增加个人效用。然而，当这种为了提高效用的期望无法从正当的渠道得到时，有的人可能选择不道德或者不合法的行为。这是根据 Becker（1968）提出的犯罪理论：想实施犯罪的人会那么做是他所期望的收益高于所期望的成本。在本课题中，如果我们假设在短时间内人们认为惩罚的期望成本不会改变，那么由嫉妒引起的对更高效用的期望将会诱导不道德行为。

与经济学理论相似，心理学研究通过实验也得出了妒忌在导致不道德行为中起到重要的作用（Schweitzer 和 Gibson，2008）。通过实验，Gino 和 Pierce（2009）发现当人们处于一个富裕的环境但是无法获得与周遭环境相同的获利，这些人会产生一种不平等的感觉。那么，这些不平等的感受会通过妒忌心从而激发不道德的行为。他们同时指出，当妒忌心理和个人的经济收益相关，在这种情况下妒忌心理更容易导致不道德行为的产生。然而，理论模型和心理学实验都立足于大量的假设和严格的环境控制，我们希望通过本课题去探究相似的行为是否存在于现实的商业活动中。

我们的主要假设预测妒忌心理会导致高管违规。因为妒忌往往产生于社会比较（Gilbert et al.，1995），本章关注同一地区的高管之间的比较。同一地区的高层可能存在很多的社会联系从而利于信息的流通（Kono，1998）。比如，他们可能去同一个球场打高尔夫，可能在同一个慈善机构担任顾问等。同时，他们可能有很多共同的朋友。在同一地区，除了考虑经济地位，还可能考虑到社会地位。以这种方式，我们可以观察企业高管会不会为了与同地区的同行齐头并进而进行商业违规。

我们采用两种方式去测试企业高管的妒忌行为：公司股价表现的差异和同行之间薪酬的差异。公司股价的表现可以从两个方面引发高管的妒忌：一方面，作为管理者的名声和他的财富水平。股价的高低直接反映了高管作为公司运营管理者的名声。Fernandes 和 Guedes（2010）发现股价表现不好的公司更容易公布虚高的收益，这是因为这些高管担心他们在人力市场中的名声会因此被损害。从另一个方面，因为企业高管通常持有大量公司股票，股价的波动会影响到他们总体的财富水平。因此，当公司股价表现不好时，高管可能因为自己的声誉以及财富的缺失而产生心理上的不平衡并由此引发妒忌。

除了比较公司股价，我们还比较同一地区公司 CEO 不平等薪酬对高管违规行为的影响。现有文献发现妒忌心理会通过相对薪酬影响 CEO 的决策。Goel 和 Thakor（2010）测试了妒忌对公司并购潮的影响。他们认为造成公司并购潮的原因是公司 CEO 们关注他们的相对薪酬。当一家公司完成并购而成为更大的公司，CEO 的薪酬会随着公司的规模而增加。因此，其他公司的 CEO 也会效仿进

第十二章　妒忌心理会导致商业违规吗？来自公司内幕交易的证据

行并购。虽然前文所关注的同行间的妒忌是存在于同一个行业之中的，其他现有文献也证明CEO的相对薪酬水平与同一区域CEO的平均薪酬呈正相关，这是因为他们发现CEO之间对于薪酬的妒忌是由同一地区其他公司CEO薪酬引起的。

我们选择公司管理者的内幕交易作为衡量不道德行为的方法。不同于外部投资者，公司内部人员通常持有自己公司的股票并且拥有一些不对外公开的内部信息。拥有这些优势使得他们可以进行内幕交易从而增加财富或者避免大规模的损失。基于心理学现有的发现，在富裕的环境中的不公平感更容易激发妒忌的产生（Gino和Pierce，2009）。当经历妒忌的企业高管可以通过内幕交易减轻他所承受的不公平感，会减轻他的妒忌心理。然而，基于内部信息而进行股票交易是一种错误的行为。根据美国法律，任何人根据某个公司股票价值相关的内幕信息进行的交易都是不合法的。

本章先从分析内幕人员股票交易所获得的收益开始检验我们的假设。超额收益可以看作是衡量内幕交易的变量。我们发现妒忌的高管他们内幕交易的平均超额收益高于其他内部人员。具体来说，如果这些内部人员来自股价表现不好的公司并且他们的地区同行们都表现得不错，那么这些人卖出（买入）股票所得到的超额收益比其他人的交易高出0.64%（1.08%）。当我们用CEO相对薪酬的角度去定义妒忌的CEO时，我们得到了相似的结论。我们发现如果CEO的相对薪酬排在一个地区中最少的25%，那么他们交易所得到的超额收益比他们的其他同行高出2.25%。接着，我们衡量存在妒忌心理的内企业高管是否有更大的可能性在获得较大收益之前进行交易。因此，我们测试高管们在有较大价格波动前进行交易的可能性。如果这些经历妒忌的高管拥有内幕消息，那么我们预测他们将更可能在有较大价格波动前进行买卖。实证结果与我们的预测相同：我们发现抱有嫉妒心理的内部人员在股价有大幅度下降前卖出公司股票的可能性比其他不具有嫉妒心理的高出2%~5%。但是，在买入的交易中我们没有得出相似的结论。

为了完善我们的实证研究，我们考虑检验人们的慷慨程度对于妒忌心理在影响高管行为中起到的相反的作用。正如前文所提到的，社会比较会促使妒忌心理的产生，然而慷慨的人通常不会被他们和别人之间相对财富的高低而困扰。我们用美国每个州慈善捐款的数据作为衡量慷慨程度的变量。我们发现人们的慷慨程度会对妒忌所激发的不道德行为有修正作用。在平均慈善捐款水平低的州，具有妒忌心理的高管他们内幕交易所得到的超额收益更高，而在平均慈善捐款水平高的州，相关性较弱。从数据上看，在全样本的检验中，妒忌的高管他们在卖出的股票是比其他人交易时得到的超额收益高出62bps，而当我们只看在捐款水平低的州时，这个差异达到了97bps。

二、贡献

本研究对现有文献有以下几个贡献。第一，我们的实证结果进一步证实了此前理论研究和实验研究所得出的结论。与之前的理论预测相似（e.g. Abel，1990和Gali，1994），本研究证实了在现实中，企业高管的偏好也一定程度上被相对消费所影响。并且，社会比较是决定他们自身效用的因素之一。本章的结论也验证了Gino和Pierce（2009）在行为实验中得出的结论。第二，本章的结论延伸了研究管理者不当行为的文献。在金融学的研究中，很多研究旨在理解高管不当行为的原因，但是通常会忽略心理因素对他们所做决定的影响。现有文献发现会影响高管不当行为的有：公司股价表现（Harris和Bromiley，2007），高管薪酬（Erickson et al., 2006; Burns和Kedia，2006），外部监管和法规（Kedia和Rajgopal，2011），以及地理与文化的影响（e.g. Parsons et al., 2015; Dyreng et al., 2012）。本研究的研究建议情感，例如，妒忌，会成为左右商业领袖行为的因素。第三，本研究从实证扩展了在公司金融中对妒忌心理的研究。对妒忌的探讨已经广泛存在于心理学、社会学和管理学的研究中。在最近的十年中，经济学领域开始关注妒忌 envy（Goel和Thakor，2005）。"平等" "社会偏好"，以及"相对财富"成为与个人偏好有关的研究对象（e.g. Abel，1990；Gali，1994；Fehr和Schmidt，1999；Charness和Rabin，2002）。在资产定价的

第十二章 妒忌心理会导致商业违规吗？来自公司内幕交易的证据

研究中也考虑到了相对财富的影响。举例来说，Bakshi 和 Chen（1996）发现当投资者关注与个人相对的社会地位，那么价格浮动会更大。然而，把妒忌心理当成研究对象在公司金融的文献中还寥寥无几。Goel 和 Thakor（2005）研究了妒忌对公司投资分配的问题。通过对妒忌代理者进行建模，他们发现集中的资本规划会导致企业社会主义化，而分散的资本规划会导致过度投资。在 Goel 和 Thakor（2010）的文章中，他们研究了妒忌在产生并购潮中所扮演的角色。我们的研究进一步证明了妒忌不仅仅对企业在投资分配和并购的决定上有影响，这种情感还影响着公司高管在决定是否进行商业违规中起到作用。

三、实证方法和数据

（一）假设检验

本研究的假设需要我们定义最有可能经历妒忌心理的企业高管。根据现有文献，人们重视社会地位：人与人之间的社会比较，特别是自身经济条件的比较会引发嫉妒心理（Gino 和 Pierce，2009）。因此，我们根据公司股价表现和高管薪酬来定义最有可能产生妒忌心理的企业内部人员。

本章首先，使用数据库中所有内部人员的交易作为研究对象，并根据公司股价表现在区域中的差异作为定义嫉妒的标准。具体来说，我们分以下四步进行定义：第一，我们标记市场价值在过去 12 个月内增长超过 50% 的公司为"High Performance Firms"。第二，我们计算每一个地区拥有"High Performance Firms"的密度。我们采用同一个大都市地区作为衡量同一地区的单位。具体来说，我们计算某一个地区"High Performance Firms"的总市值与该地区所有公司总市值的比值。第三，每个月我们按照"High Performance Firms"的密度将所有地区从高到低分成 10 组。这样的排序体现了每个地区股价表现好的公司的比例。更高的比例显示了在某一个地区有更多的公司正在经历市值的增长。第四，我们聚焦那些位于大部分公司有着大幅市值增长的地区但该公司自身股价却经历负增长的公司。对于这些公司来说，他们置身于一个大多数地域同行都表现良好，但自身市值却在流失的境况，因此我们认为这些公司的内部人员更容易产生妒忌的心理。

其次，我们关注具有妒忌心理的CEO所进行的交易。这些CEO的薪酬可能与他们的区域同行有着一定的差距，从而迫使他们产生妒忌心理。为了选取这些CEO，我们先计算薪酬残差——将CEO总薪酬（TDC1）减去薪酬模型根据公司特征变量所估计出来的值①。因此，薪酬残差显示了CEO们是否得到了期望的薪酬。然后，在每一个财政年，我们计算每一个地区薪酬残差的标准差。这体现了每一个地区CEO薪酬的不平等性。与上述的方法相同，我们根据薪酬的不平等性对所有地区进行排序。我们聚焦那些置身于薪酬不平等大的地区且自身薪酬低于理论水平的CEO。虽然我们认为妒忌会引发不良行为，但两者的关系并不是依照严格的单调增长。因此，我们只关注最有可能经历妒忌的分组。

本研究从两个方面检验公司高管的内幕交易。一方面，我们计算公司内部人员交易的收益。按照Daniel et al.（1997）的方法，超额收益被定义为某公司某个月的收益超出由相似公司组成的投资组合收益。相似公司的标准为公司大小，市价对账面价值比率和近期的收益动量。现有文献证明当公司内部人员利用不公开信息进行投机性的交易，这些交易会得到超额收益。根据本研究的假设，妒忌的公司高管更容易根据不公开的信息进行交易。因此，我们预测那些最有可能经历妒忌的高管所进行的交易会存在更高的收益。另一方面，我们检验管理者在高收益机会前进行交易的可能性。我们预测具有嫉妒心理的内部人员会有更高的可能性在高收益机会的前期进行交易。也就是说，我们计算那些被定义为妒忌高管在大幅股价震荡之前交易的概率。为了测试这一假设，我们采用线性概率模型去预测。

---

① 这些特征变量包括：总资产，ROA，杠杆，B/M，股价波动率和CEO任职年限。所有的变量都是用落后的一期。控制年份以及公司的固定效应。

第十二章　妒忌心理会导致商业违规吗？来自公司内幕交易的证据

（二）数据来源

本研究的实证研究需要用到公司总部所在的大都会地区。我们从美国人口调查局找到了各个大都会地区相对应的邮编地址。人口调查局用 Core Based Statistical Areas（CBSA）定义大都会地区。CBSA 是由一个有着大量人口的核心区和相邻与核心区在经济和社会层面有着高度一致性的社区共同组成的地理地区[①]。我们用 COMPUSTAT 数据库中的 ADDZIP 变量来确定美国公司总部的邮编。最后，我们将两组邮编进行匹配从而得到每个公司所属的大都会地区。

内部交易的数据来 Thompson Reuters。美国证监会要求公司内部人员公布他们的交易。根据证监会的定义，企业内部人员包括公司管理人员，董事和任何拥有 10% 以上股权证券的利益所有人。因为本章的实证研究着重关注内部人员的股票交易，则本章的数据中只包含在公开市场的交易。每一个月对每一个交易者我们根据他的买卖净头寸定义该月是买入月或者卖出月。我们采用 Thompson Reuters 中所有从 1986 年到 2016 年内部交易的数据。我们用 CRSP 中的股价数据和 COMPUSTAT 中的财报数据算超额收益。最后，我们采用 Execucomp 中 CEO 的薪资数据。因为该部分的原始数据从 1992 年开始，所以我们关于 CEO 薪资的所有实证检验采用从 1992 年到 2016 年的样本。

表 12-1 展示了本研究所用数据的描述性统计。在本章的样本中每一个地区平均有 100 家上市公司并且分布于 18 个行业。在全样本中，平均市值为 25 亿美元，平均市价对账面价值比率为 0.8。CEO 的平均年薪为 500 万美元。表 12-1-B 板展示了本章所定义的实证变量的数据分布。公司市值近 12 个月变化率的中位数为 3%。正如上文所定义的，每个地区"High Performance Firms"的密度是计算"High Performance Firms"的总市值与该地区所有公司总市值的比值。而"High Performance Firms"是那些 12 个月市值变化率超过 50% 的公司。上述密度的中位数是 8.1%。最后，我们计算的 CEO 薪酬残差的中位数为 -0.07，非常接近于零。

[①] 详细说明请见美国人口调查局网站（https://www.census.gov/geo/reference/gtc/gtc_cbsa.html）。

表 12–1　　样本描述性分析

1–A：公司与地域特征				
变量名称	Mean	Std.	Min	Max
Size（in $1M）	2 458	13 561	0.13	626 550
Net Income（in $1M）	122	1 050	-99 289	45 220
Total Assets（in $1M）	5 013	42 729	0.22	2 573 126
Book to Market	0.8	1.8	0.0	294
ROA	-0.02	0.3	-32.9	4.8
Leverage	0.5	0.3	0.0	8.6
CEO Total Compensation（in $1M）	5	11	0.0	655
CEO Tenure（in month）	105	90	0	740
CEO Age	55	7	31	96
Number of Firm per Area	100	197	10	1 532
Number of Insiders per Area	922	1 665	51	12 384
Number of Industry（ff48）per Area	18	11	2	45
Number of Firm per Industry per Area	6	15	1	343
1–B：自定义变量分布				
变量名称	10%	25%	50%	75%	90%
Change in Market Cap, Trade Month	-43.9%	-19.2%	3.0%	22.2%	36.7%
Change in Market Cap, All Month	-46.9%	-20.7%	7.0%	41.1%	96.6%
Density of Density of High Performance Firms	0.0%	1.3%	8.1%	23.1%	45.8%
Standard Deviation of Residual Pay	0.675	0.817	0.977	1.080	1.184
Residual Pay, full sample	-1.313	-0.749	-0.070	0.583	1.160
Residual Pay, by Area-fiscal year, median	-0.931	-0.467	-0.069	0.232	0.553
Residual Pay, by Area-fiscal year, mean	-0.922	-0.463	-0.086	0.199	0.481
Residual Pay, by Area-fiscal year, p25	-1.386	-0.982	-0.604	-0.267	0.132
Residual Pay, by Area-fiscal year, p10	-1.770	-1.381	-0.991	-0.489	0.003

第十二章 妒忌心理会导致商业违规吗？来自公司内幕交易的证据

四、实证结果

(一) 内幕交易的收益

本章假设经历妒忌的企业高管更可能根据非公开信息交易。在这一章里，我们主要分析最有可能产生妒忌心理的企业高管进行内幕交易所获得的收益。我们比较这些高管和其他内部人员交易所产生的超额收益。我们首先采用全样本，并且定义妒忌的高管为那些公司在过去的 12 个月中股价表现较差但又位于大部分公司有着较高市值增值的地区。因此我们对高管内部交易的收益进行 OLS 回归，结果如表 12-2 所示。在我们的实证模型中，最主要的自变量是 High Performance Area 和 Poor Performance Firm 的交叉项。High Performance Area 是一个虚拟变量：如果某公司总部位于的地区在 High Performance Firm 地区密度的排序中位于前 10% 该变量等于 1，其他地区则为零。Poor Performance Firm 也是一个虚拟变量：如果某公司在此前 12 个月中市值变化为负值，那么该变量值为 1。因此，这两个变量的交叉项体现的是那些经历市值负增长但同地区的大部分公司都经历大幅增长的公司。所以，我们认为在此模型下，这些公司的高管最有可能妒忌。

表 12-2 (1) 中回归模型包含上述自变量。从表的回归结果可以看到 Poor Performance Firm 项系数为 -0.94% 且在 1% 置信度水平下显著。这显示了当经历公司市值负增长的高管在卖出自己公司股票时的超额收益比那些经历正增长的高管平均高出了 94bps。而当这些高管位于市值增长公司密度最高的地区时，上述的关系更为突出：交叉项的系数为 -0.65% 且在 5% 置信度水平下显著。因为此全样本的时间区间为 1986-2015 年并且包含着不同行业及不同地区的公司，时间序列或者行业，地域之间不可观察的因素都将会影响到实证结果。所以，在表 12-2 (2) 的实证模型中加入了行业，时间和地域的固定效应。在加入这些固定效应之后，我们所关注的交叉项的系数变成了 62 bps 但是仍然在

5%的置信度下显著。在高管买入方面,实证结果与卖出的相似。

表12-2　　　　　　　　内幕交易收益分析,全样本

Dependent Variable: DGTW Excess Return (1, 1)	Sell		Purchase	
	(1)	(2)	(4)	(5)
High Performance Area	-0.124	0.175	-0.250	-0.113
	(0.171)	(0.165)	(0.280)	(0.301)
Poor Performance Firm	-0.939***	-0.540***	-0.696***	-0.224
	(0.0792)	(0.0958)	(0.163)	(0.145)
Poor Performance Firm * High Performance Area	-0.647**	-0.621**	1.081**	0.941**
	(0.279)	(0.288)	(0.413)	(0.401)
Constant	-1.392***	7.582	-0.369***	2.129
	(0.0660)	(7.166)	(0.0940)	(9.425)
Observations	159 694	159 694	79 242	79 242
R-squared	0.00276	0.02441	0.00059	0.02167
Month Fixed Effect		Yes		Yes
Industry Fixed Effect		Yes		Yes
Area Fixed Effect		Yes		Yes

在12-2(4)中,Poor Performance Firm 的系数为-0.70%。这个结果表明经历市值负增长的公司高管内部交易的超额收益比经历正增长的公司高管低70 bps。而我们所关注的交叉项的系数为1.08%并在5%置信度水平下显著。此交叉项为正,表明了那些经历了公司市值负增长且置身于同地区大部分其他公司的市值都存在大幅涨幅的高管,他们的买入交易超额收益比起其他高管高出1.08%(加入固定效应后为94 bps)。具体来说,这些高管更有可能根据不公开的信息进行交易。

接着,我们研究同地区CEO之间的薪酬差。在这些实证检测中,我们只关注CEO。CEO通常是一个公司中薪酬最高的人。而在同一个地区上市公司的CEO们彼此之间通常有着很多社会联系。因此,本章认为如果妒忌将会导致某些不正当行为,CEO应该对于自己和同行之间存在的差距最为敏感。所以,我们预测妒忌将会对CEO的交易行为有着比起其他高管更大的影响。我们用多变

第十二章 妒忌心理会导致商业违规吗？来自公司内幕交易的证据

量回归检测 CEO 交易的超额收益，实证结果如表 12-3 所示。因变量为单月 DGTW 超额收益。我们采用薪酬残差作为衡量 CEO 的收入，而同地区的薪酬差异则用本地区 CEO 在上一个财年薪酬残差的标准差来衡量。Underpaid CEO 为虚拟变量，当 CEO 前一年的薪酬残差低于所设域值时为 1，其他为零。Top Pay-disparity Area 也是一个虚拟变量：当该地区的收入差异排在所有区域中的前 10% 时为 1，其他则为零。与前文相似，主要的自变量为上述两个变量 Underpaid CEO 和 Top Pay-disparity Area 之间的交叉项。同时，此实证模型也包括 CEO 的特征变量以控制 CEO 之间的异质性。另外，所有的实证模型都包含月度，地域，行业的固定效应。本章假设当 CEO 的薪酬与同地域其他 CEO 的薪酬存在较大差距时，他们将更有可能经历妒忌。因此，我们认为这些薪酬过低的并且生活在薪酬差异大地区的 CEO 会进行收益较高的内部交易。

表 12-3 中卖出部分的实证结果与我们的预测相同。当我们定义 Underpaid CEO 为薪酬低于该地区的中位数（1）时，交叉项的系数为 -0.95% 且在 1% 置信度水平下显著。这表明当这些最可能妒忌的 CEO 们卖出股票时，他们的超额收益高出其他的 CEO 的交易 0.95%。但是，从 CEO 买入股票的交易中，我们没有发现相似的结果：他们的交易不存在更高的超额收益。

表 12-3 内幕交易收益分析，CEO 样本

Underpaid CEO defined as below:	Sell				Purchase			
	Median	Mean	25%	10%	Median	Mean	25%	10%
	(1)	(2)	(3)	(4)	(5)	(6)	(7)	(8)
Underpaid CEO	-0.272	-0.308	0.397	0.131	0.342	0.512	0.227	1.250
	(0.203)	(0.196)	(0.244)	(0.497)	(0.477)	(0.492)	(0.653)	(0.850)
Top Pay-disparity Area	0.198	0.0931	0.243	-0.0844	1.022	1.140	1.051	0.972
	(0.316)	(0.325)	(0.280)	(0.275)	(0.781)	(0.833)	(0.683)	(0.619)
Underpaid CEO * Top Pay-disparity Area	-0.949***	-0.749**	-2.250***	-1.946*	-0.670	-0.968	-1.496	-2.993
	(0.329)	(0.334)	(0.553)	(1.026)	(1.057)	(1.186)	(1.356)	(2.642)
Age	-0.0133	-0.0132	-0.0123	-0.0113	-0.0425	-0.0430	-0.0419	-0.0436
	(0.0167)	(0.0166)	(0.0168)	(0.0168)	(0.0351)	(0.0353)	(0.0353)	(0.0351)

续表

Underpaid CEO defined as below:	Sell				Purchase			
	Median	Mean	25%	10%	Median	Mean	25%	10%
	(1)	(2)	(3)	(4)	(5)	(6)	(7)	(8)
Tenure	0.00188*	0.00183*	0.00138	0.00129	0.00144	0.00119	0.00191	0.00153
	(0.000968)	(0.000970)	(0.000955)	(0.00102)	(0.00223)	(0.00227)	(0.00237)	(0.00219)
Share Holding	0.00194	0.00444	0.0232	0.0238	0.228	0.231	0.224	0.233
	(0.0651)	(0.0647)	(0.0617)	(0.0603)	(0.142)	(0.142)	(0.144)	(0.148)
Number of CEO	0.00932	0.00881	0.0110	0.00961	-0.0400*	-0.0402*	-0.0405*	-0.0407*
	(0.00716)	(0.00716)	(0.00730)	(0.00714)	(0.0219)	(0.0222)	(0.0221)	(0.0221)
Total Cash Compensation	0.0924	0.0996	0.121	0.131	0.253	0.270	0.200	0.262
	(0.110)	(0.110)	(0.115)	(0.113)	(0.258)	(0.263)	(0.281)	(0.277)
Constant	7.528**	7.501**	7.527***	7.241**	0.626	0.527	0.802	0.528
	(2.940)	(2.939)	(2.784)	(2.825)	(3.251)	(3.290)	(3.254)	(3.264)
Observations	12 433	12 433	12 433	12 433	4 632	4 632	4 632	4 632
R-squared	0.0482	0.0481	0.0489	0.0479	0.0938	0.0940	0.0940	0.0943
Month FE	Yes	Yes	Yes	Yes	Yes	Yes	Yes	Yes
Area FE	Yes	Yes	Yes	Yes	Yes	Yes	Yes	Yes
Industry FE	Yes	Yes	Yes	Yes	Yes	Yes	Yes	Yes

(二) 交易概率

根据上文中我们的分析，我们发现最有可能妒忌的高管在进行内部交易时会有相对于其他高管更高的收益。现有的结果表明：当存在妒忌心理时，更容易导致人们做不道德甚至非法的行为。然而，目前的结果还不能完全解释高管是否因为意愿的改变而基于不公开的信息进行交易。另一种解释可能是上述实证结果反映了每个月之间不同的收益分布。在这个章节中，我们分析当高管妒忌时，他们是否更有可能抓住通过交易获利的机会。

与前文采用的分析方法相似，我们用两种定义"妒忌"的方式以检测高管是否会在价格变化前进行与价格变化方向一致的交易。以公司市值变化定义"妒忌"的实证结果如表12-4所示。我们采用线性概率模型估计企业高管在可

第十二章 妒忌心理会导致商业违规吗？来自公司内幕交易的证据

获利的机会之前进行交易的概率。具体来说，我们把每个公司每个月按照下一个月的超额收益分为（1）低于 -10%；（2）-10% 与 0 之间；（3）0 到 10% 之间；（4）高于 10%。回归样本中包含所有的交易者和所有的月份的配对。在这个分析中，我们将根据不同的因变量分别进行回归分析。因变量为虚拟变量：当某个月的月度超额收益为以上某个区间，则为 1，其他为零。自变量中我们包括虚拟变量 Trade：当某月中该交易者进行交易则为 1，没有进行交易则为零。最后，我们包含 Trade 和 Poor-Performance Firm 的交叉项。

表 12-4-A 展示了高管卖出交易的实证结果。(1)~(4) 的回归检测包括所有住在公司市值增长最密集地区的内部人员。Poor Performance Firm * Trade 交叉项的系数表示如果高管来自市值负增长的公司，那这些高管更有可能在股价下跌 10% 之前抛售他们的自己公司的股票。这个系数为 1.77%，并在 10% 置信度水平下显著。然而，从 (5)~(8) 中的实证结果来看，住在其他地区的高管并没有体现出相似的交易行为。(5) 中的交叉项系数不显著。从上述实证结果中，我们可以得出以下结论：妒忌的高管更有可能在股价大幅下跌之前卖出他们所持有的股票。卖出交易的结果如表 12-4-B 所示。我们预测妒忌的高管会在股价大幅上涨之前买入股票。也就是说，我们希望看到 (3) 和 (4) 中的交叉项为正且显著。然而，我们得到的实证结果为正但并不显著。

我们采用相同的实证模型测试由薪酬不平等所定义的经历妒忌心理的 CEO。与上文不同的是，在表 12-5 中我们用虚拟变量 Underpaid CEO 与 Trade 组成交叉项。同样地，我们将样本分成两部分：一部分为 CEO 所在的地区为薪酬最不平等的前 20% 的地区，另一部分则为其他 CEO。与之前的结果相似，我们发现那些位于薪酬极不平均地区且自己所得报酬过低的 CEO 更有可能在股价有着大幅跌幅前卖出股票。交叉项的系数为 0.05%，且在置信度 5% 下显著。但是同样地，对于买入的交易，我们只发现这些 CEO 更有可能在价格变化 -10%~0 时更有可能买入公司股票。也就是说，没有直接的证据表明他们更可能在价格涨幅前买入股票。

表 12-4　交易概率分析，全样本

Panel A: Sell

Return was:	High Performance Area				Other Areas			
	< -10%	(-10%, 0)	(0, 10%)	>10%	< -10%	(-10%, 0)	(0, 10%)	>10%
	(1)	(2)	(3)	(4)	(5)	(6)	(7)	(8)
Trade	0.0202***	0.0170**	-0.00943	-0.0281***	0.0165***	0.0218***	-0.0173***	-0.0210***
	(0.00564)	(0.00677)	(0.00669)	(0.00358)	(0.00299)	(0.00332)	(0.00209)	(0.00146)
Poor Performance Firm	0.0398***	-0.0314***	-0.0327***	0.0254***	0.0458***	-0.0359***	-0.0339***	0.0251***
	(0.00443)	(0.00607)	(0.00588)	(0.00372)	(0.00216)	(0.00219)	(0.00237)	(0.00132)
Trade * Poor Performance Firm	0.0177*	0.00358	-0.0160	-0.00528	0.00385	0.00271	0.000504	-0.00754***
	(0.00967)	(0.0108)	(0.0130)	(0.00740)	(0.00325)	(0.00461)	(0.00467)	(0.00238)
Constant	-0.0323	0.0471	-0.00824	0.994***	-0.0468*	0.311	0.171	0.564**
	(0.0480)	(0.0832)	(0.0562)	(0.0502)	(0.0267)	(0.251)	(0.153)	(0.271)
Observations	221 039	221 039	221 039	221 039	2 142 638	2 142 638	2 142 638	2 142 638
R-squared	0.0725	0.0477	0.0401	0.0530	0.0585	0.0245	0.0222	0.0320
Month FE	Yes	Yes	Yes	Yes	Yes	Yes	Yes	Yes
Area FE	Yes	Yes	Yes	Yes	Yes	Yes	Yes	Yes
Industry FE	Yes	Yes	Yes	Yes	Yes	Yes	Yes	Yes

第十二章 妒忌心理会导致商业违规吗？来自公司内幕交易的证据

续表

Panel B: Purchase

Return was:	High Performance Area				Other Areas			
	<-10%	(-10%, 0)	(0, 10%)	>10%	<-10%	(-10%, 0)	(0, 10%)	>10%
	(1)	(2)	(3)	(4)	(5)	(6)	(7)	(8)
Trade	0.00152	-0.0155	-0.000555	0.0106	0.0248***	-0.0221***	-0.00204	-0.00464
	(0.00939)	(0.0140)	(0.00412)	(0.0146)	(0.00336)	(0.00405)	(0.00452)	(0.0112)
Poor Performance Firm	0.0482***	-0.0364***	0.0590***	-0.0355***	0.0237***	-0.0422***	-0.0400***	-0.0724***
	(0.00697)	(0.00729)	(0.00267)	(0.00666)	(0.00157)	(0.00225)	(0.00257)	(0.00835)
Trade * Poor Performance Firm	-0.0126	-0.0121	0.00411	-0.00980	0.0173***	-0.00964**	-0.0117**	-0.0218*
	(0.00964)	(0.0212)	(0.00530)	(0.0196)	(0.00439)	(0.00413)	(0.00539)	(0.0130)
Constant	0.000507	0.0162	0.150	0.816***	0.572*	0.266	0.0115	0.833***
	(0.0302)	(0.0845)	(0.187)	(0.141)	(0.310)	(0.211)	(0.0460)	(0.0822)
Observations	135 178	135 178	1 282 349	135 178	1 282 349	1 282 349	1 282 349	135 178
R-squared	0.0838	0.0545	0.0712	0.0482	0.0301	0.0322	0.0289	0.1305
Month FE	Yes	Yes	Yes	Yes	Yes	Yes	Yes	Yes
Area FE	Yes	Yes	Yes	Yes	Yes	Yes	Yes	Yes
Industry FE	Yes	Yes	Yes	Yes	Yes	Yes	Yes	Yes

表12-5 交易概率分析，CEO样本

Panel A: Sell

	Top Pay-disparity Area				Other Areas			
	<-10%	(-10%, 0)	(0, 10%)	>10%	<-10%	(-10%, 0)	(0, 10%)	>10%
	(1)	(2)	(3)	(4)	(5)	(6)	(7)	(8)
Trade	0.000945	0.00734	0.0295***	-0.0384***	0.0130***	0.0123**	0.0147***	-0.0400***
	(0.00552)	(0.00867)	(0.0103)	(0.00744)	(0.00387)	(0.00593)	(0.00546)	(0.00512)
Underpaid CEO	0.00555	0.00710	0.00588	-0.0186**	0.00456	0.0105***	0.00681*	-0.0222***
	(0.00727)	(0.00618)	(0.00758)	(0.00786)	(0.00301)	(0.00401)	(0.00402)	(0.00446)
Trade * Underpaid CEO	0.0502**	-0.00305	-0.0503**	0.00363	-0.00499	-0.0113	-0.00781	0.0248***
	(0.0196)	(0.0181)	(0.0247)	(0.0206)	(0.00844)	(0.00921)	(0.0111)	(0.00735)
Age	-0.00122***	0.00212***	0.00217***	-0.00308***	-0.000733***	0.00141***	0.00114***	-0.00180***
	(0.000398)	(0.000377)	(0.000512)	(0.000403)	(0.000263)	(0.000261)	(0.000263)	(0.000265)
Tenure	6.77e-05	-5.88e-06	-5.40e-05	-9.99e-06	7.23e-05***	-1.26e-05	-3.56e-05*	-2.37e-05
	(4.52e-05)	(3.76e-05)	(7.03e-05)	(4.85e-05)	(1.80e-05)	(2.62e-05)	(2.12e-05)	(2.57e-05)
Share Holding	0.000220	-0.000265	-0.000102	0.000131	0.000119	5.00e-05	-0.000454**	0.000290
	(0.000335)	(0.000345)	(0.000364)	(0.000442)	(0.000196)	(0.000228)	(0.000219)	(0.000210)
Number of CEO	0.00178	-0.00360*	-0.00437**	0.00620***	-0.000637	-0.00150	-0.000378	0.00257*
	(0.00113)	(0.00204)	(0.00169)	(0.00185)	(0.00114)	(0.00116)	(0.00118)	(0.00135)
Total Cash Compensation	-0.0311***	0.0235***	0.0351***	-0.0271***	-0.0328***	0.0257***	0.0467***	-0.0390***
	(0.00389)	(0.00330)	(0.00495)	(0.00630)	(0.00333)	(0.00293)	(0.00423)	(0.00484)
Constant	0.253***	-0.332***	-0.0845	1.160***	0.248***	0.356***	0.0866	0.303***

第十二章 妒忌心理会导致商业违规吗？来自公司内幕交易的证据

续表

Panel A: Sell

	Top Pay-disparity Area				Other Areas			
	<-10%	(-10%, 0)	(0, 10%)	>10%	<-10%	(-10%, 0)	(0, 10%)	>10%
	(1)	(2)	(3)	(4)	(5)	(6)	(7)	(8)
	(0.0423)	(0.0364)	(0.0857)	(0.0674)	(0.0315)	(0.123)	(0.145)	(0.0485)
Observations	46 139	46 139	46 139	46 139	152 393	152 393	152 393	152 393
R-squared	0.0614	0.0329	0.0377	0.0652	0.0399	0.0225	0.0241	0.0489
Month FE	Yes	Yes	Yes	Yes	Yes	Yes	Yes	Yes
Area FE	Yes	Yes	Yes	Yes	Yes	Yes	Yes	Yes
Industry FE	Yes	Yes	Yes	Yes	Yes	Yes	Yes	Yes

Panel B: Purchase

	Top Pay-disparity Area				Other Areas			
	<-10%	(-10%, 0)	(0, 10%)	>10%	<-10%	(-10%, 0)	(0, 10%)	>10%
	(1)	(2)	(3)	(4)	(5)	(6)	(7)	(8)
Trade	-0.0218	-0.00509	0.00343	0.0458***	-0.0214***	-0.00384	0.00810	0.0394***
	(0.0156)	(0.0207)	(0.0177)	(0.0157)	(0.00703)	(0.0106)	(0.00799)	(0.00746)
Underpaid CEO	-0.00923	0.0136*	0.00158	0.0135*	-0.00689*	0.0105**	0.00655	0.0119***
	(0.00877)	(0.00724)	(0.0119)	(0.00715)	(0.00352)	(0.00440)	(0.00409)	(0.00349)
Trade*Underpaid CEO	-0.0432*	0.0644*	0.0133	-0.0593*	0.0242	-0.0254*	-0.00969	-0.0115
	(0.0220)	(0.0369)	(0.0408)	(0.0343)	(0.0170)	(0.0146)	(0.0178)	(0.0157)
Age	-0.00109**	0.00184***	0.000556	-0.00132**	-0.000654*	0.00133***	0.000803**	-0.00116***

续表

Panel B: Purchase

	Top Pay-disparity Area					Other Areas			
	< −10%	(−10%, 0)	(0, 10%)	>10%	< −10%	(−10%, 0)	(0, 10%)	>10%
	(1)	(2)	(3)	(4)	(5)	(6)	(7)	(8)
Tenure	1.99e−05	−6.21e−06	4.43e−05	−2.93e−05	−5.22e−05*	3.92e−05	8.75e−05***	−3.84e−06
	(0.000476)	(0.000589)	(0.000669)	(0.000520)	(0.000332)	(0.000434)	(0.000381)	(0.000246)
	(3.70e−05)	(4.50e−05)	(7.61e−05)	(4.81e−05)	(2.93e−05)	(3.80e−05)	(3.10e−05)	(2.38e−05)
Share Holding	0.000561	−0.000746	−0.000844	0.000949*	−0.000115	0.000221	3.79e−05	−0.000315**
	(0.000446)	(0.000619)	(0.000531)	(0.000519)	(0.000252)	(0.000210)	(0.000213)	(0.000151)
Number of CEO	0.00396**	−0.00331*	−0.00359*	0.00457***	0.00193*	−0.000952	−0.00218	0.00174
	(0.00178)	(0.00199)	(0.00195)	(0.00142)	(0.00105)	(0.00142)	(0.00134)	(0.00116)
Total Cash Compensation	−0.0450***	0.0197***	0.0495***	−0.0223***	−0.0471***	0.0179***	0.0527***	−0.0176***
	(0.00592)	(0.00534)	(0.00686)	(0.00548)	(0.00355)	(0.00445)	(0.00334)	(0.00354)
Constant	1.274***	−0.283***	−0.186***	0.175***	0.413***	0.777***	−0.400***	0.162***
	(0.0423)	(0.0537)	(0.0550)	(0.0505)	(0.0336)	(0.0374)	(0.0384)	(0.0290)
Observations	26 007	26 707	26 707	26 007	100 620	103 194	103 194	100 620
R-squared	0.0778	0.0390	0.0422	0.0552	0.0512	0.0261	0.0283	0.0416
Month FE	Yes	Yes	Yes	Yes	Yes	Yes	Yes	Yes
Area FE	Yes	Yes	Yes	Yes	Yes	Yes	Yes	Yes
Industry FE	Yes	Yes	Yes	Yes	Yes	Yes	Yes	Yes

第十二章　妒忌心理会导致商业违规吗？来自公司内幕交易的证据

（三）慈善心对妒忌心理的抑制影响

本研究目前所得到的实证结果证明了如果企业内部人员经历妒忌那么他们更有可能根据不公开的公司内部信息进行交易。为了进一步证明本章的假设，本章考虑慈善捐款对妒忌心理可能产生的抑制作用。慈善捐款可以被视为慷慨的代理变量。根据 Gilbert et al. （1995）的理论，社会比较是产生妒忌的基础。越慷慨的人应该越不会在乎以金钱为基础的社会比较。亚里士多德认为慷慨是一种不被自身所属之物所困扰的美德（Pakaluk，2005）。如果一个人都不在乎自己的所属之物，那么我们可以合理地认为他也不会特别在乎其他人是否过得好。所以，本研究预测慷慨程度高会抑制因为嫉妒而导致的不道德行为。

我们采用美国各州个人慈善捐款数据作为测量当地慷慨程度的变量。我们从 Urban Institute 获取该项数据。具体来说，他们首先从美国税务局（IRS）获取最初的个人报税信息，然后他们计算了每个州每年平均慈善捐款（Average charitable contribution per return）占总收入（adjusted gross income）的百分比①。在本章的实证研究中，我们定义每个州的慈善捐款为高（或低），如果上述变量高于（或低于）某一年的中位数。我们采用上文所提及的收益测试对"高慈善捐款州"和"低慈善捐款州"的样本进行实证检验。与前文相同，我们采用了两种定义"妒忌"的方式：公司股价表现和 CEO 薪酬，两种方式的实证结果分别如表 12-6 和表 12-7 所示。在表 12-6 的卖出交易结果中，高慈善捐款州样本的交叉项的系数并不显著。这说明了在这些州居住的公司高管平均来说不容易产生妒忌的偏好。相反，我们发现在慈善捐款少的州高管更容易产生妒忌偏好。实证结果表明，在这些州的样本中，妒忌的高管所得到的超额收益高出 97 bps，而在全样本的检验中只有 62 bps。在买入交易的检验中，同样地，实证结果在慈善捐款水平低的样本中更为显著。在那些州中，超额收益高出 1.11%。而在慈善捐款水平高的州此系数并不显著。表 12-7 的结果与表 12-6

---

① The "Average charitable contribution per return" is calculated as the total amount of charitable deductions itemized in a state divided by the total number of filers.

结果大致相似：在慈善捐款水平低的州，嫉妒的 CEO 在卖出交易中所得的超额收益相较别的州更为显著。

五、结论

本研究提供了妒忌可以导致可疑的公司行为的因素。我们研究了两种可能致使高管妒忌并且导致商业违规的渠道：（1）无法与同地区的同行一样提升公司市值。（2）顾虑自己与同地区的相对薪酬，特别是当一个地区薪酬十分不平等时。本研究所得出的结果与经济学理论的预测和心理学实验所得的结论是一致的。我们展示了妒忌的企业高管在交易公司股票时会得到较高的超额收益。他们会更有可能在拥有不公开信息时卖出他们的股票。另外，我们证明了慷慨对妒忌对商业的负面影响有着抑制作用。总的来说，当企业内部人员经历妒忌，他们更容易进行商业违规。本研究进一步丰富了我们对不道德行为的认识，加深了对产生这些行为的动机的理解。认知上感到的不平等和随之而来的妒忌心理是普遍存在于商业世界中的。因此，理解妒忌是否可以导致不道德行为变得至关重要。本研究补充了在公司金融研究中关于妒忌心理的探讨，并且对理解社会因素对于人类经济行为所产生的复杂影响迈出了重要的一步。

表 12-6　　　　内幕交易收益分析：根据州慈善捐款水平的高低，全样本

	Sell			Purchase		
	Full Sample	Low Charitable Contribution States	High Charitable Contribution States	Full Sample	Low Charitable Contribution States	High Charitable Contribution States
High Performance Area	0.175	0.163	0.282	-0.113	0.252	-0.316
	(0.165)	(0.267)	(0.225)	(0.301)	(0.430)	(0.449)
Poor Performance Firm	-0.540***	-0.453***	-0.560***	-0.224	0.0710	-0.671**
	(0.0958)	(0.121)	(0.150)	(0.145)	(0.232)	(0.262)
Poor Performance Firm * High Performance Area	-0.621**	-0.970**	-0.247	0.941**	1.108*	0.589

第十二章 妒忌心理会导致商业违规吗？来自公司内幕交易的证据

续表

	Sell			Purchase		
	Full Sample	Low Charitable Contribution States	High Charitable Contribution States	Full Sample	Low Charitable Contribution States	High Charitable Contribution States
	(0.288)	(0.429)	(0.411)	(0.401)	(0.618)	(0.491)
Constant	7.582	-1.726*	2.334	2.129	4.462	-2.094
	(7.166)	(0.901)	(2.066)	(9.425)	(2.890)	(3.434)
Observations	159 694	73 316	71 178	79 242	33 954	33 652
R-squared	0.02441	0.03046	0.03570	0.02167	0.03490	0.02856
Month FE	Yes	Yes	Yes	Yes	Yes	Yes
Area FE	Yes	Yes	Yes	Yes	Yes	Yes
Industry FE	Yes	Yes	Yes	Yes	Yes	Yes

表 12-7 内幕交易收益分析：根据州慈善捐款水平的高低，CEO 样本

	Sell		Purchase	
	Low Charitable Contribution States	High Charitable Contribution States	Low Charitable Contribution States	High Charitable Contribution States
Underpaid CEO	0.339	0.756*	-1.007	1.042
	(0.439)	(0.392)	(1.001)	(0.957)
Top Pay-disparity Area	0.170	-0.00666	0.741	0.663
	(0.553)	(0.483)	(1.022)	(0.903)
Underpaid CEO * Top Pay-disparity Area	-3.252***	-2.522***	0.178	-5.712**
	(1.084)	(0.709)	(1.707)	(2.581)
Age	-0.0236	0.00355	-0.0149	-0.106*
	(0.0291)	(0.0246)	(0.0642)	(0.0625)
Tenure	-0.000881	0.00333**	0.00134	0.00231
	(0.00174)	(0.00129)	(0.00496)	(0.00475)
Share Holding	0.123	-0.0496	0.227	0.337
	(0.0844)	(0.0900)	(0.192)	(0.256)
Number of CEO	-0.0411**	0.0427***	-0.0420	-0.0776**
	(0.0169)	(0.0156)	(0.0660)	(0.0360)

续表

	Sell		Purchase	
	Low Charitable Contribution States	High Charitable Contribution States	Low Charitable Contribution States	High Charitable Contribution States
Total Cash Compensation	-0.332	0.278*	0.209	-0.306
	(0.235)	(0.163)	(0.442)	(0.706)
Constant	1.568	12.81***	-7.029	24.46***
	(2.285)	(1.764)	(7.450)	(7.458)
Observations	4 905	5 014	2 085	1 817
R-squared	0.0985	0.0898	0.1721	0.1993
Month FE	Yes	Yes	Yes	Yes
Area FE	Yes	Yes	Yes	Yes
Industry FE	Yes	Yes	Yes	Yes

参考文献

[1] Abel, Andrew B, 1990, Asset Prices under Habit Formation and Catching up with the Joneses, The American Economic Review 80.

[2] Agarwal, Naresh C, 1981, Determinants of Executive Compensation, Industrial Relations 20, 36 – 47.

[3] Agrawal, Anup, and Tommy Cooper, 2015, Insider trading before accounting scandals, Journal of Corporate Finance 34, 169 – 190.

[4] Agrawal, Anup, and Tareque Nasser, 2012, Insider trading in takeover targets, Journal of Corporate Finance 18, 598 – 625.

[5] Alldredge, Dallin M, and David C Cicero, 2015, Attentive insider trading, Journal of Financial Economics 115, 84 – 101.

[6] Bakshi, Gurdip S., and Zhiwu Chen, 1996, The Spirit of Capitalism and

第十二章 妒忌心理会导致商业违规吗？来自公司内幕交易的证据

Stock-Market Prices, The American Economic Review 86, 133 – 157.

［7］ Barro, Jason R, and J Barro, Robert, 1990, Pay, Performance, and Turnover of Bank CEOs, Journal of Labor Economics 8, 448 – 481.

［8］ Bechara, Antoine, 2004, The role of emotion in decision-making: Evidence from neurological patients with orbitofrontal damage, Brain and Cognition 55, 30 – 40.

［9］ Bettis, Carr, Don Vickrey, and Donn W Vickrey, 1997, Mimickers of Corporate Insiders Who Make Large-Volume Trades, Financial Analysts Journal 53, 57 – 66.

［10］ Biddle, Gary C, and G I M S Seow, 1991, The Estimation and Determinants of Associations Between Returns and Earnings: Evidence from Cross-industry Comparisons, Journal of Accounting, Auditing & Finance 6, 183 – 232.

［11］ Biggerstaff, Lee, David C. Cicero, and Andy Puckett, 2012, Suspect CEOs, unethical culture, and corporate misbehavior, Journal of Financial Economics 117, 98 – 121.

［12］ Bouwman, Christa H S, 2012, The Geography of Executive Compensation, Available at SSRN 2023870.

［13］ Burns, Natasha, and Simi Kedia, 2006, The impact of performance-based compensation, Journal of Financial Economics 79, 35 – 67.

［14］ Charness, Gary, and Matthew Rabin, 2002, Understanding Social Preferences with Simple Tests, The Quarterly Journal of Economics 117, 817 – 869.

［15］ Chowdhury, Mustafa, John S Howe, and Ji-Chai Lin, 1993, The Relation between Aggregate Insider Transactions and Stock Market Returns, The Journal of Financial and Quantitative Analysis 28, 431.

［16］ Cicero, David C, and M Babajide Wintoki, Insider Trading Patterns, SSRN Electronic Journal. COHEN, LAUREN, CHRISTOPHER MALLOY, and LUKASZ POMORSKI, 2012, Decoding Inside Information, The Journal of Finance

67, 1009 – 1043.

[17] Daniel, Kent, Mark Grinblatt, Sheridan Titman, and Russ Wermers, 1997, Measuring Mutual Fund Performance with Characteristic – Based Benchmarks, Journal of Finance 52, 1035 – 1058.

[18] Dunn, Jennifer R. and Maurice E. Schweitzer., 2004, TOO GOOD TO BE TRUSTED? RELATIVE PERFORMANCE, ENVY AND TRUST. Academy of Management Proceedings 1, B1 – B6.

[19] Dyreng, Scott D., William J. Mayew, and Christopher D. Williams, 2012, Religious Social Norms and Corporate Financial Reporting, Journal of Business Finance and Accounting 39, 845 – 875.

[20] Erickson, Merle, Michelle Hanlon, and Edward L. Maydew, 2006, Is there a link between executive equity incentives and accounting fraud?, Journal of Accounting Research 44, 113 – 143.

[21] Fehr, Ernst, and Klaus M Schmidt, 1999, A Theory of Fairness, Competition, and Cooperation, The Quarterly Journal of Economics 114, 817 – 868.

[22] Finnerty, Joseph E, 1976, Insiders and Market Efficiency, The Journal of Finance 31, 1141.

[23] Francis, Jennifer, Ryan LaFond, Per Olsson, and Katherine Schipper, 2005, The market pricing of accruals quality, Journal of Accounting and Economics 39, 295 – 327.

[24] Frijns, Bart, Aaron Gilbert, and Alireza Tourani-Rad, 2013, Do criminal sanctions deter insider trading?, Financial Review 48, 205 – 232.

[25] Gali, Jordi, 1994, Keeping up with the Joneses: Consumption Externalities, Portfolio Choice, and Asset Prices, Journal of Money, Credit and Banking 26, 1 – 8.

[26] Gilbert, Daniel T, R Brian Giesler, and Kathryn A Morris, 1995, When comparisons arise, Journal of Personality and Social Psychology 69, 227.

[27] Gino, Francesca, and Lamar Pierce, 2009, The abundance effect: Unethical behavior in the presence of wealth, Organizational Behavior and Human Decision Processes 109, 142 – 155.

[28] Goel, Anand M., and Anjan V. Thakor, 2010, Do envious CEOs cause merger waves, Review of Financial Studies 23, 487 – 517.

[29] Goel, Anand M., and Anjan V. Thakor, 2005, Green with Envy: Implications for Corporate Investment Distortions*, The Journal of Business 78, 2255 – 2288.

[30] Harris, J., and P. Bromiley, 2007, Incentives to Cheat: The Influence of Executive Compensation and Firm Performance on Financial Misrepresentation, Organization Science 18, 350 – 367.

[31] Jaffe, Jeffrey F, 1974, Special Information and Insider Trading, The Journal of Business 47, 410.

[32] Jeng, Leslie A, Andrew Metrick, and Richard Zeckhauser, 2003, Estimating the Returns to Insider Trading: A Performance – Evaluation Perspective, Review of Economics and Statistics 85, 453 – 471.

[33] Kedia, Simi, and Shiva Rajgopal, 2011, Do the SEC's enforcement preferences affect corporate misconduct?, Journal of Accounting and Economics 51, 259 – 278.

[34] Kono, Clifford, Donald Palmer, Roger Friedland, and Matthew Zafonte, 1998, Lost in Space: The Geography of Corporate Interlocking Directorates, American Journal of Sociology 103, 863 – 911.

[35] Kostiuk, Peter F, 1990, The Board of Regents of the University of Wisconsin System Firm Size and Executive Compensation Firm Size and Executive Compensation, The Journal of Human Resources 25, 90 – 105.

[36] Lakonishok, J, and I Lee, 2001, Are Insider Trades Informative?, Review of Financial Studies 14, 79 – 111.

[37] Lorie, James H, and Victor Niederhoffer, 1968, Predictive and Statisti-

cal Properties of Insider Trading, The Journal of Law and Economics 11, 35 – 53.

[38] Murphy, Kevin J., 1985, Corporate performance and managerial remuneration. An empirical analysis, Journal of Accounting and Economics 7, 11 – 42.

[39] Parrott, W G, and R H Smith, 1993, Distinguishing the experiences of envy and jealousy., Journal of personality and social psychology 64, 906 – 920.

[40] Parsons, Christopher A, Johan Sulaeman, Sheridan Titman, Jonathan Karpoff, Allison Koester, Scott Lee, and Gerald Martin, 2014, The Geography of Financial Misconduct, National Bureau of Economic Research.

[41] Pollard, Bill, 2006, Aristotle'S Nicomachean Ethics (Cambridge University Press.).

[42] Running, D. M., J. B. Ligon, and I Miskioglu, 2016, from the SAGE Social Science Collections. All Rights Reserved., Journal of Composite Materials 33, 928 – 940.

[43] Salovey, Peter, and Judith Rodin, 1984, Some antecedents and consequences of social-comparison jealousy., Journal of Personality and Social Psychology 47, 780 – 792.

[44] Schweitzer, Maurice E., and Donald E. Gibson, 2008, Fairness, feelings, and ethical decision-making: Consequences of violating community standards of fairness, Journal of Business Ethics 77, 287 – 301.

[45] Seyhun, H N, 1992, Why Does Aggregate Insider Trading Predict Future Stock Returns?, The Quarterly Journal of Economics 107, 1303 – 1331.

[46] Seyhun, H. Nejat, 1986, Insiders' profits, costs of trading, and market efficiency, Journal of Financial Economics 16, 189 – 212.

[47] Seyhun, Hasan Nejat, 2000, Investment Intelligence from Insider Trading (MIT press).

[48] Smith, Richard H, Sung Hee Kim, and W Gerrod Parrott, 1988, Envy and jealousy semantic problems and experiental distinctions, Personality and Social

Psychology Bulletin 14, 401–409.

[49] Smith, Richard H., and Sung Hee Kim, 2007, Comprehending envy., Psychological Bulletin 133, 46–64.

[50] Tai, Kenneth, Jayanth Narayanan, and Daniel J. McAllister, 2012, Envy as pain: Rethinking the nature of envy and its implications for employees and organizations, Academy of Management Review 37, 107–129.

[51] U. S. Sentencing Commission, 2002. Increased Penalties under The Sarbanes-Oxley Act of 2002.

[52] Winn, Daryl N, and John D Shoenhair, 1988, Compensation-Based (Dis) Incentives for Revenue-Maximizing Behavior: A Test of the " Revised " Baumol Hypothesis, The Review of Economics and Statistics 70, 154–158.

第十三章 投资者认知度与收购公司的长期股票收益

崔頔

摘 要：Merton（1987）的模型指出投资者认知与预期收益存在负相关关系。本章基于此理论，探讨并购后收购公司的长期低迷绩效是否能被投资者认知的改变解释。本章采用美国并购数据，用机构投资者数量，全部投资者数量作为投资者认知的代理变量。结果显示，投资者认知度在并购宣布之后显著上升，而当在检验中加入投资者认知度的改变时，并购公司的长期低迷绩效就不再显得不可解释了。

关键词：并购 投资者认知度 长期绩效

一、研究背景

并购公司在并购后的长期绩效一直是并购重组方面研究的热门话题。目前的研究表明收购公司的股票在并购后的几年内的业绩偏低，一些文章指出，这种"并购后的低迷业绩"与投资者行为相关，例如，并购公司在短期内被市场高估了，长期收益必将有所回调，因而表现低迷。而另一派研究试图从经济基本面以及理性市场的角度来解释这种并购后低绩效现象，例如，Mortal 和 Schill（2003）与 Bessembinder 和 Zhang（2013）指出一些公司特质变量，例如，投资，流动性与特质波动率与并购公司的长期绩效有关。然而，关于并购公司的并购后长期绩效为何会较低，并没有一个被广泛接受的解释。本研究针对并购公司

第十三章 投资者认知度与收购公司的长期股票收益

并购后长期低绩效问题提出了一个新的解释，基于 Merton（1987）的理论，本研究提出并检验并购公司并购后长期绩效较低是由于并购公司的投资者认知度在并购中提升了。

投资者认知度是 Merton（1987）不完全市场信息模型中提出的概念，是指对某一公司来说知道并持有其股票的投资者的比例。与经典资产定价理论不同，Merton（1987）假设市场的信息是不完整的，每个投资者只知道一部分股票，而不是了解全部股票。投资者只会持有并购买他们知道的股票，因此股票的需求就取决于有多少投资者知道这只股票。因而，投资者认知度低的股票，其需求较低，因而股票价格较低，未来收益率较高。目前的研究中已经发现了一些实证证据来支持投资者认知与股票收益率的负相关关系，例如，Lehavy 和 Sloan（2009）；Bodnaruk 和 Ostberg（2009）。

并购经常伴随着公司的扩张以及更高的关注度，因此本章假设并验证并购公司的投资者认知度会随着并购升高。进而本章提出，并购公司在并购后的长期低绩效，只是投资者认知度与未来收益负相关关系的体现。

本研究收集了 Thomson Reuters SDC Platinum 中 1981－2010 年的美国并购数据，检验投资者认知度是否可以解释并购公司在并购后的低迷表现。首先，本研究检验，在并购期间，并购公司的投资者认知度是否有显著的增加。根据前人的研究以及投资者认知度的定义，本章用全部股东数量，以及机构投资者数量来估量投资者认知度。通过数据分析本研究发现，当并购被宣布时，并购公司的全部股东数量以及机构投资者数量均有显著的升高，且对比没有参与并购的公司来说，两个投资者认知度变量的提升都显著更多。在证明了并购公司的投资者认知度在并购后显著增加后，本研究进一步验证并购公司在并购后的低迷业绩是否与投资者认知度增加相关。本研究采用 Bessembinder 和 Zhang（2013）的方法，同时控制诸多公司特质变量，来检验并购公司在并购后的超额长期持有收益是否显著。本研究也采用了资产组合排列的方法来验证并购后公司业绩与投资者认知之间的关系。检验结果显示，投资者认知高的资产组合并购后的超额收益更低，这一结果与 Merton 的不完全市场信息理论相符。具体地，持有所有最低投资者认知度的并购公司，同时做空最高投资者认知度的并购公司的投资策略可以在并购36个月内产生23%的持有超额收益。

最后本研究检验投资者认知对并购公司长期业绩低迷的解释能力是否是因其他变量导致。研究表明，投资者认知可能与公司特质波动，流动性相关；Loughran和Vijh（1997），Shleifer和Vishny（2003）指出并购公司中采用股票支付方式的公司的长期绩效更差，Rau和Vermaelen（1998）指出只有低市盈率的并购公司在并购后才有较低的长期绩效。本章通过资产组合排列的方式验证，公司特质波动，流动性，并购支付方式，以及公司市盈率等目前研究提出的解释变量并不能解释投资者认知度对并购公司长期绩效的解释能力。从而证明，投资者认知度能够解释并购公司在并购后的低迷表现。

本研究的主要研究贡献在于对并购后长期股票低收益提出了新的解释。除此之外，本研究也为投资者认知度的研究添加了新的实证结果。之前的研究证实了公司的投资者认知度与公司的预期收益相关，但是这两者之间的关系是否存于公司的一些投资事件上，并能否解释投资事件中的收益变化，仍然是个需要研究的问题。本章弥补了这个研究空缺，研究了投资者认知度和预期收益在并购事件后的实证关系。

本研究的构架如下：第二部分提出研究假设。第三部分样本，变量，研究方法描述。第四部分，实证分析。第五部分，进一步分析排除可替代假设。第六部分总结。

二、检验假设

投资者行为对股票价格有决定性因素，尽管如此，对于投资者行为在并购前后的研究还很少，尤其是对收购方的投资者行为研究。并购的发生会通过各种途径影响投资者认知度以及投资行为。例如，并购的宣布，可以吸引投资者的注意力，因此一些投资者开始注意到并购相关公司，并进而持有其股票。另外，投资者认知度增加也会影响并购。例如，当投资者认知度增加时，外部融

第十三章 投资者认知度与收购公司的长期股票收益

资成本降低，因此经理人更有可能投资并购。无论是哪种因果关系，我们都可以推出并购与投资者认知度的增加相关。因此本章的第一个检验假设为收购方公司的投资者认知度在并购后增加了。

而投资者认知度与股票预期收益关系的研究在文献中已经有很多。例如，Lehavy 和 Sloan（2009）采用机构投资者数量来估量投资者认知度，并发现未来股票收益与投资者认知度的改变是负相关的。Bodnaruk 和 Ostberg（2009）采用瑞典数据，用全部股东数量来估量投资者认知度，同样发现了投资者认知度和预期收益的负相关关系。因此，如果收购方公司的投资者认知度在并购宣布后升高了，那么并购后收购方股票的低迷表现可能就是投资者认知度与股票预期收益负相关关系的体现。本章的第二个检验假设，即为并购后收购方公司的低股票收益可以被其投资者认知度增加解释。

我们从两个角度来检验第二个假设。第一，我们检验投资者认知度的变化是否与收购方公司和其具有相同规模以及账面市值比的匹配公司之间的收益差异有关。文献中发现收购方公司的长期股票收益远低于其规模以及账面市值比匹配的无收购公司，而这现象不能被有效市场假设解释，因而被认为是一种市场的错误定价。近些年的相关研究试图为这种并购公司低收益之谜提供一种更为有效的解释，尤其是符合有效市场假设的解释。Bessembinder 和 Zhang（2013）指出，并购公司和其规模与账面市值率匹配公司之间存在很多其他公司特征上的差异，而这些差异可以解释股票收益之间的差异。数据显示，股东规模是很稳定的，只有当公司有大事件发生时，才会有一些波动。因此，我们提出收购方公司的投资者认知度的变化与其匹配公司完全不同，并购发生时，收购方的投资者认知度会升高，而与其市值和账面市值比匹配的无收购公司并没有投资者认知度的改变，或改变很小，那么我们进而提出这种投资者认知度改变上的差异导致了收购方公司与其匹配公司长期收益之间的差异：收购方投资者认知度相对匹配公司增加了更多，因此其股票收益更低。第二，我们检验了投资者认知度是否在截面上与并购后股票收益负相关。具体地，我们检验是否投资者认知度升高更多的收购方公司的长期股票收益更低。

总之，本研究检验了投资者认知度是否能解释收购公司与其匹配公司的股票收益差，以及不同收购公司之间的截面股票收益差。

三、数据与方法

（一）样本选取

本研究样本选取于 Security Data Company（SDC）数据库。我们首先收集了1980年1月至2014年12月所有美国被定义为合并（M）或大部分收购（MA）的交易。在此基础上，我们对样本进行了如下筛选：

1. 收购方公司在并购前必须持有少于50%的被收购公司股份，并且收购后持有多余50%的被收购公司股份。

2. 收购方公司不是金融或能源公司。

3. 并购总价值必须大于100万美元。

4. 收购公司是美国上市公司，并且在CRSP有并购后36个月的股票收益数据。

5. 收购公司在Compustata和Thomson Reuters 13F数据库中有机构投资者数据和全部股东数据。

6. 并购交易最后被定义为成功。

经过筛选，我们最终的样本为1980年到2010年的6 908个并购样本。表13-1板块A展示了样本的年度并购频率。与以往研究相一致，本样本也显示，大多数并购都发生在20世纪90年代"并购潮"。表13-1板块B展示了样本的统计分析。市值是指所有发行的股票乘以并购前财务年度最后一个交易日的股价，本并购公司样本的市值均值（中值）为8 066（686）百万美元。账面市值比是指并购完成的前一财政年度的账面共同权益价值比上并购完成前一年12月的市场权益价值。本并购公司样本的账面市值比的均值（中值）为0.501（0.375）。本样本的平均（中位）并购总额为591（53）百万美元。相对价值，即并购总额比收购公司的市值的均值（中值）为0.31（0.10）。整个样本中，31.51%的并购是现金支付，其余为股票支付。

第十三章 投资者认知度与收购公司的长期股票收益

表 13-1 样本统计

板块 A 并购样本分布

年份	观测数	百分比（%）	年份	观测数	百分比（%）
1980	82	1.07	1996	418	5.45
1981	163	2.13	1997	506	6.60
1982	171	2.21	1998	464	6.05
1983	238	3.10	1999	472	6.16
1984	158	2.06	2000	391	5.10
1985	88	1.15	2001	270	3.52
1986	115	1.50	2002	212	2.76
1987	126	1.64	2003	297	3.87
1988	140	1.83	2004	285	3.72
1989	134	1.75	2005	295	3.85
1990	99	1.29	2006	295	3.85
1991	213	2.78	2007	271	3.53
1992	267	3.48	2008	150	1.96
1993	276	3.60	2009	199	2.60
1994	368	4.80	2010	77	1.00
1995	428	5.58	Total	7 668	100

板块 B. 并购样本特征变量统计值

	均值	中位数	标准差
Size（$ mill）	8 063	686	25 932
BM	0.491	0.375	0.413
Deal Value	594	53	3 690
Relative Size	0.294	0.094	0.673
Percent of Cash Payment（%）	31.51		
Friendly Attitude（%）	97.97		
Tender Offer（%）	12.57		
Target from Different Industry（%）	44.93		
U.S. Target（%）	84.94		
Public Target（%）	38.82		

(二) 方法介绍

参考以往的文献研究,研究长期股票走势的方法主要有两种:Barber 和 Lyon (1997);Lyon,Barber 和 Tsai (1999) 提出持有超额收益 (BHAR) 来衡量长期股票业绩;Fama (1998) 则提出使用日期时间资产组合方法,Fama 指出持有超额收益法会涉及 "坏模型问题"。然而,学术界目前为止并没有就哪种方法能够更好地估测长期股票收益而达成一致。Mitchell 和 Stafford (2000) 发现事件公司超额收益的截面相关性可以导致 BHAR 法的超额收益存在统计偏差。另外 Lyon,Barber 和 Tsai (1999) 提出日期时间资产组合法在样本不是随机的情况下不稳定,且这种方法不能有效地检测出事件带来的有时间群聚效应的超额收益。既然 BHAR 和日期时间资产组合法都有其不足,本研究将同时采用这两种方法进行检验。

BHAR 方法一般需要用于与事件公司市值,账面市值比等方面相匹配的参照资产组合。为了能与之前的研究结果有对比性,本章也采用了市值,账面市值比为匹配标准的资产组合来计算持有超额收益。根据 Loughran 和 Ritter (2000) 的方法,参照资产组合是由所有 CSRP-COMPUSTAT 数据库中的公司组成的,且这些公司在其相匹配的并购前 5 年内没有参与并购事件。参照资产组的构成方法采用 Lyon,Barber 和 Tsai (1999) 的方法。每年 6 月,所有 NYSE 上市的公司股票都被按市值分为 10 等份,然后最小的等份被进一步分为 5 等份。在这 14 个市值分组中,每个小市值分组将进一步按照账面市值比被分为 5 个组合。这样我们就得到 70 个不同市值和账面市值比的资产组合。然后把样本并购公司匹配到这 70 个组合中,哪个与并购公司市值和账面市值比差距最小的资产组合就是该公司的参照资产组合。

长期持有超额收益就可以计算为并购公司的长期持有收益减去参照资产组合的长期持有收益,如下式:

$$BHAR_{iT} = \prod_{t=s}^{s+T} (1 + R_{it}) - 1 - R_{pT} \qquad (13-1)$$

其中 s 是开始计算收益的时间,T 是投资时间长度,s 和 T 都按月计算。R_{it}

是月份 t 公司 i 的股票收益，而 R_{pT} 是参照资产组合的收益，其计算方式如下式：

$$R_{pT} = \sum_{j=1}^{n_s} \frac{[\prod_{t=s}^{s+T}(1+R_{jt})]-1}{n_s} \tag{13-2}$$

其中 R_{jt} 是公司 j 月 t 的收益，而 n_s 是月份股票数量。为了与之前的研究有可对比性，我们主要检验 36 个月的并购后长期持有收益，即 $BHAR_{i36}$。

第二种测量股票长期绩效的方法是日期时间收益。每个月我们都会构造一个由之前 36 个月内所有并购公司组成的资产组合，这种并购公司资产组合每个月都会调整一次，加入前一个月刚进行并购的公司，并排除超过 36 个月的并购公司。然后计算每月的并购公司资产组合收益，每个公司的权重相同，那么这个每月资产组合收益回归到 Fama - French 3 因子，或 4 因子，5 因子模型后的截距值就是并购公司资产组合的超额收益。具体方式如下式所示：

$$R_{p,t} - r_t = \alpha_p + \beta_{p,1}(R_{m,t} - r_t) + \beta_{p,2}SMB_t + \beta_{p,3}HML_t \\ + \beta_{p,4}UMD_t + \beta_{p,5}LIQ_t + \epsilon_{p,t} \tag{13-3}$$

其中 $R_{p,t}$ 是月 t 的同权重并购公司的平均月收益，r_t 是无风险收益，$(R_{m,t}-r_t)$ 是市场超额收益。根据 Fama 和 French（1993），SMB_t 是小公司与大公司之间的收益差，HML_t 是高账面市值比与低账面市值比公司之间的收益差。UMD_t 是 Carhart（1997）中提到的动量因子，计算为之前收益高的股票组合收益减去之前收益低的股票组合收益。LIQ_t 是 Pastor 和 Stambaugh（2003）提出的流动性因子。回归截距 α_p 即代表了平均月超额收益。根据 Loughran 和 Ritter（2000）的方法，等式（13-3）按照时间序列权重最小二乘法回归，其中权重是指每月资产组合中公司的数量。

除了以上两种方法以外，本研究还采用了 Bessembinder 和 Zhang（2013）中的改良的 BHAR 法来估测并购后长期股票收益。改良 BHAR 法可以同时控制并购公司和其参照公司之间的公司特征差异。在这种方法下，每个公司都要匹配一个与其市值和账面市值比最相近的参照公司。然后进行以下 OLS 或者 Fama-Macbeth 回归：

$$\ln(1+r_{it}) - \ln(1+r_{mt}) = \alpha + \sum_{j=1}^{k}\beta_j dX_{i,j} + \sum_{j=1}^{k}\gamma_j dX_{i,j}^2 + \epsilon_{it}$$

$$i = 1,2,3,\cdots E; t = 1,2,3,\cdots T. \tag{13-4}$$

其中 r_{it} 和 r_{mt} 是月 t 的并购公司收益和参照匹配公司的收益。$X_{i,j}$ 是公司 i 的第 j 个特征变量。d 表示标准化的差。标准化后 $X_{i,j}$ 的值在 -1 至 1 之间。在这种模型下，回归后的截距，即为并购公司与匹配公司月收益的条件收益差。

(三) 变量与描述统计

为了更好地理解样本和数据，我们对并购公司和其匹配公司都进行了描述统计。异质波动是 Merton (1987) 模型中的一个关键变量，因此我们需要构造异质波动，并把其加入到回归检验中。根据 Hodrick，Xing 和 Zhang (2006)，异质波动就是日股票收益回归到 Fama-French 三因子后残差的标准差均值。Beta 是日股票收益回归到 Fama-French 三因子后市场因子的系数。流动性是 Amihud (2002) 中的变量，计算方法为日股票收益与交易量比值的平均值。投资值计算为一年间总财产，厂房，设备，以及存货比之年初总资产。换手率计算为平均月交易股票数比总股票数。杠杆率是长期负债比总资产。资产增长率是指总资产一年间的增长的百分比。分析离散率是指分析师预测值的标准差。最后我们还加入了公司的广告费用以及现金流作为控制变量。

表 13-2 板块 A 展示了，平均来讲并购公司与参照公司相比，流动性更高，受市场风险影响更大，且有更高的异质波动。在并购之前，并购公司往往花费更少的广告费用，持有更多的现金流。且与以往的研究相符，并购公司往往有更高的历史收益、销售、投资和资产增长率。并购公司平均来说，分析离散比参照公司更少。并购公司与参照公司相比，杠杆率并没有显著的区别。

表 13-2　　主要变量统计分析

变量	并购公司	参照公司	差
板块 A：公司特征变量			
Ivol	0.028 (157.83)	0.025 (200.32)	0.002 (21.17)
Illiquidity	0.127 (18.57)	0.157 (25.57)	-0;030 (-6.29)
Momentum	0.137 (27.75)	0.073 (40.47)	0.064 (14.13)
Beta	1.099 (130.78)	0.981 (312.40)	0.117 (14.49)

续表

变量	并购公司	参照公司	差
板块 A：公司特征变量			
Leverage	0.171（89.45）	0.163（273.61）	0.008（4.29）
Advertise	0.010（35.66）	0.013（94.00）	-0.003（-11.11）
Cash_Hold	0.176（79.68）	0.168（148.95）	0.008（3.99）
Sales	1.029（131.82）	1.025（326.16）	0.004（0.48）
Asset_Growth	0.581（36.73）	0.224（107.27）	0.357（23.36）
Investment	0.146（51.99）	0.098（161.24）	0.048（17.43）
Analyst Coverage	10.673（100.59）	9.531（115.24）	1.141（18.56）
Dispersion	0.098（36.00）	0.119（87.68）	-0.021（-7.49）
板块 B：投资者认知度变化			
$\Delta Inst$	0.444（42.33）	0.229（69.81）	0.216（22.06）
ΔShh	0.538（21.48）	0.279（60.40）	0.267（10.40）

四、结论分析

（一）投资者认知度与并购

首先，我们分析了在并购宣布前后并购公司的投资者认知度的变化。我们主要检验了，并购公司的投资者认知度是否在并购宣布后上升了，且并购公司的投资者认知度上升得是否比参照公司更高。

根据以往研究，本章采用全部股东数量，以及机构投资者数量作为投资者认知度的估测变量。机构投资者数量数据取自 Tomson Reuters' 13F 机构投资者数据库。全部股东数量数据取自 CSRP-COMPUSTAT 合并数据库。机构投资者往往被认为是有更多信息的投资者，而散户则被认为是噪声投资者，同时采用两种估测变量可以保证本章的检验结果不是由于投资者种类导致的。

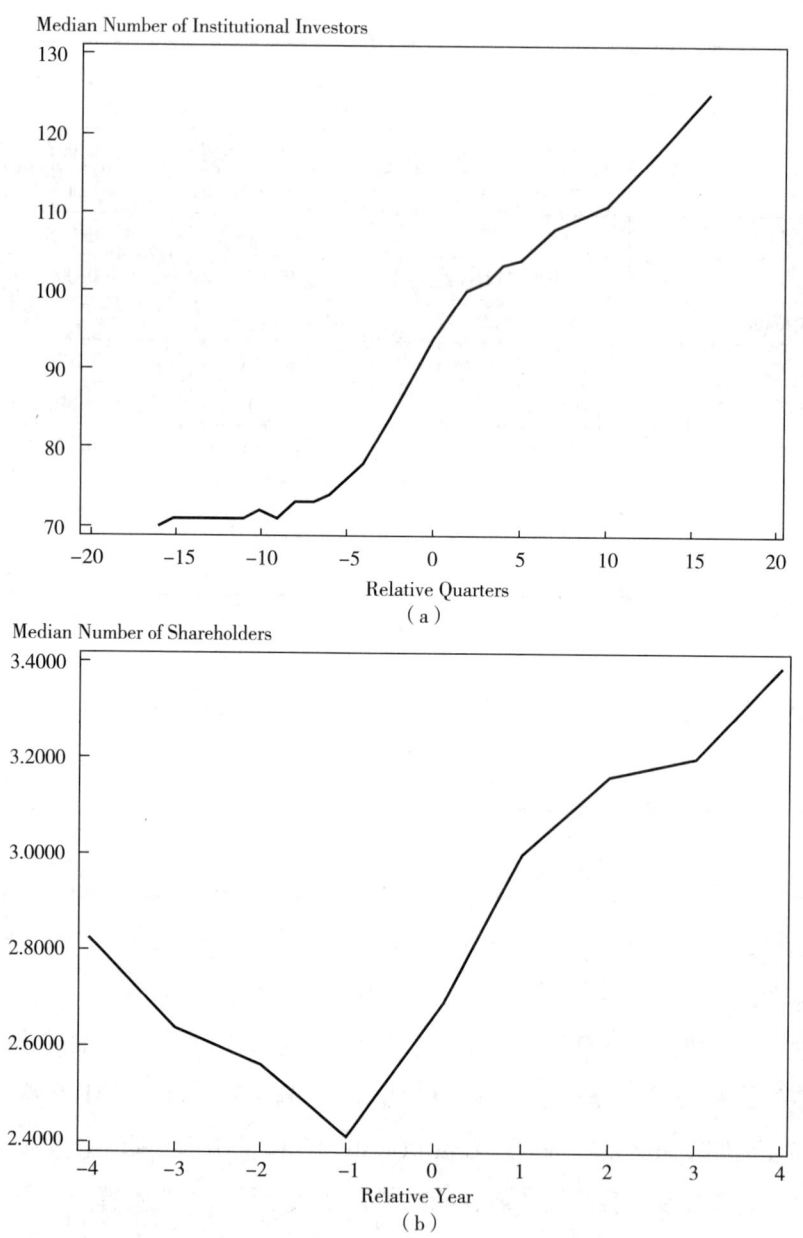

图 13-1 并购前后机构投资者数量和股东数量

图 13-1 展示了机构投资者数量和股东数在并购宣布前后的变化。图 13-1 (a) 和图 13-1 (b) 分别表示机构投资者和股东数从并购宣布 4 年前到并购宣

布4年后的中位数。我们将并购宣布日期设为零,从图中可以看出,机构投资者数量以及股东数量的走势很相似,都是在并购宣布一年以前非常平稳,而在并购宣布一年前左右开始上升。投资者认知度估测变量的增长在并购宣布后没有回降,在并购4年后仍然保持并购后的水平。

对于每个并购公司,我们计算了投资者认知度在并购前后的涨幅。为了抓住整个并购的影响,计算窗口我们选为并购宣布前一年到并购完成时。我们用 $\Delta Inst$ 表示机构投资者并购宣布前一年到并购完成时变化百分比,用 ΔShh 表示全部股东数并购宣布前一年到并购完成时变化百分比。

表13-2板块B展示了并购公司投资者认知度变化是显著为正的,说明并购公司的投资者认知度的确在并购宣布后显著增长了。此外,并购公司投资者认知度的增长在并购宣布前后要显著大于市值与账面市值比匹配的参照公司。并购公司投资者认知度涨幅的平均值为44.4%,而参照公司投资者认知度涨幅的均值为26.2%。相似地,并购公司股东数涨幅为3.7%而参照公司在同样时间段内的股东数涨幅为27.9%。

图13-2是按照事件时间来展示投资者认知度变化数量,其中实线是并购公司机构投资者数量变化,虚线是参照公司组机构投资者变化,事件时间区间为并购前16个季度到并购宣布季度。$\#Inst_t - \#Inst_{-16}$ 即为机构投资者数量变化,其中 $\#Inst_t$ 表示机构投资者数量在季度 t 的值。如图13-2所示,参照组公司机构投资者数量增长缓慢,32个季度机构投资者数量的平均增长仅为10。相比之下,并购公司的机构投资者在32个季度间平均增长了60个,而大部分机构投资者增长发生在并购宣布4个季度前到并购宣布季度之间。类似地,参照公司的股东数量在并购前后基本上没有变化,而并购公司的股东数量在并购宣布前一年起开始突然增长。结合两组图的对比,我们可以发现,与我们的假设相同,并购公司的投资者认知度相对参照公司显著增加,并且在并购后没有回降。

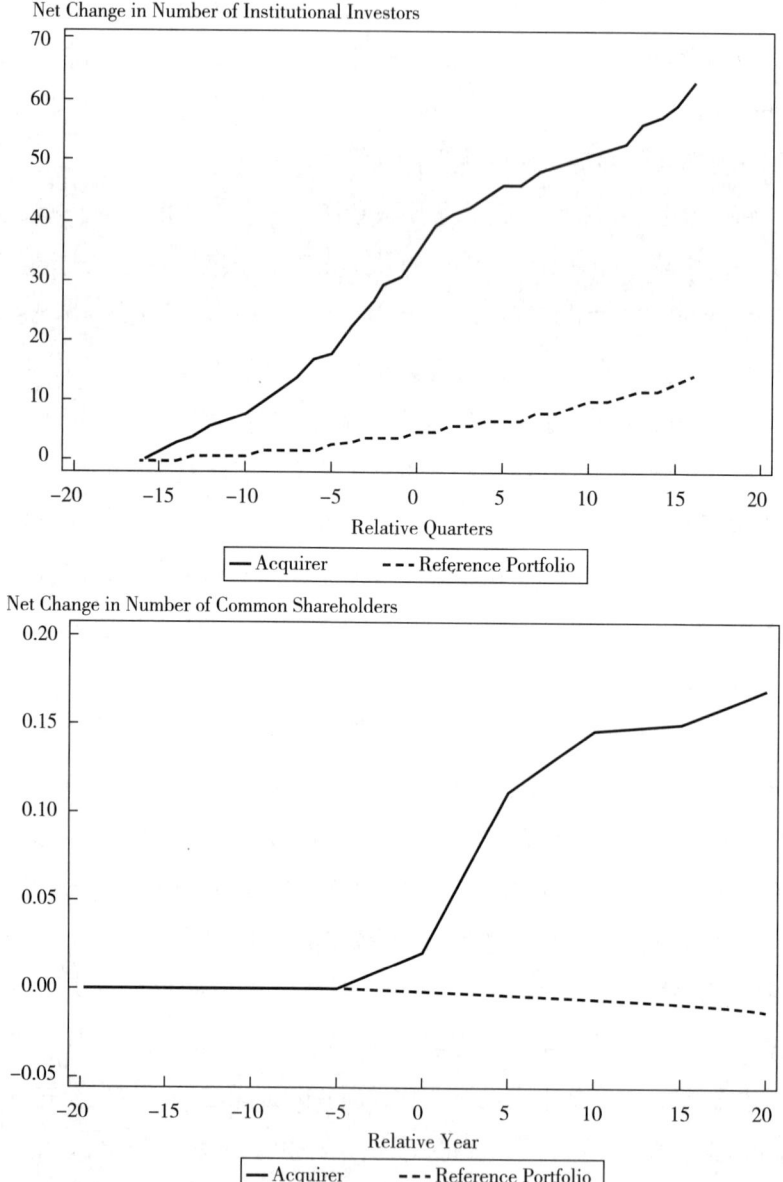

图 13-2 并购前后机构投资者数量和股东数量的净变化值

(二) 并购后的绩效分析

这部分我们复制了文献中关于并购后超额收益的检测方法。表 13-3 列出了并购公司以及参照公司并购后股票收益。板块 A 中列出的是并购后 36 个月的 BHAR，如结果所示，收购公司的 BHAR 平均来说，要比没有参与并购的公司要低。与以往的研究相一致，收购公司的超额收益与其市值/账面市值比相匹配的参照公司组比，在并购后 36 月内显著低 16%。

为了排除截面相关性对结论的影响，我们也使用了日期时间收益法来验证收购后的长期股票收益。我们主要比较了过去 36 月内进行并购的公司的资产组合的月均同权重收益，与参照公司资产组合的月均同权重收益。表 13-3 板块 B 展示了并购公司与参照公司资产组合的月均收益，与板块 A 的结论相符，并购公司的平均月收益显著低于其市值/账面市值比匹配的公司组合，两者差值为 -3.63%，t 检验值为 -3.66。在表 13-3 板块 C 中，我们列出了（3）式回归结果的截距项，回归的截距估测的就是控制了风险因子后的平均月超额收益。结果显示，并购公司的回归截距显著低于参照公司，如果构建一个零投资资产组合，即持有并购公司资产组合，同时做空其市值/账面市值比匹配的参照公司资产组合，那么这种零投资资产组合将会产生显著的正超额收益，这一结果与之前的研究相符，也与板块 A 和板块 B 的结果相一致，都证明了并购公司的长期股票收益显著低于其参照公司。

表 13-3　　　　　　　　　并购后长期股票超额收益

板块 A. 36 个月持有收益（%）		
并购公司	参照公司	差
25.019（16.95）	41.820（79.69）	□ -16.801（-8.71）
板块 B. 日期时间资产组合净收益（%）		
并购公司	参照公司	差
1.014（3.18）	1.272（4.59）	□ -0.258（-2.75）

续表

板块 C. 日期时间资产组合时间序列回归截距（%）

回归模型	并购公司	参照公司	差
FF3	-0.206（-1.70）	0.211（2.45）	-0.260（-3.19）
Carhart4	0.104（1.17）	0.399（5.62）	-0.160（-2.10）
Carhart + Liq5	0.078（0.81）	0.387（4.99）	-0.167（-2.00）

（三）投资者认知度变化与并购后超额收益

之前的分析显示了并购公司的并购后长期股票收益低于没有参加并购的参照公司。那么这一节我们进一步分析，并购公司的低长期股票收益是否是投资者认知度变化导致的。

首先，我们用 Bessembinder 和 Zhang（2013）中提到的改良的 BHAR 模型来检测投资者认知度的改变究竟能解释多少并购公司与参照公司间股票收益的差异。普通的 BHAR 方法只能控制匹配几个公司特征变量，因为，一旦匹配变量数目增加，那么匹配标准就升高了，匹配样本数就会减小，进而降低了匹配检验的有效性。而改良的 BHAR 方法可以通过进行等式的回归同时控制很多公司特征变量。为了研究投资者认知度变化对并购公司长期股票收益的影响，我们采用了这种改良的 BHAR 方法来检验除了市值，账面市值比等公司特征变量以外，投资者认知度是否可以解释并购公司与参照公司之间的超额收益差。

表13-4列出了时间序列截面混合估测结果。第1列的估测截距测量的是并购公司与市值和账面市值比匹配公司之间月收益差异，可以看出其显著为负，说明与之前的研究和本章第三部分的检验结果相符，并购公司的并购后股票收益显著低于其市值和账面市值比匹配的非并购公司。表13-4第2列是加入了并购公司与匹配公司市场风险差异作为控制变量的回归结果，结果显示，并购公司的收益仍然显著低于市值和账面市值比匹配的非并购公司，这一结果说明，市值、账面市值比和市场风险都不能解释并购公司与参照非并购公司的股票收益差。表13-4第3列到第5列是进一步加入并购公司与参照公司投资者认知度变化差异作为控制变量后的回归结果。第3列结果显示，当机构投资者数量

第十三章 投资者认知度与收购公司的长期股票收益

变化 $d\Delta Inst$ 被加入回归后，回归截距不再显著高于零，说明机构投资者数量变化的差异能解释并购公司和其匹配公司在并购后的长期股票绩效差异；相似地，当股东数量变化差异 $d\Delta Shh$ 被加入到回归中时，回归的截距同样不再显著。而 $d\Delta Shh$、$d\Delta Inst^2$ 和 $d\Delta Shh^2$ 的回归系数显著为负，与预期相符。$d\Delta Inst$ 的系数在单独回归的时候显著为负（未报），而在加入二次项后其系数就不再显著了。在最后一列，我们把 $d\Delta Inst$ 和 $d\Delta Shh$ 同时加入到回归中，同样可以看出截距项不显著，且投资者认知度变量的系数显著为负。这些结果表明，并购前后投资者认知度变化在并购公司和参照公司之间的差异可以解释并购公司相对于参照公司在并购后的长期较低的股票超额收益。

$$\ln(1+r_{it}) - \ln(1+r_{mt}) = \alpha + \sum_{j=1}^{k}\beta_j d X_{i,j} + \sum_{j=1}^{k}\gamma_j d X_{i,j}^2 + \in_{it}$$
$$i = 1,2,3,\cdots,E; t = 1,2,3,\cdots,T.$$

表 13-4　匹配公司法：对股票收益差的回归解释

回归模型	(1)	(2)	(3)	(4)	(5)
Intercept	-0.0061	-0.0045	0.0008	-0.0008	0.0024
	(-4.20)	(-3.08)	(0.42)	(-0.50)	(1.16)
$dSize$		0.0010	0.0004	0.0006	0.0004
		(0.68)	(0.42)	(0.64)	(0.46)
$dSize^2$		-0.0043	-0.0079	-0.0042	-0.0069
		(-1.37)	(-2.09)	(-1.31)	(-1.88)
dBM		0.0004	0.0005	0.0001	0.0003
		(0.42)	(0.58)	(0.18)	(0.34)
dBM^2		0.0057	0.0052	0.0044	0.0041
		(2.72)	(2.54)	(2.16)	(2.07)
$d\Delta Beta$		-0.0024	-0.0021	-0.0022	-0.0020
		(-2.33)	(-2.14)	(-2.19)	(-2.06)
$d\Delta Beta^2$		-0.0080	-0.0063	-0.0064	-0.0052
		(-2.83)	(-2.38)	(-2.37)	(-2.02)
$d\Delta Inst$			-0.0031		-0.0025

续表

回归模型	(1)	(2)	(3)	(4)	(5)
			(−1.57)		(−1.29)
$d\Delta Inst^2$			−0.0115		−0.0090
			(−3.57)		(−3.07)
$d\Delta Shh$				−0.0079	−0.0076
				(−4.62)	(−4.59)
$d\Delta Shh^2$				−0.0095	−0.0078
				(−2.99)	(−2.65)
Date Cluster	是	是	是	是	是
Obs.	186 477	186 477	186 477	186 477	186 477
R^2	0.000	0.000	0.000	0.001	0.001

在对比了并购公司以及其参照公司之间的超额差异后，本研究进一步研究了不同并购公司并购后股票差额差异的截面变化是否与投资者认知度有关。如果并购公司的低股票超额收益是因为投资者认知度增加了，那么我们应该观察到投资者认知度增加，更多的收购公司其股票超额收益越低。为了检验这一假设，本研究将并购公司样本根据投资者认知度增加水平分为了5组，并比较不同组之间的并购后超额收益是否有一定规律。

表13－5展示了按投资者认知度分组并购公司的超额收益。板块A中的结果显示，并购中投资者认知度增加，更多的并购公司其并购后36个月的累计超额收益更低。具体地，拥有最低机构投资者数量增加的并购公司的36个月累计超额收益比拥有最高机构投资者数量增加的并购公司的36个月累计超额收益要多24.45%，且有显著的t统计值6.68。类似地，当我们采用股东数量作为投资者认知度变量时也得到了同样的结论，拥有最低股东数量增加的并购公司的36个月累计超额收益比拥有最高股东数量增加的并购公司的36个月累计超额收益要多23.65%，且这个差异很显著。在表13－5板块B中我们采用了日期时间投资组合法来估测并购公司的超额收益。我们同样根据投资者认知度对并购公司进行了分组，每个年度，我们都将并购公司按照机构投资者数量或股东数量分为5组，这个分组每年都进行调整。接下来，我们在每个月都算出过去36个

第十三章 投资者认知度与收购公司的长期股票收益

月参与并购的公司按投资者认知度分组后的每组的平均股票月收益。然后我们可以算出每组月股票收益减去无风险利率之后的月度净收益,并将月度净收益与 Fama – French 风险因子,Carhart 动量因子,以及流动性因子进行回归。回归后得到的截距,即是平均月超额收益。表 13 – 5 板块 B 展示了各个回归的截距结果。从表中可以看出,并购公司的月度超额收益随着 $\Delta Inst$(ΔShh) 的升高而降低,且只有 $\Delta Inst$(ΔShh) 最高的并购公司组的超额收益显著为负,其他组的超额收益并不显著。$\Delta Inst$(ΔShh) 最低的并购公司组与 $\Delta Inst$(ΔShh) 最高的并购公司组的月超额收益差显著为正。表 13 – 5 的结果证明,只有投资者认知度增加很多的并购公司才会有显著为负的超额股票收益,而这一结果也能解释为什么并购公司和其参照公司之间存在股票收益差异:并购公司的投资者认知度增加显著高于参照公司,因而并购公司的股票收益才会显著低于其参照公司。

表 13 – 5 根据投资者认知度变化进行排序筛选的资产组合收益

板块 A. 持有超额收益(%)

	根据 $\Delta Inst$ 排序	根据 ΔShh 排序
低	– 15.739(– 5.37)	– 13.755(– 4.91)
2	– 7.916(– 3.20)	– 10.282(– 4.49)
3	– 10.709(– 4.38)	– 14.400(– 5.58)
4	– 19.838(– 6.98)	– 22.274(– 7.76)
高	– 40.189(– 12.49)	– 37.408(– 11.15)
低 – 高	24.451(6.68)	23.653(6.40)

	FF3	Carhart4	Carhart + Liq5
按 $\Delta Inst$ 排序			
低	– 0.046(– 0.29)	0.287(2.20)	0.264(1.89)
2	– 0.153(– 1.34)	0.196(2.40)	0.178(1.99)
3	– 0.012(– 0.11)	0.222(2.32)	0.145(1.39)
4	– 0.245(– 1.79)	0.028(0.24)	– 0.036(– 0.29)
高	– 0.515(– 2.64)	– 0.072(– 0.47)	– 0.028(– 0.16)
低 – 高	0.501(3.26)	0.366(2.40)	0.303(2.00)

续表

	FF3	Carhart4	Carhart + Liq5
按 ΔShh 排序			
低	-0.048 (-0.39)	0.171 (1.58)	0.222 (2.06)
2	-0.092 (-0.77)	0.161 (1.65)	0.162 (1.52)
3	-0.048 (-0.38)	0.128 (1.63)	0.098 (0.87)
4	-0.188 (-1.17)	0.088 (0.79)	0.059 (0.41)
高	-0.534 (-2.88)	-0.144 (-0.94)	-0.192 (-1.14)
低-高	0.495 (3.11)	0.321 (2.07)	0.423 (2.51)

注：板块 B. 日期时间资产组合时间序列回归截距（%）。

（四）截面回归分析

接下来，本研究还进一步对并购后股票超额收益以及投资者认知度进行了截面回归分析。表13-6展示了回归分析结果。为了更好地分析股票超额收益，在回归中我们加入了一些并购相关的特征变量，例如，并购规模（Deal Value），付款方式是否为现金（Cash），并购态度是否友善（Friendly），并购形式是否为邀约并购（Tender），并购公司与被收购公司是否来自同一产业（Diversity），被收购公司是否为美国公司（U. S. Target）以及上市公司（Public Target）等。

在表13-6的第（1）和第（2）列中的被解释变量是36个月的BHAR，而投资者认知度在第（1）列和第（2）列分别为 $\Delta Inst$ 和 ΔShh。回归结果显示，$\Delta Inst$ 和 ΔShh 的回归系数均显著为负，与之前的分析相符。此外，回归显示采用现金作为支付方式的并购比采用股票作为支付方式的并购的36个月BHAR显著高8%。而友好的并购往往会有更低的长期超额收益。一些公司特征变量也与并购后股票超额收益有关，例如，特质波动与超额收益显著负相关，与Ang, Hodrick, Xing 和 Zhang（2006）的研究相符，而公司杠杆率与现金持有率都与并购后公司超额收益呈正相关关系，分析师预测离散值与并购后公司超额收益呈负相关关系。表13-6第（3）列和第（4）列中我们加入了公司控制变量，回归结果与（1）列和（2）列相同。

表 13-6　　　　　　　　　　截面回归结果

	(1)	(2)	(3)	(4)
$\Delta Inst$	-0.045 (-2.48)		-0.061 (-2.08)	
ΔShh		-0.020 (-5.49)		-0.029 (-3.69)
LnSize	-0.017 (-1.68)	-0.012 (-1.18)	-0.56 (-16.65)	-0.554 (-15.99)
LnBM	-0.011 (-0.56)	-0.008 (-0.42)	-0.075 (-2.07)	-0.068 (-1.79)
Beta	-0.086 (-3.46)	-0.082 (-3.30)	-0.111 (-3.15)	-0.103 (-2.89)
Deal Value	0.006 (0.71)	0.006 (0.72)	-0.024 (-2.34)	-0.025 (-2.39)
Cash	0.081 (3.10)	0.084 (3.23)	0.080 (2.48)	0.086 (2.61)
Friendly	-0.199 (2.38)	-0.167 (-1.92)	-0.176 (-1.73)	-0.174 (-1.64)
Diversity	-0.019 (-0.76)	-0.035 (-1.45)	-0.010 (-0.33)	-0.028 (-0.92)
Tender Offer	-0.022 (-0.62)	-0.020 (-0.56)	-0.015 (-0.33)	-0.021 (-0.44)
U.S. Target	0.004 (0.15)	-0.002 (-0.06)	0.020 (0.50)	0.015 (0.36)
Public Target	0.040 (1.35)	0.029 (0.97)	0.032 (0.87)	0.027 (0.74)
Momentum	-0.043 (-1.27)	-0.056 (-1.69)	-0.349 (-7.74)	-0.363 (-7.98)
Iliquidity	0.176 (2.00)	0.156 (1.79)	-0.156 (-1.38)	-0.150 (-1.43)
Ivol	-4.628 (-2.55)	-4.744 (-2.63)	5.99 (1.93)	5.549 (1.68)
Leverage	0.189 (2.09)	0.153 (1.70)	0.054 (0.26)	0.053 (0.25)
Advertise	0.847 (1.49)	0.710 (1.26)	-0.951 (-0.51)	-0.757 (-0.39)
Cash_hold	0.191 (1.99)	0.158 (1.67)	-0.366 (-1.81)	-0.357 (-1.76)
Sales	0.063 (2.34)	0.052 (1.95)	0.243 (3.22)	0.245 (3.31)
Investment	-0.169 (-2.81)	-0.162 (-2.80)	-0.214 (-2.08)	-0.157 (-1.55)
Asset_Growth	-0.011 (-1.19)	-0.014 (-1.59)	0.330 (1.53)	0.034 (1.74)
Dispersion	-0.556 (-10.15)	-0.515 (-9.39)	-0.402 (-2.20)	-0.397 (-2.15)
Intercept	1.324 (7.58)	0.329 (2.03)	4.332 (11.56)	2.773 (7.84)
年固定效应	是	是	是	是
行业固定效应	是	是	否	否
公司固定效应	否	否	是	是
Obs.	6 143	6 013	6 143	6 013
R^2	0.079	0.079	0.629	0.632

最后我们检验了影响投资者认知度变化的因素。我们用 $\Delta Inst$ 和 ΔShh 作为被解释变量,回归结果展示在表 13-7 中。结果显示,当并购公司的公司规模较大,市值账面较高时,投资者认知度在并购期间升高得更多。并购交易规模

更大,被收购的公司是上市公司时,收购公司的投资者认知度增加更多,而这一结论证明了并购引起的投资者认知度增加主要来自被收购公司的股东和潜在投资者。此外,并购公司过去股票业绩表现、特质波动、广告花销、投资花销以及增长率等因素都与并购期间投资者认知度增加正相关,表明活跃的公司更能吸引投资者注意。

表 13-7　　投资者认知度截面回归

	(1)	(2)
LnSize	-0.077 (-9.08)	-0.065 (-2.78)
LnBM	-0.071 (-3.94)	-0.121 (-2.52)
Beta	-0.017 (-0.86)	0.039 (0.66)
Deal Value	0.036 (5.30)	0.048 (2.13)
Cash	-0.045 (-2.23)	-0.107 (-1.70)
Friendly	0.037 (0.58)	0.218 (2.95)
Diversity	0.046 (2.35)	0.017 (0.29)
Tender Offer	-0.028 (-0.93)	-0.175 (-2.21)
U.S. Target	-0.018 (-0.83)	-0.086 (-1.03)
Public Target	0.025 (1.05)	0.121 (1.87)
Momentum	0.511 (15.78)	0.034 (0.38)
Iliquidity	-0.095 (-0.74)	-0.090 (-0.52)
Ivol	6.399 (3.75)	4.199 (0.94)
Leverage	-0.008 (-0.11)	0.058 (0.26)
Advertise	-1.067 (-2.98)	-0.440 (-0.49)
Cash_hold	0.107 (1.47)	0.063 (0.29)
Sales	0.022 (0.94)	-0.139 (-2.39)
Investment	0.511 (5.99)	0.971 (4.17)
Asset_Growth	0.076 (5.21)	0.142 (3.56)
Dispersion	-0.066 (-1.21)	0.243 (1.24)
Intercept	5.676 (5.43)	0.056 (0.21)
Year Fixed Effect	Yes	Yes
Industry Fixed Effect	Yes	Yes
Obs.	6 143	6 013
R^2	0.259	0.076

五、其他相关因素

为了排除其他解释对本研究主要结论的影响,接下来我们继续检验了文献中已有的一些能够影响并购后长期股票收益的因素是否可以解释并购后长期股票超额收益与投资者认知度之间的关系。

根据文献,特质波动,以往股票收益表现,流动性,投资规模,分析师意见分歧等因素均与并购后长期股票超额收益相关。因此,我们在上文中的回归模型里加入了这些特征变量,并观察当特质波动,以往股票收益表现,流动性,投资规模,分析师意见分歧被控制时,$d\Delta Inst$ 和 $d\Delta Shh$ 以及其二次项的系数是否仍显著。回归结果展示在表 13-8 中。结果显示,在加入这些特征变量后,$d\Delta Inst$ 和 $d\Delta Shh$ 的系数仍然显著为负,说明投资者认知度与并购后并购公司长期股票超额收益之间的负相关关系显著,且不能被特质波动,以往股票收益表现,流动性,投资规模,分析师意见分歧等因素解释。

表 13-8　　匹配公司法:添加控制变量的回归

回归模型	(1)	(2)	(3)	(4)
Intercept	0.0046	0.0007	0.0043	0.0028
	(1.40)	(0.31)	(1.76)	(1.07)
$d\Delta Inst$	-0.0023	-0.0025	-0.0005	-0.0055
	(-1.44)	(-1.28)	(-0.24)	(-2.22)
$d\Delta Inst^2$	-0.0072	-0.0102	-0.0083	-0.0100
	(-2.95)	(-3.26)	(-2.95)	(-2.83)
$d\Delta Shh$	-0.0062	-0.0073	-0.0064	-0.0083
	(-4.53)	(-4.51)	(-3.86)	(-4.78)
$d\Delta Shh^2$	-0.0064	-0.0077	-0.0071	-0.0080
	(-2.31)	(-2.61)	(-2.48)	(-2.53)
$dVol$	-0.0114			
	(-2.63)			
$dVol^2$	-0.0036			

续表

回归模型	(1)	(2)	(3)	(4)
	(−0.85)			
$dMom$	−0.0009			
	(−0.48)			
$dMom^2$	−0.0067			
	(−1.90)			
$dLiq$		0.0030		
		(1.63)		
$dLiq^2$		0.0054		
		(1.57)		
$dInvest$			−0.0029	
			(−1.46)	
$dInvest^2$			0.0036	
			(1.40)	
$dAsset\_Gro$			−0.0073	
			(−3.42)	
$dAsset\_Gro^2$			−0.0078	
			(−1.87)	
$dDispersion$				−0.0127
				(−6.37)
$dDispersion^2$				−0.0021
				(−0.86)
Date Cluster	是	是	是	是
Obs.	186 477	186 477	186 477	186 477
R^2	0.002	0.001	0.002	0.003

六、结论

本研究检验了并购期间投资者认知度与并购公司并购后长期股票收益之间的关系。本研究采用了美国的并购数据，并用机构投资者数量和全部股东数来

第十三章 投资者认知度与收购公司的长期股票收益

估测投资者认知度,本研究发现投资者认知度在并购期间显著增加,并基于 Merton (1987) 的理论,本研究提出投资者认知度增加是促使并购公司在并购后相对于没有参与收购的公司股票收益偏低的原因。本研究还发现,收购公司在并购后的股票收益与投资者认知度负相关,在采用 Bessembinder 和 Zhang (2013) 的方法进行检验时,结果显示投资者认知度能够完全解释并购公司相对于参照公司的低股票收益,且这种解释能力不能被文献中提及的一些公司特征因素所解释。

参考文献

[1] Agrawal, A., Jaffe, J., and Mandelker, G., 1992. The Post-merger performance of acquiring firms: A re-examination of an anomaly, The Journal of Finance 47, 1605 – 1621.

[2] Acharya, V. V., and Pedersen, L. H., 2005. Asset pricing with liquidity risk, Journal of Financial Economics 77, 375 – 410.

[3] Amihud, Y., 2002. Illiquidity and stock returns: cross-section and time-series effects, Journal of Financial Markets 5, 31 – 56.

[4] Ang, A., Hodrick, R. J., Xing, Y. and Zhang, X., 2006. The Cross-Section of Volatility and Expected Returns, The Journal of Finance 61, 259 – 299.

[5] Ang, A., Hodrick, R. J., Xing, Y. and Zhang, X., 2009. High idiosyncratic volatility and low returns: International and further U. S. evidence, Journal of Financial Economics 91, 1 – 23.

[6] Asparouhova, E., Bessembinder, H., and I. Kalcheva, 2013. Noisy prices and inference regarding returns, The Journal of Finance 68, 665 – 714.

[7] Asquith, P, 1983. Merger bids, uncertainty, and stockholder returns, Journal of Financial Economics 11, 51 – 83.

[8] Autore, D. M., and Kovacs, T., 2014. Investor recognition and seasoned equity offers, Journal of Corporate Finance 25, 216 – 233.

[9] Barber, B. M., and Lyon, J. D., 1997. Detecting long-run abnormal stock returns: The empirical power and specification of test statistics.

[10] Bessembinder, H., and Zhang, F., 2013. Firm characteristics and long-run stock returns after corporate events, Journal of Financial Economics 109, 83 – 102.

[11] Betton, S., Eckbo, B. E., and Thorburn, K. S., 2007. Handbook of Empirical Corporate Finance. Elsevier, San Diego.

[12] Bouwman, C. H. S., K. Fuller and A. S. Nain, 2009. Market valuation and acquisition quality: Empirical evidence, Review of Financial Studies 22, 633 – 679.

[13] Bodnaruk, A and Östberg, P., 2009. Does investor recognition predict returns?, Journal of Financial and Quantitative Analysis 48, 729 – 760.

[14] Bodnaruk, A and Östberg, P., 2013. The shareholder base and payout policy, Journal of Financial Economics 91, 208 – 226.

[15] Carhart, M. M., 1997. On Persistence in Mutual Fund Performance, The Journal of Finance 52, 57 – 82.

[16] Chen, H., Noronha, G., and Singal, V., 2004. The price response to S&P 500 index additions and deletions: Evidence of asymmetry and a new explanation, The Journal of Finance 59, 1901 – 1930.

[17] Cochrane, J. H., 1991. Production-based asset pricing and the link between stock returns and economic fluctuations, The Journal of Finance 46, 209 – 237.

[18] Diether, K. B., Malloy, C. J. and Scherbina, A., 2002. Differences of Opinion and the Cross Section of Stock Returns, The Journal of Finance 57, 2113 – 2141.

[19] Fama, E. F., and French, K. R., 1993. Common risk factors in the returns on stocks and bonds, Journal of Financial Economics 33, 3 – 56.

[20] Fama, E. F., 1998. Market efficiency, long-term returns, and behavioral finance, Journal of Financial Economics 49, 283 – 306.

[21] Fang, L., and Peress, J., 2009. Media coverage and the cross-section of stock returns, The Journal of Finance 64, 2023 – 2052.

[22] Foerster, S. R., and Karolyi, G. A., 1999. The effects of market segmentation and investor recognition on asset prices: Evidence from foreign stocks listing in the United States, The Journal of Finance 54, 981 – 1013.

[23] Garcia, D., and Norli, 2012. Geographic dispersion and stock returns, Journal of Financial Economics 106, 547 – 565.

[24] King, M. R., and Segal, D., 2009. The Long-Term Effects of Cross-Listing, Investor Recognition, and Ownership Structure on Valuation, Review of Financial Studies 22, 2393 – 2421.

[25] Lehavy, R. and Sloan, R. G., 2009. Investor recognition and stock returns, Review of Accounting Studies 13, 327 – 361.

[26] Li, E. X. N., Livdan, D., and Zhang, L., 2009. Anomalies, Review of Financial Studies 11, 1 – 35.

[27] Loughran, T., and J. R. Ritter, 2000. Uniformly least powerful tests of market efficiency, Journal of Financial Economics 55, 361 – 389.

[28] Loughran, T. and A. M. Vijh, 1997. Do long-term shareholders benefit from corporate acquisitions?, The Journal of Finance 52, 1765 – 1790.

[29] Lyandres, E., Sun, L., and Zhang, L., 2008. The New Issues Puzzle: Testing the Investment-Based Explanation, Review of Financial Studies 21, 2825 – 2855.

[30] Lyon, J. D., Barber, B. M., and Tsai, C., 1999. Improved methods for tests of long-run abnormal stock returns, The Journal of Finance 54, 165 – 201.

[31] Merton, R. C., 1987. A simple model of capital market equilibrium with incomplete information, The Journal of Finance 42, 483 – 510.

[32] Mitchell, M. and Stafford, E., 2000. Managerial decisions and long-term stock price performance, The Journal of Business 73, 287 – 329.

[33] Mortal, S., and Schill, M. J., 2013. The post-acquisition returns of stock deals: Evidence of the pervasiveness of the asset growth effect, Journal of Financial and Quantitative Analysis 50, 477 – 507.

[34] Pastor, L., and Stambaugh, R. F., 2003. Liquidity Risk and Expected Stock Returns, Journal of Political Economy 111, 642 – 685.

[35] Rau, P. R., and Vermaelen, T., 1998. Glamour, value and the post-acquisition performance of acquiring firms, Journal of Financial Economics 49, 223 – 253.

[36] Savor, P. G., and Q. Lu, 2009. Do stock mergers create value for acquirers?, Journal of Finance 64, 1061 – 1097.

[37] Shleifer, A. and R. W. Vishny, 2003. Stock market driven acquisitions, Journal of Financial Economics 70, 295 – 311.

[38] Zhang, L., 2005. The value premium, The Journal of Finance 60, 67 – 103.

第十四章 职业经理人，股权激励与公司投资风险

孔令天

摘　要：董事会作为股东与职业经理人之间的重要中介，其自身的激励机制却缺少翔实的研究。本章通过实证的方法探寻了董事会股权激励对公司绩效和公司投资策略的影响。结果表明，董事会股权激励可以减少公司分红以进行投资；但是这些激励不能影响投资的风险和收益。董事会在这个意义上与职业经理人相比，相对缺乏对投资效果的评估能力，但是能做到对投资进行一般的把控。这表明了董事在公司治理中的重要性和局限性，突出了以公司股东和董事会利益一致化为目标的股权激励机制设计的重要性。

关键词：公司治理　董事会　股权激励　公司投资策略

一、引言

　　金融风险管理，在资产定价方面体现为投资者对股票和债券等金融工具构成的投资组合的风险的控制；在公司财务方面则表现为公司管理者对公司实体投资的风险性的管理。根据金融学基本原理，高收益与低风险往往不可兼得。企业高回报的投资活动，如研发等，虽然预期价值很大，但是风险往往也较大；相反，稳妥低风险的投资项目往往预期收益平平。在这种情况下，股东们如何能通过董事们激励企业的直接管理者——职业经理人选取合适的投资项目，既不裹足不前不敢承担合理风险错失长期增长点，又不扩张无度过分承担风险置

企业于险境呢？这是公司治理的一个基本问题。

对于以上公司投资风险管理的问题，学界目前有两种截然相反的观点。以 Jensen 和 Meckling（1976）为代表的"代理人学派"学者指出，由于职业经理人的个人职业生涯系于所管公司的成败，他们是非常不希望公司破产的。因此，如果任他们自在而为，公司所承担的风险在股东立场看来往往过低，丧失了许多长期高收益项目。相反地，包括 Malmendier 和 Tate（2008）等在内的"行为学派"认为，在一般条件下，职业经理人有过度自信的倾向。因此他们倾向于低估风险，从而容易选取风险过大的投资项目。他们还认为股东对职业经理人的短期激励机制会助长这种行为：这往往会让职业经理人们过度追求高风险，因为短期机制无法制衡经理人所承担风险的长期结果。

那么从自身利益角度出发，股东们是如何采用金融工具，来激励经理人承担合适的风险，从而使公司价值最大化呢？一般来讲，这种激励以股权的方式来实现。股权可以让公司的管理层从成功的投资中获取利益，又不至于因为失败的投资损失过大，从而实现对他们所承担风险的调节和制衡（Jensen 和 Murphy（1990））。"代理人学派"和"行为学派"的争鸣在股权激励这一具体领域，化身为以下争辩：Bebchuk 和 Fried（2010）认为，由于其合同特征，过多的股权激励会导致经理人为企业做出过于激进而高风险的投资；Bolton, Scheinkman 和 Xiong（2006）则指出，在一个股价可能暂时偏离基本面的市场里，股权激励的"缺陷"其实刚好可以抵消这种偏离，最终实现有效的激励。

从理论的角度来看，以上两派学说都是可能成立的，所以这个问题最终必定归结为实证的检验。这方面的实证研究已经有很多，但是绝大多数对股东制约经理人影响公司投资风险的中间机理语焉不详。股东的意志是如何对职业经理人起作用的呢？一方面，股东可以通过买卖股票，投票，审定薪酬计划等手段来直接地实现对经理人的奖惩，这方面的研究已经较多；另一方面，股东也可以选出董事会为代表，来间接地对经理人进行治理，这方面的研究也有，但是涉及具体手段的相对较少。这篇论文就以这两种机制为切入点，来研究职业经理人和公司投资风险的关系。

第十四章 职业经理人，股权激励与公司投资风险

具体来讲，本章以董事的股权持有情况来厘清上述的第二种机制。这样一来，我们就可以定量的确定，股东对经理人投资的影响，在多大程度上是由第一方面实现的，在多大程度上是由第二方面实现的。这对指导我国的公司治理和公司法实践是有很大指导意义的。美国在21世纪初的公司丑闻潮后出台了著名的《Sarbanes-Oxley法案》。这个法案的一个基本观点就是董事，也就是上述的第二条路径应该是解决治理问题的主要路径。这一法案在美国国内一定程度上遏制了许多公司治理的失灵，但是如果要把它移用到我国金融市场，却要具体情况具体分析，务必首先搞清一个基本问题：基于董事的间接治理和不基于董事的直接治理，究竟何者更为重要？这一问题的回答要定量，要比较，要细致。如上一自然段所述，这是目前文献的一个未被足够重视的方面；所以也就是我这篇论文研究的方向——董事在股东对经理人的制衡中究竟起到多大的作用？这是我的论文的第一个创新点。

从具体方法来讲，我的论文对董事的研究侧重其定量化的股权激励。传统的文献往往研究董事的独立性这一侧面。诚然，独立性是决定董事能否履行监督经理人职责的重要因素，但是并不能完全刻画董事效应的全貌。正如Hwang和Kim（2009）所指出的，即使是独立的（也就是不在该公司任职的）董事，也不一定就有监督经理人的强烈动机，因为他们往往很忙，而且在与经理人开始共事后可能立即就发展出了利益关系。针对这一侧面的这一缺憾，我采用一种新的方法来表征董事的有效性——他们持有的股权数量。股权与独立性所代表的社会存在不同，是一种有真金白银后果的经济存在，所以会更加强烈的影响董事的意志。我采用兑付期内的董事股权来测量这一强激励。

我的研究结果显示，职业经理人的行为对公司的投资风险和投资策略产生的影响，很大程度上确实是由董事来介导和监督的。但是这些投资倾向对公司长期价值的影响却是难以定论的。也就是说，我们的结果显示，董事确实在监督经理人投资策略和投资风险方面起到重要作用，但是这些投资是不是符合股东长期利益，董事似乎看不了那么远。董事的这种有效性和局限性其实符合公司治理的实际：董事们越来越忙了，而且独立董事们必然对公司的了解偏少，

所以看不了那么远也是情有可原；好在现有的法律机制让他们至少可以做好他们力所能及的，也就是履行股东对经理人的一些直接的和明确的要求。这一研究结果有趣而又有现实意义：公司治理不能全靠董事，在涉及公司长期企划的方面，公司的股东，尤其是大股东应该承担起责任来。

本研究丰富了一个正在蓬勃发展的研究领域。正如前文所说，Ladika 和 Sautner（2014）；Edmans，Fang 和 Lewellen（2014）以及 Gopalan，Milbourn，Song 和 Thakor 等学者多是从经理人的直接监控方面来探讨长期投资的问题；Nguyen 和 Nielsen（2010）；Knyazeva，Knyazeva 和 Masulis（2013）等作者虽然以董事为切入点，但是着重考虑他们的独立性。以 Lim 和 McCann（2013）为代表的几篇管理科学方面的论文只涉及企业一般性的战略，而不涉及金融相关的投资策略。本研究某种程度上填补了这一空白。

本研究剩余的部分分成以下三节。在第二节，我介绍本研究采用的数据，方法；接下来的第三节，我讲述论文的结果；最后在第四节，我进行讨论，得出结论，并构想了将来可能的研究方向。

二、数据与方法

本研究的数据主要来源于四个数据库。股权激励以及一般薪酬数据从 Execucomp 获得，公司财务数据从 Compustat 获得，公司股票各种指标从 CRSP 获得。特别需要感谢美国的 RGA 咨询公司为我提供了股权兑付期的数据。

我们的样本包括美国所有的上市公司（金融公司和供应类公司除外）在 1992 – 2018 年的情况。选取这个时间段是为了便于随后沿时间轴把数据分割成 1992 – 2000 年（前 Sarbanes-Oxley）和 2001 – 2018 年（后 Sarbanes-Oxley）两个阶段。《Sarbanes-Oxley 法案》对公司治理尤其是董事的职责产生了深远的影响，因此以其为依据分割样本，可以为我们的假说提供额外的证实。

结合 Execucump 和 RGA 数据中的相关变量，我首先构建了 BODOP 和 BODST 这两个变量。BODOP 是某年某公司所有董事持有的股权的总和，而

第十四章 职业经理人，股权激励与公司投资风险

BODST 是他们持有的股票的总和。由于本章要做的是公司层面的研究，所以把激励进行加和处理是必要的。

我们构造了一系列的变量来从各个角度探究公司的投资策略，投资风险和投资效果。首先，我们用公司在当年派送给股东的红利数量 DIV 来代表长期利益和短期利益的矛盾。当年红利派送越多，那么可以投资的就越少，公司股东虽然得到了好处，但是长期价值可能受损。以往的论文往往通过研发投资来表征长期和短期的矛盾，但是研发投资的数据后来经证实有较严重的偏差和误差（Hall 和 Lerner（2010）），所以我们在这里尝试使用这一新的表征方式。关于红利的定量机制学界众说纷纭（见 Farre-Mensa，Michaely 和 Schmalz 等（2014）的综述），有驱进目标等学说，但是由于这种来源的波动就公司投资而言是相对独立的，所以只会增加统计估计的噪声，而不会产生偏差（bias）。

其次，我们用三年后的该公司股票的波幅（Volatility）来代表投资的风险。我们的这一选择基于市场有效假说。如果不基于这一假说，可以使用 Return On Asset（ROA）的波动，但是股票的好处是不但可以代表当时的风险，而且可以代表尚未实现，但是已经被市场预期的风险。

再次，我们用三年和五年后的 ROA 来代表公司的长期价值。这一表征在文献中已经确立，所以在此采用。

最后，为了与管理科学方面相关的文献构成比较，我加入了公司销售额的增长。

控制变量包括公司的杠杆（LEV），总价值（MKTVAL），税前收入（PREIN）等，并加入公司雇员总数（EMP）来代表公司的组织复杂度，以及 Hribar 和 Nichols（2007）一文中使用的其他变量。

为了阐明这些变量间的因果和相关关系，我们用 OLS 线性回归的方法，辅之以 Fixed effects 对行业和年份进行基础控制。

三、结果

(一) 董事股权激励对公司投资策略的影响

首先,我们探寻董事所持有的股权激励对公司的投资策略的影响。投资策略体现在分红的数量和接下来公司股票的波幅上。

表 14-1　　　　　　　　　　董事股权激励对公司投资策略的影响

	DIV	VOL	VOLlead3
BODOP	-1.62**	-0.001	0.062
	(0.839)	(0.065)	(0.072)
MKTVAL	2.63	-2.15***	-0.500*
	(2.74)	(0.26)	(0.309)
LEV	0.228***	0.003*	-0.007***
	(2.72)	(0.002)	(0.003)
PREIN	5.61**	-0.464***	-0.774***
	(2.72)	(0.138)	(0.182)
EMP	1.72	-5.76***	-4.51***
	(8.94)	(1.42)	(1.56)
Observations	5 584	5 497	3 259
Adjusted R-squared	0.030	0.035	0.030
Fixed effects	Ind-Year	Ind-Year	Ind-Year

如表 14-1 所示,当董事持有更多股权的时候,确实会减少眼前的分红。但是,他们对公司投资的风险性没有太大影响。我们加入的公司雇员总数的控制变量对波幅的影响,应该体现了公司大小和波幅的反相关性。

表 14-1 体现了公司董事对投资的监督作用:他们会减少当下的分红,把现金流更多的投资到有益于长期收益的项目中。同时,可能由于信息不对称,他们无法对公司的风险进行有效的控制。

(二) 董事股权激励对公司长期业绩的影响

表 14-1 的结果告诉我们，董事会对公司投资策略会产生影响，但是这种影响是否一定符合公司的长期价值呢？以下我们进行了这一测试。我们把公司绩效的指标，ROA 回归到董事股权持有上。可以看出，绩效在短期内受董事持股的负影响，但是随着时间的推移，这一影响逐渐趋于零。短期内的结果其实和以前理论文章的推断吻合：在股权激励下，董事会刺激经理人投资到长期见效但短期亏空的项目上，所以造成了短期的亏损；但是长期来看，这种亏损会被长期的收益抵销直到为正。因为我们的样本限制，我们最多只能看到 5 年后的，但是这已经是长期了，所以我们结论是：董事无法对长期效益进行把握。

表 14-2   董事股权激励对公司长期业绩的影响

	ROA	ROAlead3	ROAlead5
BODOP	−0.207***	−0.110***	−0.013
	(0.012)	(0.017)	(0.060)
MKTVAL	321***	17.3	29.4
	(37.9)	(56.5)	(116)
LEV	1.68***	−1.34**	0.029
	(0.360)	(0.538)	(1.124)
PREIN	6.48***	2.01	19.6
	(0.354)	(45.8)	(92)
EMP	10.7	168	3.40
	(12.9)	(211)	(4.42)
Observations	5 596	4 866	4 373
Adjusted R-squared	0.155	0.061	0.0002
Fixed effects	Ind-Year	Ind-Year	Ind-Year

(三) 股权激励的颁发依据

为了研究股权激励的效用，一方面可以直接看它对企业业绩的影响；另一方面可以反其道而行之，研究是哪些因素决定了股权激励颁发的多少——如果更需要公司治理的公司给董事们更多的股权,那么就从另一个侧面说明了董事的重要性和激励的重要性。对此,我们研究了股权激励数量如何受一些企业特征的影响,并汇报检验结果在表14-3中。

表14-3　　　　　　　　　　董事股权激励的决定因素

	2001年前	2001年后
DIRMGTFEE	-0.44**	-0.58
	(0.19)	(0.56)
DIRPENS	-1.58***	-1.32
	(0.37)	(3.74)
MKTVAL	2.63***	0.095
	(0.88)	(4.88)
PREIN	-1.73	2.53
	(2.07)	(31.2)
EMP	7.37	-18.5
	(44.9)	(21.9)
Observations	7 603	5 596
Adjusted R-squared	0.015	0.0016
Fixed effects	Ind-Year	Ind-Year

由结果可见,在SOX法案颁布前,董事的议价权较高,因此他们自身的其他薪酬很显著地决定了他们获得的股权激励数量。然而随着SOX法案的颁布,这一现象消失,说明董事的市场更趋有效,董事的议价权降低。

(四) 稳健性检验

为了防止我们发现的规律只是特定时间段下的特例,我们对表14-1和表14-2在2001年前的情况进行了相似的研究。研究结果如表14-4所示,BO-DOP对公司的业绩和投资确实有相似的影响。

表 14-4　　2001 年前董事股权激励对公司投资的影响

	VOLlead3	ROA
BODOP	-0.040**	-0.037*
	(0.25)	(0.023)
MKTVAL	-0.85***	-1.90***
	(0.21)	(0.18)
LEV	-0.003***	-0.62***
	(0.0008)	(0.068)
PREIN	-0.93*	0.67***
	(0.55)	(0.043)
EMP	3.79***	-2.33**
	(0.89)	(0.95)
Observations	5 187	7 603
Adjusted R-squared	0.022	0.02
Fixed effects	Ind-Year	Ind-Year

四、结论

本研究通过实证的方法研究了公司绩效和公司投资策略是如何受到董事会股权激励的影响的。我们发现，董事会可以有效地对投资策略产生影响，使公司减少分红以进行投资；但是这些投资的风险和收益从我们的结果看来并不受董事股权激励的影响。这揭示了董事在公司治理中的功能和局限性，表明有效的治理必须结合董事的短期监控和股东的长期视角。进一步可以研究《Sarbanes-Oxley 法案》通过前的类似分析，如果结果不同，那么不同地方体现的可能就是放权给董事带来的影响。

参考文献

[1] Jensen, M. and W. Meckling, 1976, Theory of the firm: managerial behavior, agency costs, and ownership structure, Journal of Financial Economics, 3, 305–360.

[2] Malmendier, U, and Tate G. 2008. Who Makes Acquisitions? CEO Overconfidence and the Market's Reaction, Journal of Financial Economics, 1, 20–43.

[3] Angrist, J. D. and Pischke, J. S., 2008. Mostly harmless econometrics: An empiricist's companion. Princeton university press.

[4] Bainbridge, S. M., 2007. The complete guide to Sarbanes-Oxley: Understanding how Sarbanes-Oxley affects your business. Simon and Schuster.

[5] Farre-Mensa, Joan, Roni Michaely, and Martin Schmalz. "Payout policy." Annu. Rev. Financ. Econ. 6.1 (2014): 75–134.

[6] Hall, Bronwyn H., and Josh Lerner. "The financing of R&D and innovation." Handbook of the Economics of Innovation. Vol. 1. North-Holland, 2010. 609–639.

[7] Edmans, Alex, Vivian Fang, and Katharina Lewellen. "Equity vesting and managerial myopia." (2014).